# 現代日本政治の解明

## ――「決定中枢」の変容を中心として

安　世舟　著

WORLD DOOR

〔目　次〕

## 第二部　二一世紀初頭における転換を模索中の日本政治
### ――「決定中枢」制度の変容を中心として……91

# はじめに

世紀の転換期に日本では、冷戦崩壊後の新しい国際政治の展開と資本主義のグローバル化という対外的な環境の激変に対応できるような政治制度の改革が試みられ、「ウェストミンスター型」と言われるイギリスの政治制度をモデルとした政治改革が遂行された。その骨子は選挙制度の改革と、それとペアになったボトムアップ型からトップダウン型への政策決定システムの改革であった。だがその遂行過程において一進一退の試行錯誤もあり、日本政治は一時漂流しかけた。首相による政治主導システムの核となる内閣人事局の設置が立ち遅れていたが、二〇一二年末に誕生した第二次安倍政権によって二〇一四年五月にその設置に漕ぎつけ、政治改革はようやく一段落した。この政治改革の完成によって、首相の政治指導次第では日本の政治の方向が変えられる制度が実現された。五年三ヶ月ぶりに首相職に復帰した安倍総理による官邸主導政治体制が始動し、従来の「内政優位」の政治から「外政優位」の政治への転換が試みられ、それと共に日本も平和国家から限りなく「普通の国家」に近づいてきた。

本書は、第二次安倍政権終焉までの現代日本政治の動向について、政治的指導体制の変容をもたらした政治改革を巡る政治過程の考察を中心に置きながら、主に政治的意志決定の中枢制度の変容に焦点を当てて「現代日本政治」の動態の解明を試みたものである。

本書は二部構成となっている。第一部では、まず戦前の日本の政治体制が後発近代国家であるドイツ帝国をモデルとして形成され、その影響を強く受けている点を、日独の政治体制の共通点と相違点に分けて考察する中で明らかにした。次に、第二次大戦後確立された日本政治を特徴づける自民党一党支配体制の形成を巡る政治過程を、日本と同じくファシズム国家として、連合国に対してともに敗北した西ドイツの戦後政治過程との比較において考察し、戦後の日本政治の顕著な特徴を明らかにした。さらに、「五五年体制」下の政治的リーダーシップの欠如が何故に生じたのか、その原因を政治的意志決定の中枢に焦点を当てて解明した。第二部では、ソ連の崩壊と共に国際情勢が激変し、アメリカの一極支配体制が確立したことを述べ、さらに「経済と情報のグローバリゼーション」に伴って世界経済が「グローバル資本主義」化したことに対応すべく、世紀の転換期から今日に至るまでの間に日本は政治制度の改革を試みているが、その政治過程を「決定中枢」制度の変容に焦点を当ててフォローすることによって、現代日本政治の動態の解明を試みている。

なお、第一部と第二部はその叙述形式が異なっている点をあらかじめ断っておきたい。第一部は、「五五年体制」下の政治的リーダーシップの欠如が何故に生じたのか、その原因を、明治維新後の日本の近代国家建設のモデル国とされたドイツの政治構造との比較において、戦前から引き継いだ戦後日本の政治体制の構造の中に求めているので、その叙述形式は勢い構造分析に重点が置かれている。それに対して、第二部は小泉政権及びそれ以降の歴代政権の政治改革を巡る政治過程を定点観察を兼ねる形でフォローしているので、叙述形式も構造分析ではなく、主に政治改革を巡る権力闘争の政治過程を追跡する政治史的アプローチが用いられている。

また、記述の流れの中で人名についての敬称を省いたところもある。この点についても同時にお断りしておきたい。

本書の執筆に思い至ったのは、幾つかの理由がある。第一は、敗戦から今日までの日本の政治の大きな流れについてのコンパクトな概説書があまり見当たらないように思われたからである。言うまでもなく、戦後の日本政治の特定の時期についての研究または論評した著作は多い。執筆者の問題意識の違いによって、当然、その内容も多種多様である。とはいえ、基本的に二つのジャンルに分類できる。一つは政治学者の著作である。もう一つはジャーナリストのものである。

戦後日本の政治学者の中で、自国の現代政治を分析対象に取り上げ、その政治力学を政治学的に解明する作業を行なった者は、一九八〇年代に至るまであまり見られない。もっとも、戦後間もなくから一九六〇年代初めまでは、社会科学者の間でマルクス主義の影響が強く、マルクス主義はそれのみが唯一の正しい「社会科学」であると主張したこともあって、マルクス主義を信奉する政治学者による、階級闘争の観点から日本政治を解明した著作はかなり存在する。一九六〇年代末から自民党一党支配体制が確立され、それが安定するにつれて、学界でもマルクス主義の影響を受けた政治学者の高齢化に伴い、その影響力も退潮の方向へと向った。それと相前後して、日本の政治学界にはアメリカ現代政治学、とりわけ「行動論政治学」が支配的となり、マルクス主義的立場から書かれた現代日本の政治についての分析は次第に影が薄くなった。一方、政治学界では、アメリカ現代政治学の理論を用いての日本政治の実証的な分析を試みるより、むしろアメリカ現代政治学の諸アプローチの受容と批判が研究動向を支配した時期もあった。とはいえ、一九八〇年代に入って、「行動論政治学」の限界も露呈したが、しかし、アメリカ現代政治学の諸アプローチの中で、日本の現実政治の分析に有効と思われるアプローチもあることが確認された。そうしたアプローチを用いて、日本の政党研究、圧力団体研究、官僚制研究などの個別研究が輩出するようになった。その中で、大嶽秀夫教授は、戦後の日本政治を、政治経済体制論の観点から研究対象に取り上げ、実証的な分析を行ない、全体としての現代日本政治の動向とその政治力学を解明した。そしてその後、精力的に時期を限定した日本の現代政治を政治学的に解明する作業を続け、多くの著作を残している。本書の注には、大嶽教授をはじめ政治学者の日本政治研究についての著作を多く紹介しているので、個別の研究については、そこで参照して頂くことにして、ここではその紹介を省く。

他方、政治活動を職業として営んでいる者たちの「業界」の仕事である「政治」を国会議員が主として活動する国会周辺の地名から「永田町政治」と言うが、もう一つのジャンルであるジャーナリストによる戦後日本政治論は、そうした「永田町政治」について、首相や自民党幹部級の政治家の日常生活や政治的考え方から派閥抗争や「政局」を巡る裏面史など、興味深い事実を取材したものを散りばめた「物語」風のものが大半である。

こうした二種類の現代日本政治論は、その多くは著者が取り上げた特定の時期の日本政治研究ないしは日本政治論であって、敗戦後から今日に至るまでの現代日本政治の歩みを一貫した視点から捉えたものではない。従って、そうした空隙を埋める必要があるのではないかと考えて、本書を執筆するに至った。それに加えて、もう一つ、大学での教育経験からその必要性を痛感したことも大いに関わっている。

中曽根元首相は、首相時代に留学生一〇万人受け入れを政策課題に取り上げた。その後、福田内閣も留学生三〇万人受け入れを政策課題として打ち上げた。こうして、多くのアジアの留学生が日本の大学の門を叩くことになった。一五年前まで、私は専任校の学部や大学院で多くの留学生を指導してきた。韓国や中国からの留学生から、現代日本の政治について勉強したいから、コンパクトな概説的な入門書を紹介して下さい、という申し出を受けたことがよくあった。そこで、彼らの希望に沿うものを探して見たが、彼らに紹介できるものはあまり見当たらないということに気付いた。その上、韓国や中国からの留学生の現代日本政治についての知識やイメージは押し並べて帝国主義時代の日本に対するそれぞれの国の歴史観を反映したもので、戦後の日本政治の実際とは大きくかけ離れた、一面的な認識が目立つことに気付いた。さらに、「復古的」ナショナリズムを信条とする日本の保守的政治家の一部が時折、太平洋戦争は欧米列強によって植民地化されたアジアの諸民族の解放のために戦われたのであって、侵略ではなかったとか、植民地にした朝鮮では社会のインフラの整備など近代化と文明化のために尽力し、朝鮮のためになったのだ、と被害者の立場を一切考慮しないばかりか、過去の歴史の客観的な研究と反省の上での発言ではなく、アメリカに長い間押さえ込まれていた「本音」を吐く発言がなされることが時折起こっていた。そうした発言が留学生の母国で教えられた戦後の日本政治に関する知識やイメージを増幅させているのではないのか、とも思うようになった。西ドイツでは、こういうことは起こり得なかった。何故、日本では起こるのか。ドイツでは、ナチ体制は敗戦後、占領軍によって完全に清算された。西ドイツは全く新しく出発し、戦前との継続面は占領軍によって、そして同時に西ドイツ自身によっても否定された。ところが、日本は半分負けて、半分は戦前の日本の体制が生き残っている。このことを留学生に知らせ、かつ、それにもかかわらず、日本は民主的な平和国家として歩んでいることについての正しい認識を持ってもらうために、現代日本政治についてその概要を知らしめる啓蒙的な入門書が必要ではないのかと考えるようになった。

さらに、もう一つの執筆の理由は、大学生の中で戦後日本の政治の歩みを知らない者が増えているという事実である。高校時代、受験戦争に勝ち抜く戦術から日本史を選択した学生でも、明治以降の日本史を勉強した者は少ないし、ましてや日本史を取っていない学生は論外と言えよう。それは、大学の一、二年生に接して経験的に知ったことである。今日の日本政治の断片について、ＴＶのニュースやワイドショーなどで取り上げられるが、それらに刺激されて、あるいは啓発されて、とにかく日本政治について少しでも関心を持つことになった大学生に、現代日本政治の全体の流れを分かり易く理解できる、コンパクトにまとまった啓蒙的な入門書を提供することも有益ではないかと思えるようになった。

もともと、私は日本政治の専門家ではない。私は、後発近代国家としてのドイツの国家の在り方と、その在り方に影響を与えた政治思想や政治理論、そして法思想に関する研究を約半世紀間続けてきた。と同時に、また後発国であるドイツの国民的自由主義系統の学者達――その典型はマックス・ウェーバーであるが――は、そのモデル国としてイギリスを基準にして自国の政治改革を主張したこともあり、イギリス政治の研究も行なってきた。

顧みるなら、明治一四年の政変以降、日本はドイツを近代国家確立に際してのモデル国と定め、ドイツの国制、その運用に関わる学問である国家学、行政法学、民法の受容のみならず、軍事制度、医学を含めて、社会、経済、文化の全般にわたってその長所の受容に努め、その結果、近代日本の国家はドイツ帝国のアジア版という形態をとるようになったと言っても過言ではないと言えよう。従って、近代国家成立以降の日本政治はドイツ政治という鏡に照らして見た場合、その特徴が鮮明に浮き彫りにされよう。こうしたこともあって、私はドイツ政治研究の傍ら、イギリス政治を基準にして、ドイツ政治と日本政治を比較研究するのを怠らなかった。そうした点では、日本政治のずぶの素人というわけではない。従って、本書の特徴は、戦後の日本政治をドイツの鏡に照らして見ると同時に、さらにイギリス政治とも比較して複眼的に捉えている点である。とりわけ、戦後の日本政治の特徴を「決定中枢」に焦点を当てて明らかにした点がその第二の特徴である。

近代日本は、権力闘争が常態の国際社会の中で欧米列強の植民地にされる危機を主体的に克服することに成功した後、欧米列強と肩を並べてその生き残りを図るために、国家の命運を左右する幾度かの重大な決断を行なって来た。では、日本では、こうした政治的意志決定は偉大なる一人の大政治家が行なったのか、あるいは権力集団間の合議で行なわれたのか、はたまた周囲の「状況に強いられて」いつの間にか結果としてそうなったのか、等々について焦点を当てた研究はあまりない。例えば、隣国の中国の最高政治指導者の鄧小平は、一九七八年、「改革・開放」政策を掲げ、社会主義的市場経済路線を取る決断を主体的に行なって、それを内外に宣言した。この例は、一人の偉大な政治家が国家の命運を決める重大な政治的意志決定を行なっている様子を内外に強く印象づけ、国家を巨艦に譬えるならば、艦長が主体的に船の方向を変えている状態を髣髴させるものである。ところが、戦後日本では、二一世紀の初頭までは、誰か一人の偉大な政治家が政治的意志決定を行なったというイメージは伝わってこない。こうした「決定中枢」の在り方に関心を持ち、それを手掛かりに戦後の日本政治の特徴をコンパクトにまとめたのが本書である。

二〇二一年二月

著　者

# 第一部　「五五年体制」下の日本政治

## ――「決定中枢」の態様を中心として

# 第一章　その歴史的前提
## ――ドイツを座標軸として

### 1　戦前日独政治体制の共通点

約二五〇年間にわたって鎖国状態にあった日本は、一九世紀の中葉に、先進近代国家の一つであるアメリカによる開国の要求に屈し、それまで未経験であった権力闘争を常態とする国際政治の坩堝（るつぼ）の中に投げ込まれた。それまで日本を支配していた幕藩体制は変化した環境に適応する能力を示すことが出来ず、自壊の方向へと進むのと並行して、周辺部の西南雄藩による新しい政権作りが進行した。薩長等の西南雄藩は西洋列強によるインドや中国の植民地化の動きに関する情報を地理的に逸早く接する位置にあって、迫り来る西洋列強の進出に対して中央よりもよりその危険性を強く実感していた。それ故に、他の諸藩に先んじて変化した環境に対応できる国の再編の方向へ動き出していた。それらの西南雄藩による新しい政権作りの過程において、国の在り方についての新しいヴィジョンを持った下級武士団による新しい権力核が形成された。そして、彼らによって一八六八年、新しい中央政府が樹立され、明治維新という革命が遂行された。

言うまでもなく、約三〇〇余藩に分かれていた幕藩体制に代わる近代国家作りの構想として、ロックやルソー等の近代社会契約説等の政治思想はまだ日本には伝わっていなかった。徳川幕府に代わって新しい権力核を形成した西南雄藩の下級武士達は、西洋列強の外圧に対して自国の存続を図るために、全人民の力の結集を可能にする統一国家作りの構想を、吉田松陰の指し示した日本の古代にあった統一国家としての天皇制国家の復興の中に見出した。その結果、民族統一国家確立は「王政復古」という形で実現されることになった。明治日本の誕生である。

明治維新以降、日本は直ちに近代国家作りに着手した。しかし、統一国家は出来たものの、その中にどういう政治体制を盛り込むべきかについては未定であった。政権首脳は一八七一年（明治四年）、政治体制の研究のために、約二年間、欧米諸国に調査に出掛けた。その後、採用すべき政治体制のモデルとして先進国の英米仏の内どれを選択すべきかをめぐって、権力闘争が展開された。天皇制を前提とする限り、アメリカは考慮外であった。初め君主主義国家である英仏二国の政治体制の内、どちらを選択するかで比較検討がなされたが、両者とも天皇制を前提とする限り、適切とは言えなかった。一八八一年（明治一四年）の政変では、ついに後発近代国家であるプロイセン・ドイツが選択された。政変で主導権を掌握した長州藩出身の伊藤博文は、翌年ドイツに出向き、プロイセン・ドイツの政治体制を直接研究し、またビスマルク首相にも会い、彼から国家体制の構築についての助言を得た後、憲法起草に取り掛かり、一八八九年（明治二二年）に、プロイセン憲法公布時の対応を見倣って、「大日本帝国憲法」もプロイセン憲法と同様に欽定憲法として公布した。

こうして、日本における近代的政治体制は、その基本において、プロイセンのものを模倣する形で確立された。そして、その後の運用においても、おおむねプロイセン・ドイツの政治体制運用に関する理論と経験に学びながら、日本独自の政治体制が作り上げられていったものと見てもよかろう。従って、一九四五年の敗戦時までの日本における政治体制の運用においては、モデル国としてのプロイセン・ドイツの影響を強く受けたことは、論を待つまでもない。両国の間に、こうした政治体制とその運用におけるパラレルな現象が発生したということは、日本の政治的エリートの主体的な模倣の努力もさることながら、両国の政治的エリート間には、ある程度政治的・社会経済的に類似性とも言える特質があったことも、少なからず起因していたと思われる。というのは、両国とも政治階級は武士階級、つまり軍事貴族であり、その経済的基盤は半封建的土地所有にあったからである。日本の場合、徳川時代の長い間の鎖国状態の下で、各藩において支配階級の武士は武官であると同時に、実質的に武官のままで文官官僚として統治を担当していたし、次に述べるように、プロイセンの政治階級も同類の性格を持つ軍事貴族であったからである。

さて、ヨーロッパの中央に位置するドイツは、地政学的に国境を接する周辺諸国の多様な圧力を受け、絶えず存続の危機にさらされていた。それ故に、「外政優位」の政治体制を作り、維持せざるを得なかった。その究極の形態が「兵営国家」であった。さらにこうした「兵営国家」たらざるを得なかったのは、こうした地政学的要因の他に、その誕生時の歴史も強く作用していた。というのは、ゲルマン民族の一部が生存のための土地を求めて、一三世紀以降、スラブ人の住む東方へ武力を持って植民活動を続ける過程において占有した領土において誕生したのが、このプロイセンという国にほかならなかったからである。それ故に、プロイセンの社会経済体制の支柱的存在は武装したゲルマン人地主階級（ユンカー）であり、そして彼らの階級的利益を守るための政治体制こそがプロイセン国家にほかならなかったのである。つまり、プロイセン国家は最高司令官の国王の下に組織された軍事国家であった。それ故に、「外政優位」の政治体制を支え、運営した政治階級は、ユンカーの子弟から成る軍将校団と文官官僚団であった。彼らは、先進近代国家のイギリスやフランスの社会や自然に関する最新の知識を積極的に吸収し、その中でプロイセン政治体制の存続のために必要なもののみを取捨選択して取り入れて、それを媒介として自国の発展に適合的な政策を選定し、上から実行していった。こうして、国家と社会、政治と経済の関係の点から捉えるならば、プロイセンでは「国家優位」、「政治優位」のシステムが確立されていた。次に、初めはイギリスにおいて、次いでフランスで、産業資本主義の発達と共に資本家階級が台頭し、彼らは「市民」と称して彼らの自治によって運営される社会を構築していった。それは、通常「市民社会」と称される資本主義社会である。この社会を全体として維持し、かつその内部で解決出来ない問題を処理する機構として「市民政府」が確立された。従って、先進近代国家の中で、とりわけイギリスでは、政治とは「市民社会」の発展と共に生起した多種多様な問題を市民自身の合議によって解決する手段としての議会が政治センターとして発達し、プロイセンと違って「内政優位」、つまり「社会優位」、「経済優位」の政治体制が構築されていたのである。これらの国々は、産業革命によって手に入れた工業生産力を武器に国内に富を蓄積し、さらに高度の科学技術を応用して作った近代的兵器を持って海外へとその国威の発揚を図って、ヨーロッパでは東へ向けて、すなわち、ドイツへ向かい、一方、西では海を渡ってアフリカや南北アメリカやアジアへと進出していった。こうした英仏の東進への圧力を受けたプロイセンの政治階級は英仏に対抗するためにも「上からの革命」を断行した。つまり、上から産業資本主義を導入し、さらにそれが短時間の内に定着し、発展できるような政治体制の再編を行い、いわゆる「外見的立憲主義」体制を作り上げていったのである。

明治日本が近代国家の政治体制作りにおいてプロイセンから導入したのはほかならぬこの「外見的立憲主義」であった。政治制度は外見的には先進近代国家の英仏のそれと同様なものを上から作り上げるが、その運用は、英仏では市民が主体になって行なわれているのに反して、プロイセンでは国王が中心になって行なわれる点にその特徴があった。詳述するなら、次の通りである。形式的には三権分立制が導入された。しかし、立法府の議会はユンカーと、上から温室的に育成されつつあった資本家の両者の代表から構成されるが、それにはイギリスの議会のような首相をはじめとする内閣構成員の任命・解任権も、さらに予算協賛権以外の政府をコントロールする権限も与えられていなかった。議会のもう一つの重要な権限の立法権は実質的に国王の手中にあり、さらにイギリスの議会が持つ内閣構成員の任命・解任権も、当然に国王が掌握していた。最後に、司法権は国王任命の裁判官によって行使された。次に、軍隊は憲法外の存在に位置付けられ、国王の私兵として内閣のコントロールさえも受け付けない特権的地位を享受していた。

敗戦までの日本において支配的であった政治体制はほかならぬこのプロイセン的「外見的立憲主義」体制であった。[1]しかし、日本の方はドイツのそれと比べると著しく中央集権的であったと言える。というのは、ドイツ民族の統一国家は、一八七一年に「ドイツ帝国」の形で成立するが、それは、プロイセンがオーストリアを除くドイツ民族の二十余の諸邦国を征服する形で成立したが、しかし、日本のようには廃藩置県は行なわず、諸王朝を温存させ、諸王朝の同盟体制の形で確立されたが故に、国家構成原理の一つとして連邦制が導入されていたからである。ドイツ帝国の約三分の二の領土を持つプロイセンの国家体制はそのままに温存され、さらにプロイセンが実質的にドイツ帝国を支配する政治体制が作り出された。すなわち、帝国の主権機関は各邦国政府の使節会議の性格を持つ連邦参議院（Bundesrat）である。その議長をプロイセン首相が兼務し、さらにその意志決定型もプロイセンに有利なように制度化されていて、プロイセンが実質的に連邦参議院を主導することが出来た。さらに帝国皇帝にはプロイセン国王が就任した。一方、ドイツ人民を代表する、そして民族統一の実質的表現機関としての帝国議会（Reichstag）は、二五歳以上の男子普通選挙制度に基づいて構成されており、それ故に当時世界で最も「民主的」な外見を呈していた。しかし、その主な権限は予算協賛権しかなく、君主主義体制を隠蔽する「無花果の葉」と言われているのは故なしとは言えない。当時、イギリスでは選挙権は都市労働者の一部にしか与えられていなかった点を考慮するなら、ビスマルクが帝国議会に一八七一年に普通選挙制度を導入したことはあまりにも大胆な革新的措置であったように見られるが、しかし、その実態は、所与の民衆は「民主化の主体」ではなく、体制順応的な臣民であることを熟知した上で、民衆の保守的心情を巧みに操作して、それを吸い上げて民主主義を装いながら民主主義を抑圧するボナパルティズム的計略の産物にほかならなかった。後にヒトラーがこのポピュリズム的民主主義、すなわち人民投票的民主主義を大いに活用したことは周知の通りであるが、この人民投票的民主主義がすでにドイツ帝国創立時に政治体制の中に埋め込まれていた点は止目してもよかろう[2]。

一九二五年（大正一四年）に、日本でも普通選挙制度が導入される。その時期までの日本の政治体制はプロイセンのそれであって、ドイツ帝国のそれではないことに留意すべきであろう。明治日本では、プロイセン・ドイツの国家運営のやり方を「殖産興業」「富国強兵」というスローガンにまとめ、それを近代国家作りの目標に定め、この目標に向かってひたすらドイツを模倣してきた。しかし、一九一八年末、ドイツ帝国は第一次大戦に敗北し、敗戦を契機に勃発した革命で崩壊した。翌年の一九一九年初めに、革命状況の規定者に押し上げられた穏健なマルクス主義的社会主義政党のドイツ社会民主党（以下、ＳＰＤと略記する）は、ロシア的ボルシェヴィキ革命を目指す左翼共産主義勢力を軍部と協力して抑圧し、ワイマール共和国を誕生させた。同共和国の性格について、「皇帝は去ったが、将軍は残った」とか「憲法は変わったが、行政法は残った」と言われるように、それは、その実質においてドイツ帝国の延長に過ぎなかった。つまり、皇帝のみは去ったが、ドイツ帝国の支配的権力集団のユンカーや、そして国家の手厚い庇護の下に資本主義経済の本格的展開と共に大きく成長し、支配のヘゲモニーをユンカーからすでに奪い取っていた大資本家階級の政治的代弁者の軍部と官僚団から成る国家機構も、そのまま温存されていたからである。共和国の頂点には、今や下から人民投票的民主主義によって正当性を獲得した「代用君主」の民選大統領が座り、民主主義を装った「ドイツ帝国」が再建されたのである。但し、それはＳＰＤの協力があったればこそ可能であったために、その代償としてＳＰＤの要求はすべて制度化された。それは、ワイマール共和国を外見的に当時世界で最も進歩的な民主制に思わせた当のものであった。すなわち、政治的領域では、二〇歳以上の男女普通選挙制度、比例代表制、国政レベルにおける（国民発案、国民票決制、大統領公選制等の）直接民主主義で補完された徹底した議会制民主主義の導入、社会・経済的領域では、労働者の基本権の承認、八時間労働日制、労働組合の法的承認、労使間に締結された賃金協定の一般的拘束性、労使協調による経済運営システム（中央労働共同体）の構築、経営協議会の導入による企業内民主主義の確立、消費者も含めた職能代表制の経済会議の設置、議会の議席の三分の二の憲法改正権に基づく社会主義の合法的な実現の憲法規定上の保障、等である。[3] こうしたワイマール共和国の積極的側面は、危機にあった資本家階級が社会主義革命を阻止するために緊急避難的に労働者階級に大きく譲歩したものであった。しかし、一九二九年の世界大不況の到来と共に、敗戦と革命のショックから立ち直った産業界は、英米仏諸国との世界市場におけるシェアの争奪戦において、労働者階級に対する大きな譲歩というハンディを背負っていては、競争に勝ち残ることが困難であることを認識し始めた。その結果、大不況によって生み出された危機の諸階層（農民や下層中産階級）を人種差別的で排外主義的なナショナリズムによって組織したナチ党が一九三〇年九月の総選挙で躍進したのを幸いに、支配階級はSPDを見捨て、ナチ党との協調による権威主義体制の確立へと動き、一九三三年一月末、ヒトラー内閣を誕生させた。ヒトラーは、強国としてのドイツの再建は再軍備しかないと主張し、それを果敢に実行したために、政治階級の軍部と官僚も、ヒトラーを支持した。その結果、ワイマール共和国の政治体制は、SPDとそれに連なる自由主義、民主主義、社会民主主義を一切排除するナチ一党独裁体制として再編されることになった。もっとも、その実態は成り上がりのナチ党と軍部・官僚団、産業界の協調体制であった。そして国家の目標は、世界における大国としてのドイツ権力国家の再建であり、その目標達成のためには戦争も辞さない態勢を整え始めた。従って、ナチ・ドイツは「戦争国家」の確立に向かうことになったのである。[4]

絶えずドイツの後追いをする日本も、ワイマール共和国時代の一九二〇年代においてはドイツの「民主主義」の影響が見られた。それまで、政府の「殖産興業」政策によって上から温室的に育成されてきた財閥企業が力を付け始め、次第に政府・官僚団から相対的に自立するようになり、政党を媒介にして、帝国議会を通じて政策決定過程に影響力を行使する「政党内閣制」の時代が束の間ではあるが、到来した。いわゆる「大正デモクラシー」時代である。しかし、一九二九年（昭和四年）の世界的大不況を前後して、金融恐慌、景気後退、失業者の増大、政党腐敗等の国内矛盾が一挙に表面化し、それを対外的進出によって解決しようとする方向へと政治の舵取りが企てられた。その結果、政治の舵を取った軍部と、経済危機克服のための統制経済体制確立を目指す経済官僚団のいわゆる「革新官僚」との協調体制による中国大陸への侵略が本格化した。[5] その際、モデルとなったのが第一次大戦中のドイツの軍部独裁体制やナチ全体主義体制であった。

一九一六年、ルーデンドルフ将軍の下で戦時体制の再編が行なわれた。その際の理念は「総力戦」体制の確立であった。雌雄を決する大戦において勝者として生き残れるのは国民の総力を結集して、それを戦争目的に組織的に集中させる体制を確立した国家のみであるという考えである。この考えを実行するために、軍部独裁を支えていた政治将校達は、反体制的な労働者階級と彼らの要求を頑なに拒否する産業界との妥協を促し、一種の「戦時社会主義」体制を作り上げていた。つまり、戦争目的を遂行するという「国益」のために、連邦国家のドイツ帝国における唯一の全国的な中央官庁の性格を持つ軍の主導の下に国防生産力の向上のための軍・産・労協調体制を作り上げたのである。[6] この総力戦体制の確立過程において軍部とSPD幹部との相互信頼と協調関係が築かれていたからこそ、上述したドイツ革命期におけるボルシェヴィキ革命を阻止するためのSPDと軍部の協力が可能となったのである。ナチ全体主義体制の下では、確かにSPDは排除され、さらにSPD系労働組合はその指導部を奪われた。[7]

しかし、本体の組合はナチ党の労働戦線に編入されて、ナチ党指導下とはいえ、官・産・労の協調体制は存続した。ナチ国家は、上記の通り、本質的に戦争国家であった。しかし、それは、国民のアイデンティティーの基礎をゲルマン人種に限定した極端な人種差別的ナショナリズムに毒されていたとはいえ、全体として「ドイツ人民」の福祉をも配慮する福祉国家でもあった。というのは、ナチ一党独裁国家はその正当性の根拠の一つを極端な反ユダヤ主義的ナショナリズムに置いていたが、同時に他方の根拠をドイツ民族の生存圏の確保に置き、国内においては、ある程度の国民の最低限の生存を保障する政策を続行せざるを得なかったからである(8)。

一九三一年（昭和六年）九月のいわゆる「満州事変」を契機に、日本も総力戦体制への政治体制の再編が企てられ、ついに一九四〇年（昭和一五年）に革新官僚を中心に「新体制運動」と称する戦時総力戦体制が確立されていった。それは、ルーデンドルフ軍事独裁とナチ全体主義体制から学んだ軍・官テクノクラートによる「戦時社会主義」体制であった。政治の中枢部に陣取った軍・官テクノクラートは国民の総力を戦争目的へ集中させるために産業界と労働団体を再編し、そのコントロール下に置くと同時に、一般大衆の最低限の生存を確保するために、一種の社会福祉政策を実施した。言うまでもなく、それは銃後の憂いなく、一般兵士が従軍できるようにすることが目的であった。とはいえ、この時期に導入された小作農の農地耕作権の保障やその収入の補填、借地・借家人の保護、疾病保険や年金制度等の導入等の社会福祉制度は、戦後においても、その目的の点では変化したが、その実質は維持・拡充され、今日に至っている。従って、今日の日本の社会福祉体制の起源が「一九四〇年体制」にあり、その継続・発展である点は記憶されるべきであろう(9)。

最後に、戦前日独政治体制の共通点は、政策決定レベルに視点を移して見ると、次のような特徴が浮かび上がってくる。プロイセン的な「外見的立憲主義」体制では、権力と権威が頂点の国王（または天皇）に集中しており、国王が優れたステーツマンの資質を持つか、あるいは国王の絶対的信任を得た代理人（首相等）がステーツマンであるなら、政策決定における最終決断は国王ないしその代理人によって行なわれる体制である。その例がビスマルク、明治期日本の首相等である。次に、頂点にステーツマンが不在となる場合、二つの変種の形態が考えられよう。一つは、大正期以降の日本のように、天皇が神格化されて神の世界に封じ込められてしまい、空洞となった空間を、初めは維新の元勲が座り、彼らが死去後は首相経験者の元老が満たすケースである。このタイプの形態の極端な変種として、憲法外的存在である軍のリーダーが国王や天皇の権威を借りて軍事独裁を行なうケースである。その例はルーデンドルフ軍事独裁や日本の東条軍事独裁である。もう一つのケースは、頂点ないし政治の中枢部は空白のままで、国家運営に関与する諸権力集団間の利害の対立・競合・調整の過程で、最終的政策決定が妥協の形で結果する形態である。もっとも、この場合、最も強い影響力を持つ政治集団のイニシアティヴで政策過程が始動して、各集団間の利害対立の調整の結果として、ある政策決定が結果することになる。しかし、ある政治集団が常時イニシアティヴを発揮し、それが常態化する場合、例えば、軍部独裁の場合、軍部が、官僚独裁の場合、官僚が政策決定権を実質的に行使する場合もある。もっとも、通常の場合、ある政治集団がイニシアティヴをとり、外見的にはイニシアティヴをとった政治集団が全体を支配しているかのように見えるが、その実態は変転極まりない各政治集団間の権力闘争の一時的妥協の産物にほかならないのである。

## 2　戦後日独政治体制の共通点と相違点

### (a)　戦後ドイツの政治体制の再編とその特徴

一九四五年（昭和二〇年）五月初めに、ドイツが連合国に降伏し、次いで八月一五日に日本が降伏した。ドイツは戦場となり、米英仏ソ四ヶ国によって分割統治された。一九四五年二月のヤルタ会談の取り決めに基づいてオーデル・ナイセ河以東のドイツ領土（プロイセン王国領土の東半分であり、かつユンカーの所有する土地が集中しているところである）はポーランドに割譲され、オーデル・ナイセ河がドイツとポーランドの国境とされた。さらに、ドイツのエルベ河以東の部分（プロイセン王国の西半分であり、ユンカーの権力の牙城である）はソ連の占領下に入り、一九四九年にソ連の衛星国の東ドイツの領土となる。今日の東西統一後の新ドイツの前身の西ドイツは、主として、かつてドイツ帝国を構成したプロイセンのラインラント地方、ビスマルクによってプロイセンに吸収統合された、ハノーファーなどの諸小邦・自治都市からなる西ドイツの諸邦国とバイエルン邦国から成り、その領土面積はワイマール共和国時代の約半分である。本書第一部では、戦後日独政治体制の比較に際して、戦後に関してはドイツとは西ドイツのことであることを予め断っておきたい。なぜなら、東西ドイツの統一は西ドイツが東ドイツを吸収合併する形で実現されたので、現在のドイツは西ドイツそのものだからである。

さて、米英仏三ヶ国占領下の地域の各州（戦後、日本では邦国の原語のLandは、州と訳されるようになった。従って、本書でも、戦後の場合、Landには州の訳語を当てる）、つまり二自由市を含む一一州において、各州政府がそれぞれの占領軍によって設置を認められ、各州においてワイマール憲法を土台にした自由民主主義的憲法が制定され、それに基づく立憲政治が開始した。そして、一九四八年、この一一州の議会代表から成る憲法制定会議が設置され、ドイツが統一されるまでの暫定的憲法として「基本法」が制定され、それは翌年の五月に公布された[10]。それに基づいて連邦議会（Bundestag）の第一回総選挙が同年八月に実施され、九月一三日に同議会はアデナウアーを連邦政府首相に選出し、米英仏占領地に「ドイツ連邦共和国」（以下、西ドイツと略記する）が誕生し、ドイツ政治が再び始動し始めたのである。

西ドイツは、戦前のドイツと比較して決定的に異なる点が幾つかある。その中で最大のものは、プロイセンのマイナス的遺産が清算された点である。その点から先に見ておこう。第一に、プロイセンの「半立憲主義的」政治体制を成り立たせていたプロイセンの領土自体その半分がポーランド、そして残った半分が東ドイツの支配下に入ったことで、軍将校団や高級官僚を輩出させてきたユンカーの社会経済的基盤が消滅した点は特筆すべきであろう。その上に二度の世界大戦で主役を演じた軍隊は敗戦と占領下の解散措置によってそのもの自体が消滅してしまったのである。その結果、ユンカーは経済的にも、また政治・軍事的にも生き残れるチャンスを奪われ、それと共にドイツに強く残されていた半封建的・反動的要素がようやく一掃され、ブルジョア支配が本格的に開花できる環境が整ったことになった。そして、ユンカーと共に支配的権力集団を構成していた大資本家もナチとの協力の廉で、戦後、占領軍によってその幹部の一部が追放され、さらに巨大企業も分割されたこともあって、資本主義経営体が自由な市場主義に基づいて運営されることが可能となった。それは、ドイツ資本主義経済にとって積極的成果であったが、しかし、市民階級のイデオロギーの自由主義が支配的であった時代はすでに過ぎ去っており、従って、市民階級が単独で支配することは不可能となり、広範な労働者大衆を組織した社会民主主義政党と妥協して、その支配を貫徹するほかなくなっていた。市民階級は自由民主党（以下、ＦＤＰと略記する）に結集したが、小党に止まる運命にあったことは言うまでもない。

第二に、プロイセン国では、プロテスタント信者が圧倒的に多く、カトリック信者は主に西ドイツの領土となった地域に多く住んでいた。プロイセンの脱落によって、西ドイツ国民の大多数を構成するようになったのはカトリック信者であった点は注目してもよい。戦後、西ドイツ地域では共産主義に対抗するためカトリックとプロテスタントのキリスト教信者の和解と統一運動が展開された。ドイツ帝国創立時にカトリック教会の利益を守るために、ビスマルクと「文化闘争」を戦ったカトリック信者から成る中央党は、戦後、キリスト教信者の統一運動と歩調を合わせて、全キリスト教徒を組織した「キリスト教民主同盟」（以下、ＣＤＵと略記する）という名称を持った保守政党へと脱皮した。なお、中央党の姉妹政党の「バイエルン人民党」も名称を変え、バイエルン地方の全キリスト教徒の政党の「キリスト教社会同盟」（以下、CSUと略記する）へと脱皮したが、もともとバイエルンは保守的カトリック教徒が圧倒的に多いところであるので、名称は変わっても、実質的に旧党と変わらず、同党は戦後もCDUのバイエルン支部的役割を果たしており、CDUが政権入りする時はいつも同党と連立を組んでいる。従って、本書ではCDUという場合、CSUも含めて論じているので、この点も予め断っておきたい。CSUは政治的には保守右派で、CDUの右翼部分と見られている。さて、CDUは、総選挙において世紀転換期までは一貫して三〇%から四〇%台の支持を得ているが、それは、その一部が国民の宗教的背景に起因している点に留意する必要があろう。西ドイツの初代首相のアデナウアーはCDU党首であり、東西ドイツ統一を実現した時のコール首相も同党党首である。(11) そして、現首相のメルケルも同党党首である。

以上二点において、西ドイツはプロイセン・ドイツとは本質的に異なる国家的性格を持つようになった。この点は、戦後日本と比較した場合、第一に留意すべき点であろう。

次に基本法に基づいて新しく誕生した西ドイツの政治体制を瞥見しておこう。基本法は、ワイマール共和国の民主主義体制がナチ党によって破壊された点を反省して、社会経済的領域ではワイマール憲法の社会福祉的規定を継承しながらも、政治的領域では、ナチ党の進出を許した諸規定の批判的克服を目指した。第一に、議会制民主主義否定を目的とする政党でも、仮にそれが国民の三分の二以上の支持を得た場合、既存の政治体制の変革が可能と考えられていた「価値相対主義的民主主義」観を捨て、「闘う民主主義」という「価値絶対主義的民主主義」観が採用された点である。ナチ党の人権無視の暴虐な全体主義的独裁の苦い経験を反省して、基本法には、第一に基本的人権の尊重は三権を拘束する超実定法的規範、つまり絶対的な価値として位置づけられた。次に、この国民の基本的人権を保障する「自由で民主的な基本秩序」は絶対的なものとして位置づけられ、いかなる国家機関によっても、いかなる政治集団によっても犯すことは禁じられている。つまり、国民の三分の二以上がそれに反対しても、合法的には破棄できないのである。このように絶対的価値に高められた「自由で民主的な基本秩序」を守るために制度的措置として次の三点が導入されている。第一に、ワイマール時代のように、左右の過激政党が台頭して、議会制民主主義を否定出来ないようにするために、代表システムの保守的改革を行なったのである。選挙制度は、ワイマール時代と同様に、比例代表制を基本的に採用したが、その議席数は全議席の半分に止め、残りの半分の議席は小選挙区制にした。さらに、五％条項を設けた。それは比例代表制選挙で全有権者の五％の支持を獲得できない政党や、あるいは三つの小選挙区で当選者を出せない政党には議席を与えない制度である。次に、憲法裁判所を設置して、司法権の方からも国家機関や個人、政治集団による「自由で民主的な基本秩序」の侵犯を監視し、それを守護するシステムが構築された。最後に、行政府においても「自由で民主的な基本秩序」を脅かす人物や団体を監視し、それを取り締まる「憲法擁護庁」が設置され、三権のすべての分野において「自由で民主的な基本秩序」を守る態勢が整備されたのである。それでも、冷戦の激化や、高度経済成長に伴って多くの移民の流入があり、こうした内外の環境の変化の中で、左右の過激勢力が無視できない程に成長し始めた一九六〇年代の後半には、憲法擁護庁は「過激派取締条令」(Radikalenerlass)を制定して左右の過激派の抑制に乗り出し、他方、政府も「非常事態法」を制定し、かつそれと連動して基本法改正をも行なって、最悪の場合、「自由で民主的な基本秩序」は非常大権を発動してでも守る態勢を敷いた。この体制は、先述の通り「闘う民主主義」と言われる所以である。[12]

第二に、このような体制下でも、左右の過激政党が議会に進出し、さらに比例代表制に起因する多党化現象が生じて、ワイマール共和国末期のように議会が組閣能力を失う場合を想定して、現政権に代わる新しい政府を樹立しようとする野党ないしは野党連合は次期首相とそれを支える議会多数派を前もって作っておかない限りは、内閣不信任案の提出を不可能とする「建設的不信任案」の制度が導入された。第三に、基本法の基本的原則として、連邦制と「社会的法治国家」原理が導入された。[13] ナチ時代に連邦制が廃止されたので、西ドイツでは再び連邦制が復活した。次に「社会的法治国家」原理は二つに分けることができる。第一に、「社会的」という意味は、社会経済領域ではワイマール憲法において導入されていた、勤労大衆の職場での基本的権利を保障した法制度を継承すること、次に資本主義経済の行き過ぎた乱用をチェックする諸制度を基本法にも導入することである。こうした制度下の経済システムは「社会的市場経済」と称されている。ワイマール共和国時代の積極的成果の一つである企業内民主主義を実現するための手段としての経営協議会制度の導入と、初め石炭・鉄鋼の巨大企業のみに適用されていたが、一九七〇年代に入って他の大企業にも導入された「共同決定法」は、その顕著な象徴的制度である。共同決定法によると、従業員は経営協議会と労働組合を通じて勤務する企業の経営に参加出来るのである。つまり、監査役会の半数は従業員代表で構成されることになっている。産業民主主義の具体化として高く評価されている制度である。第二の「法治国家」というのは、言うまでもなくナチ国家が「無法国家」であったが故に、「法の支配」の徹底化をはかり、とりわけ国家権力の行使においては基本的人権の尊重と保障がより確実に守られるように国家権力の制約規範としての憲法の遵守がより強く強調されたことである。それでも、国家権力の担当者は生身の人間であるが故に、法を犯す場合もあり得るので、それをチェックするために、上記したような憲法裁判所を導入したが、それでもチェック出来ない場合を想定して、国民には不法な国家権力行使に対しては「抵抗権」を保障している。これは特筆すべき点であろう。

次に、西ドイツの統治システムは、基本的には議院内閣制である。下院の多数を支配する政党ないし政党連合が首相を選出し、その首相が政治的指導権を行使するシステムである。とはいえ連邦制国家であるため、外政、国防、通商等を除く内政全般は各州政府の所管事項であって、それらの問題については、連邦政府は共通枠組みを定める大綱法を作って、行政の共通性・同質性を担保することになっている。しかし、グローバリゼーションが進んだ今日では内政問題は外政問題と不可分の関係にあり、連邦国家の政策決定は例外なく各州政府の所管領域に干渉することになるので、各州政府との意見や利害の調整が必要となってくるのは当然と言えば当然である。それ故ドイツ帝国時代と同様に、各州政府の代表者から構成される連邦参議院（Bundesrat）が設置され、連邦政府は政策策定やその決定に際して、この連邦参議院と意見調整しなくてはならない。このような意志決定の複雑なシステムは「政治決定の錯綜性」（Politikverflechtung）と言われている。とはいえ、基本法第二一条によって政党が公法上の存在として承認されており、公的性格を持つようになった政党は、下からの国民の多様な要求を代表し、それらを公共性の観点から総括して政策決定に連結する政治的機能を実際において果たしており、つまり下からの選挙民の圧力で絶えず活性化を繰り返して、国民の要求の媒介機能を良く果しているので、西ドイツは「政党国家」とも称されている。[14] そして、各級レベルの政党政府の関与する政策決定過程においても、憲法上強力な政治的指導権が付与されている連邦政府首相が与党の党首としての資格でも、そのリーダーシップを発揮しているので、「首相民主主義」とも言われている。[15]

国家元首である大統領は連邦議会の議員と同数の各州議会の代表から成る「連邦会議」で選出され、国を代表する儀礼的権威を担う。

最後に、西ドイツの行政を見るなら、立法権は連邦議会にあるが、法律執行を担当する行政権は基本的に各州政府にある。もっとも、国防、外交、通商、交通、郵政等の連邦政府の所管事項に関してはそれを担当する中央省庁が存在するが[16]、内政全般に関しての行政は各州政府官庁が担当する。従って、官庁組織は日本のそれと違って、各州政府官庁がメインであり、中央省庁は共通行政を遂行するための任務を持つのみで、日本の中央省庁が国政において持つ比重に比べると相対的に低いと言えよう。

以上、西ドイツの政治体制についてその概要[17]を紹介したが、上述したように、一九九〇年東西ドイツが統一されても、統一は東ドイツ五州が西ドイツの連邦国家に加入する形をとったために、統一後の新ドイツでも、西ドイツの政治体制はそのまま存続している。

これまで述べてきたことを要約するなら、現在のドイツの政治体制と戦前のそれとを比較した場合、プロイセン国の脱落によって全く異なった様相を呈するのは容易に理解されよう。その上、占領下に非ナチ化政策が遂行され、ドイツ帝国時代から一貫して行政を担当してきたユンカー出身者の多い高級官僚の中で、ナチ党と関わった者は追放され、さらにプロイセン邦の消滅によってその官僚組織も解体されてしまった。その結果、ドイツ帝国からナチ時代を通じて一貫して政治の中枢にあった軍部高官・高級官僚層はほとんど政治の舞台から退場を余儀なくされてしまった。しかし、冷戦の勃発を契機に西ドイツが建国されるや、追放された高級官僚の六〇%が公職追放を解除され、その多くの者が復職している(18)。しかし、すぐ触れるが、西ドイツ政府は占領軍の非ナチ化政策を引き続き継承している点にも見られるように、政治システムと政治文化が大きく変化した状況において、国政における彼らの権力は、小さくなっていると言えよう。換言するなら、ドイツ帝国の国家目標、つまり「殖産興業」「富国強兵」という目標の内、前者は一九〇〇年頃に経済大国の建設ですでに達成されているために、残された目標の「富国強兵」が引き続き追求されたが、敗戦とその後、占領軍によって平和国家樹立の方向へと誘導されたので、「強兵」は捨てられ、「富国」が全面に打ち出され、その目標遂行のために、戦前の高級官僚の専門知識と行政能力が大いに活用されるが、日本と違って、行政は各州政府の所管領域であり、かつ「政党国家」化によって政党が政策決定権を掌握しているので、政策決定における高級官僚の比重は日本ほど大きくならなかった点は注目してもよい。

以上見たように、現在のドイツの政治システムは、その過去の内政を反省して、後発近代国家の否定的側面を清算し、自由民主主義国家として発展を遂げている。ところで、過去の反省は内政面に限ったことではない。戦後ドイツは占領軍が非ナチ化政策を遂行し、それを西ドイツ政府も継承して法制化し、自主的にナチ全体主義的要素の清算に全力を尽くした[19]。ナチ国家によって引き起こされた第二次大戦の惨禍があまりにもひどかったので、その被害国に囲まれている西ドイツとしては周辺国の信頼を取り戻し、相互に協力して新しい平和秩序を構築していくためにも、ナチ国家との違いを示す必要があった。つまり、内政の自由民主主義的発展のためばかりでなく、外政的理由からも、ナチ国家の過去の歴史の清算を内政面において徹底化せざるを得なかったのである。さらに、西ドイツ政府が内政面で非ナチ化政策を追求したもう一つの理由があった。それは、強力な社会民主主義勢力のSPDが存在している点である。本書第一部第三章2で取り挙げるが、日本にはSPDに該当する政党が存在しないことがドイツと比べると顕著な違いと言えよう。同党はナチ時代に弾圧され、海外や地下で反ナチ抵抗運動を展開した経験を持っており、その運動を西ドイツにおいても野党ないし与党として続行していった。同党は連邦レベルで野党の場合でも、各州政府の政権を担当しており、非ナチ化政策はこうして続行されることになったのである。

次に外政面でも、一九六九年、SPDはその主導の下にFDPとの連立政権を発足させるや、首相となったブラント党首は、ソ連とその支配下にある東欧諸国に対して「新東方政策」を展開し、ナチ時代にドイツが犯した戦争犯罪を謝罪し、それを償う姿勢を示した点は特筆すべきであろう。SPDはナチ国家によって弾圧された政党であり、ブラント首相自身もナチ党独裁と戦い、亡命を余儀なくされた政治家であって、ナチ国家が犯した犯罪に対して一切責任はなかった。にもかかわらず、ナチ国家の継承国家である西ドイツの首相として、ナチ国家の犯した犯罪に対して謝罪し、その罪を贖う姿勢を示した点で、西ドイツは国家の道徳的威信を回復することが可能となった。そしてそれが下地になって、将来の東西ドイツ統一も可能となったと言っても過言ではない[20]。

こうして外政面でもナチ時代の悪しき遺産を清算した西ドイツは、東西冷戦の谷間で米ソ二大超大国に対する第三の力としてのヨーロッパ連邦を画策するフランスとの和解を実現し、一九五二年に石炭・鉄鋼共同体設立協定を皮切りに地域統合の推進役を担い、ついにその延長線上において今日のＥＵの設立に主導的役割を果たすことができたのであった。[21]

人種差別的で排外主義的なナショナリズムを追求したナチ時代までの後発近代国家の道を西ドイツはきっぱりと捨てて、「基本的人権の尊重」を具現する「自由で民主的な基本秩序」の確立とその発展という普遍的原理を国家目標に掲げて、その目標遂行の一環として、共存すべき西欧諸国との超国家組織ＥＣの設立へのリーダーシップを発揮した。さらに一九九〇年の東西ドイツの統一に際しては、英仏のドイツの強国化への懸念を払拭するために、東ドイツをこのＥＣへの加盟とも受けとめられるようなやり方で念願の民族分裂の悲劇を克服し、今日に至っている。[22]以上大急ぎで、西ドイツから統一ドイツに至るまでの政治体制について見てきたが、戦後のドイツがナチ時代のドイツとは全く異なる「新しいドイツ」であることが明らかになったと言えよう。これに対比して、戦後の日本の歩みはどうか、次に見よう。

### （ｂ）戦後日本の政治体制の再編とドイツを座標軸にして見たその特徴

一九四五年八月一五日、日本はポツダム宣言を受諾し、第二次大戦は終了した。日本は、ドイツと違って、幸いにもアメリカの単独占領下に置かれ、固有の領土は北方諸島を除いては割譲されなかった。アメリカは日本占領統治に際して、既存の政治体制を基本的に温存させ、それを用いて占領目的を遂行する間接統治型をとった。[23]但し、日本が今後、再びアメリカに挑戦し、その意志を戦争に訴えて主張出来ないように、既存の政治体制の部分的な手直しを行なった。このアメリカの意志は日本国憲法の中に反映された。もっとも、新憲法は一応、大日本帝国憲法の改正手続きに従って制定された。しかし、西ドイツの基本法が上述したように、ドイツ人自身がワイマール憲法運用の苦い経験に対する反省の上に立って、同憲法の批判的な修正という形で自主的に制定されたのに反して、自民党が新憲法はアメリカに押しつけられたものであると主張しているように、その大綱はアメリカの要請に沿う形で制定されたと見てもよかろう。

新憲法の三大原則は、周知の通り、国民主権、基本的人権の尊重、平和主義である。それらは、アメリカが近代国家の普遍的原理とみなしているものである。では、このような三大原則の採用によって、既存の政治体制のどのような部分が手直しされたのであろうか。第一に、国民主権の原則の採用によって、国家の正当性原理が君主主義から民主主義に変わり、それを反映して、主権者であった天皇は「日本国の象徴であり、日本国民統合の象徴」に変わった。それによって、政策決定機構の頂点において空白が生じた。統治システムは、それを構成する幾つかの機関の名称が変わったが、本質的に従来のままである。両院制の議会が憲法上政治センターに位置付けられた。戦前の貴族院だけがその名称を参議院に変えられ、議員選出方法も下院と同様に、二〇歳以上の男女普通選挙制になった。しかし、下院優越の原則が採用され、下院たる衆議院が主権機関に位置づけられ、その最高委員会の内閣が統治機構の中枢の地位を占めるようになった。そして、内閣総理大臣、すなわち首相は戦前と違って、かつての天皇の権限を継承し、ステーツマンが首相の座に座るなら、政治システムとしては、内外にその能力を十二分に発揮できる態勢となったと言えよう。次に、天皇は、従来天皇が行なってきた国家元首としての儀礼的行為や国事行為を継続して行なうようになり、天皇と政府との関係は、外見的には戦前のそれとあまり変わらないし、時間の経過と共に、実質的に従来の慣行に戻りつつあるのが実情である。従って、国民主権の原則が採用されても、既存の政治体制の中核の統治システムは、ほとんど無傷のまま温存されたと見てもよかろう。しかし、国民主権の原理の採用によって、政治文化が大きく変わったことで、その帰結として、政治体制の目標が大きく修正を余儀なくされた点と、それと関連して、国民主権を政治制度面で実体化した議会制民主主義が憲法上正当な統治システムとして採用され、それを運用する政党が天皇に代わって最終的な政策決定者の地位を占めるようになった点は戦前と大きく異なるところである。つまり、戦後日本は、天皇制国家から西ドイツと同様に「政党国家」に変容したのである。

次に、国民主権の原理の採用による政治体制の見直しの第二の点は、基本的人権の尊重という原則とも関係するが、官僚機構の中枢にあった内務省が解体された点であろう。内務省は、戦前において国民を天皇の臣民にとどめて置き、国民が天皇制的政治文化から逸脱することがないように監視し、もし少しでも逸脱する兆候が見られると、それを弾圧する任務に従事していた。内務省の解体により、国民の思想を取締り、つまり政治的イデオロギーの全体主義的統制を担当していた特高警察は解体され、また警察それ自体も民主化された。それとの関連で、国民を全体主義的に組織していた大政翼賛会等も解散され、国民は軍国主義的に組織された官製団体から解放されて、自由になった。最後に、国民主権の原理の採用によって自由になった国民は主権者に位置づけられ、選挙を通じて国政担当者を間接的に選出し、かつ選挙を通じて彼らをコントロールすることが可能となったばかりでなく、その居住する地方政治においても、直接民主主義の原則が採用され、市民としての自覚に目覚めた場合、市民自治を行なえる制度も導入された。国民主権原則の採用の帰結として、第二の原則の基本的人権の尊重を具体化する制度改革もなされた。すなわち、封建的遺制や軍事ファシズム時代の人権抑圧体制やその慣行が清算され、日本は先進近代国家と同様に、自由民主主義が発展できる制度的条件が整備されたのである。

最後に、アメリカの占領目的の実現との関連で最も重要なのは、日本国憲法の第三の原則の平和主義の採用である。それは、憲法序文と、国際連盟加盟国によって一九二八年に調印された「ケロッグ・ブリアン条約」のエッセンスを取り入れた憲法第九条に表現されている。憲法序文では、日本は今後「平和国家」に生まれ変わることを国家目標にしたいと宣言しており、その方法として、憲法第九条は、「国権の発動たる戦争」と「武力による威嚇または武力の行使を永久に放棄する」と述べており、同条は国策遂行の手段としての戦争とそれを実行する手段としての軍隊を禁止した規定となっている。これによって、太平洋戦争中、アメリカを四年間苦しめてきた大日本帝国陸海軍は全面的に解体された。それに伴って、統治機構の中の関係官庁（陸軍省、海軍省）も解体された。そして戦前の日本は、プロイセン・ドイツと同様に軍国主義文化が優勢であったが、それも否定され、次いで軍隊とそれと深く関連する軍需産業も解体され、戦後の日本は「平和国家」に生まれ変わることになった。

アメリカ占領軍は日本政府に新憲法を制定し、その基本原則を具体化するように求め、日本政治の民主化が始められた。そして、アメリカはさらに戦前の軍国主義体制を支えた社会経済システムにもメスを入れた。第一に、「農地改革」によって、かつて天皇制国家を支えた階級基盤たる大土地所有制度を廃止し、人口の約六〇％を占めた小作人はその耕作地に対する所有権を認められ、独立自営農民に変えられた。次に財閥が解体され、「一九四〇年体制」において開始された企業における「所有と経営の分離」の傾向が一層強まり、社会経済領域における民主化も進められた(24)。

最後に、アメリカは、西ドイツにおいてと同様に、天皇を除く太平洋戦争の画策やその指導に関わったリーダーを戦犯として投獄し、東条英機元首相等の七名を処刑した。そして、その他多くを公職追放した。

こうして、敗戦後、二、三年間のアメリカの占領軍による改革によって、日本は「民主的」な平和国家の方向へ向けて大きく変容を遂げることになった。しかし、その変容は間もなく冷戦勃発によって復古的方向へと軌道修正されることになる。一九四七年、ソ連占領下の東欧における共産党政権の樹立や中国における共産党の全国制覇の見通しが明らかになるや、こうした現象をソ連の世界共産化政策の現われと解釈したアメリカのトルーマン政権は、ソ連の膨張を封じ込める政策をもってそれに対抗する決定を行い、冷戦が始まった。それと共に、二度とアメリカに挑戦できないように日本を改造しようとした占領政策は捨てられ、今度は日本をアジアにおける反共の砦に変える方向へと対日政策の転換が図られた。こうしてアメリカは、日本をアメリカ主導の同盟体制の主要な構成国に仕立て上げる政策を実行することになった。それに基づいて、日本は一九五一年（昭和二六年）、アメリカと単独講和条約を締結し、同時にソ連を仮想敵国とする軍事同盟たる「日米安全保障条約」を締結した。こうしたアメリカの対日政策の転換と共に、アメリカの占領の軛から解放され、主権を回復した日本政府は、アメリカの「民主化」を求める圧力からも解放されて、アメリカが認める軌道内ではあるが、相対的により自由に戦後日本の政治体制の再編に乗り出すことが可能となったのである。[25]

その過程を次に見よう。まず初めに、公職追放されていた高級官僚や政治家は追放が解除された。それと入れ替わる形でレッド・パージが実施されて、共産党と関係を持つ公務員やその他の公職従事者の公職追放が実施された。次に、追放解除された大戦中の軍需省（戦後間もなく、元の商工省に改称され、新憲法に基づく省庁再編で通産省となる）の高級官僚は、古巣の通産省か、財閥解体によって新しく生まれ変わった主要産業のトップに返り咲くか、あるいは旧内務省官僚と共に保守政党の幹部に返り咲き、政権与党の中枢に座って、アメリカと協力して、日本をソ連に対抗する同盟国にふさわしい国に変えるためのリーダーシップを発揮する。[26]こうした動きに対して、大戦中の軍国主義的抑圧に苦しめられ、辛酸を舐めた経験を持つ人びとは、反発した。日本は沖縄を除いてはドイツのように直接に戦場にならなかったものの、その主要都市はアメリカの空爆を受けて廃墟にされた経験を持ち、また敗戦直前の広島、長崎への原爆投下のように筆舌に尽くしがたい被害を受け、その恐ろしさを知った一般国民は、心底から平和を求め、新憲法の三大原則、とりわけ平和主義を支持した。そして、この平和主義について、その原則の擁護を主要な目標に掲げた日本社会党が日米安保条約締結に強く反対したことは言うまでもない。そして、本来、社会民主主義政党であるべき社会党は、他の要因もあるが、国民一般のこうした平和を求める声を代弁し、その実現に専念する過程で、いつの間にか党の主要な目標たる社会民主主義の実現を忘れて、平和擁護専念政党に変わってしまった点は日本的特徴と言えよう。

さて、戦後日本の再建のリーダーシップをとったのは保守政党の一つの自由党であった。同党は、解放された農民や、中小商工業者を選挙基盤とし、その指導層は日米協調を志向する戦前の外務省の高級官僚や自由主義的政治家であった。そのリーダーが戦前の英米協調外交を主唱した外相で戦後初代の首相に就任した幣原喜重郎の後継者で、外交官出身の吉田茂であった。吉田は、その在任中（一九四六年五月～一九四七年五月、一九四八年一〇月～一九五三年五月）、冷戦開始と共に始まったアメリカの再軍備の要求に対しては、憲法第九条やそれを支持する国民の世論、そしてそれに支えられた社会党の反対を口実に、すぐにはその期待には答えられないとして、それらをかわしながら、まず一九五〇年八月、朝鮮戦争勃発後すぐに警察予備隊を創設し、二年後にそれを保安隊に変えた。もっともそれを自衛隊に発展させる改革は、一九五四年（昭和二九年）、鳩山一郎内閣時代に完成する。いずれにせよ、実質的にアメリカの要求を実行して、軍隊の再建を図った。但し、その際、仮想敵国の核攻撃に対しては、日米安保条約に基づいてアメリカの核の傘に頼り、同時にアメリカの軍事活動への後方支援を行ないながら、自衛隊の任務は「専守防衛」に限定する方針を確定した。こうして、「軽武装」「経済立国」を新たな国家目標に定めて、戦後の政治体制の再建が進められていったのであった[27]。従って、日本は国防とそれと関わる外交に関しては、実質的にアメリカの指導に従わざるを得ない状況に置かれるようになったと言えよう。こうした日米安全保障体制に連なる形での軍隊の再建は、憲法第九条に違反しているとの批判も受けつつ、結果として国防に関しては二重構造が生まれることになった。すなわち、広義の国防と外交について見るならば、政府の活動は日米安全保障体制下のアメリカとの軍事同盟の義務の遂行ではあるが、それは憲法違反と見られた。ところが政府は国内では、絶えず平和主義を守ると称し、他方、解釈改憲で既成事実を積み重ねて、実質的に世界第三位の軍事力を築き上げていくのである。しかも、この事実は法的には存在しないかのように見せ掛けようと努めている。こうした二重構造を持った形の再軍備の進め方は、西ドイツの選択とは異なり、両国の顕著な相違点を形作っている。

以上、戦後の日本の政治体制の再編について、その概要を見て来たので、次に日独両国の再編された政治体制の相違点とその運用における異なった方向への国の歩み方について概観しておきたい。

冷戦勃発と共に、西欧における反共戦線の防壁国家としてアメリカのリーダーシップの下で作り出された西ドイツは、西欧防衛同盟、さらにアメリカ主導のNATOに加盟し、その構成国としての義務の一環として再軍備の方向を選択した。そのために、西ドイツは、一九五四年から一九五六年にかけて基本法第八七条を改正し国防軍を設置し、あわせて基本法第一二条を改正して徴兵制を導入し、攻撃〔侵略〕戦争を禁止している基本法第二五条の原則を守りつつ、アメリカ主導の軍事同盟体制の一国として再軍備の方策を積極的に打ち出し、それを実行していった[28]。それは、ソ連との関係から見るなら、東ドイツとの統一の道を塞ぐ選択であり、ドイツのナショナリズムの否定に繋がる選択であった。これに対して、非同盟・中立の統一ドイツの創出の形で、統一を志向する野党のSPDが反対したが、与党のCDUのアデナウアー首相は東西ドイツの統一というナショナリズムに背を向けて、将来の西欧連合の一国としてのドイツの再生の道を選択し、その帰結としての再軍備を断行した。本書第一部第三章2で詳述するが、一九五九年にSPDは、「ゴーデスベルク綱領」の採択によって、マルクス主義的階級政党から国民政党へと転換すると共に、対外政策・国防政策においても、従来の非同盟・中立政策を放棄し、与野党間に基本的対立は消滅し、今日に至っている。二〇〇一年の時点において、ドイツ軍はNATOの主力軍であるのみならず、EUの緊急対応軍の主力軍に成長し、それに伴ってドイツは、欧州における国際問題について、その発言力を強めている。

国防とそれに連なる外交分野で、西ドイツのこうした主体的選択とその活動によって、政治的リーダーたるべき首相にはステーツマンの資質が求められ、それにふさわしいステーツマンが輩出している。それに反して、本書第一部第三章1で取り上げるが、戦後日本では、国防とそれに連なる外交分野をアメリカに委ねてしまい、そして、憲法との関わりから来る国内圧力の故に国防等については常時受動的対応を余儀なくされているために、ステーツマンが育ち難い構造的欠陥が政治体制の内に埋め込まれている点は、西ドイツと大きく異なる特徴の一つであろう。

このように、再軍備と反共体制確立の方向への国の進路の転換において、日本は、西ドイツと異なる国内政治の展開を示すことになった。すなわち、西ドイツでは与野党が国防・外交政策において協力する体制が生まれ、その結果、ついに一九六六年に成立した「挙国一致」のCDUとSPDの大連合政権は、一九六八年に再軍備に伴う戦時体制の立法措置として、本書第一部第一章2（a）で指摘したように、「非常事態法」を成立させ、あわせてそれと関連する基本法改正を断行した。一方日本では、非常事態法についてはその試案が幾度も浮上したことがあったが、社会党と世論の圧力で水面下に押しやられた。もっとも、朝鮮戦争勃発後間もなく一九五〇年八月の警察予備隊創設とリンクして、ソ連等の共産主義国家の間接侵略に対処するために、一九五二年に「破壊活動防止法」が制定されたが、その後、二一世紀の初めに至るまで非常事態法（日本では「有事法制」と言う）の制定までに至らなかった〔二〇〇四年六月、国民保護法制を含め、二〇〇三年五月、それに次いで、それと一体的な関係にある「有事法制」が小泉内閣によって実現された〕。なお、日本の「破壊活動防止法」は、左翼過激主義勢力の抑制を目的にしており、それによって確かに、日本国憲法によって定礎された自由民主主義的な政治体制に対する極左勢力による破壊活動は国家権力によって抑制されることが可能となった。日本の「破壊活動防止法」に相当する西ドイツの法制は上記した「過激派取締条令」であるが、それは、日本より遅れて、約二〇年後の一九七二年に、SPD政権によって制定された。それは、一九六八年の「学生反乱」に象徴されるような「議会外運動」に対処するものであった。西ドイツでは、同条令はその後、「自由で民主的な基本秩序」を左右の過激勢力から守る「闘う民主主義」の手段として用いられた。つまり、再軍備を行なっても、また非常事態法を制定しても、さらに過激派取締条令が発布されても、それらによって政治体制が右傾化する心配はないのである。

日本では、後述するように、小沢一郎が主張する「普通の国家」への転換、つまり、西ドイツと同様に、憲法を改正して、自衛隊を「攻撃戦争の禁止」の原則を堅持しながら法的にも軍隊に変えて、国連の集団的自衛権の行使に参加できるように、国防に関して現在の「二重構造」を解消することは困難であった。というのは、それは、国民の間に長い間培われて来た「戦争アレルギー」のみならず、西ドイツと比較しての「破壊活動防止法」に象徴される政治体制の日本的特質に基因するものではないかと思われる。すなわち、日本の「破壊活動防止法」は極左に対する防衛法制であって、西ドイツのそれと違って、極右に対するものではないからである。この点について、以下、簡単に触れておこう。日本では、一九五五年（昭和三〇年）に左右社会党の合同に続いて、自由党と民主党の両保守党も合同して自由民主党、すなわち自民党が誕生し、その後、この自民党一党支配体制は一九九三年まで三八年間継続する。いわゆる「五五年体制」である。日米開戦を決定した東条内閣の商工大臣であった岸信介が自民党の第三代目の党首として、一九五七年（昭和三二年）二月に総理大臣に就任し、約三年五ヶ月間にわたって「復古的」方向へ向けての政治の軌道修正を行なったことに象徴されるように、日本の支配政党の第一世代の幹部はほとんど軍部ファシズム時代の高級官僚とそれに連なる政治家であった。従って、日本の政治体制は、極左過激勢力に対しては戦前と同様に厳しく抑制的な立場をとるが、他方極右勢力に対しては放任の立場、いや実質的には共生関係にある点が大きな特徴である。それは、文化面にも垣間見ることができる。情報・通信の発信を担当する通信社や、大衆民主主義の到来と共にマスメディアの大衆への影響力が計り知れぬぐらい増大している中で、電通等の公告・宣伝部門の巨大企業の幹部をはじめ、新聞社、ＴＶ局のトップの中に、「一九四〇年体制」時代の高級官僚が戦後返り咲いており、平和主義や個人主義、悪平等主義の面を例外とするなら、世論形成の主導権を持つマスメディアは、大体において戦前の政治文化の清算ではなく、むしろその存続に寄与している側面が強いように見受けられるからである。[29] それは、旧内務省出身の高級官僚による教科書検定の実施や、憲法の基本原則と教育の中立性を守ろうとする日教組の活動の抑圧に見られるように、今日戦前の政治文化が、平和主義と個人主義、悪平等主義によって脚色されてはいるが、事実上復活しつつあると言えよう。それは、これまで事実上使用されてきた「国旗・国歌」の法制化に顕著に現われている。この動きは、現在の日本の政治体制が「一九四〇年体制」の延長的側面を有しており、その体制のリーダーであった政治・官僚エリートが実質的に「五五年体制」の枢要な地位をこれまで占めてきた点から見ても驚くに当たらない現象であると言えよう。その結果、検定教科書では、中国への侵略は「進出」に変えられ、また太平洋戦争時代の日本帝国のスローガンであった「八紘一宇」の下での中国や東南アジア各地での侵略行為はすべて西洋列強支配下の植民地状態にある諸国民の解放のための「聖戦」であった、と本心から主張する政治家がたびたび大臣に就任し、周辺諸国から批判を受け、その都度、政府はその糊塗に励んでいる状況である。自民党におけるこうした第一世代の政治家の影響を受けた第二世代や第三世代の現在の政治家の中にも、それに同調する者が多いのが現状である。

西ドイツの場合、二度も世界大戦の原因を作った過去があり、周辺国はドイツの国粋的ナショナリズムに強い懸念を示しており、従って周辺国のこうした懸念を払拭しない限り、今後の周辺諸国との経済関係は言うに及ばず、政治的な共存関係を作り出すことは不可能に近かったと言えよう。従って、こうした「外圧」の下に、国家再建に取り組まなくてはならなかったので、西ドイツはドイツ帝国時代の軍国主義、ナチ時代の全体主義的軍国主義を一切清算し、「過去の歴史」解釈についても、周辺国との調整等に積極的に取り組み、その結果、政治文化の面では戦前と決定的な断絶が生み出されたのである。これに対して日本では、政治体制の継続もさることながら、政治文化面でも継続性が強い。それは時折アジアにおける日本の在り方に対する外国の懸念として再発し、経済的にアジアにおいて日本主導の経済圏が現在、出来上がってきているにも関わらず、ＥＣのような一種の「アジア経済共同体」が成立し得ない大きな要因ともなっていると見られよう。内政は外政と深く連関しているので、以上、国防とそれに連なる外交分野における日独の相違点を瞥見して来たので、次章において、内政における大きな相違点、つまり「五五年体制」成立後の日本独自の政治体制の展開とその変容について、とりわけ支配政党の政治路線と権力構造の変容、および政治的エリート徴募に焦点を当てて見ていくことにしたい。

【注】

（1）日独の「外見的立憲主義」の比較研究として次のものがある。望田幸男『比較近代史の論理――日本とドイツ』（ミネルヴァ書房、一九七〇年）、Ⅱ「帝国憲法体制の論理」。また、日独の近代化を比較研究したものとして同じ著者の次のものがある。『ふたつの近代――ドイツと日本はどう違うのか』（朝日選書、一九八八年）。

（2）H・ヴェーラー（大野英二・肥前栄一訳）『ドイツ帝国　一八七一―一九一八年』（原著一九八三年。未來社、一九八三年）、九五～一〇八頁。

（3）安 世舟『ドイツ社会民主党史序説――創立からワイマール共和国成立期まで』（御茶の水書房、一九七三年）、二九一～二九四頁。

（4）H・ヘーネー（五十嵐智友訳）『ヒトラー独裁への道――ワイマール共和国崩壊まで』（原著一九八三年。朝日新聞社、一九九二年）、F・ノイマン（岡本友孝他訳）『ビヒモス――ナチズムの構造と実際』（原著一九四四年。みすず書房、一九六三年）、一九九頁以下。

（5）幕末から昭和期までの日本政治の展開については、参照：升味準之輔『日本政治史』１（幕末維新、明治国家の成立）（東京大学出版会、一九八八年）、同『日本政治史』２（藩閥支配、政党政治）（東京大学出版会、一九八八年）。

（6）W・ゲルリッツ（守屋 純訳）『ドイツ参謀本部興亡史』（原著一九六七年。学習研究社、一九九八年）、二九二～二九三頁、安世舟、前掲書、二三六、二八五～二八六頁。

（7）E・マティアス（安 世舟・山田 徹訳）『なぜヒトラーを阻止できなかったか――社会民主党の政治行動とイデオロギー』（原著一九六〇年。岩波現代選書、一九八四年）、一一三～一五七頁。

（8）D・シェーンボウム（大島通義他訳）『ヒトラーの社会革命』（原著一九六七年。而立書房、一九七八年）、一三八～一四三頁。

（9）大正期と敗戦までの昭和期における日本政治の展開については、参照：升味準之輔『日本政治史』３（政党の凋落、総力戦体制）（東京大学出版会、一九八八年）、また一九四〇年体制については、参照：野口悠紀雄『一九四〇年体制――さらば「戦時経

済』（東洋経済新報社、一九九五年）、六一～六七頁、赤木須留喜『近衛体制と大政翼賛会』（岩波書店、一九八四年）。

(10) 基本法の邦訳は、高田敏・初宿正典編訳『ドイツ憲法集』（第二版）（信山社、一九九七年）に収録されている。「Ⅶ　ドイツ連邦共和国基本法」。なお、基本法解説書としては、次のものがある。村上淳一他『ドイツ法入門』（改訂第三版）（有斐閣、一九九七年）、第四章　憲法。

(11) 西ドイツの政党に関する文献として、加藤秀治郎『戦後ドイツの政党制』（学陽書房、一九八五年）等がある。

(12) 「闘う民主主義」についての研究として、次のものがある。Ｅ・イェッセ（小笠原通雄・渡辺重範訳）『戦闘的民主主義』（原著一九八〇年。早稲田大学出版部、一九八二年）。

(13) 社会的法治国家は、ワイマール共和国末期に、ナチ党の主張する「国粋社会主義国家」という右からの選択肢に対抗して、同共和国憲法の基本理念を基に政治危機の克服を目指す選択肢として、ＳＰＤ系の政治学者のヘルマン・ヘラーによって主張された。戦後、基本法制定に大きな影響力を持ったクルト・シューマッハー（ＳＰＤ初代党首）、カルロ・シュミット（基本法制定会議の指導的議員）が、ヘラーの弟子であったことから、基本法の基本原則の一つとして、「社会的法治国家」原則が採用されたと言われている。Ｈ・Ｋ・ルップ（深谷満雄訳）『現代ドイツ政治史』（原著一九八二年。有斐閣、一九八六年）、一〇九～一一二頁。

(14) Ｇ・ライプホルツ（清水望・渡辺重範訳）『政党国家』（原著一九七三年。早稲田大学出版部、一九七七年）。

(15) 平島健二『ドイツ現代政治』（東京大学出版会、一九九四年）、四二～四三頁。

(16) コール政権は、新自由主義的政策展開の一環として、一九九三年に国有鉄道を、一九九四年に郵便制度を、それぞれ民営化した。

(17) 西ドイツ政治についての文献として、大西健夫編『ドイツの政治』（早稲田大学出版部、一九九二年）等がある。

(18) 平島健司、前掲書、四八頁。

(19) 占領軍のナチ戦犯の追及と西ドイツのナチ裁判の研究として、次のものがある。野村二郎『ナチ裁判』（講談社、一九九三年）。なお、アメリカのドイツ占領政策の研究については、真鍋俊二『アメリカのドイツ占領政策――一九四〇年代国際政治のながれのなかで』（法律文化社、一九八九年）等がある。

(20) Ｈ・Ｋ・ルップ、前掲訳書、二九一～三〇三頁。

(21) ドイツと欧州統合との関係についての文献として、小野耕二『ＥＣ統合とドイツ統一』（大月書店、一九九一年）、柴山健太郎

『欧州統合と新生ドイツの政治再編』（社会評論社、一九九四年）等がある。

(22) 東西ドイツの統一についての文献として、高橋 進『歴史としてのドイツ統一――指導者たちはどう動いたか』（岩波書店、一九九九年）、山田 晟『東西両ドイツの分裂と統一』（有信堂、一九九五年）等がある。

(23) アメリカの日本占領政策についての研究として、次のものがある。J・ウイリアムズ（市 雄貴・星 健一訳）『マッカーサーの政治改革』（原著一九七九年。朝日新聞社、一九八九年）、五百旗頭真『米国の日本占領政策』上・下（中央公論社、一九八五年）。

(24) 野口悠紀雄、前掲書、九三頁。

(25) 一九四五年から一九五五年までの戦後改革とその再編ついては、参照：岡 義武編『現代日本の政治過程』（岩波書店、一九五八年）、升味準之輔『日本政治史』4（占領改革、自民党支配）（東京大学出版会、一九八八年）。同『戦後政治一九四五―五五』上・下（東京大学出版会、一九八三年）。なお、日本の戦後改革とその再編については、西ドイツのそれとの比較において政治学的に考察した優れた研究として、大嶽秀夫『アデナウアーと吉田茂』（中公叢書、一九八六年）がある。同書は、本書の第一部の主題の一つとその問題関心において共通するところがあるが、その取り扱う対象時期が異なっている。同書は、日独両国における連合国の占領と彼らによる改革の時期からそれぞれの戦後政治体制の確立期までの政治過程を、両国における戦後の建設者としての吉田茂とアデナウアーのそれぞれの政治的イデオロギーと経済政策の共通点と相違点を析出して、戦後の両国において確立された政治体制の共通点と相違点を解明している。その中で、著者は、アメリカ占領軍による「民主化」と呼ばれている日本の改革を「社会民主主義革命」と位置づけ（一二〇～一二四、三三三頁）、また西ドイツにおけるイギリス占領地域の改革も社会民主主義的改革であったと分析し、主権を回復した両国の政治指導者の吉田茂とアデナウアーは占領軍による改革を自由主義的方向において転換させ、戦後の政治体制を構築していったとの解釈を行なっている（二〇七～二一二、二二九、二七四～二七七頁）。次に、大嶽教授は、実質的に同書の続編として『再軍備とナショナリズム――保守、リベラル、社会民主主義者の防衛観』（中公新書、一九八八年）において、再軍備、防衛問題における両国の対応の相違点を地政学的な条件の違いのみならず、両国における戦前の政治体制とそれを支える政治イデオロギーの民主的克服の度合いの違いの分析の中で解明し、西ドイツと違って、戦後日本では、再軍備、防衛問題が政党政治の最大の争点となり、保守・革新間の異例の厳しいイデオロギー対立を恒常化させ、その結果、西ドイツのような右派の自由主義勢力と社会民主主義勢力との連立政権樹立を困難にさせた政治力学を明らかにしている。そして、何故に戦後の日本では、保守的政治家による「復古的」ナショナリズムの主張が声高に聞こえるのかを、防衛問題が常に教育、治安といった国内争点と分かちがたく結ばれていた点に起因している点を実証的に分析している。

さらに、同教授は、『二つの戦後・ドイツと日本』（ＮＨＫブックス、一九九二年）という著作において、この両書の内容を啓蒙風に書き直している。以上紹介した大嶽教授の三つの著作は戦後における西ドイツと日本の政治体制や政治イデオロギーにおける共通点と相違点を理解するのに大変有益であり、戦後日本政治に関心を持つ人びとに是非一読を勧めたい。

(26) Ｋ・ｖ・ウォルフレン（篠原 勝訳）『日本／権力構造』下（原著一九八九年。早川書房、一九九四年）、二三九〜二四三頁。

(27) 吉田茂の研究については、次の著作がある。猪木正道『評伝　吉田茂』（読売新聞社、一九八一年）、高坂正堯『宰相吉田茂』（中公叢書、一九六八年）、Ｊ・Ｗ・ダワー（大窪愿二訳）『吉田茂とその時代：一九四五—一九五四』（原著一九七九年。ＴＢＳブリタニカ、一九八一年）。なお、注（25）に挙げた大嶽秀夫『アデナウアーと吉田茂』にはアデナウアーと吉田茂の伝記に関して興味深い比較研究がなされている。

(28) 独米関係の研究として、真鍋俊二『現代独米関係論』（関西大学出版部、一九九八年）がある。敗戦から一九五五年までの間、アメリカ主導の軍事同盟体制の一国としての西ドイツの建国と再軍備の動きに関する研究として次のものがある。岩間陽子『ドイツ再軍備』（中央公論社、一九九三年）。

(29) Ｋ・ｖ・ウォルフレン、前掲訳書、二八四〜二八六頁。

# 第二章　「五五年体制」の政治路線と権力構造の変容

## 1　「五五年体制」の政治路線とその変容

一九五三年（昭和二八年）に吉田首相は退陣した。彼が確定した国家目標、すなわち「軽武装」「経済立国」の方向は、その後変更されることなく、世紀の転換期まで基本的に継続した。この方向は、明治日本において確定された「殖産興業」「富国強兵」という国家目標の内、前者はすでに戦前において達成され、それによってアメリカと四年間の戦争も可能となったのである。戦後は、この「殖産興業」によって作り出された資本主義経済システムは、「所有と経営の分離」によって、財閥が持つ半封建的要素が清算されて、さらに合理化されて、世界市場において十二分に競争できる能力を備えるようになるまでに発展した。上述したように、それを土台にして「富国強兵」の国家目標の内、「強兵」は否定されたので、「富国」のみが全面に打ち出され、経済大国への道を全速力で驀進することになる。この点は西ドイツと異ならない。

上述したように、新憲法下では制度上、主権を行使するのは天皇ではなく、国民の代表機関の議会であり、その議会の多数を支配する政党が政策決定権を行使する統治システムが確立された。一九五五年、保守合同によってアメリカの主導する冷戦体制の一環としての日本国内体制再編の政党基盤が確立された。それは、国際共産主義の直接的、間接的侵略に対する防衛体制でもある。その際、日本の場合西ドイツと違って、上述したように、戦前の「一九四〇年体制」を主導した指導者が反共の点でアメリカと同盟を結ぶことが許され、彼等が自由民主党の創立に参画し、かつ党内において大きな派閥を作った点は注目してもよい。なぜなら、西ドイツにおいては、こうした戦前のエリートの全面的な復活はなかったからである。この派閥のリーダーは、上記した岸信介である[1]。彼は、一九五七年（昭和三二年）二月、首相に就任後、占領軍によって部分的に改革・再編された政治体制の戦前への復古作業に着手した。彼は、反共の点で日米が共通の目的を共有しているので、この目的を達成するために、出来る限り、アメリカと対等の立場で冷戦体制の構築を行なうべきであるという考えを持ち、この考えを実現するために、まず国内体制を出来るだけ戦前型へ戻し、次に、既存の日米安保条約を日米対等の同盟条約へと改定することを当面の政策課題として提起した。それは当然新憲法の諸原則に反し、この政策課題の究極的目的は憲法改正に連なる、いわゆる「逆コース」の路線である。警察制度は、占領軍によってアメリカ型の地方分権的なものへと民主的改革がなされていたが、それは一九五一年の講和条約による独立回復後、吉田時代にすでにそのハード面では中央集権的な制度に戻されていたが、ソフト面の警察官職務執行権限の面はまだ改正されていなかった。岸首相は、一九五八年に警察官職務執行法案を国会に上程し、警察制度の「復古的」改革を完成させようとしたが、それが国民の基本的人権の尊重に抵触するのではないかという懸念を抱く野党や国民の反対で失敗した。次に、日米安保条約をアメリカと対等な相互防衛条約に改訂する条約改正案を、一九六〇年（昭和三五年）五月一六日に、野党や国民の広範囲にわたる反対を押し切って、衆議院において強行採決した。条約批准の終わった月に、この責任を負って岸首相は退陣し、吉田路線を継承した池田勇人が次期首相に就任した。池田首相は、「国民所得倍増計画」を発表し、国家目標として「高度経済成長政策」を打ち出した。彼は、それによって国民に所得倍増の夢を抱かせて、世論を二分させ、政治を不安定化させる可能性のある、安保改定やそれと関連する再軍備、憲法改正という政治争点を水面下に押え込む政治戦略を展開した。こうして、岸内閣によって少し揺り戻しがあったが、吉田が敷いた「軽武装」「経済立国」という国家目標へ向けての本格的な政策転換が遂行され、後に「日本株式会社」と言われるようになる「経済大国」へと発展する。以上の経過から推察されるように、「五五年体制」の成立時において、すでに支配政党の自民党内に二つの路線の対立があった。一つは吉田路線であり、もう一つは岸路線である。吉田路線を継承したのが自民党の左派であり、岸路線を継承したのはその右派である。池田首相から宮澤首相までの歴代首相、すなわち佐藤栄作（一九六四年一一月～一九七二年七月）、田中角栄（一九七二年七月～一九七四年一二月）、三木武夫（一九七四年一二月～一九七六年一二月）、福田赳夫（一九七六年一二月～一九七八年一二月）、大平正芳（一九七八年一二月～一九八〇年七月）、鈴木善幸（一九八〇年七月～一九八二年一一月）、中曽根康弘（一九八二年一一月～一九八七年一一月）、竹下登（一九八七年一一月～一九八九年六月）、宇野宗佑（一九八九年六月～一九八九年八月）、海部俊樹（一九八九年八月～一九九一年一一月）、宮澤喜一（一九九一年一一月～一九九三年八月）の一一人の首相の内、田中首相時代までは、基本的には、自民党左派が日本の政治を指導したが、それ以降では、福田が岸路線の継承者であり、その他の首相達は大体、田中派の支持を得て首相になっていても、全体としての自民党は、漸次「経済大国」構築の成功に伴って、いわゆる「普通の国家」、つまり戦前の政治体制の継続面の強化・発展を志向するようになり、それと共に左派が後退し、世代交代と共に第二世代や第三世代の中には岸派の思想を共有する「清嵐会」系右派が多数を占めるようになっていった。[2]

池田首相によって本格的に開始された高度経済成長政策は、田中首相時代に花を咲かせることになる。この政策は確かに国民の生活を豊かにするのに貢献したが、「ロッキード事件」で田中首相が退陣した点に象徴されるように、後に触れるが、政官財癒着体制の否定面としての政治汚職、官僚汚職を数多く表面化させ、国民の自民党への不信感を増大させた。西ドイツのように、社会民主主義政党のＳＰＤのような強力な野党が存在しないために、自民党離れした有権者の支持の受け皿となるはずの野党は、高度経済成長時代の到来と共に、分裂したままであり、それは、自民党に取って代わり政権をとって政治腐敗を浄化することができなかったと言えよう。野党の動向は次の通りである。国会議席の三分の一程度の社会党は、左右合同後五年も立たない一九六〇年（昭和三五年）、反共、自主防衛を主張する右派が党から分離して、民社党を創設した。[3] その後、同党は反共・防衛の点では、自民党右派と変わらず、自民党の別働隊と称される程であった。次に高度経済成長政策の成功の恩恵に相対的に多く与ることのできなかった大都市の人口層を組織した新興宗教団体の創価学会が母体となった公明党が一九六四年に創立された。公明党は、日蓮正宗信者を支持基盤とした宗教政党である。従って、その中には政治イデオロギー的には左右が共存しており、党内で左右の妥協が行なわれ、その結果、必然的に中道志向的にならざるを得ない傾向がある。その点では、ドイツの中央党やその後身のＣＤＵとは党の性格において類似する点がある。公明党の支援母体の創価学会名誉会長の池田大作は新憲法、とりわけその原則の一つの平和主義の擁護を主張しており、憲法擁護では社会党と共闘する可能性を持っており、さらにその支持層の要求を代弁して社会的弱者への社会福祉政策の充実化を主張した。この点では、その支持基盤を含めて共産党と競合する面もある。しかし、公明党は本質的に反共政党であり、かつ中道政党であるが故に、当然日和見的なところがある。[4] 最後に、野党の多党化・分散化と共に、その議席数を減少させていった社会党は、そのイデオロギーにおいては、基本的にはドイツ帝政時代のＳＰＤに似ており、カウツキー的な客観的経済主義的なマルクス主義を掲げており、言葉の上では、すべての問題は社会主義になれば解決出来ると称して、念仏の如く「社会主義」を唱えるが、その具体的行動は、政府の政策に何でも反対する「消極的政治」に終始した。一方、平和憲法擁護を何よりも強く唱えたことで、国民の間に存在する「戦争アレル

ギー」に支援されて、存続し続けられたと言えよう。(5)

一九九〇年代の初めにソ連の崩壊と共に冷戦も終焉し、日本の政治を取り巻く環境も激変した。一九九三年(平成五年)六月、経済大国となった日本は、大国に相応しい政治行動を国際社会において果たすべきであり、そのための前提条件として、日本は政治的に「普通の国家」に変わらなくてはならないと主張する小沢一郎をリーダーとする羽田・小沢グループの改革勢力が自民党の中核派閥の竹下派から分離・脱党し、「新生党」を結成した。また武村正義等一〇名の議員が同じく自民党から分離して保守リベラルの新党を目指す「新党さきがけ」を創立した。七月の衆議院選挙で自民党が過半数を割り、ついに「五五年体制」が崩壊した。そして、八月、共産党を除く野党連合の細川政権が誕生した。細川護熙元熊本県知事は、すでに一年前の一九九二年五月に自民党から離れて「日本新党」を結成していた。自民党から分離した諸党と、社会党、民社党、公明党などの七党八会派から成る、いわゆる細川「保革」連合政権は、「保守・中道・革新」の綱領を掲げ、「五五年体制」の改革という「政治改革」を主張し、その実現に乗り出した。同政権は、「五五年体制」の否定面としての政治腐敗の大きな要因は政権交代がなかった点や、政党活動に金がかかる点を挙げ、前者については、多党化をもたらす中選挙区制を、政権交代を可能にする小選挙区制に改め、後者については西ドイツに倣って政党経費国庫補助制を導入する案を主張した。しかし、小選挙区制に強く反対する社会党や公明党の意見も考慮して、細川内閣は、小選挙区制をベースにして、議席の半分は比例代表制にするという妥協案の「小選挙区比例代表並立制」や、政党助成法、政治資金規正法等のいわゆる政治改革関連四法案を議会で可決させ、統治システムの一部改革を実行した。西ドイツの選挙制は比例代表制をベースにした小選挙区制の「比例代表小選挙区併用制」であって、改正された日本の制度は小選挙区が主であるのに反して、比例代表制が主である。いずれにせよ、政党経費国庫補助制や、一部比例代表制を採用した点では、西ドイツの制度に近づいたと言えよう。一九九四年四月、細川首相が佐川急便からの一億円の借金問題が発生し、辞任した。細川内閣の中心的勢力である新生党の小沢一郎は、「普通の国家」への改造を急ぎ過ぎたために、社会党やさきがけとの間に対立が激化し、細川政権の後を継いだ新生党の羽田孜を首班とする連合内閣は社会党とさきがけの離脱によって、六五日で崩壊した。野党の自民党は、社会党の村山富市委員長を首班とする自民党・社会党・さきがけ三党連立内閣を一九九四年六月末に誕生させた。村山首相は、社会党の従来の政策を放棄して、日米安保条約の堅持、自衛隊合憲、日の丸・君が代の尊重を表明した。もともと平和擁護政党としての社会党の役割は冷戦の崩壊によって事実上終わっていたが、自らの党のレーゾンデートルを否定することによって、自ら退場の道を選んだかのようである。[6] 一九九四年九月、村山政権に対抗する新生、公明、民社、日本新党等の諸野党は衆議院における統一会派「改革」を結成していたが、同年末、合同して「新進党」を立ち上げた。共産党を除くなら、ドイツのように、二大連合政党制への傾向が見られた。村山政権の下で政権与党に復帰した自民党が漸次復調し、一九九六年（平成八年）初めに、村山首相が辞任し、自民党総裁の橋本龍太郎を首班とする自民党主導の自・社・さ連立内閣が誕生した。同じ時期に社会党はついに党名を「社会民主党」に変えた。しかし、同党が「社会民主党」を名乗っても、それは名のみで実態はなく、「日本国憲法擁護」政党そのものの性格をより強く示し、時代と環境が激変した中で、相変わらず「憲法擁護」に専念する保守の党であることを強く印象づけたと言えよう。一九九六年九月、武村との意見の対立から、新党さきがけから離れた鳩山由紀夫、菅直人等は旧社会党の人びとと合同して「民主党」を立ち上げた。そして、同年一〇月二〇日、小選挙区比例代表並立制に基づく最初の衆議院選挙が行なわれた。投票率は、戦後最低の五九・六五％であった。各党の議席数は次の通りである。自民党二三九、新進党一五六、民主党五二、共産党二六、社会民主党一五、さきがけ二、無所属・その他一〇、である。

一九九〇年代初めまで続いていたバブル経済がすでに崩壊していた。また冷戦崩壊を契機にアメリカは軍事よりも経済を重視し始め、高度情報技術産業を育成し、それを土台にした金融システムの世界的統一のリーダーシップをとり、日本に対しては金融自由化、グローバル・スタンダードの受け入れを求めた。こうした外圧に対して、復調を遂げた自民党主導政権の橋本内閣は財政構造改革路線を打ち出したが、かえって景気後退を招いた。ところで、連合政権の中で自民党主導色が強くなるに従って、社・さ両党は一九九六年一〇月「閣外協力」に転じ、ついに参議院選挙一ヶ月前の一九九八年六月、連立を解消した。それによって自民党単独政権が再現することになった。しかし、参議院選挙で自民党が惨敗し、橋本内閣の進める改革路線が国民によって批判されたことなり、改革路線に対しては、党の内外から批判が強まってきた。そこで、自民党内では財政構造改革路線を一時棚上げし、つまりバブル経済の清算はひとまず後回しにして、公共事業中心の在来の景気浮揚策をとるべきであるという小渕恵三派が主導権を掌握し、参議院選挙後、橋本から小渕へと首相交代が行なわれた(7)。

その間、最大野党の新進党内でも、小沢一郎の猪突猛進的改革路線に疑義を持つ勢力が分離し、同党の分解が始まった。こうして、自民党、共産党を除く諸政党の間に離合集散が繰り返された。まず一九九六年一〇月の衆議院選挙で新進党が敗北したために、議員が相次いで離党した。同年一二月、羽田孜ら一三人が離党し「太陽党」を結成した。そして一九九八年一月、新進党は解党を決定し、小沢派は「自由党」を名乗り、公明党は再び元の姿に戻り、その他のものは自民党に復帰した。参議院選挙を前にして、同年四月、太陽党や旧民社党等は民主党に合流した。

一九九八年七月、参議院選挙後、小渕政権が誕生した時の野党の状況は以上のようであった。小渕首相は、自民党が参議院選挙での惨敗によって同院の過半数を制していないことを考慮して、一九九九年一月に自由党との二党連立政権を発足させ、景気回復政策の実行に取り掛かった。もっとも、連立結成に際して、小沢自由党党首は、政治改革の仕上げとして、従来の「官僚主導型」の政治を「政治主導型」の政治に改める省庁再編、とりわけ首相の政治的リーダーシップを発揮できるような制度改革と、比例代表制に基づく議席の削減を条件として自民党に要求した。小渕連合内閣は、小沢の主張する政治改革を実現するために、一九九九年一〇月に参議院対策として公明党にアプローチし、自民、自由連立政権に公明党を招き入れた「自・自・公」連立政権を発足させた。衆参で過半数を手に入れた小渕内閣は、小渕の年来の主張だけでなく、「復古的」ナショナリスト達の念願であった「国旗・国歌」法案などを可決させ、憲法改正を射程に入れた政治の舵取りが進められた。小沢はその主張の一部が実現された後、自民党が公明党に傾斜したことを理由に連立解消を主張した。それが切っ掛けとなって、自由党内に内紛が生まれた。同党は再び分裂し、連立擁護派は二〇〇〇年四月、扇千景を党首とする小党の「保守党」を設立し、自民党、公明党の連立政権に止まった。同じ時期に小渕首相が急病で急逝し、後継首相には森喜朗が就任して「自・公・保」連立政権が成立した。新世紀を迎えた一月初めに、省庁再編が実行に移され、首相の政治的リーダーシップを支える「内閣府」も新たに設置され、大臣の他に副大臣、政務官の制度が新設され、政治家主導の政策立案・策定および執行の制度が始動し始めた。

顧みるなら、「五五年体制」は一九七〇年代に入って日本が経済大国へと発展するにつれて、「軽武装」「経済立国」という吉田が提示した国家目標を達成したことで、その任務を完遂したことになった。八〇年代から国内外の環境の変化に対応して政治体制の再編が必要となっていたが、政官財癒着体制という既得権構造は変化を拒否し、九〇年代に入った。東西冷戦の崩壊や、湾岸戦争における集団的自衛権の行使に、日本は憲法の制約のために軍隊を派遣する形での参加が出来ず、国際的な批判を受けるに至って、「五五年体制」は内政においてもすでに矛盾が表面化して、それ以上存続の可能性がなかったが、ついに自壊した。「五五年体制」の内部から自壊の触媒の役割を果たしたのは、上述したように、小沢一郎である。彼は、一九九三年五月に公刊した著作『日本改造計画』で、日本はアメリカとの緊密な同盟関係を維持し、かつアメリカと共同歩調をとって、これまでの受動的な「専守防衛戦略」から能動的な「平和創造戦略」への大転換をはかり、国際社会に通用する「普通の国家」に生まれ変わる必要があると主張した。そして、そのためには従来の官僚主導の政治体制を政治家主導のものに変える必要があり、その変革には強力な政治的リーダーシップが不可欠なので、最高政治指導者の強力なリーダーシップが発揮できるような制度改革が必要である、と主張した(8)。

## 2 「五五年体制」の権力構造の変容と政治的エリート補充

「五五年体制」が崩壊し、小沢を中心に保守・中道の諸政党の目まぐるしい離合集散があり、さらに自民党が復調して、再び「五五年体制」があたかも復活したかのように見受けられるようになった。しかし、日本の政治は、確実に小沢が描いた方向へと改革されていたことは明白である。彼の描く「普通の国家」は、岸信介が考えていた「復古的」ナショナリズムではなく、消費税によって賄う社会福祉体制への再編と、政治改革としては、政党助成法や選挙制度等の改革は、西ドイツから、そして、政治家主導の統治システムの確立は、イギリスのサッチャー首相時代の行政改革から学んでおり、社会民主主義政党の強い西欧諸国をモデルにしたものである。従って、彼の主張する「普通の国家」が機能するために必要不可欠な、イギリスの新労働党や、ドイツのSPDが日本には欠けており、彼が望んだ省庁再編はすでに実施に移されているものの、その効果は望めないであろう。その理由について、本書第一部第三章で検討するが、その前に、次にその前提としての、「五五年体制」の意志決定型や政治的エリート補充に象徴される政治体制の特質について見ておきたい。

キッシンジャーは、一九九四年に刊行した『外交』の最終章(新世界秩序考)の中、冷戦後のアメリカ外交政策の課題を取り扱い、日米関係のところで、冷戦期までの日本について、次のように記述している。「冷戦中、日本は伝統的な独立独歩の姿勢を捨て、アメリカの恩恵に浴していた。経済競争に全力をあげると決意した日本は、外交・安保政策ではワシントンに従うことによって、代わりに経済では行動の自由を得た。日米両国にとってソ連邦が安全保障面での中心的脅威と認識されていた間は、両国の国益は一致していると考えることが許された」[9]。しかし、冷戦崩壊後、日米間に経済摩擦という大きな障害が生まれた。それを克服するために、両国の間に幾度か交渉が行なわれたが、なかなか、解決されていない。その理由は、「両国の意志決定の方法の違い」という文化的障害にある。それは次の通りである。「アメリカでは、政策決定者の地位に基づいて決定がなされる。すなわち、権威のある人――多くの場合、大統領であり、国務長官の時もある――が、多かれ少なかれ地位の力によって、幾つかの選択肢の中から決定する。日本の場合、コンセンサスによって動く。たとえ総理大臣であっても、一人の人間には決定する権限はない。決定を実施しなければならない人は皆、コンセンサス形成に従事する。コンセンサスは満場一致をみるまでは完全とはみなされない」[10]。

キッシンジャーの指摘を待つまでもなく、日本の政策決定は欧米のようなトップダウン型ではなく、ボトムアップ型が主流であることは周知の通りである。しかし、ボトムアップ型の場合でも、日本のそれは色々な問題点を孕んでいる。例えば、日本の政治体制が一枚岩のような組織であるなら、ある問題についての意志決定機構の下位の決定者の決定が組織の階層制を下から上へと一段ずつ上げられていく間に、下から受けた決定についての各段階の間のコンセンサスが形成され、最後にトップの地位にある者がそれを組織の最終決定として認証し、一つの意志決定が完了することになろう。ところが、日本の政治体制は多元的権力集団の集合体であって、各々の権力集団内において各々のやり方のボトムアップ型の意志決定方法があり、それ故に最終的には各権力集団のトップの地位にある者がその代表する組織の合意された意志を持ち寄って合議して決めるよりも、ヘゲモニーを掌握しているどれかの権力集団が日本全体にかかわる問題の解決策として、彼らの価値観に基づいて、そして彼らの組織の利益実現を優先させる形で政策決定のイニシアティヴをとり、それに対抗する各権力集団との種々の利害の調整という形での集合的意志決定過程が継続し、最終的に妥協形態としての曖昧な形での一つの意志決定が生まれるのである。憲法上、最終的意志決定を行なう権限を持つ地位は首相職である。従って、首相が主宰する閣議で日本の政治体制としての意志が認証されることになるが、それは、首相の意志ではない場合もあり、あるいは首相の意志が一部含まれている場合もある。従って、日本の政治体制では、意志決定には多くの時間がかかり、その意志決定内容も多くの利害の調整・妥協の産物であるので、曖昧であり、しかも妥協が存続している間だけの実効性しか持たない一時的決定である。こうした日本の政治体制の政策決定型について、オランダのアムステルダム大学教授のウォルフレンは、オランダの新聞特派員として、一九六二年以来日本に在住して、「五五年体制」の日本政治についてつぶさに観察し、その成果に基づいて、日本政治の独特な構造に鋭い分析のメスを入れた著作『日本的権力の謎』（一九八九年）を公刊しているが、その中で、日本の政治体制は「中心を欠く《システム》」である、と指摘している。[11]また、同著では、中心を欠く日本の政治体制は、戦前では、アジアに大帝国を築き上げ、さらにその帰結としてアメリカと四年間も戦争を続行し、戦後は経済大国として不死鳥のように蘇るようなパラドックスをいろいろと見せてくれる、その謎について、次のように描写している。「采配をふるう強力な指導者さえいないのに、世界の経済征服を狙う巨人がいるような印象を海外に与えてしまう。政治的中核が存在しないのに、国内の反対勢力をほとんどすべて抱き込んでしまう力である。この《システム》は、とらえどころがない。西欧諸国の人間が把握しようとしても、するりと逃げてしまう。それに参加しているはずの日本人も、この《システム》を概念的にとらえることができないし、いわんや、変えることなどとてもできない。その参加者の大半に、そうとはっきり意識されないまま、《システム》は存在する。姿も形もない。それどころか、法にてらした正当性もないのである」[12]。

このように、外国人には、日本の政治体制には「舵取り」をする中心が見えないというのである。この指摘は戦前日本の政治システムがそのまま継続して、今日まで生き残っていることの何よりの証左である。丸山眞男はかつて軍部ファシズム体制を「無責任の体系」と分析したことがある。[13] ウォルフレンが指摘しているように、日本の政治体制が中心を欠いているとすれば、それを前提として日本政治を分析するなら、それは「無責任の体系」ということが浮かび上がってくるのは当然の成り行きであろう。というのは、政治体制を構成している各権力集団は各々の組織利益を守り、その利益拡大を既存の政治体制を通じて実現しようとしてお互いに牽制し合いながら、利害の調整を重ねる形で最終的に全体としての政治体制の意志が生まれるからである。最終的意志の形成にはそれにかかわったすべての人びとに責任があるが、そのすべての人びとの個別意志は最終的意志の中に含まれる割合は各人によって異なり、それ故に少しは責任があっても、最終的意志には全面的に責任を負える地位にある人はいないので、結果的には無責任ということになるからである。ウォルフレンが不思議がるように、日本には強力な指導者がいないのに巨人のように振舞えるのは、どうしてなのか、その理由は「五五年体制」の日本が世界第二位の経済大国へと発展できた理由の中に隠されているのである。この点について、次に考察しよう。

池田内閣以降の高度経済成長政策を実現するための政治体制の編成は次の通りであった。カリフォルニア大学のジョンソン教授は、その著書『通産省と日本の奇跡』（一九八二年）の中で、近代日本の国家的性格を「発展指向型国家」と規定している。発展指向型国家とは、プロイセン・ドイツや明治以降の日本のように、「政治優位」「国家優位」の立場からの社会経済システムの構築と、短期間の内に世界の経済競争において優位な地位を自国が獲得できるように、上から合理的、かつ計画的に産業の保護・育成を目指す国家である。[14] 池田内閣によって開始された高度経済成長政策を遂行した体制は、明治以降の「発展指向型」経済を指導したシステムの決定版の「一九四〇年体制」の継続版であった。「一九四〇年体制」では、大蔵省と軍需省は日銀と協調して、まず銀行を国家の下で再編し、そこで調達した資金を、国防生産力の増強の観点から選定された重工業に優先的に融資し、最大限の生産力を生み出す一方、企業内労働者の労働意欲を高めるための社会福祉的施策や、戦争の激化と共に、労働者の兵士への転用に伴い、銃後に残された家族生活についての配慮は内務省が担当する形で、第一次大戦中のドイツ帝国において見られたような一種の「戦時社会主義」が確立されていた。実は、「五五年体制」は、この体制の自由民主主義版とも言える編成であった。その頂点部分の地位を占めていたのは、上述したように、「一九四〇年体制」のエリートであった。この点は西ドイツと異なる顕著な相違点である。なぜなら、アメリカ占領当局は、大日本帝国時代の文官官僚機構をそのまま温存させ、それを通じて間接統治を行なったので、戦後日本が主権を回復し、経済大国化を国家目標に選択した場合、かつてその実効性を証明したシステムとそれを運営したエリートが復活するのは当然の成り行きであったからである。公職追放から解除された「革新官僚」は、上述したように、その専門知識と能力に応じて、財界、官界、政界の幹部に返り咲いた。「五五年体制」は、よく「政官財癒着体制」と言われる。それは、人的ネットワークの点から見ても当然と言える。例えば、そのほんの一例を挙げるなら、岸信介は自民党の総裁となり、首相となっており、彼の商工省大臣時代の次官の椎名悦三郎は、通産省、外相を歴任し、一九七九年に死去するまで三木内閣を誕生させるなど自民党のキングメーカーの役割を演じている。迫水久常、森永貞一郎、下村治、一万田尚登等、名を挙げるときりがないほどである。[15]

このように、「一九四〇年体制」を運営した高級官僚は、一九五〇年以降、政界、官界、財界でそのトップの地位を占めて人的ネットワークを作って、共有の「エスプリ・ド・コール」に基づいて、今回は「五五年体制」を築き、発展させていったが故に、そのメカニズムは「一九四〇年体制」とは変わらないのは不思議ではなかろう。まず、経済企画庁や通産省が産業界の中で富を最も多く生み出す可能性の高い技術革新への投資の奨励と、そこで得られた技術を用いての国際競争力の強い業種や先端産業を選定し、そこに、大蔵省は日銀や郵政省と協調して、銀行と郵便局を通じて吸い上げた国民の預金を重点的に融資し、その保護・育成に全力を尽くしたのである。他方、拡大した生産力の成果の商品の精力的な輸出攻勢をまた通産省が支援し、外国との間に経済摩擦が生じると外務省がその手当てにあたり、さらに、高度経済成長政策の実現の副産物として生まれた環境破壊や公害問題については厚生省が当たり、また厚生省や労働省は、労働者の労働意欲を高めるために西欧の先進諸国の社会福祉政策を選別的に取り入れて、日本的社会福祉体制の構築を担当した。こうして経済成長のための官産複合体が出来上がり、その指導の下に、経済大国が出現した。この体制について、上記のジョンソンは、その意志決定の面から、次のように捉えている。「日本では、発展指向的、戦略的な経済政策は、政府の中において、いわゆる経済官僚――大蔵省、通産省、農林省、建設省、運輸省および経済企画庁の役人――の中でハイレベルにある人びとによって検討される。これらの官庁は、国内のすぐれた大学のもっとも優秀な卒業生を集めており、この幹部職員の地位は、いまでも社会でもっともプレステージがあるとされている。圧力団体や政治家に影響はされるが、日本のエリート官僚は、ほとんどの主要な意志決定を行ない、ほとんどすべての法案を立案し、国家予算を管理すると共に、体制の中におけるすべての主要な政策の革新の源泉ともなっている。これと同じぐらい重要なことは、彼らは五〇歳ないし五五歳で退職したあと、民間会社、銀行、政界、そしてさまざまの特殊法人等の有力な地位に身を置くということである――これはアメリカのそれと正反対のエリートの動きである。強力、有能かつ威信にあふれた経済官僚の存在は、計画合理性の自然な結果といえる」[16]。では、こうした「五五年体制」における自民党の役割は何であったか、次に見よう。

日本の政治体制における権力行使の形態は二重構造になっている。権威と権力は分業態勢を敷いた別々の機関にそれぞれ行使されることになっている。戦前の政治体制では、権威は天皇に集中し、従って、それぞれの時代の各権力集団間の力関係の中で、ヘゲモニーを掌握した集団が国家権力を行使する時は、天皇の権威を利用せざるを得ないので、制度上天皇の権威を利用できるポストに接近し、それを掌握しなくてはならなかった。戦後においては、国民主権原則の採用によって、権威は国民にある。権力を行使しようとする場合、権力の行使を望む者は、下からの国民の支持を調達しなくてはならない。国民の支持を獲得し、実際に権力を行使する官僚機構に権威を調達する任務は政党にある。従って、「五五年体制」の存続は、その支配政党である自民党による下からの国民の権威の調達システムの作用に依存していたのである。

自民党の選挙基盤は第一に農民と中小商工業者であり、第二に大企業の従業員である。本書第一部第四章で詳しく触れるが、高度経済成長の実現に伴って、一九六〇年から七〇年代にかけて産業構造の変化と共に、人口構成も大きく変化した。高度工業化と都市化傾向の進行と共に、農村から都市へと人口が移動し、巨大な工業コンビナートが太平洋沿岸地帯に造成されたので、裏日本から関東、関西地方へと人が集まり、日本の風景は一変するようになった。農村人口は一九九〇年代迄の約四〇年間に全体の人口の六〇%台から五%へと減少した。そして世界の自由貿易体制を巧みに利用して、品質の高い電化製品や自動車、精密光学系商品の世界におけるシェアの争奪戦において漸次日本が優位に立つに従って、農産物の自由化を求めるアメリカをはじめとする諸外国の圧力が強くなり、農産物価格は必然的に下落の方向へと向かっていった。自民党は与党として、農業保護政策を堅持し、農村を巡る環境の変化に対応して、米価を物価上昇にスライドさせたり、その他の所得補填措置など農村を優遇する「ウラ社会福祉」政策を実施し、選挙地盤である農村の要求に答えてきた。[17] また、一九七三年と一九七九年の二度の石油ショックに起因する経済不況を克服する方法として、地方への公共事業の拡大が進められた。農民には、公共事業を担当する建設業者に雇用されることによって、農業収入で不足する所得の補填の道が開かれ、兼業農家が増大した。こうして、自民党は農民を、農業生産者としては農協を通じて組織し、他方、建設労働者の側面は建設業者の団体を通じて組織して、農民の要求に絶えず答えながら、選挙時における農民の支持を調達してきた。それでも都市への若者の移動を阻止することが出来ず、選挙区割りを操作して、人口過疎の農村でも、自民党に過大代表されるようなゲリマンダリング政策を続行し、農村の支持を調達し続けた。

第二に、高度経済成長政策の担い手の大企業は、本書第一部第四章で触れるが、年々増大する富をその従業員に手厚く配分し、彼らを「五五年体制」の受益者にしたので、彼らは自民党を支える大きな支持基盤となったのは言うまでもない。こうして自民党は選挙毎に議会の過半数を確保し、官僚支配に権威を調達し、「五五年体制」が順当に機能することが出来たのである。しかし自民党の支持基盤は、同党が主導した経済政策の成功の結果生み出された否定的側面によって、次第に縮減することになる。

自民党の支持基盤の縮減をもたらした要因は幾つかある。第一に、自民党の主要な基盤である農民人口の急激な減少である。第二は、都会に移住した農村出身者の階層分化である。第一に、大企業に就職した者はそれなりの豊かな生活を送る条件を手に入れて、会社ぐるみで自民党の支持者になった。しかし、都会に出て、経済成長の恩恵に浴する機会をあまり持たなかった人びとは、宗教団体に組織された者の内、創価学会に組織された者は公明党を支持し、他の者は民社党、社会党や共産党を支持するようになった。一九七〇年代に入って、田中角栄首相の日本列島改造論が切っ掛けとなって、その後、毎年土地価格が天井知らずに高騰し続け、資産インフレが一九九〇年初めまで続くが——それが加熱化した時、バブル経済と言われた——、土地の高騰のために、住居を職場の近いところに求めることが不可能となったサラリーマンは大都市郊外に住居を持つことになり、遠距離通勤が日常化した。こうした悪条件の都市への人口集中と共に、交通、ゴミ問題、住宅、学校、その他都市の施設において多くの問題が発生し、その上に、高度工業化に随伴する環境破壊や公害問題が発生して、自民党政府は、それに対する積極的な解決策を講じなかったために、都市居住者の多くで、大企業の従業員であっても、その一部や、その妻たちが自民党政策に反対する野党にその支持を切り変える者が増大する傾向を示した。第三は、高度工業化は質の高い労働力を求めたので、その需要に答える高等教育機関、とりわけ大学や短大が多く大都会に創設され、地方から青小年をより多く都市に呼び寄せることになった。一九八〇年代末には、大学と短大を合わせると約八〇〇を数えるようになった。大卒者は、初め重化学工業やその他の産業等の大企業に就職したが、その需要を超える大卒の供給が続くようになると、大企業に就職できなかった大卒者は、中小企業に就職の道を選び、その流れは小企業にも及んだ。一九九〇年代に入って、産業構造も重化学工業産業から高度情報技術産業への転換が進み、全人口の中で第三次産業や情報技術産業に勤務する者が絶対多数を占めるようになった。農村共同体の崩壊と平行して、大家族制度も崩壊した。核家族が漸次増大し、その結果、共働きの増大と共に、個人主義的価値観の定着と相まって、小子化傾向が強まり、戦前からの日本的家族制度を支えたモラルの形骸化が進行した。「五五年体制」を支えた集団組織原理であった「疑似家族共同体原理」に基づいて編成されていた大企業等の巨大組織の構成員たちにとっても、「村社会の共同体規制」はその効力が減退していく傾向を示した。第四に、マスメディアの発達によって、その世論形成に対する影響力は巨大と言えるほど強力となり、永田町の政治家達のすべての活動が茶の間のTVに毎日映し出され、政治腐敗の日常化が進むにつれて、それをマスメディアが取り上げ、絶えず批判を繰り返した。それに影響された高学歴で政治意識の高い都市の選挙民は、自民党から離れ、一時野党にその支持を切り替えてみるが、野党が自民党に取って代わって政権をとる展望が見られず、事態の改善が一向に進まないことを知るようになると共に、政治に背を向け、選挙では棄権という選択に走る。こうして、棄権者の割合は有権者の約四〇%を超えた。選挙の帰趨は、これらの無党派層の動向によって決まるようになった。自民党がたとえ議席の過半数をとったとしても、全有権者の三分の一の支持しか得られないという正当性の危機を迎えたのである。換言するなら、自民党は下からの国民の支持を調達し、統治機構の権力行使を容易に行なえるようにする権威を調達する任務に失敗し、「五五年体制」の維持が困難となっていったのである。

「五五年体制」の政治的エリートの供給源は、すでに述べたように、戦前の革新官僚とその後継者の高級官僚であった。ジョンソンがすでに指摘しているように、経済成長を推進するヘゲモニー官庁の高級官僚は、退職後在任中関係のあった大企業や官庁傘下の特殊法人等に天下りするか、あるいは権力欲の強いものは自民党に入党して代議士としての経験を積んだ後、派閥のリーダーとなり、大臣、次に総理大臣への階段を駈け登っていく。しかし、一九八〇年代に入って、第一世代の退場と共に、政治的エリート補充も変化してくる。自民党内でも大臣となる資格は議員当選回数が基準となると共に、高級官僚が退職後、自民党に入党しても、七〇歳台にならないと大臣になれない現象が生まれた。一方、長期政権の中で、二世議員で二〇歳代ないし三〇歳代で代議士になった者の中から、議会で各省庁に対応する常任委員会で関係官庁の官僚と共に政策立案に当たり、また選挙地盤の業界やその圧力団体のために関係官庁対策やそれらの利益を実現する法案作成に長年従事するいわゆる「族議員」が多く輩出し、[18]「官高党低」から「政高官低」への転換と言われるように、業界にキャプチャーされた政治家がトップに立つ割合が大きくなっていった。こうして、かつて「政官財癒着体制」という人的ネットワークによって全体としての政治体制の意志決定を調整していた革新官僚グループの退場と共に、政官財を結ぶ人的ネットワークの紐帯も緩み、ウォルフレンが指摘しているように、日本の政治体制は「舵取り」のいない、つまり政治的中心を欠くシステムのように、外には映るようになった。以上述べたような「政治的指導力の欠如」[19]は、実は、日本の政治体制の構造的欠陥である。このような欠陥が存続するのには、また別の要因も作用している。それについては、次に考察したいと思う。

**【注】**

（1）岸信介についての代表的研究として、原 彬久『岸 信介――権勢の政治家』（岩波新書、一九九五年）がある。

（2）「五五年体制」下の自民党政治についての研究は極めて多い。本書第一部の執筆に際して参考にした文献の内、代表的なものを順不同に次に挙げておく。升味準之輔『現代政治一九五五年以降』下（東京大学出版会、一九八五年）、一九七七年度政治学会年報『五五体制の形成と崩壊』（岩波書店、一九七九年）、山田浩也他『戦後政治の歩み』（法律文化社、一九九〇年）、三宅一郎他『日本政治の座標――戦後四〇年間のあゆみ』（有斐閣、一九八五年）、間場寿一他『日本政治を読む』（有斐閣、一九八七年）、村松岐夫他『日本の政治』（有斐閣、一九九四年）、福井英雄他『日本政治の視角』（法律文化社、一九八八年）、後藤基夫他『戦後保守政治の軌跡――吉田内閣から鈴木内閣まで』（岩波書店、一九八二年）、高畠道敏『地方の王国』（潮出版社、一九八六年）、同『新保守の時代はつづくのか』（三一書房、一九八七年）、同『日本政治の構造転換』（三一書房、一九九四年）、佐々木毅『自民党は再生できるのか』（日本経済新聞社、一九八九年）、小野耕二『日本政治の転換』（青木書店、一九九四年）、阿部斉『概説現代日本の政治』（東京大学出版会、一九九〇年）、石川真澄他『自民党：長期支配の構造』（岩波書店、一九八九年）、別冊宝島62『自民党という知恵――日本的政治力の研究』（ＪＩＣＣ出版局、一九八七年）、大嶽秀夫編『日本政治の争点』（三一書房、一九八四年）、大嶽秀夫『自由主義的改革の時代――一九八〇年代前期の日本政治』（中央公論社、一九九四年）、内田健三『戦後日本の保守政治』（岩波書店、一九六九年）、京極純一『日本の政治』（東京大学出版会、一九八三年）、佐藤誠三郎・松崎哲也『自民党政権』（中央公論社、一九八六年）、田中善一郎『自民党体制の政治指導』（第一法規、一九八一年）、Ｇ・カーチス（山岡清二訳）『代議士の誕生』（原著一九六七年。サイマル出版会、一九七一年）、同『「日本型政治」の本質』（原著一九八八年。ＴＢＳブリタニカ、一九八七年）、Ｊ・Ａ・Ａ・ストックウィン（荒木俊夫他訳）『現代日本の政治変動――繁栄の中の対立と統合』（原著一九八二年。木鐸社、一九八四年）、小林良彰『現代日本の政治過程』（東京大学出版会、一九九七年）、加茂利男『日本型政治システム』（有斐閣、一九九三年）、野中尚人『自民党政権下の政治的エリート』（東京大学出版会、一九九五年）、村川一郎『日本国「政府」の研究』（ぎょうせい、一九九四年）等。

次に、自民党の右傾化との関連で、「青嵐会」について簡単に触れておきたい。

青嵐会は、一九七三年（昭和四八年）七月に、主に自民党の若手、右派議員によって結成された自民党の「タカ派集団」である。代表世話人に渡辺美智雄、中川一郎、湊 徹郎、藤尾政行、玉置和郎、座長に中尾栄一、幹事長に石原慎太郎、代表幹事に加藤六月、佐藤 隆、事務局長に浜田幸一らが就任した。彼らは、「反共、自主憲法制定、教育の正常化、国防力の強化」を目指し、当時の田中内閣によって推進されていた自民党の左派路線を批判し、それに反対した（堀 幸雄『右翼辞典』三嶺書房、一九九一年、三三一～三三二頁）。青嵐会のリーダーは、世紀の転換期には引退ないし逝去し、残った会員は、森元首相をはじめ自民党の主流となっている、と見てもよかろう。また青嵐会の主張は「自主憲法の制定」を除いて殆ど実現された、と見られる。なお、青嵐会の研究として、河内 孝『血の政治――青嵐会という物語』（新潮社、二〇〇九年）がある。

（3）升味準之輔『現代政治五五年以降』下、五〇七～五一五頁。

（4）公明党の研究としては、堀 幸雄『公明党』（南窓社、一九九九年）がある。
（5）社会党に関する文献は、高畠道敏他『社会党――万年野党から抜け出せるか』（岩波書店、一九八九年）等がある。なお、社会党のイデオロギーをSPDのそれとの比較において研究した優れた著作として、大嶽秀夫『戦後日本の政治的イデオロギー』（三一書房、一九九六年）、一七五頁以下がある。
（6）岡野加穂留・藤本一美編『村山政権とデモクラシーの危機』（東信堂、二〇〇〇年）、一二三頁。
（7）一九九三年から橋本内閣期までの政界再編の動きに関する分析として、大嶽秀夫『日本政治の対立軸――九三年以降の政界再編の中で』（中公新書、一九九九年）がある。
（8）小沢一郎『日本改造計画』（講談社、一九九三年）、三二～三三、一〇五～一一〇、一一四～一一九、一五六頁。
（9）H・A・キッシンジャー（岡崎久彦監訳）『外交』下（原著一九九四年。日本経済新聞社、一九九六年）、五二七頁。
（10）同前訳書、五二九頁。
（11）K・v・ウォルフレン、前掲訳書・上、一三二頁。
（12）同前訳書、一三四頁。
（13）丸山眞男「軍国支配者の精神形態」『増補版　現代政治の思想と行動』（未來社、一九六四年）、一二九頁。
（14）Ch・ジョンソン（矢野俊比古監訳）『通産省と日本の奇跡』（原著一九八二年。TBSブリタニカ、一九八二年）、二〇～二五頁。
（15）K・v・ウォルフレン、前掲訳書・上、二二四～二二五頁。
（16）Ch・ジョンソン、前掲訳書、二四頁。
（17）伊部英夫『半国家・日本――戦後グランドデザインの破綻』（ミネルヴァ書房、一九九三年）、一三九頁。
（18）猪口 孝・岩井奉信『「族議員」の研究』（日本経済新聞社、一九八七年）、野中尚人、前掲書、一五六～一五八頁。なお、本書は、自民党の政治的エリート徴募に関して、新制度論による日仏の政治的エリート徴募についての実態調査に基づいて比較研究したものであり、興味深い指摘が多い。
（19）現代日本における「政治的指導力の欠如」について、議会制民主主義との関係において論究したものとして、次のものがある。福島新吾『日本の政治指導と課題』（未來社、一九九九年）。

# 第三章　日本における政治的指導力の欠如

## 1　ステーツマン出現を困難にする構造的欠陥

日本における意志決定はボトムアップ型であることから、トップダウン型に見られるような、組織の頂点や政治の中心的地位にある者が自主的に組織の方針を自らの責任の下で決断し、その決断に基づく現状改革なり、方向転換が結果となって現われる現象が組織の内外の人びとに明確に認識されるようになることはあまり見られない。戦前日本の政治体制では、制度の建前としては、トップの決断が一応可能であった。権威と権限が天皇に集中していた天皇制政治体制では、ポツダム宣言の受諾のように、下からの合意形成が不可能な状況下で、外圧の下で天皇が決断し、敗戦という結果が現実化した。天皇が権威を持っていたが故に、その決断に異議のある者でも、「聖断」が天皇によって下された以上、それに反対できないのである。政治体制の方向は修正され得たのである。この例は、大正、昭和期においては稀な現象であった。戦後日本の政治体制では、戦前の天皇と首相の権限を合わせ持つ内閣総理大臣は、制度的には、政治体制の方向修正を行ない得る政策決定の決断を下し、それを実行することは可能である。しかし、天皇の権威は神としてのその生まれから由来しているのに反して、国民主権の戦後では、内閣総理大臣は、国民から権威を受け取る立場にあり、政治的現実においては、その下からの権威は与党によって調達されることになっている。それ故に、ボトムアップ型をとる与党では、各派閥の合議と妥協の結果選出される首相は、法的には権限はあっても、自主的に決断できないのである。政治体制を構成する各権力集団が共有する信条や価値体系に反する決断や、各権力集団の合意済みではない事柄について独自の決断をもし行なっても、権威が伴わないので、実効性が伴わず、間もなく退陣へと追いやられるのが落ちである。戦後日本において政治的指導力の欠如という現象が吉田首相や岸首相以降になって内外に顕著に目立つようになったのは、こうした構造上の問題が起因していたのである。さらに、その他にもう一つ、日米安全保障体制も大きな要因となっている点に注意を向ける必要があろう。

アメリカ現代政治学では、その内容面から規定して政治を表わす言葉として、high politics と low politics がある。この二つの言葉に相当するドイツ語は、Grosse Politik と Kleine Politik である。近代国家は、権力闘争が常態の国際政治の中で他国の支配を受けずに存続していくために、平時においては外交、そして外交が失敗した最悪の事態においては戦争に訴えて、つまり自国の存続のための別の手段を用いての「政治の延長」を続行する。この外交と国防（安全保障）、そして戦争という国家機能は、近代国家の前身の絶対主義国家では、君主の専権的な職務とされ、近代国家では、それは、最高政治指導者が主権者の国民代表機関の協力を得て、担うことになっている。この職務は、マキアヴェリ以降、arcana imperii と言われ、後にマイネッケによって「国家理性」という用語で言い表わされ、英語では、古くから、statecraft（国政・外交の秘術ないし奥義）と言われている分野である。この国家権力の対外的発動は、アメリカ現代政治学では、ハイ・ポリティクスという用語で表現されるようになった。ビスマルクはこのハイ・ポリティクスの達人であり、明治日本の首相となった政治指導者の多くはハイ・ポリティクスにたけたステーツマンであったと見られる。これに対して、内政の分野は、ロウ・ポリティクスと言われる。各国の社会システムの違い、とりわけ資本主義経済の発展段階の違いによって、ロウ・ポリティクスの内容は種々異なるが、戦後の先進資本主義諸国では、その内容の大半は、多元的利益集団間の利害の調整となっている。この専門家こそ政治家（Politician）と言われている「政治的人間」である。M・ウェーバーの定義によると、「政治によって生きる人間」である。[1] 現代政治学の用語で言い換えれば、国民の多様な利害を政府の政策決定に媒介する役割を遂行する専門家の「政治的エリート」である。彼らは、内政運営原理を同じくする仲間と結社を作り、その結社の政党が国民の利益の表出・集約を行ない、それを政府の政策決定に反映させる活動を行なうが、こういう活動はロウ・ポリティクスと称される。「政官財癒着体制」と言われる「五五年体制」では、政権政党は、社会経済的に国民多数を実質的に支配する産業界の利益を政策に転換させるために、産業界の各分野に対して許認可権を持ち、行政指導を行なう中央省庁の各部門の高級官僚の持つ情報と専門知識をフルに活用して政策決定を行なうものと考えられている。しかし、各省の高級官僚はその担当する産業界の事情に通暁しているばかりでなく、人的ネットワークを持っているために、実質的には、彼らが政策決定を行なっているとされている。もっとも、法治国家の日本では、すべての政策決定は、国会で制定される法律の形態をとらない限り、国家権力を用いて実施できないので、国会にも政府の各省庁に対応する各常任委員会が設置されており、従って、与党議員は、自民党内の政策立案を行なう政務調査会の各分野の構成員として、各委員会でそれぞれが関係する産業界の要求を集約して、政府の政策に転換させる作業を官僚と共に行なうシステムが出来上がっている。キャリア官僚は、上述したように、退職時に在職中行政指導を行なっていた産業界に「天下り」するか、あるいは自民党に入党して選挙の洗礼を受けて政治家に転身する。政治家になった元官僚は、与党議員として、官僚時代と違って、政治家として、後輩の官僚を指導し、彼らと共に政策決定を行なうシステムが出来上がった。ウォルフレンがこのシステムを「権威主義的官僚国家」と規定しているが(2)、あながち的を外した規定とは言えないであろう。こうした内政の主要な内容である産業界の利害調整は、政治家を中心に展開されるが、それには当然「ギブ・アンド・テイク」の関係が生れて、産業界のある分野の利益が優先的に政策に変換され、それが国家権力を通じて実現されるようになると、大きな利益を手に入れたその業界は見返りとして政治家ないしは与党に献金、官僚に対しては「天下り」先の提供という形で「利益の相互供応」という癒着の構造が生まれる。「五五年体制」下で、政治家の汚職、官僚腐敗はマスメディアを通じて、これでもか、これでもかと取り上げられ、批判されるが、根絶され得なかった。理由は簡単である。政権交代がないからである。野党によるチェック機能が作用しないからである。ともあれ、利害調整の専門家、つまりロウ・ポリティクスの専門家の政治家は「下からの合意形成」の達人であり、「政治によって生きる人間」であるが故に、その補充のされ方からして、ステーツマンとして鍛えられていないので、総理大臣になっても、ステーツマンには成り得ない教育的背景が存在するのである。

こうした戦後日本政治体制における政治的エリート補充の独特な方法もさることながら、さらにステーツマンが政治の中心的地位に座ることが出来ないのは、日米安全保障体制の下では、安全保障とそれと関連する外交はアメリカに委ねられてしまっており、総理大臣や、外相、防衛庁長官〈防衛省大臣〉等がハイ・ポリティクスを命を懸けて行なうチャンスは皆無であるのだ。従って、ステーツマンが鍛えられようがないのである。二〇〇一年一月八日付けの『朝日新聞』の「中東和平交渉の停滞」と題する「ＮＥＷＳフォロースルー」欄において、松本仁一編集委員は、ステーツマンはかくあるべしという主張を、アラファトとラビンを比較して、次のように述べている。

アラファト議長で、今回の和平は大丈夫なんだろうか――。

年末年始の中東和平交渉を見ながら、そんな感じがした。パレスチナ自治政府のアラファト議長が、決断を先送りしている印象を強く受けたからである。自分は譲歩せず、パレスチナ住民の批判を避け、相手の譲歩のみを求めている。民族の将来にかかわるような交渉では、政治生命をかける覚悟が必要だ。将来のために和平以外にないと決断したら、それに全力を投入する。一時的には住民の怒りを買うような譲歩もしなければなるまい。

……

九三年、イスラエルのラビン首相はワシントンでアラファト議長の手を握り、宿敵ＰＬＯ（パレスチナ解放機構）との和解に踏み切った。そこにいたる苦悩を私にこう述べた。「決断するまでは、眠れぬ夜が幾晩もあった。決断が間違っていたら国民にどう責任をとればいいか、そればかり考えた。しかし、いったん決断してからはよく眠れた」

最後の決断をするとき、彼の妹のラヘルさん（七五歳）に語っている。「首相の椅子に座るのはいい気分を味わうためではない。目標を達成するためなのだ」。同胞に殺されることになっても、彼はその決断を変えなかった。

アラファト議長は、そうしたぎりぎりの決断をしているのだろうか。いまパレスチナ自治区のガザでは、高級アパートやリゾートホテルが次々に建てられている。エリコにはカジノまでできた。その多くはＰＬＯ幹部の利権がからんでいるという。パレスチナ住民はみんなそれを知っている。しかし、腐敗を批判する新聞は厳しい弾圧を受ける。アラファト独裁への不満は強い。……

イスラエルの建国およびその後の中東での領土拡張活動についての評価を別とするなら、イスラエルの政治の根幹部分はハイ・ポリティクスそのものであり、それを担当する政治家は、この記事に紹介されているラビン首相のように否応無しにステーツマンたらざるを得ないのである。それに比べると、日米安全保障体制下の日本の政治家は、ステーツマンたろうとしても、客観的に不可能な状況にあると言えよう。その結果、結局、ロウ・ポリティクスを担う政治家のみが首相となっているので、外から見ると、「政治的指導力の欠如」が目立つようになるのは当然といえば当然と言えよう。

言うまでもなく、こうした「政治的指導力の欠如」の原因を政権与党の内部からその頂点に長い間あって熟知している小沢一郎は、本書第一部第二章1ですでに述べたように、日本を「普通の国家」に変えるために、「官僚主導」ではなく、「政治主導」の政治体制に変える必要性があると唱え、改革の触媒の役割を果たし、その効果があって、ようやく中央省庁再編は二〇〇一年一月から実施に移されることになった。そして、首相の政治指導を支える「参謀本部」的役割を果たす「内閣府」も新設された。それは、制度的には、主に外交・安全保障を主要な職務とするアメリカ大統領とそれを支える特別補佐官制度を模倣したものと言えよう。それなら、意志決定型としても、ハイ・ポリティクスにおいてはトップダウン型が採用されるべきであろう。そして、もしトップダウン型を採用するなら、それが可能となるように、アメリカと同様に政権交代と共に、中央官庁のトップの政治職の総入れ替えが可能となるような公務員人事制度の改革も必要であろう。議院内閣制をとる西ドイツ・統一ドイツでも、アメリカの大統領制と同様に政権交代時における大幅なトップ官僚の入れ替え制度が存在している。日本と同様に、確かに公務員のキャリア制度が存在するが、政権交代時に「政務職官吏」（Politische Beamte）として類別される中央省庁の局長級以上の高級官僚の入れ替えが行なわれているのである（約二〇～四〇％）。その方法は新政権にとって好ましからざる政務職官吏を一時休息させるか、他の部署、例えば州政府に移すというような、公務員の任用における柔軟な運用システムが導入されている。また、本書第一部第一章2（a）においてすでに紹介したように、西ドイツ政治の「政党国家」化によって、国政の「政党政治化、議会主義化、連邦化」というドイツ特有の「政治決定の錯綜性」の中では、政策決定における中核的地位にあるのは「首相府」であるので、その重要なポストの約二〇％には新首相を支える人材を各省庁、州政府、議会事務局、および政党や会派の職員から新たに充当することになっており、とりわけ首相の政治指導権の行使を支える重要なポストの大半には政党職員が占めることで、「首相府」は官庁組織としても「首相民主主義」を実のあるものにしているのである。[3]さらに首相には、日本と違って、憲法上政治指導権が保障されている点は特筆されるべきであろう。ワイマール憲法第五六条は、首相の権限について、次のように規定している。「首相は、政治の基本方針を定め、これについて議会に対して責任を負う。この基本方針の枠内において、各大臣は、自己の信託された事務を、独立して、かつ自己の責任において執行する」。この条文は、基本法第六五条〔連邦首相の職務権限および任務〕においても、そのまま継承されている。西ドイツ・統一ドイツ首相の政治指導権は、まず「政治の基本方針」を決定する権限の他、大臣任免提案権、政府の事務執行監督権などから成り、首相は強力な政治的指導権を発揮することが出来る。さらに、ワイマール共和国時代に政治的指導権を共同で行使した大統領による制約が議院内閣制の採用によって無くなった上に、建設的不信任案制度の導入によって、一度首相に就任すると、自党に裏切られない限り、長期にわたって政権を担当することが可能となった。ちなみに、一九四九年から今日（二〇〇八年九月）までに、日本では首相が二八人も入れ替わったのに反して、表1に見られるように、西ドイツ・統一ドイツは、首相は僅か八人しか入れ替わっていないのである。この点から見ても、西ドイツ・統一ドイツでは、日本と比べると、一つの政権が長期間継続するのは、こうした制度に起因しているところも大きいと言えよう。

表1　西ドイツ・統一ドイツ歴代連邦内閣

| 首相およびその出身政党 | 在任期間 | 連合内閣の政党構成 |
| --- | --- | --- |
| K・アデナウアー（CDU） | 1949～1963 | CDU、CSU、FDP、その他 |
| L・エルハルト（CDU） | 1963～1966 | CDU、CSU、FDP |
| K・キージンガー（CDU） | 1966～1969 | CDU、CSU、SPD |
| W・ブラント（SPD） | 1969～1974 | SPD、FDP |
| H・シュミット（SPD） | 1974～1982 | SPD、FDP |
| H・コール（CDU） | 1982～1998 | CDU、CSU、FDP |
| G・シュレーダー（SPD） | 1998～2005 | SPD、緑の党 |
| A・メルケル（CDU） | 2005～　現在 | CDU、CSU、SPD |

確かに、日本でも、二〇〇一年一月より「内閣府」が動き出しているが、それが首相の政治指導権を保障するドイツのような制度の導入によって、それが十二分に機能できるようになったとしても、やはり、その前提として、ステーツマンが出現して、首相の地位に座る必要があろう。二一世紀の日本はどこへ向かおうとしているのか、世界は注視しているところである。そうであるなら、ステーツマンは育てなくてはならないであろう。一つは、アメリカのように、政治指導者たる首相を公選で選ぶことも一案であろう。しかし、ナポレオン一世や三世、そしてヒトラーの例もあるが、国民が民主的市民へと教育され、政治的に成熟していない場合、人民投票的リーダーは「独裁者」になりやすい危険性を孕んでいるので、ポピュリズムのネガティヴな側面が現われないような制度設計が必要であろう。

首相公選制を導入しなくても、議院内閣制をとるイギリスはもちろん、西ドイツ・統一ドイツでも、アデナウアー、ブラント、シュミット、コールという歴代の首相は、ステーツマンとして活躍してきたし、前首相のシュレーダーの活動もステーツマンとしての面目を示していた。何故に、西ドイツでは、戦後日本と同様に議院内閣制が採用されているのに、ステーツマンが輩出しているのだろうか。その地政学的要因として、冷戦時には米ソ超大国の直接対決のアリーナにあって、防衛はアメリカに依存しながらも、国際経済競争において生き残れるためにはアメリカの世界支配に異議を申し立てるフランスと協力してECを創設し、他方、国家の分断を克服するために、アメリカに気を使いながら、ソ連との間の関係改善に尽力するというハイ・ポリティクスを継続しなければならなかった点が確かに挙げられよう。しかし、それ以上に日本と違って、西ドイツにはステーツマンを輩出させる構造的条件が存在する。それは、政権交代を行い得る社会民主主義政党であるSPDが存在していたという点である。この点については、次に考察しよう。

## 2　政権担当能力を有する野党の不在

戦後日独政治体制を比較した場合、気付く顕著な相違点は、西ドイツ・統一ドイツには政権党に取って代わる強力な野党が存在している点と、社会民主主義勢力が強力であるという点である。これに対して日本には政権党を絶えず監視し憲法に違反する方向への政治の舵取りを行なう可能性が見えたら「憲政の常道」に直ちに戻らせるように、その責任を追及し、その帰結として与党に取って代わる強力な野党が存在せず、さらに健全な社会民主主義勢力が存在しなかった。こうした両国の大きな相違点を生み出した主要な要因は、ドイツは失敗した革命とはいえ、一九一八年末に「ブルジョア革命」を経験し、当時世界で最も進歩的で民主的な憲法を持つワイマール共和国を誕生させていた点である。SPDは一九一八年末において、当時世界で最強のマルクス主義的社会主義政党であったが、二年前に勃発したロシア革命の経過を見て、その反自由主義的で反民主主義的な野蛮な前轍を踏むべきではないと決断し、軍部と妥協・協力してワイマール共和国を誕生させた。しかし同共和国は、ナチ党と野合した大資本家層や軍部によって打倒された。そして、同共和国の唯一の擁護政党であるSPDは、国内では弾圧され、その指導部は外国に亡命を余儀なくされた。一二年間のナチ独裁に反対する抵抗運動の中で、ソ連に亡命した者や、戦後東ドイツで活動を再開した同党左派は、共産党と合同して「社会主義統一党」を創立した。西ドイツでは、主として同党右派が中心となって党の再建が行なわれた。しかし、ナチ独裁との闘争の中で、危機にある資本主義国家についてのマルクス主義的解釈が抵抗運動の中で多くの党員の間に浸透し、党内ではワイマール共和国時代に否定されていたカウツキー主義的なマルクス主義に固執する勢力が復活し、それと、同党をフェビアン社会主義、つまり民主社会主義政党として発展させようとする勢力との間に、指導権を巡る争いが起こった。国民的社会主義を主張したヘルマン・ヘラーの弟子のクルト・シューマッハーは、強制収容所から生還した後、党の指導権獲得闘争に勝ち残り、反共・民主社会主義路線を党の方針にすることに成功した。一九四九年の西ドイツにおける第一回目の総選挙では、SPDの得票率は二八%であり、四年後の第二回総選挙でも、その得票率は伸びなかった。マーシャル・プランの援助を得て、西ドイツ経済は五〇年代初めに驚異的な成長を遂げ、それと共に社会構造の急速な転換が進んだ。すなわち、高度技術革新によって専門能力を持った質の高い労働力の需要が高まり、さらに第三次産業の急速な成長もあって、ブルーカラー層の数は減少し、それに反比例してホワイトカラー層が増大した。従って、SPDは従来同様に労働者階級の政党として、労働者階級のみをその支持基盤に求める限り、少数党へと転落することは必然であった。民主社会主義勢力は、それまでの総選挙の動向の冷静な分析から、同党の性格を階級政党から国民政党へと転換させない限り、政権掌握の可能性は客観的にはないという結論に達した。クルト・シューマッハーの後継者の西ベルリン市長を経験したブラント党首は、その優れたリーダーシップによって、一九五九年のゴーデスベルク党大会で、一九二五年のマルクス主義的な「ハイデルベルク綱領」を破棄し、それに代えて、国民政党への転換を画する「ゴーデスベルク綱領」を採択した。同党は、この新しい綱領の採択によって、マルクス主義を党綱領の中核的理論としては認めず、民主社会主義を根拠づける考え方の一つに位置づけることで、実質的にマルクス主義を放棄した。それは、「経済秩序と社会秩序」の項目において、「可能な限りで競争を――必要な限りでの計画を」という定式によって示された。こうして、SPDは、基本法の掲げる「社会的市場経済」を承認し、さらに政治的綱領では、基本法の「自由で民主的な基本秩序」の積極的な遵守を宣言し、外交・安全保障政策においては、それまでとってきた非同盟・中立政策を捨てて、与党の再軍備政策を全面的に受け入れる政策転換を断行した[4]。この「ゴーデスベルク綱領」に象徴されるSPDの健全な国民政党への転換と共に、西ドイツでは、外政・安全保障の領域では与野党が協調し、内政においては与野党が国民により良い生活条件を提供する創造的な政策提言とその実現をめぐる競争関係に入った。一九六一年総選挙では、SPDの得票率は三六％へと上昇し、その後、選挙毎に得票率は上昇し続け、ついにそれは一九七二年には四六％近くにまで高まった。一九六六年、SPDは政権与党のCDUと「大連合政権」の結成に合意し、戦後初めて政権入りを果たして、政府内で従来の政権党をチェックし、政権担当能力の習得に努めた。というのは、冷戦下の国家活動は漸次「国家機密」のヴェールに覆われていき、議会での野党のチェック機能の届く範囲が狭まってきたので、政府の奥の院に入って、野党の立場から是々非々の観点から従来の政権党の活動についてチェック機能を果たそうとしたからである[5]。その成果があって、一九六九年に、従来CDUと連立を組んできた小党のFDPがその支持を右のCDUから左のSPDに変えたので、SPDが主導するSPD・FDP二党連立政権が誕生した。このブラント政権の「新東方政策」によって西ドイツの外政が大きく変わった。そして、外政において大きな功績を残したブラント首相は一九七四年五月に退陣を余儀なくされた。というのは、彼の側近のギョームが東ドイツのスパイであることが判明したからである。その後任には副党首のヘルムート・シュミットが就任し、前党首の政策を続行した。首相交代の躓きはあったものの、SPD主導政権はその選挙標語の「より多くのデモクラシー」を西ドイツにおいて実現し、一九八二年、CDUに政権を譲る。そして一九九八年にSPDは一六年ぶりに再び政権を奪還した。その間SPDは国民の進歩的世論の動向を絶えず注視し、男女平等の徹底化等、下からのより一層の民主化の推進を求める「基底民主主義」(Basis-demokratie)運動や、公害反対・環境保護の要求にも積極的に耳を傾ける姿勢を持ち続け、東西統一直前の一九八九年には綱領改正を行ない、男女平等の徹底化や環境保護の要求を新しい「ベルリン綱領」に取り入れた[6]。そして、一九九八年の総選挙では第一党になるや、原発反対・環境保護を主要な綱領とする「緑の党」との「赤緑連合政権」を誕生させた。そして内政では、原発廃止の決定を行なう一方、保守政権がなし得なかった、社会民主主義の立場からの福祉国家の見直しの「第三の道」的改革に取り組んで一定の成果を上げ、さらに対外的にはEUの中でのドイツの発言力の強化にも成功を収めている。また、政党と財界との癒着から当然帰結する政治腐敗を根絶するために、西ドイツでは、一九六七年に制定された政党法によって選挙経費の公的助成制度が導入されて、政党への不正献金等の政党汚職は起こり得ないものと考えられていたが、しかし、シュレーダー「赤緑連合政権」が誕生後、前政権の一六年間の活動が内側から点検された結果、ドイツ統一を成し遂げたコール前首相の財界からの巨額な献金受領の事実が暴露され、コールはCDU党首辞任へと追い込まれた。そして、CDUはより清潔な政治を目指す方向への再編が進められ、新しい党首に東ドイツ出身の女性政治家A・メルケルが就任し、彼女によって党の再建が企てられた。そして、二〇〇五年の総選挙の後に彼女は首相となり、今日に至っている。こうした西ドイツ・統一ドイツの政党政治に見られるような政権交代と健全で強力な野党の存在こそ、政治腐敗のない自由民主主義体制を存続させる必要不可欠な条件の一つであることが象徴的に示されていると見られよう。

**表２　西ドイツ・新ドイツ連邦議会選挙における各党の得票率（%）**

| | 総投票率 | CDU－CSU | SPD | FDP | 緑の党 | PDS* | その他 |
|---|---|---|---|---|---|---|---|
| 1949 | 78.5 | 31.0 | 29.2 | 11.9 | | | 27.9 |
| 1953 | 86.0 | 45.2 | 28.8 | 9.5 | | | 16.7 |
| 1957 | 87.8 | 50.2 | 31.8 | 7.7 | | | 10.3 |
| 1961 | 87.7 | 45.3 | 36.2 | 12.8 | | | 5.7 |
| 1965 | 86.8 | 47.6 | 39.3 | 9.5 | | | 3.6 |
| 1969 | 86.7 | 46.1 | 42.7 | 5.8 | | | 5.4 |
| 1972 | 91.1 | 44.9 | 45.8 | 8.4 | | | 0.9 |
| 1976 | 90.7 | 48.6 | 42.6 | 7.9 | | | 0.9 |
| 1980 | 88.6 | 44.5 | 42.9 | 10.6 | 1.5 | | 0.5 |
| 1983 | 89.1 | 48.8 | 38.2 | 7.0 | 5.6 | | 0.5 |
| 1987 | 84.3 | 44.3 | 37.0 | 9.1 | 8.3 | | 1.4 |
| 1990 | 77.8 | 43.8 | 33.5 | 11.0 | 5.1 | 2.4 | 4.2 |
| 1994 | 79.0 | 41.4 | 36.4 | 6.9 | 7.3 | 4.4 | 3.6 |
| 1998 | 82.2 | 35.1 | 40.9 | 6.2 | 6.7 | 5.1 | 5.8 |
| 2002 | 79.0 | 38.5 | 38.5 | 7.4 | 8.6 | 4.0 | 3.0 |
| 2005 | 77.7 | 35.2 | 34,2 | 9.8 | 8.1 | 8.7 † | 3.9 |

＊統一後、東ドイツの支配政党のSEDは党名を「民主社会党」(Partei des demokratischen Soizialisumus ＝ PDS）に改称した。

†シュレーダー政権の「第三の道」路線の中の新自由主義的改革に反対した元党首のO・ラフォンテーヌを指導者とするSPD左派が総選挙を目前に控えた2005年７月に分離・独立して、「労働と社会公正 - 選挙オルタナティブ」（WASG）を結成した。そして、同グループはPDSと合同政党「左翼党・PDS」（Die Linke・PDS）を結成して、九月の総選挙に望んだ。その得票率である。

出所：G. K. Roberts, German politics today, 2000, p. 51 他。

戦後日本の半世紀間、政治腐敗が続発しているが、西ドイツの政党政治を見るなら、それも「むべなるかな」と、つい納得させられてしまうのである。では、何故に、日本と違って、SPDが政権担当能力を持つことが出来たのだろうか。その第一は、先述の通り、同党は、社会構造の変化に敏感に反応して、絶えず国民の進歩的政党であろうとして、与党が示す政策体系を世界の中でのドイツのあるべき姿に照らして批判的に検証し、より良い実行可能な選択肢を国民に提示し、その支持を獲得するための党活動を絶えず活性化させていたからである。第二の要因は、政権担当能力を持つリーダーの養成に自覚的に取り組んでいる点であろう。同党は、一九〇六年に将来の党幹部の理論的能力を向上させる目的を掲げて党学校を創設して、党の次世代のリーダーの育成に努めて来た。そして、西ドイツになってからは、SPD党首出身のワイマール共和国初代大統領の名を冠する「フリードリヒ・エーベルト研究所」が設立された。それは一種のシンクタンクであるが、あらゆる分野で博士号取得者の若い研究者を集めて、党綱領の実現の観点から国民生活のあらゆる分野の政策研究に従事させる。そして、そこで一定の成果を挙げ、ある政策分野の専門家と認められた者の内、ある者は党員の政治教育を担当する党の機関に赴かせたり、あるいは他の者はSPDが政権を掌握している州政府の政治任命のトップの官職に就かせるか、あるいは党本部か支部の幹部に登用し、政治家としての訓練を行う。連邦制を採用している西ドイツ・統一ドイツでは、連邦政府でSPDが野党であっても、州政府や大都市ないしは地方自治体においては与党である場合が多く、党幹部から州政府首相となって、ある一定期間統治能力を身につけた後、党内の権力闘争に勝ち抜いて党首となって、次に政権党との権力闘争に勝利して政権をとった場合、連邦政府首相として国政を預かることになるのである。

SPDにはもう一つのエリート補充制度がある。一九六八年のパリの「学生反乱」に象徴されるように、西欧では学生の議会外闘争が拡大し、この流れは西ドイツでも隆盛となったが、一九六八年に大連合政権が基本法擁護を主張する知識人の大きな反対を押し切って、非常事態法の採択を強行したのは、こうした反体制的運動の激化に対処することもその主要な理由の一つであった。反体制的学生運動は、その後、反議会主義闘争を止めて、その代わりに毛沢東の「長征」からヒントを得て、遠大な「制度を通じての長征」型の戦略を採用し、公務員や既成政党に浸透する方向転換を行なった。[7] それに対する対策として政府が打ち出した方策は、本書第一部第一章2（a）ですでに紹介したように、「過激派取締条令」であったことは言うまでもない。SPDの下部組織の一つとして、三五歳以下の党員を構成員とする「青年社会主義者」（以下、JUSOと略記する）が存在する。[8] 反体制的な学生達は、このJUSOの構成員であった者が多く、男女平等の徹底化や環境保護を主張し、その主張の実践を地道に行い、次第にその多くのものは党内左派の中核へと成長していった。[9] 一九四四年生まれの元首相のシュレーダーは、一九歳の時にＳＰＤに入党し、ハノーファー支部幹部を経て一九七八年にＪＵＳＯ委員長に就任した。在職中ＪＵＳＯ内に穏健路線を定着させることに手腕を発揮し[10]、傍ら弁護士としても活躍し、二年後、連邦議会議員に当選、一九九〇年にニーダー・ザクセン州首相に就任した。そして一九九八年までの在職中、小型ではあるが「第三の道」の政治実験を行なった後、一九九八年に連邦政府首相となった人物である。

ＳＰＤは、一九六九年から一九八二年までの一三年間の与党時代に、「より多くのデモクラシー」を標語に掲げて、社会福祉と経済成長との調和ある発展をはかると共に、石炭・鉄鋼業のみに適用されていた共同決定法を一〇〇〇人以上の企業にも拡大し、北欧と並ぶ先進的社会福祉国家を確立しているのは周知の通りである。

こうした西ドイツ・統一ドイツのＳＰＤの活動と、戦後日本の野党、とりわけ「五五年体制」期の日本社会党のそれとを比較して見た場合、民主社会主義という党の究極目標こそ同一であっても、政治体制の構成要素としてのその役割において格段の違いがある点に瞠目せざるを得ない。明治二〇年代以降、政府は言うまでもなく、野党でもドイツを模倣しようとする傾向があり、戦後の社会党の場合もその傾向が見られる。第一次大戦までのＳＰＤは、カウツキー主義に基づく党綱領を金科玉条とし、その帰結として、政府の政策はすべて資本主義を強化するものであるとして、一貫して反対し続けた。日本社会党は、この戦前のＳＰＤのカウツキー主義の影響を強く受け、戦後、政府の政策に対して反対の態度を一貫させてきた。憲法擁護、反戦、平和主義において、同党は、村山内閣誕生までは、その主張を頑強に守ってきた。確かに、戦後、太平洋戦争時代において国民の生存を根本において脅かしていたのは戦争であったという苦い歴史体験が国民の間に根づいており、従って、この体験から「国民の生存権」を守ることは、すなわち「平和憲法」を守ることであると、国民の生存権と平和とを等置し、その結果、平和憲法擁護こそ「社会主義」という党の目標の実現に繋がるという転倒した論理から、平和憲法擁護に固執するという意味での「保守主義」に徹した。それに反して、自民党は平和憲法を可能な限り「復古的」方向において変えようとする「革新的」姿勢を一貫してとったため、自民党と社会党の「保守と革新の対決」は、平和憲法を軸として見た場合、その実態は「革新と保守の対決」であったとも言える。こうして社会党は、高度経済成長政策の成功と共に、日本の社会構造が急激に農村型社会から都市型社会へと変容し、それと共に人口の圧倒的多数を占めるようになった都市居住者の「より良い生存」のために必要な条件整備を求める政策要求、つまり西ドイツのＳＰＤが実践した社会民主主義的政策の実行を平和憲法擁護より優先させることには熱意を示さなかった。一九七〇年代に、高度経済成長政策の副産物としての公害問題や都市問題の爆発と共に、自民党の政策に業を煮やした都市居住者の多くが政党支持を与党から野党へと切り替えたことによって、東京都、大阪府、京都府等の主要な都市圏において、社会党は共産党との共闘の形で、いわゆる「革新自治体」を誕生させ、社会的弱者や高齢者に対する福祉の改善に一定の成果をもたらした。しかし、財政とのバランスを欠く「バラマキ行政」と後に批判されたように、日本を社会福祉国家として充実させようとする社会民主主義的な構想を持たずに、場当たり的な施策の積み重ねを続けた。こうした「革新自治体」の台頭に危機感を抱くようになった自民党政府は、開明的官僚団に助けられて、社会福祉先進国の政策を取り入れて、上から全国的に社会福祉政策を実施するようになり、それと共に「革新自治体」の役割も基本的に終焉し、また二度の石油ショックによる不況によって「革新自治体」の財政破綻が顕在化して、「革新自治体」の退潮が始まり、それと共に社会党もこの分野では凋落した。

以上見たように、戦後の日本には社会民主主義政党は存在しなかったと言っても過言ではなかろう[11]。また、政権担当能力を持つ政治家の補充や、その訓練の制度においても、同党には見るべきものが無いと言ってもよい。同党とＳＰＤとの決定的な相違はその組織基盤の違いにある。ＳＰＤは大衆組織政党であり、職場のみならず、市民の居住地に支部組織を置き、日常的に国民の日々の要求を吸い上げ、それを集約して政策化する一方、党員の徴募を積極的に行なっている。これに対して、日本社会党は総評などの官公労働組合連合体にその支持基盤を置き、その幹部は組合の退職幹部によって補充されるという慣行を守っており、その帰結として同党は総評等の組合の利益の代弁者、つまりその圧力団体に終止したと見られよう。他方で反共・復古的方向への日本の政治体制の再編強化を目指す中曽根内閣が一九八二年出現し、同内閣は、アメリカのレーガン大統領やイギリスのサッチャー首相の新自由主義政策にあやかって、「小さな政府」「強い国家」をスローガンに規制緩和、行政改革を主張して、国鉄や電電公社等の民営化に成功した。それによって官公労を主体とする総評が解体され、社会党はその支持基盤を失い、さらに一九九〇年ソ連の崩壊と共に第三次世界大戦の危機も遠ざかり、またイデオロギー対立の構図も氷解し、平和憲法「保守主義」が機能する国際情勢も激変し、社会党は、政党としてその存続する内外の条件を失って早晩消滅する運命にあった。このように、戦後日本では、政権党を監視し、それに取って代わって政権を担当できる野党が欠如していたが故に、野党という挑戦者を持たない与党のリーダーは大きく成長するチャンスを持ちようがなく、ステーツマンに成る条件を欠くことになったのである。

**【注】**

（1）M・ウェーバー（脇 圭平訳）『職業としての政治』（原著一九一九年。岩波文庫、一九八〇年）、一二一頁。

（2）K・v・ウォルフレン、前掲訳書・上、一〇四頁。

（3）K. H. Goetz, Senior Officials in the German Federal Administration: Instituional Change and Positional Differentiation, in: E. C. Page and V. Wright, ed., Bureaucratic Elites in Western European States, 1999, pp. 165-173; V. Busse, Bundeskanzleramt und Bundesregierung, 2001, SS. 131-132; 原田 久「ドイツ公務員制度」村松岐夫編『公務員制度改革――米・英・独・仏の動向を踏まえて』第4章（学陽書房、二〇〇八年）、一七六、一八一―一八八頁。

（4）佐瀬昌盛『SPD：戦後ドイツ社会民主党史――政権への歩み』（富士教育社会センター、一九七五年）、八〇～一二二頁。本書の付録に「ゴーデスベルク綱領」の邦訳が収録されている。

（5）同前書、一六〇頁。

（6）ベルリン綱領の邦訳は、『現代の理論』第二三二号、一九八六年一二月に収録されている。なお、新綱領をめぐる論争については、『現代の理論』第二五二号、一九八八年八月（特集「西ドイツ社会民主党の綱領論争」）に紹介されている。

（7）平島健二、前掲書、一四〇頁。なお、この「六八年世代」は、二〇〇一年時点で、五〇歳代でドイツでは社会の第一線で活躍している人が多い。その代表的な人物がシュレーダー内閣の外相のフィッシャーである。彼は、七〇年代初め議会外闘争に際して警官と衝突していた写真がマスメディアで紹介され、野党のCDUは外相が過激派であったことを理由にその辞職を議会で求め、シュレーダー元首相が彼を庇って野党の攻勢をかわしたと、二〇〇一年一月末頃から新聞に報道されている。フィッシャー元外相は緑の党出身であり、同党には「六八年世代」が多い。新聞報道によると、世論調査では、シュレーダー元首相の外相擁護を支持するものが七〇％であったと伝えている。ドイツにおける世論の動向が日本のそれといかに違うかを示す一例と言えよう。

（8）JUSOについては、注（4）の佐瀬昌盛、前掲書、「補章その二」が詳しい。

（9）P・レッシェ／F・ヴァルター（岡田浩平訳）『ドイツ社会民主党の戦後史』（原著一九九二年。三元社、一九九六年）、四一六～四三六頁。

（10）同前訳書、三四八頁。

（11）大嶽秀夫教授は、戦後日本には社会民主主義勢力が弱体であったが、しかし日本における政治的イデオロギーの対立は、基本的に経済的自由主義と社会民主主義であったとし、それは、実は自民党内の対立であり、この二つの路線の内、社会民主主義路線が、政権復帰後の吉田内閣、鈴木・中曽根内閣を例外として、自民党内で優勢であり、それ故に、自民党は社会民主主義政党であったという独創的な解釈を展開している（大嶽秀夫『自由主義的改革の時代』、三六、三二六頁）。

# 第四章　「五五年体制」の崩壊と政治体制再編の行方

## ――「舵取り」のない日本は、どこへ向かうのか？

議会制民主主義の生命線とも言える政党政治のレベルにおいても、日本には政治的指導力の欠如を克服する条件がなかった点について見てきた。そして、一九九〇年代に急速に進んでいる「経済と情報のグローバリゼーション」によって内外の環境が激変し、それに適応できるように政治体制が再編されなければ、日本は衰退の道を辿るほかない幾つかの兆候が現われているように思われた。と同時に、こうした兆候の中に、日本の再生の芽も見られるのも確かである。というのは、政治的指導力の欠如をもたらした大きな要因の一つとしての健全な野党、とりわけ社会民主主義政党の出現を不可能にした「五五年体制」そのものが制度疲労を顕在化させ、さらにそれを支えた社会構造が急速に崩壊し、その過程で新しい政治体制の構築へ向けての社会経済レベルにおける芽が現われ始めているかのように見られたからである。もし、その芽が大きな木となり、世界の多くの人びとの心に響く歌を奏でることが出来るなら、日本は二一世紀の世界をリードする国に生まれ変われるかも知れない。今後の日本政治のオルタナティブについては本章の最後のところで言及することにしたい。以下、社会構造の変化について若干考察して第一部を終えたいと思う。

一九六〇年代における高度経済成長政策の展開に際しての社会構造は、次のように編成されていた。第一に、人口の過半数を占める自営農民は、自民党政府の手厚い保護の下に、各地域の特性に応じて消費者の多様な需要に答える形で農産物の作付けにおいても多角経営を行ない、互いに地域の特性を競い合い、他方、全国的見地からの各地域の多様な利害の調整は、農民を組織した圧力団体の農協が担当した。それは、単なる圧力団体に止まらず、農民の生産活動、農産物の出荷・販売という経済活動から、保険を含めての金融などの生活全般にわたるサービスを提供する巨大な企業体でもあった。それればかりではなく、米価は政府によって毎年物価動向と連動させて決定されるために、農協は、与党を彼らの利益実現の方向へ動かすために、選挙に際しては与党候補を支援し、自民党の主要な支持基盤となっていた。しかし、一九八〇年代に入って、日本の工業製品が自由貿易体制を利用して世界市場を席捲するに及んで、その反作用として農産物の自由化を求める諸外国、とりわけアメリカの要求が強まり、政府は従来同様の農民保護政策を取り続けることが不可能となった。

次に、一九六〇年代以降、太平洋沿岸地方に新しい重化学工業地帯が出現し、農村からの労働力の工業地帯や都市への移動が本格化した。農村では、労働力の減少に対しては、年々改良される農作機械と化学肥料の投入等による農業生産の合理化で埋め合わされ、「三ちゃん農業」と言われるように、戦前の農業で必要とされた人数の数十分の一の数で、単位面積当たりではより多くの収穫物を手に入れることが可能になった。こうして余剰となった労働力は工業部門へと移動し、日本経済の全体としての産業間の労働力の量的調整が順調に進んだ。それと共に、農民の全人口に占める割合は漸減し、上述したように、ついに世紀の転換期には五%までに低下した。さらに政府は、アメリカの圧力に押されて段階的に農産物の自由化に踏み切ったために、国際競争の圧力の下で農産物価格は漸次下落し、農業だけでは生計を維持することが困難になり、多くの農民は、農繁期を除いて、都市の土木・建設工事に出稼ぎに出るか、あるいは地元出身の有力政治家がその選挙地盤を維持するために公共事業を誘致することに成功した地方ではその公共事業に雇用され、兼業を余儀なくされた。こうして自民党は、補助金等で農産物価格の下落を補填する一方、農村地帯に公共事業を誘致して、間接的に農民の所得補償を行なう「ウラ社会福祉」の維持を図ることで、建設業者を通じて公共事業に雇用される農民を再編する形でその主要な選挙基盤の維持・再生産に努めた。そして、このシステムは「土建国家」と称されるようになった。しかし、バブル経済の崩壊による国家財政の破綻によって、公共事業を従来同様に続けることは国家財政の崩壊を招来することに直結するので、もはやそれを続けることは不可能な状態になった。そのことが自民党の凋落をもたらした大きな原因の一つであるが、にもかかわらず農村地帯はそれを求めているので、村山政権後再び息を吹き返した自民党は、カンフル注射のように公共事業の拡大に走らざるを得なかったのである。

以上、「五五年体制」下の農村事情を概観したが、もともと農民は所有者意識が強く、それ故に社会民主主義には背を向ける体質を持っている。従って、保守政党の手厚い保護を受けることの出来た「五五年体制」の下で、農民が社会民主主義を受け入れる主体的条件はなかったと言えよう。しかし、世紀の転換期には所得の内農業からのものが約三分の一しかないと言われている平均的農民には、公共事業が無くなった場合、従来の生活を維持できなくなるので、他産業へ新たな生活の糧を求めるか、あるいは起業家精神に富み、かつ成功するための条件が整っている農民や他産業の企業家が起こす大規模農業経営に雇用される道しか残されていないであろう。もし、この道に進みたくないなら、ほとんどの農民は大規模経営に対抗するために生産者協同組合を結成して、生き残りを図らざるを得ないであろう。どちらの道をとっても、農民は、経済的身分としては都市居住の勤労者と変わらなくなり、彼らも、その生存を確保しようとしたら、実質的に社会民主主義的方向へ進む他はないであろう。

第二に、「五五年体制」を支えていたもう一つの主要な支柱は、言うまでもなく大企業である。日本が経済大国となったということは、重化学工業という重厚長大産業の大企業が出現し、それが日本経済を支配したということを意味する。そして、大企業の台頭が意味することは、それが余剰農村人口やさらに新しい世代の人口層を吸収して、人口の過半数がその生活の糧を稼ぐ組織体に発展したことを意味する。明治日本は、幕藩体制の封建的な大家族制度を再編して、それを社会の基礎単位として組織化し、天皇を家長とする「家族国家」を確立した[1]。そして、戦前において、財閥企業体もこの「家族国家」原理に基づいて編成されていた。戦後の民主的改革によって、「家族国家」は崩壊した。しかし、その組織原理は部分的に変えられたが、その基本は存続し、大企業は再びそれに基づいて編成されたのである。大企業は「擬似家族共同体」という点では財閥企業体と変わらないが、戦前と違って財閥の支配する組織体ではなく、「所有と経営の分離」の結果、経営者と従業員の利益共同体の性格を帯びるようになった。この性格は、戦後、社会主義思想の浸透や、先進諸国の労使関係の制度を模倣した労働法に基づく労使関係が制度化されても、変わっていない。というのは、労働組合の組織原理として、欧米の産業別組織原理と異なり企業別組織原理が採用されているために、労働組合の活動の成果として労働条件と経済条件の向上が勝ち取られたとしても、それは、一企業内か、あるいは同業種の大企業内に限定される、差別的展開が見られたからである。その結果、労働組合は自分の会社の業績が良くなれば、彼らの経済条件もリンクして良くなるので、当然、経営者との間に利益共同体意識を持つようになり、労使一体となって企業の発展に協力し、全体としては企業の国際競争力の向上に貢献したのである。ところで、企業体の利益配分を見るなら、日本の企業体の労使協調体制は、外見を見る限り、西ドイツのそれと比べて見劣りするところがない。しかし、問題は企業の組織編成と意志決定の型の違いにある。西ドイツでは、上述したように産業別労働組合型と共同決定法に基づいて企業内民主主義が貫徹されていて、従業員は働く職場の企業内で企業の経営者の選任や、企業の意志決定に参加する企業内民主主義を体験し、また職場の外の居住地では、週三五時間労働制が遵守されているために十分な時間的余裕を持つ従業員は、自治体の政治に市民として参加し、直接的に民主政治を経験しており、彼らは職場と居住地で一人の市民としての権利を行使し、義務を果たすシステムが整備されている。それに反して日本では、企業が「擬似家族共同体」であるために、家長たる経営者に従業員は「子供」として絶対服従しなくてはならないのである。その結果、労働法では形式的に労使は労働条件等の取り決めに際しては対等の立場にあるとされているが、その現実は、極論すれば、主人と奴隷の関係に近いと言っても過言ではないのである。つまり、企業内に民主主義はなく、日本国憲法の基本的人権の原則は企業の前でその効力を停止されているのである。戦後日本は「軽武装」「経済立国」を国家目標に掲げて、その推進主体として大企業が世界の市場争奪戦において雌雄を決する戦いを行なうために、国家の「総力戦体制」と同様に、従業員の能力と時間を可能な限り企業目的のために使用する必要があり、そのために従業員を「産業兵士」として訓練し、その帰結として家族生活をも顧みられないように仕向けるシステムになっている。その結果、大企業の従業員は終身雇用制の下では良き「産業兵士」、「会社人間」として生きるためには、家庭生活の犠牲は言うに及ばず、居住地の市民としての活動を行なうことが事実上不可能となり、従って、地方自治は主役なき、中央政府の下請け行政機関に変質せざるを得なくなってきたのである。こうして、市民の下からの改革の動きは、一部政治的意識の高い主婦など女性の活動を除いては、事実上封殺されてしまうことになった。そして、他方選挙に際しては、大企業はその代表政党の自民党を献金で財政的に支えるのみならず、その従業員に与党候補を支持するよう方向づけた。こうして、大企業の従業員は、自分の属する企業に忠誠を捧げ、さらに市民であることを放棄して、「産業兵士」または「会社人間」としての立場から自民党を支持したが、その代償は終身雇用制、年功序列型賃金制、退職金、年金制度やその他の会社内の行き届いた福祉制度による相対的に豊かな生活であった[2]。

ところで世紀の転換期を境にして、「経済と情報のグローバリゼーション」の加速化によって、こうした大企業の組織編成にも大きな変動が進んでいるように思われるが、それは注目に値する。アメリカはソ連との軍備競争に明け暮れていたので、その国力のすべてを広義の国防に傾注してきた。しかし冷戦崩壊後、国防中心主義から「普通の国家」へ戻る傾向を取り始めており、それに伴って国政の各分野の間におけるバランスの回復に努め始めた。

また、国際政治は軍事力による戦争ではなくなり、世界市場のシェアをめぐる経済力による戦争の様相を呈するようになった。一九九〇年代に入って高度情報技術の産業化で優位に立ったアメリカは、高度情報技術を用いて世界金融市場を組織化することに成功し、アメリカ主導下に世界の金融業の再編が企てられ、自由貿易、公正取引、規制緩和を旗印に掲げてグローバル・スタンダードの名目の下に、アメリカ流の競争原理の論理を日本に強要し始めている〔この点については、第二部第一章2で詳述する〕。アメリカでは、企業は日本のように経営者と従業員の利益共同体ではなく、利潤追求を目指す企業家が自由競争の下にある労働力を出来るだけ安く買い入れて、それを効率的に活用する組織編成を行なって、出来る限り安い費用で最大の利潤を上げる経営を追求している。こうしたアメリカ企業と日本の企業が競争した場合、製品当りの単価において日本の企業は、労働力代価の比重が高いために必然的に競争に負ける可能性があり、その上、意志決定型がアメリカ企業の場合トップダウン型であるために、時間のかかるボトムアップ型の日本企業と比べた場合、高度情報社会では有利な立場にあることは明白である。これまで国家の手厚い保護の下に、官民協調の大家族制度のような組織編成の日本の大企業は、強力な競争相手のいない分野で一人勝ちして来たが、今や、強力な競争相手のいる分野で相手からゲームのルールまでも強要された場合、相手のゲームのルールを認めてしまうと敗北することが必至の経済戦争に突入しているように見える。この戦争に生き残るために、日本の企業もアメリカ流の企業組織編成型を採用すれば、「産業兵士」、「会社人間」を意識的かつ組織的に生み出してきた「擬似大家族共同体」は崩壊するのは必然であろう。この傾向は世紀末頃からとみに強まっている。もしこの傾向が益々強まるなら、終身雇用制、年功序列型賃金制、企業内福祉制度等で優秀な労働力を偏差値の高い大学から徴募し、生涯にわたって囲っていた従来の企業組織は崩壊するであろう。「五五年体制」を政党レベルでも支えた大企業従業員団が解体するのは必然であろう。従って、自民党が支配政党として止まろうとするなら、アメリカ的企業組織型の日本への波及を、アメリカとの競争を強いられた業種に限定するような対処方法を取らざるを得ないであろう。他方、そうした業種から解雇された労働者の再雇用、つまり労働力の移動が自由かつ円滑に行なわれるような社会経済制度の改革が同時平行的に進められない限り、社会問題を発生させる危険性がある。それ故に、政府は労働力の再教育やその他の社会福祉面での制度の手直しを行なわなくてはならないが、こうした政策変更は自民党主導の政府の下では困難であろう。とするなら、日本は、社会民主主義が国のあり方に大きな影響力を及ぼしている英仏独のような強力な社会民主党と保守政党との二大政党政治体制の構築の方向へ向かわざるを得ないであろう。

もし、大企業が従来の「擬似大家族共同体」の組織原理を放棄するようなことにでもなれば、企業から解放された従業員は企業に対してこれまで持っていた強い「主従の連帯」感を持つ必要がなくなり、そして自己の責任で自分と家族の生存を維持・確保しなくてはならなくなり、その結果、企業のあり方に関心を持ち、その帰結として企業内民主主義にも関心を抱くようになろう。また同時に居住地においても自覚的な市民として地方自治体の政治に参加する主体として変容を遂げざるを得なくなるであろう。そして、企業に拘束されない労働力の売手としての自覚の高まりと共に、労働組合も企業別ではなく、産業別に組織された方がより合理的であることが自覚されるようになるなら、こうした勤労者＝市民の利益を代弁する新しい社会民主主義政党が出現する環境的条件が生まれることになろう。とはいえ、環境的条件が整ったとしても、社会民主主義政党のリーダー補充の制度が現在のところ、言うまでもなく、存在しない。また、世紀の転換期の野党の中で、民主党がＳＰＤのような政党に発展する可能性は未知数である。また共産党はイタリアのように「歴史的妥協」路線を打ち出して、国民政党に変貌する可能性も見受けられない。また、公明党も日蓮正宗信者の宗教政党としての性格を脱皮しない限り、共産党と同様に進歩的な国民政党にはなり得ないであろう。いずれにせよ、新しく出現するかもしれない政党を含めて野党のどれかが、環境にやさしい経済システムを土台にした平和で豊かな社会、そして「人間の顔をしたすべての者の自由と平等」

という普遍的価値を実現する道筋を具体化させた政策体系を綱領化した政党へと改編され、生存基盤を急速に失いつつある広範な農民やブルーカラー層、そしてサラリーマン層を地域や職場を単位にして組織化するなら、日本にも新しい未来が開かれよう。

最後に、国際社会において、日本は、どこへ向かうのかの問題について瞥見しておこう。――以下の文は二〇〇一年の時点で書かれたものである点に御留意願いたい――日本は、地政学的に海洋国家である以上、太平洋で繋がっているアメリカとの関係は国のあり方の基本に関わることである。アメリカとは自由民主主義という普遍的原理を共有しており、その点では日米安保条約を土台にして、日本は地域統合化がより一層進んだ未来では、もしかすると五一番目の州としてアメリカ連邦共和国に加入する方向もあろう。しかし、そのためには、大企業の現在の組織原理はアメリカ的なものに変える必要があろう。もしそういうことになれば、これまでの社会構造を基本において規定している大企業がその組織原理を捨て去ることになるので、それはこれまでの社会の在り方を否定することにも繋がる。今後一〇年、二〇年先にそうしたことは起こりそうもないであろう。とはいえ、マスメディアを通じて、文化面で日本は強くアメリカナイズされ始めており、社会の基本単位となっている核家族それ自体がモラル面での統一性を失いつつある傾向を示していることを勘案するなら、「経済と情報のグローバリゼーション」の実態がアメリカナイゼーションであるが故に、アメリカ連邦共和国の一州となる方がよりベターである、と考える人の割合も増大するかも知れないであろう。

もう一つの可能性は、西ドイツ・統一ドイツのとった方向、つまり「アジア共同体」結成という地域統合化の主体となる方向である。韓国、中国、台湾、東南アジア諸国などのアジア各地は世紀の転換期においては経済的にほとんど日本経済と不可分の分業体制の中に組み込まれている。日本が主体的に決意するなら、「アジア経済共同体」確立は可能であったろう。しかし、ＥＣからＥＵへの発展のようなことは困難であろう。なぜなら、韓国、台湾を別とするなら、人権と自由民主主義の尊重という政治原理の面のみならず価値観も異なり、また社会編成原理も異なるからである。その上、これまで日本は内政面において「復古的」方向にあり、その帰結として、太平洋戦争時代における日本の加害者としての行動に対する反省と、それに基づく「過去の歴史の清算」を本格的に行なっていないために、諸国の信頼を得るどころか、警戒心を高める結果になってしまうかも知れないからである。従って、もし「過去の歴史の清算」を不問のままにして、日本がアジア共同体結成のイニシアティヴをとるなら、アメリカの反対もさることながら、共同体加盟予定国の警戒心をかえって強めることになり、実現は困難であろう。また、中国において市場経済の進展と共に権威主義体制から民主主義体制への転換が進むなら、仏独提携のように民主化された中国と日本との提携も考えられるが、その際、アメリカとの関係もあって、その提携も困難であろう。

第三の道は、太平洋国家としてアメリカとの不可分の一体的関係を結ぶと同時に、民主化された中国を含めてアジア各国と、差し当り、アジアの一国として経済共同体を確立し、世界連邦共和国へ向けて、両者の橋渡し的役割を果たす方向がより現実的な方向として考えられよう。以上の三つの道のどれを選択するにしても、「舵取り」のステーツマンが主導的役割を果たすことが可能となる政治指導体制への改革がなされるまでは、その実現は「絵に描いた餅」に終わるであろう。

**【注】**

（1）石田雄『明治政治思想史研究』（未來社、一九五四年）、前編「家族国家観の構造と機能」。

（2）伊部英男、前掲書、一一八頁以下。

# 第二部　二一世紀初頭における転換を模索中の日本政治

## ――「決定中枢」制度の変容を中心として

# 第一章　首相による政治指導の強化を目指す制度改革

## 1　「五五年体制」下の政策決定システム――「官僚内閣制」

戦後日本では、新しい憲法によって主権が天皇から国民に移り、政治制度としてイギリスをモデルとする「議院内閣制」が採用された。通常議院内閣制では、定期的に選挙によって選出される国民代表機関である議会の多数を制する政党ないしは政党連合が政権を担当する。政権党は政権を維持するために主権者である国民の支持を調達し続けなくてはならず、その手段としての選挙活動と、次の選挙までの間の国民世論の動向、とりわけ、それを反映すると考えられている新聞やＴＶなどのマスメディアの動向を絶えず注視する。それと共に、選挙とマスメディアが日本の政治を左右する重要な要因となった。自民党は党創立以降、多数の国民の支持を調達するために、第一に、その中核的支持基盤であると同時に、「経済立国」路線を実現する高度経済成長政策を実際に担う大企業の活動を手厚く支援した。次に、その主要な大衆的基盤である中小商工業者や農民の利益増進政策をとった。さらに高度経済成長政策の成功と共に、急速な工業化の副産物として公害による河川と海の汚染などの環境破壊、太平洋沿岸地帯の工業地帯とその周辺都市への人口移動、それと連動した形の東京や大阪などの大都市への人口集中という現象が発生し、住宅問題や都市問題が生まれた。また農村共同体から切り離された膨大な労働者の間で大企業に就職して一定の生活が保障された恵まれた層と、経済成長の恩恵に与れなかった層、例えば、高齢者や身体障害者、失業者、その他の弱者との間に格差が生まれ、社会問題が発生した。自民党政府は、憲法第二五条【生存権、国の社会的使命】（①すべて国民は、健康で文化的な最低限度の生活を営む権利を有する。②国は、すべての生活部面について、社会福祉、社会保障及び公衆衛生の向上及び増進に努めなければならない。）の趣旨に従って、欧州先進国の社会福祉制度をモデルにした、国民健康保険制度、国民年金制度、失業救済制度、就労が不可能と思われる人びとを対象とした生活保護制度などの総合的な社会福祉制度を確立していった。このように自民党は、支配政党として留まるために、高度経済成長政策の成功によってもたらされた豊かな富を国民のあらゆる層の多様な要求に答える形でバラマキ型「利権政治」を展開した。もっとも、この「利権政治」を担ったのは自民党のみではなかった。

「一九四〇年体制」を実質的に受け継いだ戦後の日本の統治機構は、「経済立国」という国家戦略を実現するために、世界経済の中で日本の産業が国際競争で勝ち残れるように、将来の世界の経済動向を見極めた上で、競争で優位に立てる産業を選び、それらの産業を上から重点的に保護・育成する財政経済政策をとった。そのために財政経済政策を担当する官庁と大企業との間に政策コミュニティが形成され、各省庁はそれが保護・育成しようとする業界という国民の中の一部分の利益代弁機関になっていた。最近、自民党一党支配体制の下での日本の統治機構の力学についての研究で、第二九回サントリー学芸賞（政治・経済部門）と二〇〇八年度の読売・吉野作造賞をとった、飯尾潤教授の著作『日本の統治構造――官僚内閣制から議院内閣制へ』（中公新書、二〇〇七年）では、こうした各省庁が関係する業界の利益を代弁するシステムは「省庁代表性」として定義されている。[1] 言うまでもなく、現代民主主義は代表制民主政であるが、戦後の日本では、それを担ったのは政権党の自民党だけではなく、統治機構を担当する官僚制も、そのクライアントの大企業やその他の利益団体の代表機関であったことは注目に値する。このように、「五五年体制」下の代表制は、官僚制・与党二元代表制であった、と飯尾潤は指摘している。[2] この「政府・与党二元体制」を政策決定システムの観点から見ると、次のようになる。自民党内に政策分野毎に設置されている外交部会、社会部会などの各種部会に議員は分けられ、「族議員」と称されていた。彼らは、その担当する政策分野の決定と実施を担当する各省庁の官僚と連携して、下からボトムアップ型に意志決定を行なった。言うまでもなく、主導権を握っていたのは政策立案と実施の専門知識と長期的に蓄積された経験、つまり「暗黙知」を有する官僚であった。とはいえ、すべての政策は法案化させて主権機関の国会で法律としてその承認を獲得しなければならなかったので、法案の議会通過を担当する議員と官僚の関係は、初めは官僚優位の「官高党低」ないしは「官高政低」であったと言われていた。しかし、時間が経つと共に、各省庁の政策が法案化される前に、必ず自民党の族議員から構成された各機関で「事前審査」を受け、ゴーサインが出た法案のみが閣議にかけられ、政府案となって議会に提出されることになったので、「五五年体制」末期には政治家と官僚の関係は逆転して「党高官低」ないしは「政高官低」とも言われるようにもなった。そして、自民党において「政府・与党二元体制」を実質的に動かしていたのは党内の各派閥であった。

　さて、政権党である自民党には、第一に、国民各層の要求を吸い上げ、それを政策に翻案する政策立案機能と、第二に、政策の決定と執行には政府の統治機構という国家権力が行使されることになるので、その権力の正当性を調達する機能が課されていた。選挙制度は一つの選挙区において三名から五名の議員が選出される中選挙区制度が採用されていた。この選挙制度が幸いして、自民党は国民のあらゆる層の異なった意見や要求を反映することが可能であった。というのは、政治的意見や政策が違う政治家が同一選挙区内で複数選出されるので、自民党員の立候補者同士がお互いに当選を目指して選挙区内の多様な有権者の意見や利害を代弁しようと努めたために、同党内に政策を異にするグループが生まれるのは必然であったからである。そのプラス面は、自民党が国民各層の利益を代弁する「包括政党」(catch-all party) の性格を持つようになった点である。そのマイナス面は党内に派閥を抱え込むことになった点である。従って、自民党は、党運営や政治活動の観点から見るなら、派閥の連合体であったと言えよう。自民党が議会の多数派である間、議院内閣制の原則から、自民党の総裁が首相に就任することになるので、政権交代のなかった「五五年体制」の下では、総裁を選ぶ党内権力闘争が日本国の最高政治指導者の内閣総理大臣を選ぶ政治的権力闘争に等しいものとなっていた。そしてそれは「政局」と称され、二、三年毎の総裁選挙——自民党結党以来、総裁任期は二年であった。しかし一九七一年一月から三年に延長された。ところが一九七七年一月に再度二年に短縮された。そして一九八〇年一月から、総裁・総理が強くなることを警戒して三選が禁止された。二〇〇二年一月から、総裁任期は再度三年に延長されたが、従来通り、原則として二期までとなった——時に、自民党内では「コップの中の争い」が続き、総裁選出の投票権を持つ国会議員を一番多く擁した派閥の長が他の派閥の長との合従連衡の末、当選に必要な多数を掌握して総裁となり、首相となっていくシステムが確立されていった。日中国交回復を成し遂げた田中角栄元首相の第二次内閣では、自民党の五大派閥の長すべてが入閣しており、各派閥の長の名前（三木武夫、田中角栄、大平正芳、福田赳夫、中曽根康弘）をもじって「三角大福中」内閣と称された。自民党政権が二、三年続いて国民の人気を失うと、「政局」が始動し、党内派閥間の「コップの中の争い」が再開し、国民により好まれる派閥の長が次期総裁・首相となる擬似政権交代が行なわれ、それが一九九三年まで続いていたのである。民主政国家であるはずなのに、国民の大多数は自分達の首相を選ぶことには参加できず、それを観客として眺めているという状態がその間続いた。飯尾潤はこの状態を「観客民主主義」と定義している。(3)

自民党政治の転機の始まりは一九八二年に成立した中曽根内閣であったと見られよう。一九七三年の石油ショッ

図1　自民党の派閥の変遷

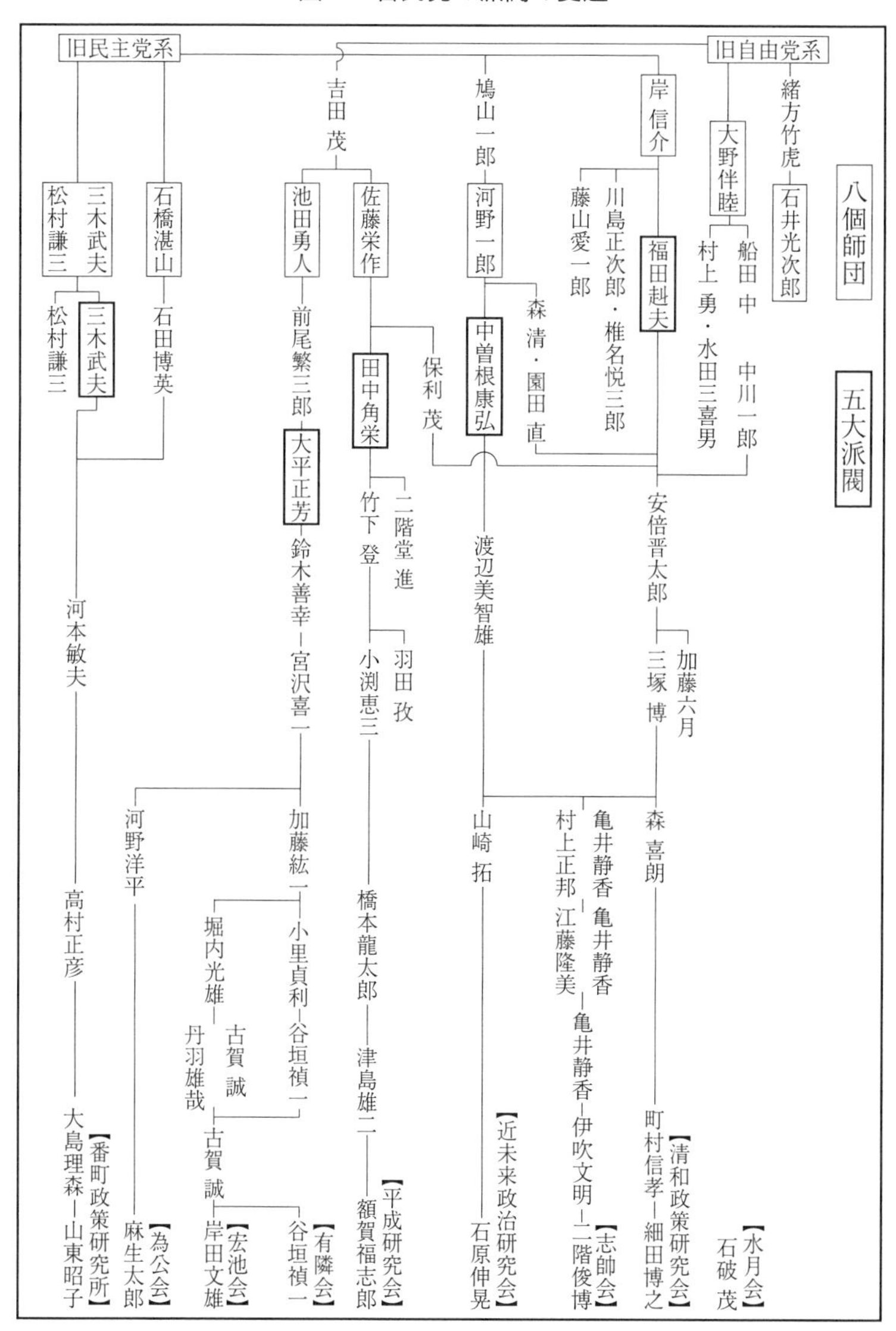


中北浩爾『自民党政治の変容』(NHK ブックス、2014 年)、286 頁に加筆修正、出所:『東洋経済』2017 年 5 月 11 日。

ク後、英米では福祉国家の見直しを行なう新自由主義が政治を動かす主要な政治イデオロギーとしての地位を確立した。イギリスでは、このイデオロギーを実現するための具体的な政策として「小さな政府」、「規制緩和」、「民営化」を掲げたサッチャー保守党政権が一九七九年に成立し、さらに一九八一年には同じ政策を掲げた共和党のレーガン政権がアメリカで誕生した。「三角大福中」内閣のしんがりを務めた中曽根内閣は、英米の新自由主義路線を取り入れて「戦後政治の総決算」をスローガンに船出した。それには二つの側面があった。一つは、それまで自民党政治の「利益配分政治」の方向性を変える課題、すなわち、農民の所得保障を目的とする、いわゆる「ウラ社会福祉」と言われている農村地帯への橋や道路建設などの公共工事（「土建国家」）の縮小を含めての福祉国家の見直しを政治課題として掲げた点である。もう一つは、「戦後民主主義の清算」である。中曽根首相は、現在の憲法はアメリカが押し付けた憲法であるので、憲法改正を行なって日本の伝統に合った自主憲法を制定して、名実共に独立国家にならなくてはならないと、これまで押さえ込まれていたナショナリズムに基づく主張を行なった。その際、新憲法を押し付けたアメリカの反対を和らげるために、日米安全保障条約を堅持し、それを土台に従来以上にアメリカの対ソ封じ込め政策には積極的な協力を惜しまないこと、そのためには憲法を改正して、アメリカの同盟軍として活動できるように、自衛隊を正式の軍隊に変えると主張した。中曽根首相は、従来の自民党の路線を大きく修正するこの二つの政治課題を実現するために、それが野党を初め自民党内部でも反対が予想されるので、その政策立案・決定の場を、反対が予想される議会ではなく、土光敏夫東芝会長を委員長とする財界人や民間有識者から成る第二次臨時行政調査会を発足させて、そこで社会党の支持母体である国鉄と電電公社の民営化を行なうべしという答申案を出させ、それを自民党と国会に飲ませるという新しい政治手法を用いて、国有産業の三つの中核部門のうち、郵政を除く国鉄、電電公社の民営化に成功した。次に、未来の日本の国民、すなわち青少年に愛国心を持たせる教育を行なうために、義務教育の政府統制をさらに強める一方、それに反対する社会党のもう一つの支持母体である日教組の力を殺ぐ政策を実行した。[4] これから述べる、二〇〇一年四月に発足する小泉内閣は中曽根内閣の延長線上にあるものと解釈されるが、そうであるならば、中曽根内閣が打ち出したこの新しい方向性は、二〇世紀末から二一世紀にかけて進行した「転換を模索中の日本政治」の行方をある程度予示するものであったと見てもよかろう。

戦後日本政治を主導した自民党には大まかに言って二つの政治路線があった。一つは吉田路線である。それは政治的イデオロギーとしては中道左派であって、七〇年代を通じて主流派の路線であった。吉田路線を継承したのは二つの派閥である。一つは、「吉田学校」の卒業生の佐藤栄作元首相の路線を継承する田中角栄とその後継者の竹下登がその長である「経世会」である。もう一つはイデオロギー的にはそれより左の「宏池会」である。それは同じく「吉田学校」の卒業生の「所得倍増論」で有名な池田勇人元首相の路線を守るグループである。これらの二つの派閥がとる吉田路線とは異なるもう一つの路線は、外政においては日米協調を前提とした上で、内政では戦前の日本の伝統の復活や日本の自主・独立を主張する岸信介元首相の路線である。それは政治的イデオロギー的には中道右派ないし右派と言える。その最右翼に位置するのが「青嵐会」であり、それは明確に「復古的」ナショナリズムに基づく「自主・独立」の実現を目指しており、そのために憲法改正と再軍備を主張した。吉田茂と岸信介が戦後第一世代の政治家であるなら、「青嵐会」の構成員には第二世代、第三世代の政治家が圧倒的に多い。岸路線を継承しているのは福田派であり、その右に位置するのは小派閥の中曽根派である。二〇〇〇年四月、「経世会」の小渕首相の急逝で、その後を継いだ森喜朗首相は、福田派を継承した森派の会長であった。今日の自民党の主流派の派閥はこの森派（その正式の名称が「清和政策研究会」であるが、同派の会長には、二〇〇六年秋に、町村信孝元官房長官が就任しており、従って「町村派」とも称されている。森元首相は同派の最高顧問に退いている）である。森首相の後の歴代首相の小泉純一郎、安倍晋三、福田康夫はすべて森派閥に属している。このように見てくると、中曽根内閣成立と共に、支配政党としての自民党内において党主導権は漸次党内右派へ移行していったものと見てもよかろう。「三角大福中」の次の首相は「安竹宮」と言われていた。安は安倍晋太郎であり、竹は竹下登、宮は宮澤喜一である。岸信介の娘婿の安倍晋太郎は福田派を受け継ぎ、中曽根内閣の外相を四年勤めたが、一九九一年に急逝したため、安倍派は森派に代わったのである。竹下は「経世会」の長であり、一九八八年、中曽根の後に首相に就任した。宮澤は「宏池会」の長であり、一九九一年一一月に宇野、海部の二つの短命内閣の後に首相に就任した。一九八八年一一月成立した竹下内閣は、歴代政権が果たし得なかった消費税を導入した後、政界汚職のリクルート事件で倒れたが、「経世会」の内部では、日本政治の改革を主張する小沢一郎をリーダーとする改革派（「羽田孜派」）と従来の路線の堅持を主張する橋本龍太郎、小渕恵三派らのグループとの間に分裂の兆しがあり、独自候補を出すことが出来ず、全体として「経世会」が支える宇野内閣、次に海部内閣を出現させた。以上、小泉内閣成立期までの自民党の派閥の盛衰記を紹介した。こうした自民党における派閥の変遷史を政治イデオロギー的に眺めるなら、初めは主流派が中道左派であったが、中曽根首相時代に次第に右傾化し、しかし少し揺り戻しもあったが、ついに森内閣時代以降は右派が主流派となっている点は注目されてよかろう。

「五五年体制」下の日本の最高政治指導者たる内閣総理大臣の選出が自民党の派閥力学に左右された点について、これまで見てきたが、大臣の選任についても同様な力学が作用していた。つまり、主流派に属する議員が多く大臣に就任できたので、総裁選では、各派閥が主導権を握るために合従連衡を繰り返して抗争し、その間、大臣になることが政治家としての夢である議員達にとっては、自分が念願の大臣に就任できるかどうかが総裁選の帰趨に懸かっていたので、二、三年毎の総裁選では全議員を巻き込む「コップの中の争い」が熾烈に展開されたのである。そこで、こうした派閥間の抗争のエネルギーを沈静化させるために、竹下内閣時代に総主流派体制が敷かれた。従来、五回か六回の衆議院議員当選を果たした議員と二回か三回の参議院議員当選者（参議院議員の枠二名）

が大臣に就任する当選回数順送り人事の慣例が出来上がっていたが、大臣の椅子の数が限られていたので、大体一年毎に内閣改造を行なわなくては、大臣になりたい議員の需要に答えるのが不可能であった。とはいえ、主流派に属する議員の方が大臣になる可能性がより高いので、議員達の間には不公平感が生まれた。竹下内閣時代からは各派閥がすべてその勢力に応じて大臣を出すことになった。それによって、各議員の将来の大臣になる見通しが透明化したので、全議員が内閣を支えることになった。ともあれ、このシステムに基づいて、毎年大臣が量産されることになったことは言うまでもない。もとより、大臣は、行政府の頂点である「内閣」の構成員であり、かつ国家の統治機構である各省庁を統括する長でもあるので、こうした形で大臣が量産されることになると、政策立案・決定の点において、当然、問題が生じることになった。というのは、大臣は、各省庁の長として、その担当の行政分野の政策立案・決定および実施を指揮・監督する立場にあるので、その担当の分野の専門知識や、組織を管理・運営する力量が備わっていてしかるべきであるはずなのに、そうした専門知識や力量の無い者が往々にして大臣に就任する場合が多くなったからである。議員は選挙区において有権者の支持を調達する仕事、つまり支持者の要求を代弁することに長けた人であっても、必ずしも行政のエキスパートではないのが通例である。その上、大臣就任後、大体一年が過ぎると辞めざるを得なくなるので、その間、大臣に求められている専門知識や力量を身につけるべく努力したとしても、限度がある。従って、各省庁においては、政策立案・決定を実質的に行なうのは官僚ということになる。従来の日本の政策決定システムの特徴がボトムアップ型であるとよく指摘されているように、「決定中枢」が存在しない。つまり日本政治における決定中枢が空であるために、各省庁は、その担当分野で、そのクライアント（業界）の利益を直接代表するか、あるいは族議員を媒介する場合は、官僚、族議員、業界の三者（それは「鉄の三角形」と称されるが、人によっては、この三者に御用学者とマスメディアを加えて「鉄のペンタゴン（五角形）」とも言われている）で政策決定が下から順次行なわれて、最後に、閣議前の各省庁の事務次官会議において、各省庁の決定された政策が持ち寄られ、各省庁の対立する多様な利害が調整されて、最終的な意志決定が下される。そこで決められた政策が閣議に提出されて、政府案として承認され、それが議会に提出され、立法化されるのである。こうした意志決定システムは、例えば、外交舞台では、通商関係に関する日本の態度が表明される場合、「ホッチキス留め」という形で現われる笑止千万な事態が生まれる。(5) 通商関係は、大蔵省、経済企画庁、外務省などの、三つか四つの省庁のすべてに関係する重要な事項であるので、それぞれの役所が決定してきた案を、外国との交渉寸前になって全部持ち寄ってホッチキスで留めて、それを日本の立場として諸外国代表に提出することが多々あるのである。こうしたボトムアップ型の意志決定システムは、意志決定が実質的に各省庁によって行なわれるために、官僚制の弊害としての「縦割り行政」の制約を受けることは言うまでもない。この制約を克服して、国家全体の存続・発展という観点から長期的な国家戦略に基づいて各省庁の利益を抑え、省益よりも国益を反映した創造的な政策を、もし首相が構想し、それを実現したくても、そのリーダーシップを支える官庁は存在していなかったのである。その結果、首相は閣議では事務次官会議で纏まった案を丸呑みするほかないので、最高の政治的指導者としてその政治的リーダーシップを発揮することが出来ない仕組みとなっていた。こうした事態を第一部では「政治的リーダーシップの欠如」として捉え、それが日本の政治体制の構造的な欠陥である点を指摘した。

こうした「五五年体制」下の日本型政治的意志決定システムは、政治制度としての議院内閣制を採用している日本の憲政との関係から見るなら、それは、果たして憲法で予定されているような議院内閣制であるのかどうか疑わしい。議院内閣制の母国であるイギリスでは、主権は「議会における国王」(King in Parliament) にあるが、国王(または女王)は議会の意志決定をそのまま承認するので、議会が実質的に主権機関である。選挙制度は小選挙区制で「勝者総取り制」と言われているように、選挙区の有効投票数の過半数を得た一人が議員として選出される。制度的には、有権者の五一%の支持を得た政党が政権を担当できる仕組みである。残った四九%の票は死票であり、国民の意志を正確に反映する比例代表制度と比較した場合、それは民主的でないという欠点が指摘されているが、しかし、安定した政府を構築することが出来るという長所があるとも言われている。イギリスでは、五年毎に二大政党は、それぞれ次の五年間の国政の方向を決める政策体系を盛った政権公約（マニフェスト）を国民に提示して、有権者の支持の獲得を目指す「マニフェスト選挙」を戦う。選挙では、有権者は次の五年間にやって欲しい政策を掲げた政党を選ぶが、その際、その政党の党首が政権公約を実現できる力量を有しているのか、その政治的指導力も合わせて評価して投票するので、選挙は実際には政党を選ぶよりも、そのリーダーを選ぶ方に重点が置かれている。一八六七年に刊行され、イギリスの議院内閣制運用の原理を見事に捉え、定式化したことで有名な著作『イギリス憲政論』の中で、バジョット（W. Bagehot）は、イギリスの選挙はアメリカの大統領選挙と同様に、政治的リーダーの首相を選ぶ選挙である、と喝破した。彼によると、内閣は議会の最高委員会であり、その長の首相は行政府の長であるために、選挙においては、全国民からアメリカ大統領と同様に、国民投票的に選出される、と指摘した。[6] イギリスでは、一八六七年に第二次選挙法改正によって都市労働者にも選挙権が付与され、選挙は政治的最高指導者選出の国民投票的な性格を帯びるようになった。こうした傾向は、その後、普通選挙制の完全実施によってさらに強まっていったことは歴史の示すところである。小選挙区制をとるイギリスでは、政権獲得を目指す政党は、国民に支持されるマニフェストの提示のみならず、それを実現する力量を備えた党首を全面に押し出して戦う。その結果、党首は議会において自分を支持する議員の当選を図るために、すべての選挙区において立候補者の選定に与り、さらに選挙資金も自ら調達して党を運営しなくてはならないのである。それ故に、政党運営システムは、極言すれば、党首独裁制と言っても過言ではない。従って、選挙で勝利した政党の党首は国王（または女王）から首相に任命された後、優れた政治的能力のみならず、行政のエキスパート（イギリスでは、野党も「影の内閣」を組織して、影の首相を初め各大臣はその担当予定の省庁の官僚と絶えず接触して、常時情報を入手するばかりでなく、政権を獲得するまでの間、行政の専門知識を修得して、それぞれ行政のエキスパートとして訓練されるのが慣例である）である有力な議員を閣僚として任命し、彼のリーダーシップの下でトップダウン式に意志決定を行い、内閣不信任案の可決による解散のない限り五年後の選挙でその成果について国民の審判を仰ぐのである。このように、イギリスでは、議会の多数派の政党党首は首相となって国政を直接に担当するので、議院内閣制と称されているのである。

翻って「五五年体制」下の日本の議院内閣制をイギリスのそれと比較すると、議会の多数派の政党の党首が首相となって国政を担当するという政治制度の形式面では類似している。しかし、その実態においては、とりわけ政治的意志決定システムに焦点を当てて比較するなら、イギリスでは首相と彼が長となっている内閣が意志決定を行なうのに反して、日本では各省庁の官僚団が実質的にそれを行なうので、日本の議院内閣制は政治制度の形式面では議院内閣制であっても、その実質は「官僚内閣制」であることが明らかであろう(7)。

一九九二年一二月、竹下派が二つに分裂した。分裂を引き起こしたのは自民党幹事長として政権の中枢で内外の政治の動きを見ていた小沢一郎である。彼は本書第一部第二章で述べたように、その著作『日本改造計画』を発表し、その中で中曽根内閣が進めていた新自由主義路線には反対して、英米仏が採用している社会福祉体制を維持しつつ、「官僚内閣制」を憲法が予定しているイギリス型議院内閣制に変えて、国際政治の環境変化に対応して適切な政策を決定・実施できるトップダウン型の意志決定システムを構築すべきである、と主張した。この主張を実現する「政治改革」として、次のことを提案した。すなわち、第一に、選挙制度を中選挙区制からイギリスのような二大政党制の確立に親和的な小選挙区制を採用すること。第二に、「リクルート事件」で退陣に追い込まれた竹下内閣に象徴される政治腐敗を根絶するために、政権交代がベストである。しかし、その前に二大政党の交代を可能にする選挙制度が実現される必要がある。またこれまでの選挙では膨大な費用がかかり、その資金調達の過程で政策を金で売るという政治腐敗が発生しているので、選挙を含めて政治活動に必要な資金を、ドイツのように国庫負担にする政党助成法を制定すること。最後に、政治指導者としての首相がトップダウン式に意志決定出来るシステムの構築として「行政改革」を実施して、あわせてイギリスのように首相が独自に政策立案・決定を行なうのを事務的に支える官庁として内閣府を創設すること、などを提案した。小沢一郎は若くして首相になるチャンスがあったが、そのチャンスを断り、彼の考えを支持する改革派の議員を引き連れて、経世会から離れ、さらに自民党からも離党して、一九九三年八月に新生党を創立した。彼は、野党提出の宮澤内閣不信任案を支持し、「五五年体制」に止めをさした。それ以降、日本の政治・行政システムの変革を目指して、非自民七党一会派連合の細川内閣では自ら主導して、小渕内閣では「触媒」役を演じ続け、自民党に取って代われる野党作りに力を注ぎ、ついに二〇〇九年八月末の衆議院選挙で野党の民主党を幹事長として圧勝へと導き、歴史的な政権交代を実現させるのである。

彼が主導して実現した「政治改革」の主なものは、細川連立内閣によって行なわれた選挙制度の改革と政党助成法、政治資金規正法の制定である。自民党は従来一貫して小選挙区制の実現を主張していたが、それが実現されると、一選挙区の過半数以上の票を獲得するのは公明党や共産党は言うに及ばず、野党第一党の社会党でも全国を通しては極めて困難であるので、小選挙区制の導入には野党がこぞって反対し続けた。小沢は、細川連立内閣に加わった旧野党に配慮して、総議席五〇〇の内、三〇〇議席は小選挙区で選出し、残りの二〇〇議席は比例代表制で選出するという小選挙区・比例代表並立制の導入に連立内閣を構成する諸政党の合意を取り付け、公職選挙法の改正に成功し、小選挙区は六〇パーセントではあるが実現された。そして、七年たった後、小沢は自分の率いる自由党が自民党との連立を組む条件として、上述した副大臣制、政務官の設置などと共に、比例代表の定数を二〇議席削減する案を小渕首相に要求し、それは小渕内閣の下で二〇〇〇年二月の公職選挙法改正によって実現された。それに伴い小選挙区選出議員の割合は六三％となった。次に、政党経費国庫補助制度も実現された。これによって、政党党首を中心とする党執行部が選挙資金の配分権、立候補予定者の選挙区の選定などの権限を掌握することが可能となったので、後に小泉首相時代に見られるように、イギリスのような議員に対する党首の支配権は増大するのである。

小沢が火付け役となって実現された「政治改革」のもう一つは、「行政改革」である。それは橋本内閣時代に「行政改革法」と「地方分権一括法」として成立し、とりわけ「行政改革法」に基づいて、中央省庁再編は二〇〇一年一月、森内閣の下で、従来の一府、二二省、八委員会、二五庁であったが、内閣府関係を含めて一府、一〇省、七委員会、一九庁に縮小・再編された。その後、二〇〇三年度から、郵政事業庁、食糧庁が廃止され、また公正取引委員会の所属が総務省から内閣府に変更され、司法試験管理委員会も廃止されるなどして、一府、一〇省、六委員会、一七庁となった。さらに二〇〇七年には防衛庁が防衛省になり、同時に防衛施設庁も廃止されて、一府、一一省、六委員会、一五庁となった[8]。

最後にイギリスの内閣をモデルにして、政権党の議員が各省庁において大臣と共に政治主導の政策立案・決定と執行を行なえるように、一〇〇人以上が大臣を補佐し、かつ場合によっては局や部をも直接に統括する副大臣と政務官に就任できる制度を、小沢の要求に基づいて小渕内閣時代に導入した。

こうして、小沢一郎が『日本改造計画』において主張した「政治改革」という政治制度改革の殆どが実を結ぶことになった。こうして、これから述べる、小泉純一郎内閣五年五ヶ月間の新しい日本政治の展開の舞台装置が制度面では準備されることになった。次に、小泉内閣について述べる前に、同政権誕生前の一〇年間の国際情勢の変化、とりわけ日米関係の変化について若干触れておきたい。

## 2　外圧とそれへの対応としての「五五年体制」の部分的修正

一九八〇年代末から九〇年代初めにかけて、ソ連の崩壊と共に冷戦体制も終焉し、国際政治は、アメリカ一極支配体制へと突き進んだ。アメリカにとって、それまでは国際的に解決が迫られていた最優先課題は冷戦の勝者になることであった。従って、この時代は「政治優位」の時代であったと言えよう。しかし、冷戦の終焉と共に、すでに一九七三年と一九七九年の二度の石油ショック以降、急速に進行していた「経済と情報のグローバリゼーション」がようやく本格化し始め、アメリカもその実現すべき政策課題の中で経済価値を最優先順位に置くようになり、「経済優位」の時代が到来するようになった。先進国の欧米諸国では、高度情報技術の革新に伴い、製造業から高度情報通信技術を駆使した付加価値の高い業種へと産業構造の重心がシフトし始めていた。労働生産コストの高い製造業よりもハイテク産業と金融業を中心に世界経済の再編を主導し始めた英米系金融資本は、世界市場を思うがままに支配するために、世界市場のルールの統一に乗り出した。ソ連の崩壊によって世界経済を組織・運営する原則は市場経済原理のみとなった。この市場経済原理が円滑に機能できるように、アメリカの交易相手のすべての国が国家による上からの規制を一切撤廃し、商品供給も含めて市場アクターの自由な競争が行なわれるような環境が整備されるべきであると考えられた。つまり、世界が一つの経済社会となった以上、人や資本を含めてすべての商品が世界中において障害なく自由に流通する市場経済システムが構築されるべきであると考えられた。こうした環境整備を図るために、市場経済原理に基づいて自由競争が花開いている英米のルールが国際ルールとして設定されたのである。アメリカはその交易する各国に対して、自国の自由競争経済のルールをglobal standard（グローバル・スタンダード）すなわち「世界標準」と称して、要求するようになった。各国がそれに従うことは、自国経済のアメリカ化であり、その帰結は、アメリカに都合の良いゲームのルールを受け入れることに等しいのである。それ故に、それを受け入れた国は、アメリカと自由競争を行なえば行なうほど負けることになるのは必然と言えよう。

こうした冷戦終焉後のアメリカの世界戦略の変化の余波は、アメリカの圧倒的な影響下にあった日本にも及んだことは言うまでもない。それが表面化したのは早くも一九八九年である。もっとも、それ以前にすでに欧米諸国、とりわけアメリカとの間に経済摩擦が起っていた。日本は輸出主導による「経済立国」路線を官民協調で追求し、一九八〇年代初めに巨額の貿易黒字を出し、その結果、円高が進行して、アメリカとの間に貿易不均衡問題が表面化し始めていた。この問題を解決するために、一九八五年、ニューヨークのプラザホテルで先進六ヶ国の蔵相会議が開催され、アメリカの貿易赤字を縮小するために、各国の協調介入によるドル高是正、日本などの黒字国の内需拡大を求める合意がなされた。それは「プラザ合意」として知られるものである。中曽根内閣は、「プラザ合意」を受けて、欧米諸国とりわけアメリカとの激化する経済摩擦をいかに緩和させることが出来るのか、この問題を検討する、前日銀総裁の前川春雄を委員長とする私的諮問機関の「国際協調のための経済構造調整研究会」を一九八六年に立ち上げた。同委員会は翌年に、通称「前川レポート」を政府に提出し、その中で「国際的に開かれた日本」に向けて「原則自由、例外制限」という視点からの市場原理を基本とし、かつグローバルな視点に立つ施策を実行すべきである、と勧告した。アメリカの外圧を背景にまとめられたこの「前川レポート」は、具体的な政策が盛り込まれたものではなかった。従って、その効果は現われるはずはなく、日米間の経済摩擦は政治問題化した。言うまでもなく、輸出国としての日本にとってアメリカは巨大な市場であるので、安くて質の良い商品、例えば繊維、電化製品、鉄鋼、自動車、半導体などの対米輸出がアメリカの同業種の産業の衰退をもたらし、それを食い止めようとするアメリカの当該産業はロビイストを使って自国政府を動かし、日本の対米輸出規制を求めて来た。日本は、「前川レポート」に基づいて自主規制で対応したが、貿易不均衡は是正されなかった。しかし、アメリカは冷戦を戦っている以上、日本の対応には不満があっても、最も信頼できる友好国の日本には「政治優先」の原則から、経済については日本に対して大目に見る傾向があったと言える。しかし、冷戦の崩壊が目前に迫った一九八九年には、アメリカは従来の態度を変えて、今や日本を経済的にライバルと見て、アメリカの市場経済の自由競争原理に基づく両国間の経済の相互開放を要求し始めた。すなわち、アメリカ財務省は日本の大蔵省に「日本の市場開放のため、輸入を妨げている構造問題を協議しよう」と持ちかけたのである。「五五年体制」下の日本では、通産省、経済企画庁が経済の司令塔となって、世界経済において国際競争力の強い産業を選別し、それを上から保護・育成し、それらを守るためにさまざまな面で規制をかけていて、極言すれば、ベルリン大学初代総長のフィヒテがプロイセン国家のあり方として構想した「封鎖国家」に近い状態であった。

国際的に競争力の強いアメリカ産業は主に金融業とサービス産業、とりわけ大規模小売店に特化されており、こうした業種の要求を背景に、アメリカ政府の対日要求は、両業種の日本市場への進出に当たって都合の悪い事柄を「障壁」と規定して、そうした「障壁」は日本では構造化されているということで、日本の「構造改革」を要求した。[9] 日本では経済と政治が一体化しており、「構造改革」は経済の分野だけに止まらず、必然的に政治の分野の改革も伴うものにならざるを得なかった。一九八九年の時点では、アメリカからは大規模小売店舗法（大店法）の見直しをはじめ、二四〇超の要望が提出された。これは一種の内政干渉であるが、その要求は受け入れられていった。その後、構造協議はクリントン政権では「日米包括経済協議」、「日米規制緩和対話」などに衣替えし、次のブッシュ政権では「日米規制改革及び競争政策イニシアティヴ」となっている。そして、日米双方がお互いに規制緩和を求める「年次改革要望書」は、建前上は相互主義であるが、アメリカからの要望事項の方が多く、これから取り上げる小泉内閣が行なった「構造改革」の内容は、すべて「年次改革要望書」の項目であり、それは次のようなものであった。まず二〇〇一年に会計制度改革として、アメリカの「時価会計制度」導入、二〇〇三年には外国人弁護士の参入を認める「外国人弁護士法改正」、二〇〇四年には医薬品販売の拡大の要求を入れて、コンビニでの医薬品販売解禁、次に医療分野の解放の要求を入れて混合診察の一部解禁、二〇〇五年には郵政民営化の要求に対して郵政民営化法の制定、公共事業の入札に際しての談合排除などの要求に対しては独禁法の改正、アメリカ資本による日本企業合併を容易にする新会社法の制定、二〇〇六年にはアメリカ文化、つまり「知的財産」の保護を盛った特許法改正、などである。もっとも、小泉政権以前の歴代政権も、「年次改革要望書」の諸項目の実現を図っており、その一例を挙げると、一九九七年に通信分野における競争強化の要求を入れての、NTTの分離・分割、一九九八年には建築規制緩和策の要求に対して「建築基準法改正」、二〇〇〇年には「大店法」の改正、そして、一九九九年から二〇〇四年にかけて、労働者の基本権を保障し、日本型社会福祉制度、とりわけ雇用の面での根幹である労働法を改正し、人材派遣の自由化が実現された。それによって、「五五年体制」を企業雇用システムの面で支えていた終身雇用制、年功序列型賃金、退職金、企業年金などの「企業内福祉制度」が形骸化されていくことになった。さらに、日本の司法制度の改革も求められた。日本では、何度も繰り返すが、国際競争力の強い産業を政府が選別して、その保護・強化を図る「行政指導」が常態化していたが、それは社会のすべての側面において国家にとって致命的な問題の発生を未然に防ぐための政府による「家父長的」な介入としての「事前規制」の一種であった。しかし、自由市場原理主義が支配的なアメリカにはそういう種類の「事前規制」はなく、すべてのアクターが自由にその利益を実現するための環境条件として公正な競争が行なわれる建前が支配する風潮となっている。従って、もし、問題や事件が発生したら、加害者と被害者の双方が司法、つまり弁護士を介して裁判所を通じて問題や事件を自主的に解決することになっている。こうした社会は「事後処理」型社会と言われる。日本もこうしたアメリカ社会の問題解決方法としての「事後処理」型方式を取り入れるべきであると要求され、上記したアメリカ弁護士の日本における活動自由化と並んで、「事後処理」を担当する大量の弁護士を養成・供給するシステムとしてアメリカの「ロー・スクール」をモデルとした「法科大学院」の創設がなされた[10]。

このように、アメリカは「グローバル・スタンダード」の名の下に「アメリカ・モデル」を唯一絶対の真理や歴史的必然であるかのように論じて、アメリカ政府の各省は毎年「年次改革要望書」を日本の各省庁に提示して、日本の法律や制度の中で自国の国益にとって不都合な部分の変更を迫った。そして、その「成果」は毎年アメリカの通商代表部が文書で連邦議会に報告しているのである。従って、論者の中には、「日本の今後を知りたいと思えば」アメリカ政府が毎年提示している「年次改革要望書」が「必読の文献である」と主張している人もいる。[11]

以上列挙した日本の「構造改革」という大きな変革が、「政治的意志決定の中心」が空洞化されていた「五五年体制」下で一部実現されたが、その秘密はどこにあったのか、あるいはどのような政治主体が改革の一部とはいえ、それを成し遂げたのであろうか。その秘密は、簡単に言えば、「横からの入力」というアメリカ現代政治学の「政治システム論」の専門用語にある。[12]「政治システム論」によると、伝統的政治学の国家という概念を「政治システム」と言い換え、この「政治システム」は外部環境や内部環境からの圧力を受けると、その処理を担当する決定中心がその圧力という入力を政策という出力に変えて、政治システムの存続を図るのだと説明された。[13]「五五年体制」下での日本の政治システムでは、アメリカという別の政治システムからの「横からの入力」があって初めて、止む無く決定中心が動かされて、アメリカの要求を実現する政策という出力が出されたということになる。このことは具体的に何を意味するのか、読者にはアメリカ現代政治学の専門用語で説明されているので、よく理解されない嫌いがないとはいえないが、しかし、これまでの説明を想起していただければ、日本の政治的意志決定が各省庁別にボトムアップ式に個別的に行なわれていること、次にそれらが積み重ねられて、最後にホッチキスでとめられる形で、[14]外部に出力として出されるということ、そのことを理解するなら、「横からの入力」の意味するところが氷解するのではないかと思う。すなわち、アメリカ側はこの日本独特の政治的意志決定システムの実情を熟知していて、「年次改革要望書」に基づいてアメリカ通商代表部は日本の各省庁の官僚と直接の話し合いを通じて、その要求を飲ませる形をとってきたのである。各省庁はアメリカの圧力だから止むを得ないとして、ボトムアップ式にアメリカの要望に沿った形の政策が各省庁によって作り出され、二〇〇一年四月、小泉政権誕生まで、日本はアメリカの要望に答える形の「構造改革」の一部が実現されたと見られるのである。

ともあれ、アメリカの要望とは、一九八〇年代以降のアメリカにおける支配的な政治的イデオロギーである新自由主義の具体化である。上述したように、新自由主義へ向けての政治経済的な改革は、すでにイギリスのサッチャー政権が着手し、それが一つのモデルとなり、世界各国に波及している。そしてそれは、アメリカでは共和党のレーガン大統領時代に着手され、民主党のクリントン大統領時代に一時的に修正されたが、次の共和党のブッシュ大統領時代になって、新自由主義は全盛期を迎えた。上述したように、一九八二年末に登場した中曽根内閣は新自由主義を日本に導入して、国鉄や電電公社の民営化を行い、それ以降新自由主義は、「五五年体制」下の自民党を支える集票システム、とりわけ、公共工事を通じて、過疎地の有権者の雇用の機会を提供し、その代わりに選挙で支持を得るという形での「土建国家」体制（それは官製談合という政治腐敗や官僚腐敗に象徴されることになる）下の「ウラ社会福祉」制度の破壊に繋がるものである。野党は言うに及ばず、自民党議員の多くがそれに反対したことは言うまでもない。そのために、新自由主義イデオロギーの日本への浸透は遅々として進まなかった。とはいえ、イギリスのサッチャー政権の行政改革をモデルにした橋本内閣による行政改革の実現など、新自由主義が日本でも開花する条件は一九九〇年代を通じて整えられていった。そして、小泉政権成立と共に、新自由主義が政府の実現すべき政策課題として本格的に提起されるようになったのである。

従来の自民党内閣が容易に成就できなかった「構造改革」を、小泉政権が五年五ヶ月間で成し遂げ得たのは、上記の通り政治的意志決定システムがボトムアップ型からトップダウン型に切り替えられた政治・行政制度改革が橋本内閣によって用意されていたからである。この点はいくら強調しても強調し過ぎることはなかろう。

## 3　「五五年体制」の政治的意志決定システムの変換──「行政改革」

橋本内閣によって実現された行政改革の基本方針は、イギリスのサッチャー政権の行政改革をモデルにしている。サッチャーは、新自由主義に基づいて福祉国家の「大きな政府」を国防と治安という必要最小限度の国家機能のみを担当する「小さな政府」へ縮減する改革を断行した。その際、第一に、行政官庁を政策企画・立案部分と政策実施部分に分け、後者の政策実施部門、すなわち国民への福祉サービスを含めての公共サービス提供部分を担当する機構を独立行政法人（agency）として政府から分離・独立させ、その管理・運営方針として民間企業と同様に、3Eの原則、すなわち経費節約（economy）、業務執行における効率性（efficiency）、支出経費に見合った成果を出す有効性（effectiveness）──この三つの原則に基づく行政運営は通常、新公共経営（New Public Management＝NPM）と称されている──を適用して、行政支出の削減を図った。第二に、残った行政官庁を政策企画・立案を担当する部分として再編成した。[15]

日本も、このイギリスの行政改革の方針をそのまま取り入れ、第一に、各省庁の公共サービス提供部分を独立行政法人として政府から分離・独立させた。その顕著な例は、国立博物館や東大をはじめとするすべての国立大学を独立行政法人に変えた点である。[16] 第二に、すでに上で言及した通り、従来の中央政府の組織が現在、一府一一省六委員会、一五庁に再編・統合されている。図2の「新旧省庁の対応関係」に見られるように、政府機能の内、密接に関連した部分を「縦割り行政」の弊害を取り除くために大括りした点と、従来から批判されていたことであるが、金融監督と財務の両部門を擁する大蔵省が、金融監督庁と財務省に分割され、それに伴って「大蔵省」の名称がなくなった点、次に経済発展の司令塔の役割を果たしてきた通産省の名称が経済産業省に変えられた点に、その特徴がある。第三に特筆すべきことは、最高の政治的リーダーとしての首相が自主的に独立して政策立案・決定ができるシステムが構築された点である。「五五年体制」下の各省庁間の下からのボトムアップ型政策決定の「積み重ね型」意志決定システムを、首相中心のトップダウン型に変えた点は注目に値する。従来の「内閣法」によると、首相が閣議で独自の判断に基づいて新しい政策案をかけることが出来なかった。この点を改めた新しい「内閣法」では、首相は閣議での発議権が認められた。次に、首相による閣議運営を政策立案・決定の面で支える官庁としての内閣府が新設された。それは、従来の総理府、経済企画庁、沖縄開発庁、金融再生委員会を統合して新たに設けられたものである。新設の内閣府は、国政全般に関する重要な政策の企画・立案と総合調整を行なう首相の直属の機関であり、かつての総理府が他の官庁と同格であったのに比べ、各省庁の上に位置し、各省庁にまたがる政策課題に強力な調整力を発揮することが期待されている。内閣府の新設は政策決定の官僚主導から首相を中心とする「政治主導」または「官邸主導」への転換を統治機構の面でも担保するものである。それ以前では、各省庁の政策調整は大蔵省が予算編成権に基づいて実質的に行なっていたが、この政策調整を行なう主要な資源に当たる予算編成権が行政改革によって名実共に内閣府に移管されることになった。それと共に、日本の政策決定システムは各省庁のボトムアップ型から首相によるトップダウン型に変換されることになった。そして、そのシステムを補強する制度として、閣内でも、首相の政府全体の観点からの政策立案・決定を支える官職として「内閣府特命担当大臣」制が導入された。それは、従来の無任所大臣に代わるものであるが、特定の省庁を担当せず、幾つかの省庁を跨ぐ重要な問題を処理する課題を首相に代わって行なう首相直属の大臣である。その典型は経済財政担当大臣である。小泉首相時代の男女共同参画担当大臣や、福田第二次内閣の消費者行政担当大臣などがそれである。

では、具体的に国政に関する重要な政策を誰が企画・立案するのか。首相一人でそれは可能であろうか。それ

図２　新旧省庁の対応関係

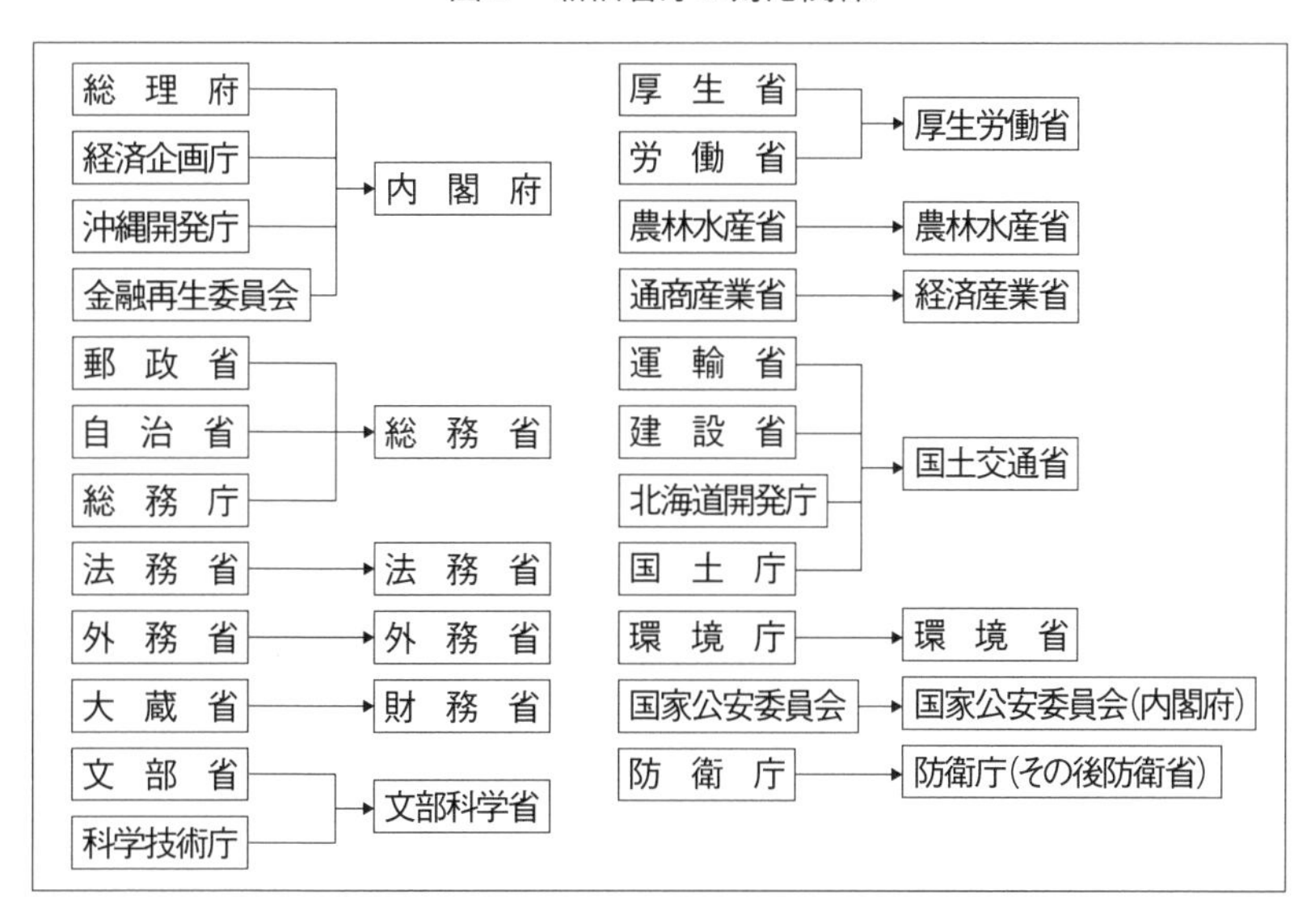


出所：東田親司『私たちのための行政』（芦書房、2008年）、53頁。

は不可能と言えよう。アメリカでは、政策の各分野において企画立案に当たる各種委員会が大統領府に設置されていて、それらが大統領を補佐し、政策の決定に関して諮問に応じているが、そのやり方を真似て、内閣府に各種委員会を新設することになった。経済運営・財政運営の基本方針の策定、予算編成の基本方針の策定、重要経済政策の策定などを担当する「経済財政諮問会議」、科学技術の総合計画的振興策の基本方針の策定を担当する「総合科学技術会議」、防災基本計画の作成、緊急措置計画を担当する「中央防災会議」、男女共同参画社会の形成・促進の基本方針策定を行なう「男女共同参画会議」がそれである。「男女共同参画会議」の議長が内閣官房長官であるのを除いて、すべての会議の議長は首相である。会議の中で最も重要な「経済財政諮問会議」は、議長の首相の他に、基本的に内閣官房長官、経済財政担当大臣、総務大臣、財務大臣、経済産業大臣、日銀総裁と、四名の民間有識者から構成されることになっている。その他の会議も、関係国務大臣の他、四ないし一〇名の民間有識者が加えられ

図３　首相の政治指導を支える組織図

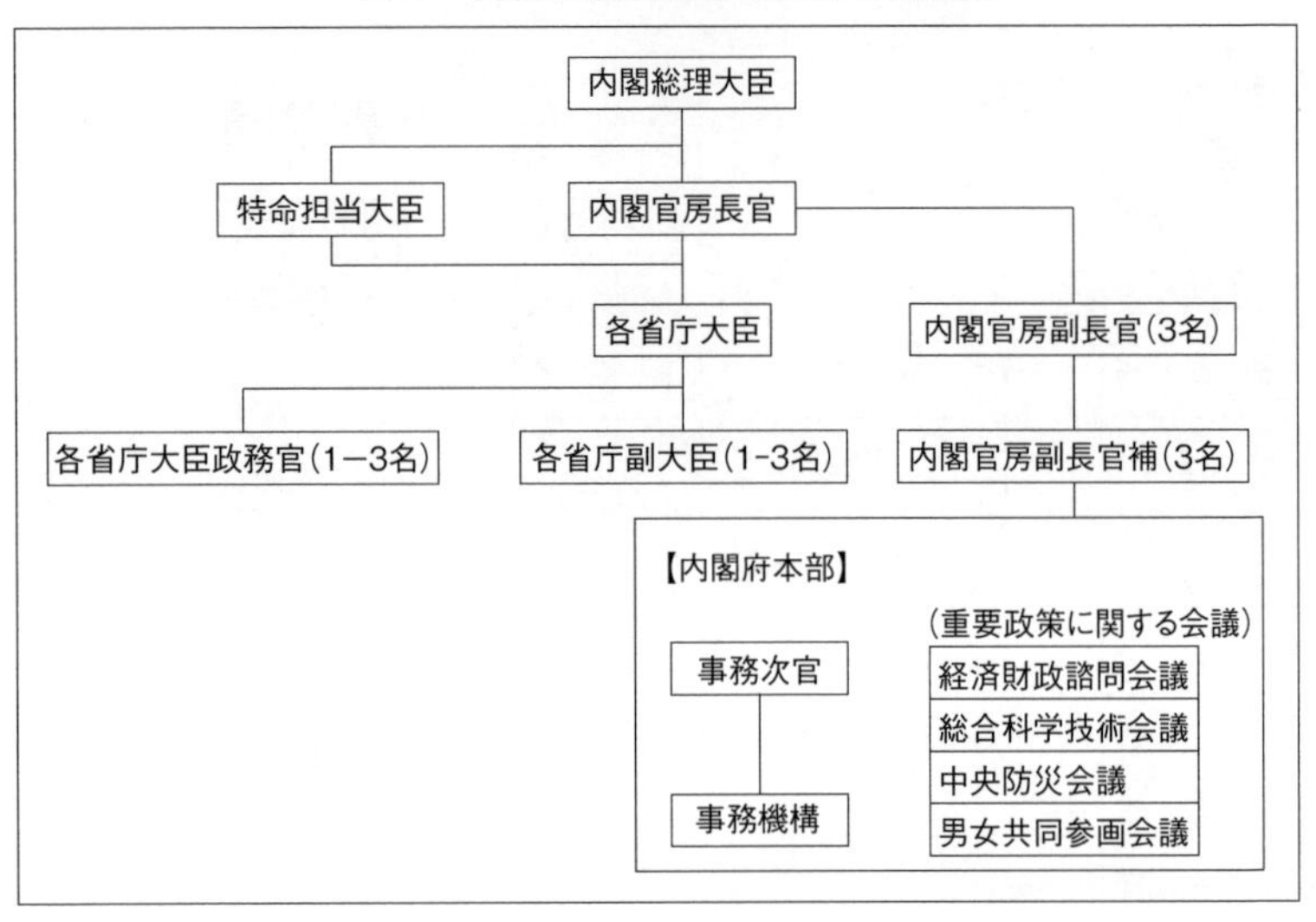


ることになっている。

こうして、従来から存在していた内閣官房が内閣の手足とすれば、内閣府は頭脳の役割を果たすことが期待された[17]。そして、この内閣府には各省庁からの出向組みではなく、第二部第二章２（ｃ）において述べるが、二〇〇八年六月に制定された国家公務員制度改革基本法では、独自採用の「国家戦略スタッフ」という内閣府専属の官僚が配置されることになっている。さらに、内閣府に設置された各種会議を事務の面で支える「国家戦略スタッフ」の官僚を首相が指揮・監督する際に補佐する役割を担当する事務次官級の官僚を、政策分野毎に配置する布陣として、複数の内閣官房副長官補の職を新設し、首相を中心とする「官邸主導」の国政運営が円滑に行なわれる制度改革が完成されたのである。また官僚主導に代わって「官邸主導」を実現するもう一つの改革として、上述したように、小沢一郎の意見を入れた、各省庁に複数の副大臣、政務官を置き、主務大臣を補佐するシステムが導入され、多数の国会議員が任命されることになったのである。

(参照：図３の首相の政治指導を支える組織図)

【注】

（1）飯尾 潤『日本の統治構造――官僚内閣制から議院内閣制』（中公新書、二〇〇七年）、第二章。

（2）前掲書、一〇四頁。

（3）飯尾 潤『政局から政策へ――日本政治の成熟と転換』（NTT出版、二〇〇八年）、二二頁。なお、自民党内派閥に関する研究として、草野厚『政権交代の法則――派閥の正体とその変遷』（角川書店、二〇〇八年）がある。

（4）前掲書、九～一〇頁。

（5）『朝日新聞』二〇〇五年一一月二四日、「霞が関改革・若手が提言」、本章の注（14）を参照せよ。

（6）W・バジョット（小松春雄訳）『イギリス憲政論』『世界の名著』60（原著一八六七年。中央公論社、一九七〇年）所収、七四～七六頁。

（7）飯尾 潤『日本の統治構造――官僚内閣制から議院内閣制』、三〇～三二頁。すでに松下圭一教授が『政治と行政の考え方』（岩波書店、一九九八年、六〇～七八頁）の中で、イギリスの議院内閣制を「国会内閣制」と言い換えて、それとの対比の中で、日本は「官僚内閣制」であると指摘しており、飯尾教授はそれを継承している。

　なお、「五五年体制」下の「官僚内閣制」とイギリスの議院内閣制との比較検討から、両者の相違点は、山口二郎『イギリスの政治　日本の政治』（ちくま新書、一九九八年）の中では、次のように指摘されている。日本型内閣制は、内閣制度の構成において権力分立原理と議院内閣制度とが組み合わされ、国家の統治機構を立法、行政、司法に分けるという発想で制度が組み立てられている（六一～六二頁）。それに反して、イギリス型議院内閣制の特徴は行政府の中に政治的要素と行政的要素とが結合し、政策を推進する態勢が出来ている（六七頁）、と。また、山口教授は別のところで、イギリスの議院内閣制の本質は「権力の融合」であるという原理が日本では理解されていない、と指摘している（山口二郎「議院内閣制の日本的弊害を克服するために」大石他編『首相公選を考える――その可能性と問題点』中公新書、二〇〇二年、九六～九七頁）。さらに、山口教授は、以上のような日英の議院内閣制の基本的な違いについての認識を体系的に述べた著作（『内閣制度』東京大学出版会、二〇〇七年）を刊行している。

（8）東田親司『私たちのための行政』（芦書房、二〇〇八年）、五二～五三頁。

（9）一九九二年頃までのアメリカの日本への要求を巡る日本政治の改革の動向については、佐々木毅『政治はどこへ向かうのか』（中公新書、一九九二年）が詳しい。アメリカの対日要求内容については、同書に添付された資料1「アメリカ政府の対日提案項目」（要旨）が参考になる。

(10)『朝日新聞』二〇〇六年七月七日、大滝敏之「検証：構造改革——第一部・官から民へ」⑥、村上正博『法科大学院』（中公新書、二〇〇四年）、三二～四四頁。

(11)『朝日新聞』二〇〇五年三月二六日、関岡英行「構造改革〈米国モデル〉に検証必要」。なお、関岡英行氏は著書『拒否できない日本——アメリカの日本改造が進んでいる』（文春新書、二〇〇四年）の中で、アメリカの日本に向けた「年次改革要望書」や「外国貿易障壁報告書」などの公式文書で、日本に対する内政干渉を構造化させている点を検証している。

(12)「横からの入力」という概念を用いて、アメリカの構造改革の要求が受け入れられる日本の政策決定過程を説明したのは、佐々木毅教授である。参照：佐々木毅『保守化と政治的意味空間——日本とアメリカを考える』（岩波書店、一九八六年）、五七～五九頁、同『いま政治になにが可能か』（中公新書、一九八七年）。

(13)政治システム論については、参照：安 世舟『現代政治学の解明』（三嶺書房、一九九九年）、第四部。

(14)縦割りの関係府省庁の政策の寄せ集めがなされる官庁の慣習は「ホッチキス官庁」と揶揄されている、という。東田親司、前掲書、五〇頁。

(15)安 章浩「ニュー・ライト思想とイギリスの行政改革——サッチャーリズムを中心として」『早稲田政治公法研究』第五三号、一九九六年、二二三～二二六頁。J. Burnham and R. Pyper, Britain's Modernized Civil Service, 2008, pp. 122～132.

(16)新しく改編された独立行政法人の現況については、北沢 栄『官僚社会主義——日本を食い物にする自己増殖システム』（朝日選書、二〇〇二年）が詳しい。

(17)東田親司、前掲書、五六頁。政策決定に関する官邸主導体制の確立において官房長官を中心とする内閣官房が果たす役割を組織的側面のみならず、小泉政権下の官房長官を中心とする動きに関する実証的研究として、信田智人『官邸外交——政治的リーダーシップの行方』（朝日選書、二〇〇四年）、第一章が詳しい。さらに、首相を中心とする官邸主導の政治的意志決定における経済財政諮問会議の位置づけについては、参照：山口二郎『内閣制度』、二〇九～二一〇頁、竹中治堅『首相支配——日本政治の変貌』（中公新書、二〇〇六年）、一七七～一八二頁。なお、「行政改革」以前の日本の中央省庁の活動に関する研究として、城山英明他編著『中央省庁の政策形成過程——日本官僚制の解剖』（中央大学出版部、一九九九年）がある。また、橋本連立政権までの大蔵省中心の政策決定過程に関する研究として、村川一郎『政策決定過程——形式的政府と実質的政府』（信山社、二〇〇〇年）がある。

# 第二章　新しい「決定中枢」制度下での日本政治の動向

## 1　小泉政権の登場と「構造改革」

### （a）異例ずくめの小泉首相の登板

二〇〇一年四月、森内閣が退陣し、小泉内閣が成立した。小泉首相の登板は自民党政治の慣例に照らし合わせて見るなら、異例ずくめであった。小泉首相は「五五年体制」の下では首相になれる条件を備えていた政治家では絶対なかったからである。田中角栄元首相はかつて自民党の総裁・総理になるための必要な経歴として次の四つの職を挙げたことがある。自民党三役の内、幹事長を含む二つを歴任すること。次に、内閣において蔵相、外相、通産相の内、二つを歴任すること。つまり、最高の政治指導者として国政を司るのには、財政、外交、経済、それに党三役（幹事長、政務調査会長、総務会長）の最低二つの職をこなすこと、すなわち国民の支持を調達する選挙や各種支持基盤の利益の調整と統合、次に主権機関の国会対策、すなわち野党対策などの党務を取り仕切る、政治の中枢を押さえておく必要がある、と田中元首相は言いたかったのである。もとより「三角大福中」は中曽根を除いてほぼ完全にこの条件を満たしていた。中曽根は閣僚の内、通産相の経歴しかなかった。次の「安竹宮」も安倍が早く逝去したので除くと、竹下、宮澤はその閣僚歴、党役人歴は「三角大福中」と見劣りしない。一九九二年末の党分裂による人材の流出や、自民党が一時野党に転落したことで派閥による人材育成方式の崩壊もあり、竹下首相の後には田中元首相が挙げた首相になる四つの条件を備えた政治家は存在しなくなった(1)。

小泉首相は三世議員である。祖父は戦前の衆議院議員であり、衆議院副議長、逓信大臣を歴任しており、父も衆議院議員であり防衛庁長官を務めている。慶應義塾大学卒業後イギリスに留学していたが、一九六九年、父が急逝したために留学を中断して帰国して父の選挙地盤を継承して選挙に出馬したが落選した。福田赳夫元首相の秘書となり、政治家修行を積んだ後、一九七二年に衆議院選挙で初当選を果たした。自民党内では議員歴（当選一〇回）は長いが、党三役に就任した経歴もなく、閣僚歴は厚生相と郵政相のみである。従って、田中元首相が挙げた「首相の条件」の四つのポストのいずれにも就いた経験がない。その上、党内派閥でも最右翼の派閥（福田派→安倍派→森派）に属し、青嵐会の一員でもあるので、根っからの「復古的」ナショナリストであり、かつ派閥に属していながら、他の議員と群れない「一匹狼」的存在であった。また、一九九二年一二月、宮澤改造内閣の郵政大臣に就任したが、「老人マル優」の枠の拡大に反対し、「省益よりも国益優先で郵政事業全般を見直す」と宣言して、郵政省のみならず、主流派の経世会に反対されたが、その発言は当時の自民党の主流の考え方に全く反し、異様に聞こえたので、「変人」（田中角栄元首相の娘の田中真紀子議員の評）と言われたことがある。こうした評価は彼の政治家としての経歴やその選挙地盤を考慮するなら、ある程度理解できるのではないかと思う。彼の政治家としての教育を行なったのは大蔵省出身の福田赳夫元総理であり、国会議員になって一九七九年最初に就いた政府役職は大蔵省政務次官であった。その後、一九八〇年に自民党財政部会長、一九八六年に衆議院大蔵常任委員会委員長を歴任している。こうした経歴から見ても分かるように、彼は大蔵省と政策コミュニティを形成しており、その政治的考え方は、大蔵省が大局的観点から財政健全化を目指して、予算編成権を梃子に各省庁の省益を抑えて、大蔵省が考える「国益」を追求するという、大蔵省特有の政治的思考パターンを身に付けていたものと考えられる。従って、利益誘導政治と地元利益還元政治を強力に進める主流派の経世会に属する政治家とは政治的思考様式が異なっていたと見られよう。また、こうした彼の思考様式は、彼の選挙地盤からも理解される。というのは、彼の選挙区は神奈川県の横須賀市と三浦市であり、農村が多い地方を選挙区とする他の多くの自民党議員と違って、選挙区が都会であるために、利益誘導や地元還元を行なう必要性があまりなく、従って、「バラマキ」型利権政治にコミットする必要性が経世会やその他の派閥の議員と比べて相対的に強くなかったからであると見られよう。こうした政治的思考様式やその行動から見て、彼は、反主流派に属していることから来る悲哀や反骨精神も手伝って、当時の自民党を牛耳っている経世会に対しては並々ならぬ敵愾心を抱いていたことは容易に推察されよう。従って、「バラマキ」型利権政治が横行した「五五年体制」が部分的でも崩壊していなかったならば、彼は恐らく首相になれなかったであろう[2]。

次に、小泉首相は運に恵まれていたと同時に、その運を利用する大胆さと強い意志力を持っていたと言えよう。マキアヴェリは、その著書『君主論』（一五三二年）の中で、君主は未来を予測し、それに基づいて多くの選択肢の中から内外の諸条件の下での最適の選択肢を選ぶことを決断する力量（ヴィルトゥ）に加えて、生涯において何度か訪れるかしれない「幸運の女神」の前髪を鷲掴みする大胆さをも持ち合わせていなくてはならない、と述べている。小泉首相は、マキアヴェリのいう「幸運の女神」の前髪を鷲掴みする大胆さを持ち合わせていた。小泉首相に巡ってきたその運や、それを大胆に掴んで利用した彼の行動について、以下その幾つかを紹介しておきたい。

第一は、森内閣時代に自民党は国民の間に急速にその人気を失いつつあった点である。二〇〇〇年四月、小渕恵三首相の急逝後、主流派の経世会ではこれと言った首相候補者が不在で、第二派閥の森派会長を派閥の長たちの話し合いで自民党総裁にすることが決められた。党総裁選挙を省いたのである。そして、森内閣が誕生はしたものの、その発足直後の二〇〇〇年五月、神道政治連盟国会議員懇談会結成三〇周年の記念祝賀会で「日本の国、まさに天皇を中心とする神の国であるということを国民に承知してもらう」という「神の国」発言を行なったことや、次に二〇〇一年二月、ハワイ沖で米潜水艦の浮上によって転覆させられた実習船「えひめ丸」事件の報告を派閥主催のゴルフに興じている時に受け、直ちにそれに対応せず、ゴルフを続けたことがマスメディアで報道され、危機に際しての森首相の行動が批判された。こうした首相の一連の行動が期待されていた「首相像」に反し、従って自民党もついにここまで落ちたかと、良識ある国民の顰蹙を買うことになり、その結果、政権末期の森首相に対する国民の支持率は九％にまで下落していた。そして、ついに同内閣成立の一年後の二〇〇一年四月に退陣した。小泉は森が首相となったので、森派を一時預ることになり、その会長に就任していた。森首相の退陣後、森派では、同派会長の小泉が首相候補とみなされるようになるのは当然と言えよう。

第二は、世界的な政治的風土の変化である。一九八〇年代までは高度経済成長とその副作用の土地インフレの高進によるバブル経済の恩恵が全国に漲り、国民の殆どは、明日はより豊かな生活が待っているというバラ色の未来への期待と多幸症に浮かれ、それは一九九〇年代の初めに絶頂に達していたが、ついに一九九二年にバブル経済は崩壊へと突き進んでいった。社会科学や政治的イデオロギーの面ばかりでなく、国民意識や世論の流れにおいても、ソ連の崩壊によって、それまで支配的であった、いつまでも社会は進歩し続けるという啓蒙思想やそれを受け継いだマルクスによって描かれた未来のユートピアの必然的な到来に関する信仰も共に崩れ始めており、将来が不透明な時代に入りつつあった。それと共に、次第に不安が拡がっていった。社会福祉国家を経済理論面で支えていたケインズ経済学は国家による需要管理を主張しており、それは国家の経済コントロールの点では、マルクス主義と変わらなかった。それは、すでに一九七三年と一九七九年の二度の石油ショック後の西欧諸国のスタグフレーションを克服できず、その有効性に疑念が投げかけられていたが、ソ連の崩壊と共にその有効性も否定されるようになった。ケインズ経済学を批判し、経済学界で徐々に影響力を持ち始めたのは新自由主義経済学であった。それはついに一九七九年に政権復帰したイギリスの保守党のサッチャー首相によって支持されるようになった。そして、サッチャー政権は新自由主義経済学に拠って「小さな政府」を確立する行政改革を断行して、イギリスの衰退を食い止め、再び経済発展をもたらしたと囃し立てられるようになり、さらに一九八一年に登場したアメリカのレーガン大統領もサッチャー政権に倣って「小さな政府」の確立を主張した。こうして新自由主義経済学の主唱者であるシカゴ大学のフリードマン教授の権威は世界的に高まっていった。そして日本の経済学界も新自由主義経済学が支配的になっていた。バブル経済崩壊後の日本の慢性的不況を克服するために、英米で成功した新自由主義経済学に基づく経済政策を実行すべきであるという主張が経済界や学界から上がった。その主張が実現される前提として、まず「大きな政府」を「小さな政府」に改革することが必要であるとして、行政改革が主張された。上述したように、日本では、一九九〇年代のバブル経済崩壊後の経済危機に対処するために、規制緩和を含めて新自由主義政策の実行が小出しに行なわれて来たが、それは必然的に自民党の支持基盤を掘り崩していくことになるので、一進一退を繰り返すことになった。学界やマスメディア界も、それまで大きな影響力を持っていた中道左派の学者や評論家・言論人は急速に退場し、それに代わって、それまで周辺部にいた新自由主義を唱える人びとや、ナショナリズムを声高に主張する学者や評論家・言論人がマスメディアに大挙登場し、次第に日本の世論は彼らによって方向付けられるようになった。彼らは、イギリスとアメリカのような新自由主義政策を実施すれば、すべての問題が解決される、と主張した。こうした人びとに当然アメリカが声援を送ったことは言うまでもない。こうした人びとは、ＮＨＫをはじめＴＶ各局に頻繁に出て、英米が規制緩和、民営化など「小さな政府」への改革で経済的危機を克服して現在のような好況をエンジョイしている点を紹介し、日本も英米に倣って新自由主義政策を取り入れて、バブル経済後の不況から脱出すべきであると主張して、視聴者を洗脳し始めた。こうした新自由主義的なイデオロギーの台頭と広がりは、従来の自民党が拠って立つ社会基盤を破壊するものであったが、反主流派の小泉首相にとっては、自民党の主流派を倒し、党の指導権を奪取するために、極めて好都合であったと言えよう。つまり、世界のみならず、日本においても、それまで自民党一党支配体制を存続させてきた政治・経済的思想潮流は否定され、それに代わる新自由主義が支配的になる勢いを示し始めたことは、政治的イデオロギー戦線においても、小泉首相にとって極めて有利な政治経済的思潮の出現であったと見られよう。そして、この新自由主義を日本において広める上において主役を演じた経済学者の一人がほかならぬ小泉首相のブレーンに就任する竹中平蔵教授であったことは記憶されて良かろう。彼は一九七三年に一橋大学を卒業後、日本開発銀行に入行し、新自由主義経済学の研究を続けた。在行中、ハーバード大学に留学し、帰国後大蔵省財政金融研究室の主任研究員を兼ねた後、新自由主義経済学の日本におけるメッカの大阪大学経済学部助教授に転進し、その後、慶應義塾大学助教授に就任した。その間、再びハーバード大学で在外研究し、アメリカの有力な政治家や学者の知己を得て、帰国後、一九九六年に慶應義塾大学教授に就任し、間もなく、マスメディアに登場して新自由主義を鼓吹し始めた。

第三は、自民党内に国民の間に人気のある政治家が殆どいなくなっていた点である。森内閣時代の幕間劇として「加藤の乱」があった。加藤紘一は山崎拓、小泉純一郎とは盟友でその名前のローマ字読みの頭文字を取ってＹＫＫトリオと言われ、また「安竹宮」の後はＹＫＫが首相となるであろうと言われたぐらい、将来を嘱望された若い政治家である。三人はその所属する派閥を異にしていたが、主流派の経世会に反対している点では一致していた。上述したように、中選挙区制が派閥を作り出し、それに力を与えてきたが、小選挙区制に基づく選挙が繰り返されたことによって、派閥の力は漸次弱体化し始めていた。というのは、小選挙区制では、選挙区の利益を代弁する人ではなく、次の四年間の国民の生活と国の運命を託する政党を選ぶことにむしろ力点が置かれるようになることから、TV時代も手伝って、国政を預る政党の最高指導者の人格と識見が重要視されるようになってきたからである。従って、極論すると、国民に人気のある政治家を党の最高指導者に持たない政党は国民の支持が得られない可能性も生まれてきたのである。森首相は上記の通り派閥の長達の談合で生まれ、初めから選挙の洗礼を受けておらず、しかもその行動が首相に相応しくないと国民に思われるようになってきていた。首相の不人気は与党自体の不人気に繋がることになることから、いずれ訪れる総選挙では自民党は敗北必死であると、心ある党員が思うようになったのは当然と言えよう。宮澤内閣時代の自民党幹事長であった加藤紘一は、宏池会のホープとして、野党第一党の民主党と連携して、国民に人気のない森内閣の退陣を画策していたが、この動きに宏池会の多数や他の派閥が同調しなかったために失敗した。このことで将来の首相候補と言われた加藤紘一は自民党の周辺部に追いやられてしまうのである。こうして、ライバルの一人は舞台から退場した[3]。

YKKグループが出来たのは一九九一年一月であるが、それが派閥横断の政策集団「グループ・新世紀」に模様替えしたのは一九九四年五月である。上記したように、小泉は一九九二年一二月に、宮澤改造内閣の郵政大臣に就任している。宮澤内閣が不信任案で倒され、一時、自民党は野に下っていたが、村山自・社・さ連立政権成立後に自民党が再び与党に返り咲き、その後、一九九五年九月の自民党総裁選挙に小泉は経世会の橋本龍太郎と争い、敗北している。橋本内閣で小泉は一九九六年一一月厚生大臣に就任している。そして、三年後の一九九八年七月の総裁選挙に再び出馬し、主流派から出た小渕恵三、梶山静六と争い、敗れている。小渕内閣の誕生である。小泉は二度も自民党総裁選挙に出馬して、敗れたとはいえ、それを通じて反主流派の首相候補として国民の間にその名が知れ渡るようになっていた。「加藤の乱」に戻るが、総裁派閥としての森派の小泉会長は、森政権を支えなくてはならず、加藤の動きを逸早く察知し、盟友の「加藤の乱」には組みせず、それを収めるのに寄与したことで、森首相退陣後、上記のように、森派の次期首相候補に推される幸運に恵まれたと言えよう。

第四は、自民党総裁選で小選挙区制を前提にして、同党内の選挙に限定するのではなく、全国民の首相選出の形にした選挙戦を展開したのがプラスに作用した点である。小泉は、総裁選出馬に際して、主流派候補の橋本龍太郎元首相に党内の派閥力学からして勝ち目のないことを前二回の敗北戦で熟知していたので、長い間叫ばれてきたが、実現したためしのなかった派閥を無くすという主張を展開する作戦に出た。まず、その主張を裏付けるべく自ら会長である森派閥から脱退し、「日本を変える、自民党を変える」というキャッチフレーズを連発して、選挙戦では経世会の支配する自民党それ自体を批判する主張を展開した。その際、当時、父親・角栄を追い落とした経世会との戦いに命をかけているかのような姿勢を示し、経世会の支配する自民党を批判して、国民、とりわけ主婦の間に絶大な人気を誇っていた田中真紀子とは政治的連携を図り、街頭では一緒に街宣車に乗って「自民党をぶっ壊す」と主張して、田中真紀子の国民的人気に便乗して遊説活動を展開した。その効果があって、次に述べるように、自民党支部票の多数を手に入れることに成功したのである(4)。

第五は、自民党総裁選挙規程が変更になった点である。上述したように、自民党総裁選はそれまでは派閥間の話し合いで決められてきた。しかし、議席の六割以上が小選挙区で選出される時代になっており、この小選挙区制では各選挙区の過半数以上を得票しない限り、議席を獲得できないので、各選挙区の自民党支部も地方の名士や業界団体の長などの名望家のみでは過半数の得票は困難であることが予想されて、広範な選挙民を組織せざるを得なくなっていた。それと共に、地方支部の幹部達の党内における力の比重も強まっていった。その結果、自民党総裁選は党所属議員と地方支部の代表のそれぞれの票を合計して、その過半数で当選を決めることになった。従って、自民党次期総裁を目指す者は、これまでとは違って、地方の票を獲得するために街頭に出て有権者の支持を訴える戦法を取る必要が生まれたのである。上の第四のところで紹介したように、小泉候補はすばやくその必要性を認識して街頭に出て、橋本龍太郎元首相、亀井静香政調会長、河野グループの麻生太郎元経済企画庁長官の三人の対立候補との政権公約の違いを訴え、とりわけ今日の不景気をもたらしている責任は自民党にあり、それを変えない限り、景気は良くならないと訴えて、それがＴＶに連日のごとく放映された。これによって、自民党総裁選であるにもかかわらず、あたかも首相公選のような様相を呈し始め、全国民を巻き込んだ選挙戦が展開されたのである。国政のあり方を巡る政権公約、すなわちマニフェストの是非を有権者に問う選挙は、政権獲得競争である。ところがそれは、自民党一党支配時代には総裁職を巡る党内派閥間の抗争に取って代えられていたが、今や総裁職を巡る権力闘争の「政局」は、マスメディアを巻き込む形で自民党員のみならず、全国民を巻き込んだ一種の政治劇の様相を呈し、それがＴＶに映し出されることになった。こうして、次の選挙に国民の多数の支持を確実に獲得できる、人気のある大衆受けのする政治家が党首として好まれる傾向が生まれ、三ヶ月後の七月に参議院選挙も控えていたことも手伝って、自民党議員たちは選挙で党が生き残れるように、大衆に人気のある人を次期首相に選びたいと思うようになった。こうした党内外の状況を見事に捉えた小泉候補は、郵政民営化をはじめとする「構造改革」を公約に掲げ、新自由主義的改革によって、バブル経済崩壊後の沈滞している日本経済を立て直し、明るい未来を切り開くというバラ色の展望を明確な形で、自民党議員や一般党員のみならず、国民一般に表明したのである。そして、自分の主張に反対する者は「抵抗勢力」であると規定し、今後、日本を良くするために克服すべき対象はこの「抵抗勢力」であると主張した。さらに彼は、「抵抗勢力」とは実は橋本龍太郎元首相をはじめとするこれまでの自民党の主流派の経世会や宏池会などの議員集団であり、彼らが牛耳る自民党では構造改革は不可能であると断言して、上記したように、「日本を変える」ために、総裁になれば「自民党をぶっ壊す」と主張した。こうした発言は異例と言うほかない。これまでの自民党総裁選は自民党内の「コップの中の争い」であったので、それは党内で戦われたのであるが、今回はその戦いの場は「街頭」に移され、小泉候補はマスメディアを通じてあたかも日本の改革者であるかのような演技をして見せ、さらに、政党としての自民党の国民の間における不人気を逆手にとって、自民党総裁選なのに、総裁に当選すれば「自民党をぶっ壊す」と叫び、それを一般国民も「観客」として楽しんだのである。

ちなみに上述したように、党総裁選挙では自民党議員のみならず、地方支部を代表する代議員が集まり、投票で総裁を決めることに変わっていた。各地方で党員による総裁を選ぶ代議員選出の投票結果を発表する日が、当時の総裁選挙規定では定まっていなかったので、各支部で勝手に投票が行なわれ、「小泉候補が勝った」という噂が広がると、それが他の支部に伝染し、勝ち馬に乗ろうとする勢いが生まれ、それがマスメディアを通じて煽られる形となり、小泉候補に対する国民的な熱狂のようなものが生まれた。こうして、小泉候補は圧倒的に多い地方支部の代議員数を獲得するに至り、議員も次の参議院選挙を考えて、すでに派閥の締め付けがきかなくなっていることも手伝って、国民に人気のある小泉候補に投票することになり、あれよあれよという間に、小泉候補が自民党総裁に選ばれたのである。これもまた異例の現象と言えよう[5]。

最後にもう一つ異例なことが起こった。小泉首相の組閣の仕方である。各派閥に割り当てられた大臣数に相当する議員名簿が次期首相に提出され、それに基づいて次期内閣が構成されるのがこれまでの自民党の組閣の慣例であった。ところが小泉首相は、組閣は首相の専権事項であると主張して、従来のように派閥に囚われず「適材適所」の原則で組閣すると称して、自分の指示に従うという条件を受け入れる人を彼独自の判断で閣僚に任命した。このように、小泉内閣の誕生は、自民党の歴史においてまさに異例ずくめの船出であったと言えよう。それは、別の観点から見ると、従来の自民党を存続させてきた環境、つまり選挙制度や内外の政治・経済状態、そして政治的イデオロギー戦線も大きく変容して、従来の自民党の権力構造は融解しつつあることを象徴するものであったと言えよう[6]。

### （b）小泉首相主導による日本政治の転換

小泉首相は、二〇〇一年四月二一日の初閣議で、「『構造改革なくしては景気回復なし』との基本認識に基づき、この内閣を『改造断行内閣』とする」とし、「私は、自ら経済財政諮問会議を主導するなど、省庁改革により強化された内閣機能を十分に活用して、内閣の長としての内閣総理大臣の責任を全うする」という談話を発表した[(7)]。この談話通りに、小泉首相による日本の政治・経済の「構造改革」は実現されていくのである。それは自民党の主流派が強い力を持つ議会を敵に回して行なわれるものであるので、その戦術として議会を飛び越えて、直接に主権者である国民に訴えかけて、その支持を調達し、それによって敵を屈服させる方法が取られたのである。こうした方法は、大衆民主主義の到来と共に、よく使われる政治手法で、それはアメリカで完成されたとも言えよう。アメリカでは、大統領は、自分の政策を国民に分かり易く、かつ強力なインパクトを与える簡潔な語句のキャッチフレーズ（サウンドバイト soundbite）で表現するTV政治を展開するのが常態となっている。それは「メディア政治」とも言われている。イギリスのブレア首相も保守党から政権を奪取した後、「メディア政治」（イギリスでは「サウンドバイト政治」と言われている）を多用していたが、小泉首相もそれを見習って実践したのである。それは、日本では「ワン・フレーズ・ポリティクス」（one phrase politics）と言われた。

小泉首相は、毎日、インターネットの「メル・マガ」を通じて、次に「ぶら下がり会見」と称する夕方の記者達の質問に答える形でのTVを通じて、一般大衆に向かって複雑で難しい政治問題を一言で明快に表現し、自分のやり方に反対する者はすべて「抵抗勢力」ないしは敵と規定した。このようにすべてを善悪の二分法で決めつける小泉首相のやり方は、TVや一般大衆には分かり易い政治として人気を集めた。さらに一般大衆の支持を得るために、総合雑誌などの高級誌や大新聞の全国紙、TVの難しい政治解説や政治討論の番組はあまり利用せず、スポーツ紙や娯楽雑誌、主婦向けのTV番組を積極的に利用して構造改革をはじめとする新自由主義政策に反対する者を「抵抗勢力」で、かつ日本の将来にとって悪であると決めつけるＴＶ政治、つまり「テレポリティクス」(telepolitics) を展開したのである。[8] 小泉内閣成立後三ヶ月後に行なわれた参議院選挙で、「テレポリティクス」によって操作され、上から作り上げられた「小泉ブーム」のお陰で自民党は大勝した。参議院選挙での国民の支持を背景に、小泉首相は「行政改革」によって再編された、首相主導が可能な統治機構を積極的に活用して「構造改革」に乗り出したのである。

上述したように、郵政相、厚生相の経験しかない小泉首相は、持論の郵政民営化以外のこれと言った政策プランを持ち合わせていなかった。経済界は、「情報と経済のグローバリゼーション」の時代において、日本が国際社会で生き残るために日本企業の国際競争力を強化する必要があり、そのためにまず、英米と比べて高いとされる法人税の引き下げ、自由競争を妨げる規制の撤廃、企業内の労働コストの削減を実現するために、フレクシブル労働の美名の下に終身雇用制の廃止、成果に基づく人事制度の導入、派遣労働者制度の導入による正規雇用者数の削減、さらに国費や企業側の負担を軽減するための社会福祉制度の改革――これらはアメリカが日本に要求した「年次改革要望書」の内容の一部でもある――を、要求した。小泉内閣は、経済界から課されたこの政治課題を実現するために、内閣府に設置された「経済財政諮問会議」を「構造改革」の司令塔として用いた。上述したように、従来政府全体の立場からの各省庁が打ち出した政策の調整は大蔵省が予算編成権を用いて行なっていた。毎年、各省庁は次年度予算についての「概算要求」を八月までに大蔵省、「行政改革」以降は財務省に提出していた。財務省はそれらに先立って「概算要求基準」を作って閣議にかけ、それによって各省庁の要求を調整していた。小泉政権では、財務省が「概算要求基準」を作る前の六月に「骨太の方針」を「経済財政諮問会議」において作成させた。首相は今後の改革の基本方針を「骨太の方針」の中に具体的に盛り込み、それに沿って予算編成の基本方針を策定させるようにしたのである。こうして「経済財政諮問会議」は政府の中で「執政中枢」(core executive) の地位を確立することになった。中央省庁再編のところで紹介したように、「経済財政諮問会議」のメンバーは関係省庁の閣僚と日銀総裁の他、四人の民間有識者から成り、議長は首相である。四人の民間有識者の内二名は経済界代表（牛尾治朗ウシオ電機会長と奥田碩経団連会長・トヨタ自動車会長）、残り二名は新自由主義経済学者の本間正明大阪大学教授、吉川洋東京大学教授である。この会議はイギリスの議院内閣制では「インナー・キャビネット」に当たる「執政中枢」であると見られよう。ところが日本版には首相が任命した四名の有識民間人が加えられている点では、イギリスの「執政中枢」とは異なる。小泉首相は、彼のブレーンの上記の竹中平蔵教授を経済財政担当大臣に任命し、この会議の運営を委ねた。竹中は仲間の二人の経済学者の有識民間人委員と気脈を通じて経済界が要求するテーマごとの構造改革案を「骨太の方針」として打ち出し、それを基に、関係省庁にその原案実施のための具体的な政策作りを要請する仕方で、小泉内閣時代独特の政策立案・決定が行なわれていったのである。自民党が政府の打ち出した政策に反対した場合、「五五年体制」の慣例に反して、党による法案の「事前審査」を行なわせず、むしろそれを省略して、自民党との対決を辞さない「突破型」の運営を行なった。[9] こうした政策立案・決定のやり方は従来では考えられず、もしそうしたことが行なわれたなら、首相はそれによって辞任に追い込まれることは必至であったと言えよう。しかし、自民党に対する指導権を掌握していた小泉首相は「経済財政諮問会議」を機関車、または「改革のメインエンジン」として用いての「官邸主導」による新自由主義的各種改革を実施していったのである。[10] このことは従来では考えられないことであった。

小泉内閣が実現した改革の内容については、アメリカの「年次改革要望書」の紹介のところですでにその概要について述べたが、その他に、財政改革、道路公団の民営化、不良債権処理と金融再生、医療制度計画、橋本内閣時代に「行政改革」と対をなして成立した地方分権一括法に基づく、中央政府から地方政府への補助金の削減、その見返りとしての地方への税源移譲を骨子とする「三位一体の改革」などが実現された。[11] その他に小泉内閣の成し遂げた最大の仕事は、実は郵政民営化であった。郵政省が管轄する郵便局は、郵便業務の他に保険、貯金（金融）業務などを担っており、その業務内容から判断すると、それは日本最大の物流企業体であるのみならず、日本最大の保険・金融会社でもあった。郵便局の末端を担当する特定郵便局長は各地方の名望家で自民党集票組織の重要な拠点でもあった。従って、それを民営化することは自民党の土台を内から壊すことに等しいことであった。自民党の郵政族議員は言うに及ばず、選挙に際して特定郵便局長達の支援を受ける議員も多く、小泉内閣の郵政民営化政策の実現は、当然、困難を極めた。

二〇〇五年八月、政府が提出した郵政民営化法案は、自民党から造反議員を出したものの、衆議院を五票差でやっと通過したが、参議院で否決された。参議院議員の半数が三年毎に改選されることになっていたので、小泉内閣成立後の第二回目の参議院選挙が約一年前の二〇〇四年七月に実施され、すでに民営化が政治日程に上がっていたこともあって、選挙の結果はそれに反対する野党の民主党議員数が自民党議員数を上回っていた。しかし、連立を組んでいる公明党議員と非改選議員を合わせれば、参議院の多数は確保されていた。とはいえ、自民党内の反対派の議員も多数当選していた。そして、参議院自民党の郵政民営化反対議員は、郵政民営化に反対した野党に合流することになり、郵政民営化法案が否決されたのである。本来、参議院でも起こり得たことは、その前に衆議院でも起こり得たはずであった。しかし、それが起こらなかった。というのは、小泉首相が何度かの内閣改造に際して、組閣権という首相の人事権を巧みに行使して派閥を内部からずたずたに解体させていたからである。それに加えて、次の衆議院選挙のことを考えるなら、新しい選挙制度実施以前は派閥に依存していたが、今や選挙区候補者選定、選挙資金の配分全てを党執行部が仕切ることになっていたので、議員の中で郵政民営化に反対であっても、党首に反対すれば、次の選挙で返り咲く可能性が無くなる恐れもあったからである。従って、はっきり民営化反対を唱えた者でも棄権した。そして、党首が決定したことに強いて反対できない者は、党首の決定にしぶしぶ従わざるを得ないという「党首独裁体制」が半ば生まれつつあったのである。

さて、「五五年体制」下では、参議院で否決されたのなら、その責任を取って首相は辞職するのが普通であった。ところが、大方の予想に反して、小泉首相は衆議院の解散を断行したのである。辞任後（二〇〇八年七月三日）のある講演会で、小泉元首相は「総理大臣の最大の力の源泉は解散権と人事権である」（『朝日新聞』二〇〇八年七月九日号）と述べているが、小沢一郎が触媒作用を果たして一九九〇年代に実現した選挙制度改革という「政治改革」、中央省庁再編という「行政改革」によって、日本の総理大臣は、政治制度上強大な権力を保持することになり、この権力を首相が行使する強力な意志さえあれば、日本を変えることもできるということを小泉首相の衆議院解散が明らかにしたのである。

九月の衆議院選挙を前に小泉首相は、自民党総裁の資格で郵政民営化に反対した議員、いわゆる「郵政造反組」に離党を勧告した。次に、「郵政造反組」や棄権した議員の選挙区に、いわゆる「刺客」という別の候補者を立てて郵政民営化に反対する者は悪であると規定し、「抵抗勢力」を一掃しない限り日本の未来はない、と主張した。本来、総選挙というものは各党が提示した次の四年間の政権運営の公約体系、つまりマニフェストを中心に戦われるべきものであるのに、小泉首相は選挙の争点を単純化して「郵政民営化に賛成か反対か」を問う形で無党派層に訴えかける「小泉劇場」と言われる「街頭の民主主義」をＴＶで演出した。それに動かされて多数の無党派層が選挙に参加することになった。結果は小泉自民党の圧勝であった。選挙結果の議席の内訳は、自民党が二九六議席、公明党が三一議席で、与党合計で三二七議席を獲得し、総議席の三分の二を超えた。一方、野党の民主党は六四議席を減らして一一三議席となった。憲法第五九条によると、上記の通り、衆議院で議決した法案が参議院で否決された場合、両院協議会で法案の修正を含めてその取り扱いを決めるか、あるいは六〇日後衆議院で再度三分の二以上の議員による議決によって参議院に対抗することができた。従って、小泉首相は衆議院で三分の二以上の多数という「権力の余得」を今回の総選挙で手に入れたので、参議院の反対があっても衆議院で通した法案を実現することが出来たのである。こうして、郵政民営化は実現した。小泉内閣の下での新自由主義を実現する「構造改革」は、その最も重要なものとして郵政民営化の他に、上述したように、アメリカの要求する「年次改革要望書」にある事項も殆ど実現された。換言するなら、小泉首相の強力なリーダーシップの発揮によってアメリカの望む「構造改革」という日本政治・経済体制の改革はある程度進められることになったのである。

ところが、五年五ヶ月間の小泉内閣の行なった内外の政策の実行は二つの副作用を伴っていた。一つは内政において貧富の格差を作り出した点である。法人税の減税によって生み出された歳入の不足は勤労者の所得税の増税、次に社会保障費の削減によって充当された。日本では、これまで国富の配分において、先進国に類例を見ないぐらい大きな格差が生じないような制度が作り出されていた。こうして一九八〇年代においては、一億総中流時代が束の間であるが生まれていたのである。ところが小泉内閣時代には、企業経営者と一般社員との給与格差が大きくなり、さらに派遣労働者制度の導入によって正規労働者の数が減少し、その代わりにフリーターやワーキング・プアと称される非正規労働者や派遣労働者の数が増大して労働人口の約三分の一を占めるようになり、身分保障のある正規雇用者とそうでない者との間の所得格差も大きく開くようになった。経済のグローバリゼーションにより製造業の多くは安い賃金を求めて発展途上国にその工場を移転させたが、工場のあった各地方では失業者が生まれ、彼らの消費によって栄えていた商店街も廃れ、地方も疲弊し始めた。農村地域では「ウラ社会保障」としての道路やその他公共施設の建設などの仕事で農業所得の不足を補っていた農家も、公共事業の削減によってその生活水準が低下していった。こうして、全国的に持てる者と持たざる者との格差が拡大し、格差社会がその姿を現すことになった。これまである程度恵まれた生活を送り、自分は「中流」だと思っていた人びとがその生活水準が引き下げられていくのを実感するに連れて、その不満が次第に増大していった。価値剥奪されたと思う人びとは、その不満を代弁する組織、とりわけ労働組合や革新政党が弱体化して機能していないために、その不満をスポーツ観戦やパチンコ、競馬などの賭け事や、パソコンや携帯電話でのネットサーフィン、ＤＶＤ鑑賞などで発散しているが、しかしそれで発散されない不満が静かに蓄積されていった。

第二の副作用は外政面において現われている。それは「構造改革」の実施に起因するのではなく、「復古的」ナショナリストである小泉首相の政治的信念が対外的に直截に表明された点である。小泉内閣が成立した二〇〇一年の九月にニューヨークの世界貿易センタービルに対するアルカイダの世界同時テロが勃発し、アメリカは軍事国家へと転身し、アルカイダ・テロ集団という敵の侵略に対抗するために世界的に「例外状態」が意識的に作り出された。アメリカのブッシュ政権はアルカイダ・テロ集団の本拠地としてのアフガニスタン、次にイラクへの軍事侵攻を開始した。小泉政権はこのブッシュ政権の取った措置を全面的にバックアップする外交政策を展開した。それと並行して、小泉首相は自分の信念であり、かつ公約であると称して靖国神社参拝を繰り返した。明治以降の日本が関わった戦争において死亡した軍人の霊を祭る靖国神社——それは、言うまでもなく、その戦争によって犠牲を被ったアジアの人びとにとっては、悪夢のような日本の侵略行為を想起させる象徴であるように思われている——への日本の政治家の参拝について、それまで中国や韓国などの関係諸国が批判すると、内政干渉であると受け止めながらも、それまでは首相となった大概の政治家は参拝を控えたものである。例えば、「戦後政治の総決算」を唱えた中曽根元首相も靖国神社参拝を中国が批判するや、その在任中は参拝を中止している。ところが、小泉首相は、自分は戦争に反対であり、先の大戦で亡くなった同胞の霊を労うために参拝することのどこが悪いのか、よく分からないと開き直って、参拝を続けた。この小泉首相のとった行動はこれまで抑えられていた「復古的」ナショナリズムを刺激することになった。すなわち、外国にとやかく言われないで自分の信念に基づいて堂々と振舞っているのは立派であると賞賛する「復古的」ナショナリズムの世論が一部では高まり、それは新自由主義的政策の犠牲になった人びとの不満の捌け口ともなっていた点は注目に値すると言えよう。とはいえ、そうしたナショナリズムについては、フランスの歴史学者のトッドは、「気晴らし・面白半分のナショナリズム」であり、靖国神社参拝などは「実は米国に完全に服従していることを隠す〈にせナショナリズム〉である」と厳しく批判している。[12]

M・ウェーバーは『職業としての政治』（一九一九年）の中で、政治家の条件として、情熱、責任感、洞察力（あるいは先見性）の三つを上げているが、それを言い換えると、政治家はその定めた目標の実現のために権力を手に入れた場合、権力への責任感を全うするために、洞察力を働かせて、目標に対する「燃えるような情熱と冷静な判断力」に基づいて行動しなくてはならないと戒め、さらにその行動に際しては「信念倫理」ではなく、「責任倫理」に基づくべし、と述べている。[13] 中曽根元首相を含め多くの自民党の首相は「信念倫理」に基づいて靖国神社に参拝したいが、そのことのもたらすマイナス的な対外的効果を考量して、「責任倫理」に基づいて行動しており、M・ウェーバーが政治家に求めた倫理に基づいて行動している。

この点小泉首相は、M・ウェーバーの理想的な政治家像からすると落第生である。その上、小泉首相は、ブッシュ大統領とファーストネームで呼び合う親密な関係を演出して見せることで、外政では日米一体化路線を内外に誇示し、それによって、靖国神社参拝問題でアジア諸国から非難されている点を取り上げて、野党からこれでは日本はアジアでは外交的に孤立するのではないかと批判されると、世界はアメリカ一極支配下にあり、日本はアメリカと一体的関係にあるのだから、例えば韓国が批判しても、韓国もアメリカと同盟関係にあり、問題はないと批判を撥ね付けている。こうした考え方の真意を、小泉首相は、二〇〇五年一一月の京都での日米首脳会談後の記者会見で、「日米関係が良ければ良いほど、中国・韓国などと良好な関係を築ける」という発言の中に示していると言えよう。この点を見る限り、小泉首相のとった外交路線はアメリカの五一番目の州になる選択のように見られる、と言っても過言ではなかろう。

## 2　小泉政権退場後の日本政治の動向

### （a）自民党以外の諸政党の布置状況

小選挙区制が中心となっている新しい選挙制度の効果がおもむろに現われて、日本の政党政治も二大政党制へ向かう兆しを見せ始めていた。従って、自民党に取って代わる野党の布置状況についても一瞥しておく必要があろう。

二〇〇三年四月に小沢一郎率いる自由党は野党第一党の民主党（一九九六年創立）と合同した。新民主党は、菅直人率いる社民連（市民運動グループ）、自民党から離れて「新党さきがけ」を立ち上げた鳩山由紀夫グループ、旧民社党、旧社会党（その一部は社民党として独立する）などからなる一種の「連合」政党であるが、かつて小沢一郎が立ち上げた新進党と行動を共にした過去を持っており、ある意味では公明党を除いた「新進党」の復活版と見られないこともない。もっとも、政治家になることを生涯の目標に定めた松下電器会長松下幸之助が創立した政治家養成学校「松下政経塾」出身の若手の政治家や、官庁から課長補佐や課長段階で官僚の道を捨てて政治家に転身した若い政治家も加わっており、一応、共産党と公明党を除く、「五五年体制」時代の野党の殆どと小沢一郎を中心とする自民党からの脱党派が集結した政党と見ても良かろう。新しい民主党誕生の一年九ヶ月後に、小沢一郎が同党の党首に選出された。二〇〇九年九月に衆議院議員の任期満了に伴う総選挙が行なわれることになっているが——もっとも、その前に解散が行なわれれば、衆議院選挙はもっと早まる可能性もあった——、もし、野党の民主党が勝利すれば、――ある週刊誌が小沢の政治献金問題で執拗に書きたてているが、それが政治スキャンダルに発展し、その権威が失墜しない限り――小沢が次期首相になる可能性も排除できない状況にあった。

顧みるなら、一九九二年末自民党を割って出た小沢一郎は、日本政治の改革を旗印に掲げて、まず細川非自民連合政権を立ち上げ、その下で選挙制度改革や政党助成法の成立を実現し、その後もその方向へ向けての政治制度改革の「触媒」の役を演じ続けてきたが、今や、日本政治の改革の総仕上げを成し遂げる主役に躍り出たかのようにも見られた。上述の通り、小沢は、内政では欧州の英独仏型の社会保障を重視する政策を主張している。その主張はこれまで政治勢力としては存在していなかった社会的民主主義の主張に近いものであり、もし、民主党が小沢の主張を全面的に受け入れ、社会的民主主義政党へ変容するなら、英独仏型の政党政治が今後の日本にも出現する可能性はないとは言えなかった。[14] 次に外政では、小沢は国連中心主義を掲げ、国連の「平和維持軍」への参加を主張し、それを実現するために、憲法を改正して「普通の国家」に変わるべきであると主張してきた。民主党内では、内政では日本は「情報と経済のグローバリゼーション」の勢いには逆らえないので、その副作用の弊害が国民の生存権を脅かさないように、ある程度の「事前規制」を行いつつ、それにもかかわらず生存の危機に陥った人びとが生れたら、彼らを救出するための最低限の社会保障体制とりわけセーフティーネット（安全網）を構築する必要がある、という考え方をする人びとが多い。しかし、その一部では、新自由主義政策を主張する人もいる。また、外政でも、旧社会党系の人びとのように、相変わらず平和憲法の擁護に固執しており、憲法改正や「普通の国家」への転換に反対する人もあれば、同党の元代表の一人の前原誠司のように、国連中心主義ではなく自民党のタカ派と変わらないような対外政策、つまり日米同盟体制の強化の下での自衛隊の正式の軍隊への転換を主張しており、従って、党首の小沢の政策方針に同調しない人びとも多い。このように、民主党は一枚岩とは言えず、次の衆議院選挙後、民主党が勝利すれば、自民党の一部が、とりわけ小泉首相が「抵抗勢力」と規定した、かつての経世会や宏池会の一部の人びとが自民党から離れて民主党に加わり、他方、民主党のタカ派や新自由主義を主張するグループが自民党に移って、政界再編が行なわれる可能性もあろう。そうなると、社会民主主義勢力の強い英独仏型の国家を目指す路線を進める民主党と、アメリカ型の新自由主義路線を進める自民党という二つの政党に大きく分けられて、二大政党制へ向けて日本の政治も大きく動き出す可能性がないとは言えなかったであろう[15]。

次に、郵政民営化に反対して自民党を離党させられた数十名の議員の中で、亀井静香派は新しい政党の「国民新党」を結成して、一部政策においては民主党と協力関係にあり、次に、一一名は自民党に復党が認められた。復党が認められなかった残りの人びとは将来の首相候補と噂されていた平沼赳夫元経済産業相を中心に新党結成に向かう可能性も排除できないし、あるいは民主党への合流も選択肢としてあり得た。

公明党は、来る衆議院選挙で自民党が第一党の座を民主党に譲り渡すことになると、——もっとも、民主党が圧勝の場合は別であるが——連立相手として民主党に鞍替えする可能性もあり得ると考えられる。同党は、衆議院議席三一を有し、その割合は総議席の約六・五％である。日本社会が行過ぎた個人主義の蔓延の結果、液状化現象を起こしつつあるが、もし、同党が新しい社会の拠点ともなり得る連帯心を培養する政策を展開するなら、今後伸びる可能性もあるが、国会議席の十分の一を超える程度にまで大きくなる可能性はないと推量される。とはいえ、自民党と民主党の両党の議席が伯仲する場合、キャスティングボートを握る蝶番政党として、絶えずどちらかの政党と組んで永久与党となる可能性を持っている。その点、ワイマール共和国時代の宗教政党中央党と類似しており、日本の政党政治も、ワイマール・ドイツ型の政党政治に近いものになる可能性もある。

最後に、ソ連崩壊後の新しい政治的風潮の中で、西欧の共産党は勤労大衆の利益を代弁する政党として、新しい政治状況に創造的に対処するために党名を変えたり、綱領も新たに作り直したりしているが、日本共産党は旧態依然として「五五年体制」の時代と変わらない状態を続けている。もし、同党が勤労大衆の代表政党であろうとするなら、「構造改革」の副作用として大量の非正規雇用者が生み出されている現状を踏まえて、彼らを組織して、新しい政治状況の下で、言葉の上だけではなく、真の勤労大衆の利益を代弁する貧しい人民の代表政党に生まれ変わるべきであるのに、いまだその気配は見られない。とはいえ、小選挙区制では議席の獲得は困難であるので、比例代表のところで党勢を維持ないし、高めようとする戦術を取っているが、それは消極的対応であろう。それ故に、新しい時代を創造的に切り開く未来の日本像を提示して、それを実現する政党として生まれ変わらない限り、同党の未来はないであろう。また平和憲法擁護に固執している社民党は小党であり、大きく成長する可能性はないと思われる。

### (b) 安倍内閣の動向と「構造改革」の鈍化

二〇〇六年九月、自民党総裁選挙が巡ってきた。自民党総裁任期については、第一節ですでに述べた通り、一九七七年一月から二年であったが、二〇〇二年一月から三年に延長された。従って二〇〇三年九月、旧来の規定では小泉総裁の任期が切れるので、総裁選挙が実施され、現職の小泉総裁が再選され、その任期は新しい規定に基づいて三年となった。但し、原則として三選は禁止された。とはいえ、小泉首相は国民の間に人気があり、総裁選規定を改正することは可能であり、望めばもう一期三年間続投も可能であったと見られる。ところが、自民党政治家としては珍しく権力に淡白というか、首相の地位に恋々とすることをせず、自分の政治課題であった郵政民営化が実現したので、後進に道を譲ると宣言し、後継者として官房長官の安倍晋三を指名した。実は、自民党ではＹＫＫの次の世代の首相候補として「麻垣康三」が挙げられていた。すなわち、麻生太郎、谷垣禎一、福田康夫、安倍晋三の四人である。ところが、小泉首相の鶴の一声でこの四人の中で最年少の安倍晋三が後継の党総裁に指名されたのである。とはいっても、総裁選挙を勝ち抜く必要があった。二〇〇六年九月二六日、安倍晋三は総裁選挙で対立候補の麻生太郎に大差をつけて勝利し、自民党総裁に選ばれ、首相となった。彼は安倍晋太郎元外相の息子であり、岸信介元首相の孫である。戦後六一年目に戦後生まれの三代目の若い政治家がついに首相となったのである。安倍は、祖父の薫陶も受け、父の秘書を勤めた経験から、政界の裏をよく勉強したように思われる。とはいえ、幹事長を務めているが、官房長官以外の閣僚の経験もないにもかかわらず、小泉首相の指名で次期総裁、そして日本国首相に選出されたのである。このように小泉内閣退場の時もその成立の時と同様に、自民党史において異例ずくめであった。

小泉の後を継いだ安倍晋三首相は、九月二六日の記者会見の冒頭で、小泉内閣の「構造改革」路線の継承を宣言した。次に、すでに『美しい国へ』（文春新書、二〇〇六年）という著作を刊行していたが、その中で、中曽根元首相が掲げた「戦後政治の総決算」の総仕上げとして、「戦後レジームからの脱却」を説き、憲法改正、義務教育における愛国心教育の実施を政権公約として掲げていた。こうした「復古的」ナショナリズム的なグランド・デザインの政策、すなわち、第一の憲法改正に関しては、日本国憲法によると、憲法改正案を衆参両院の三分の二が承認し、その後、国民投票の過半数の承認が必要となっているが、この国民投票に関する手続法がそれまで未整備であった。そこで安倍首相は、国民投票法案を議会に提出した。次に、愛国心教育の実現を担当する「教育再生会議」を首相直属の機関として設置した。さらに、小泉内閣が実行した「構造改革」の副作用として正規雇用者とそうでない者との格差が表面化して社会問題となっている現状に鑑みて、それに対処する「再チャレンジ社会の実現」を新たに政権公約に掲げた。最後に経済政策に関しては、小泉首相の退場と共に内閣府の「経済財政諮問会議」を牛耳っていた竹中平蔵も学界に戻ったので、そのメンバーを少し入れ替えただけで、首相を中心とする「官邸主導」型の政策決定を続行する姿勢を示した。とはいえ、小泉内閣時代に「経済財政諮問会議」が「執政中枢」の役割を果たしていた政策決定のやり方を踏襲しなかった。というのは、安倍首相は首相の政策の企画・立案を補佐する首相補佐官制度を導入してアメリカの大統領府をモデルにした新しい政策決定のやり方を試みたからである。その結果、安倍首相がその実現を目指す各種の政策毎に首相補佐官を長とする各種会議が多く設置された。上記の「教育再生会議」もその一つであった。本来「官邸主導」の政策決定は首相を中心にそれを支える内閣官房長官と大臣から構成される閣議で行なわれなくてはならないのに、首相のスタッフ機能を持つ首相補佐官が各省と並んで政策毎の「ｘｘ会議」を作って「側近政治」を始めることになった。もっとも、首相補佐官同士の横の連絡もなく、清水氏の表現によるなら、「このスタイルのリーダーシップでは、側近同士のぶつかり合いと激しい忠誠心争いが必然的に起き、権力中枢で全貌を掌握するのはトップ一人になる。自転車の車輪のように中心のハブが安倍で、放射状のスポークの先の同心円状に側近たちを配して分割統治する」[16]。つまり、首相と政治的意見を同じくする、あるいは近い人びとからなる「安倍チーム」が首相を中心とする政策決定に加わる態様が出来上がったという。とはいえ、首相補佐官と大臣が別々に独自の動きをしたために「二重行政」という副作用も生まれることになった[17]。こうして、小泉内閣時代とは政策決定の態様が異なって来た。上記したように、小泉内閣時代では、竹中元経済財政担当大臣が民間人も入れて「経済財政諮問会議」を支える独自の事務局を設置して、財務省に対抗して、独自に政府の予算編成などの基本方針を決定し、それを各省庁横断的に政策調整を行なう、首相主導の「突破型」政策決定を行なっていた。しかし、二〇〇五年の総選挙後、自民党が首相の「抵抗勢力」ではなくなった後は、小泉首相は政調会長に腹心の中川秀直を当て、竹中は郵政民営化事業に専念させるため総務相に任命し、その後任の経済財政担当大臣には与謝野馨を任命した。「経済財政諮問会議」を主導する新しい与謝野馨経済財政担当大臣は財務省を同会議の事務局として用い、中川を中心とする党と協調して政策決定を図るようになると共に、同会議の影響力は相対的に弱くなっていったように見られる。

さて、安倍政権の内外政を一瞥するなら、外政では、小泉内閣が惹起したアジアにおける日本の孤立化から抜け出すために、安倍首相は、心の中に秘めている「復古的」なナショナリズム的な信念を、小泉前首相と違って抑えて、自分の態度を明確に示さない「曖昧」戦術をとって、首相就任後直ちに中国と韓国を歴訪し、関係改善に努めた。このように、安倍政権は、外政において「理性的に」、つまり現実主義的に振舞っていた。それに反して、内政においては政策実施の最重点項目として憲法改正、愛国心教育を掲げており、世論の動きもいよいよ憲法改正が政治日程に上ることになったのかと受け止めるような様相も見られた。というのは、二〇〇六年末に教育基本法の改正にも成功したからである。そして、すでに二〇〇七年五月、憲法改正のための国民投票法を成立させることに成功したからである。言うまでもなく、「復古的」ナショナリストが長い間その実現を求めて止まなかった課題がついに成就したのである。次に、自衛隊創立後長年の宿願であった「防衛庁」の「防衛省」への格上げもついに実現した。それは保守派から見るなら安倍内閣の大きな功績と言えよう。この三つの成果によって、ようやく中曽根元首相が唱えた「戦後政治の総決算」が憲法改正を除いて殆ど実現したかのように見られる。こうした政策展開の延長線上に、安倍首相は上記のグランド・デザインの「戦後レジームからの脱却」を構想していたが、この政治的方向性は「復古的」ナショナリズムの総仕上げということにはなるが、しかしそれは、アメリカを中心とする現在の国際社会への「挑戦」とも受け取られかねない恐れがある点は注目に値する。あるジャーナリストは、「本人は無意識に使っているのであろう。だが、それが文字通りならば、サンフランシスコ講和条約以降の戦後体制の否定を意味し、米国からすれば絶対に許されない話になってしまう――」と述べている[18]。このような、日本のアメリカからの自主・独立とも取れる「復古的」ナショナリズム的な自己主張という「大政治」を展開しようとするなら、それなりの国内政治体制の整備と対外的にもその主張が受け入れられるような近隣諸国を中心とする国際環境を構築し、その他の万全の態勢を整えた後に言い出す事柄であるはずなのに、そうした主張の持つ国際政治的なインプリケーションを全く考慮することなく軽々に言い出したということは、中長期的な国際政治の展望の中で洞察力を働かせ、かつレアルポリティークの研ぎ澄まされた鋭い感覚に基づく冷静な判断からなされたものではないように見受けられた。

以上、安倍首相の内外の政策展開を見てきたので、次に自民党との関係を見ておこう。小泉元首相が「党首独裁体制」に近い形で自党との関係を構築し、その結果、党の動向はあまり気にしない方であったのに反して、安倍首相は、党との関係においては、むしろ積極的に党と協力する姿勢を示した。その顕著な例は、「郵政造反組」の一一名を復党させた点である。さらに、党内の派閥の動きにも配慮する姿勢を示した。首相就任時には、自分が属する町村派共同代表の中川秀直を幹事長に据え、次に党執行部三役制を改めて、新たにそれに選挙対策委員長を加えて党四役制とした上で、森内閣時代の党幹事長であり、古賀派の領袖でもある古賀誠をその選挙対策委員長に迎えている。そして、次に述べる参議院選挙後の内閣改造時には、総裁選挙で自分の対立候補であった麻生太郎を中川秀直に代えて党幹事長に据えているのである。

安倍首相は、前首相が二〇〇五年九月の総選挙において地すべり的圧勝で与えてくれた衆議院での連立与党の公明党の議席を合わせて三分の二以上という「絶対権力」、つまり参議院の反対を押し切って法案を成立させることの出来る「権力の余得」を生かして、上記のように、国民投票法、教育基本法改正や、防衛庁の「省」への格上げなどを、強行採決によって就任後三ヶ月以内で実現させた。そして、外政においても、日中首脳会談、日韓首脳会談を実現させて、好調な滑り出しを示したかのように見えた。しかし、柳沢厚生労働大臣の「女は産む機械」発言とか、久間章生防衛大臣のアメリカの広島・長崎原爆投下は「しょうがなかった」などの発言とか、閣僚の不適切な発言が続き、さらに佐田玄一郎行革担当大臣や松岡、赤城両農林水産大臣の事務所経費不正計上問題などがマスメディアで取り上げられて批判され、安倍政権に対する国民の失望が次第に高まっていった。そうした中で、安倍政権はその成立一〇ヶ月後の二〇〇七年七月に参議院選挙を迎えた。美男で国民に人気のある若き貴公子の首相が率いる自民党が閣僚の不適切な発言などのダメージが多少生まれていたとはいえ、圧勝するものと思われた。ところが、蓋を開けて見ると、自民党は惨敗し、連立を組んでいる公明党も選挙で連戦連勝の神話を持っていたにもかかわらず、その議席数を減らし、与党は過半数を失うことになった。それに反して、野党の民主党が第一党になり、野党連合が参議院の多数を制したのである。

一年一〇ヶ月前の二〇〇五年九月の衆議院選挙は、小泉首相が意識的に郵政民営化の是非という形で、単一の争点で国民の信を問う選挙戦術を取ったお蔭で自民党に圧勝をもたらした。まだ選挙の洗礼を受けていない安倍首相は、今回の参議院選挙の敗北で自民党が国民の信を失った以上、辞職するか、あるいは自分の政権公約を掲げて、衆議院を解散すべきであったろう。さもなくば、一九九八年の参議院選挙後と同様な「衆参ねじれ」国会出現という問題に直面する以上、過去の経験から学んで政権運営の知恵を絞り、局面打開をはかるべきであったろう。例えば、「構造改革」を巡って転換を模索中の日本政治を、未来を切り開く方向へ導くために、野党第一党の民主党との大連立政権を構築する努力をするとか、あるいは相手があることなので、それが不可能であるなら、「真空」総理と自称した当時の小渕元首相のように、野党の要求を受け入れる形での政権運営をして局面打開を図る方策もあったはずである。ところが、安倍首相はそうした方策を取らず、政権維持に汲々として、参議院選挙の敗北の責任も取らず、第二次安倍内閣を発足させ、何とか政権維持を図ったが、ついに果たせず、病気（潰瘍性大腸炎）を理由に二ヶ月後の九月に辞任した。[19] 自民党総裁選挙で再び立候補した麻生太郎を押さえて、後任の自民党総裁に町村派の福田康夫が選ばれ、首相となった。こうして、自民党最右派の最大派閥である町村派は、森、小泉、安倍、福田、と四人の総理を連続して輩出することになった。福田新首相は町村派の前身の福田派創設者の福田赳夫元首相の息子で、小泉内閣発足時の官房長官であった。

官房長官出身者が再び首相となった。「五五年体制」の自民党政権時代の首相となる政治家の必要不可欠の前歴の条件が変化しつつあることを示すものである。というのは、首相による政治指導体制が確立されるのなら、彼を支える官房長官が首相と共に政策決定の中枢の地位を占めることになるので、官房長官の地位こそ、首相となる政治経験を積む最適の条件を持つことになるからであろう。

### （c）福田内閣の動向と「構造改革」の頓挫

福田康夫は首相に就任後、文科相と防衛相を除いて、安倍内閣の閣僚をそのまま引き継いだ。党四役人事では、総裁選での対立候補の麻生太郎が幹事長を辞職したので、後任の幹事長に伊吹派会長の伊吹文明を、政調会長には元財務相の谷垣禎一、総務会長には二階俊博をそれぞれ起用した。そして、古賀誠選挙対策委員長は留任させた。

福田首相は町村派に属していたが、同じ派の小泉・安倍両元首相とはその人柄において、そして政治的スタンスにおいてかなり異なっていた。小泉元首相は、その政治行動において「説得せず、調整せず、妥協せず」という三無主義を貫く「一匹狼」的なところがあり、「ニヒリズムの宰相[20]」とも言われるぐらい自分の政治的主張を貫く非情な側面と強い意志力を有し、さらにその政治スタイルにおいても従来の自民党政治家とは違って、自分に反対する議会や自民党の「抵抗勢力」は意に介さず、マスメディアを巧みに利用して、国民に直接自分の政策を訴えてその支持を調達して、自分の意志を貫くポピュリズム的政治を展開した。そして、その政策の政治的方向性も、内政では「構造改革」の推進、外政では日米同盟を最優先させ、中韓などの近隣諸国とは、自分の政治的信念を曲げてまで友好関係を維持しようとはしなかった。次に、安倍元首相はポピュリズム的政治に依存する傾向は小泉元首相よりは弱く、従って、その帰結として自民党と協調しての政権運営を志しており、そしてその政策の政治的方向性は「復古的」ナショナリズムであった。ところが、この二人の元首相と比べると、福田新首相はその人柄の点では、自己顕示欲の少ない、日本国憲法感覚を持った常識人であり、その政治的スタンスもむしろ穏健そのものと言える感じである。従って、前の二人の首相のようにポピュリズム的政治への傾向は見られず、従って、自民党と協調しての政権運営を目指し、その政策の政治的方向性も、小泉元首相の「構造改革」の副作用にその関心を向け、その手当てを志した。また外政においても「復古的」ナショナリズムには距離を置いていた。それは、二〇〇八年一月誕生の韓国の李明博大統領とは四月に日韓首脳会談を持ち、さらに五月には中国の胡錦濤国家主席の来日を実現させて、日中首脳会談を成功させている点に現われている。

福田内閣が当面する喫緊の課題は、まず参議院選挙後の安倍前首相と同様に、「衆参ねじれ」国会に起因する参議院対策であった。政権維持のための一つの逃げ道が残されていた。それは憲法第五九条を活用すること、すなわち「権力の余得」を利用することであった。とはいえ、この方法を用いると、両院の多数を支配していた時代と違って法案成立には時間がかかり、その上、参議院の多数を掌握する民主党が政府案に反対し、それを参議院で否決したにもかかわらず、それを何度も再議決までして強行する政府の姿勢は「憲政の常識」から見て異常であり、かつ国民世論もそれを異常と見なすきらいがないとは言えないからである。従って、衆議院を直ちに解散して国民の信を問うことがベストであったが、解散すれば野党が勝利する可能性も予想されるので、それもためらわれた。そこで、福田首相は、安倍前首相とは違って、政権成立二ヶ月後の二〇〇七年一一月に、政権運営を行なう選択肢の一つとして、野党第一党の民主党との連立交渉を試み、小沢民主党代表と合意に漕ぎ着けることに初めは成功していた。しかし、小沢代表があらかじめ民主党幹部の了承を得た上で合意したのではなく、彼一人の独断で合意したために、民主党の他の幹部が反対して、大連立政府樹立構想は立ち消えになってしまった。従って、残された道は小渕元首相のように「真空」首相になるか、それが出来なければ、衆議院の与党議席三分の二の「権力の余得」を活用して、二〇〇九年九月の衆議院議員任期満了まで持ち堪え、その間に、何とか政権浮揚が可能な大イベントを行なうか、あるいは国民の世論の支持を調達できる創造的な政策展開以外には選択肢は残されていなかった。そのいずれの選択肢も使えないのなら、安倍前首相と同様に、政権を投げ出す以外の選択肢は残されていなかったと言えよう。

福田内閣には、国家公務員制度改革問題やずさんな年金記録の問題などの解決が前内閣から引き継がれていた。この二つの問題は相互に連関し合っていた。安倍内閣時代に、厚生労働省が年金給付事務の処理において、年金記録がずさんであったことから、年金記録漏れが発覚し、年金掛け金を支払っているにもかかわらず、年金の支払いが少なかったり、あるいは支払ってもらえない人がいるという不手際が露呈して、政治問題化していた。安倍首相は年金掛け金を支払った人びとのこれまでの記録を二〇〇八年三月までにすべて検証すると約束したが、その約束が守れなかった。また、食品生産者やその販売に携わる商人が消費者を欺くような、生産地を偽装したり、賞味期限を偽装したり、食品衛生法で禁止されている有毒の農薬を使って生産された農産物を有機農業で生産されたものであると偽装したり、あるいはそうした農産物を原料に使った食品を違法であることを承知で販売したり、中国ギョーザ中毒事件に象徴されるような食品偽装が社会問題化するなど、国民の食品に対する不安が増大し、国民の食品行政に対する不満が高まっていた。こうした国民の生活に直接関係する部分の行政を担当する公務員ないしは官僚に対する批判が高まっていたが、それに火をつける事件が発生した。二〇〇七年一一月に、守屋武昌防衛省事務次官が収賄容疑で逮捕されたのである。年金問題での厚生労働省の不始末ばかりでなく、公務員の天下りや、こうした防衛庁（省）事務次官の汚職事件に象徴されるような政府物品の購入や公共事業における入札の不正など公務員の腐敗や、行政の無駄遣いがマスメディアで連日取り上げられ、それによって惹起された公務員に対する国民の不信の高まりと共に、官僚バッシングが強まった。福田内閣は、こうした公務員バッシングの風潮を背景に、前内閣から懸案であった国家公務員制度改革の問題に取り組むことになった。安倍内閣時代から渡辺喜美行政改革担当相は従来の国家公務員制度を抜本的に改革する基本方針の作成に着手していた。

行政改革は政治改革と表裏の関係にあり、政治指導体制を確立するためには、これまで実質的に政策決定権を掌握していた「霞が関」、つまり官僚制度の抜本的な改革が必要であった。というのは、日本の官僚制は明治時代に作られて以降国を統治し、敗戦後も武官官僚制が清算されたにもかかわらずしぶとく生き延びて、実質的に「官僚統治」を継続しており、それを可能にした理由の一つは官僚機構が「固有の」人事権を有する自己完結的な権力集団である点にあった。従って、現行の国家公務員制度の抜本的な改革には、高級官僚つまりキャリア官僚という存在を正当化している官僚徴募制度の改革、キャリア官僚の特権とされている天下りの禁止、幹部のキャリア官僚の人事権を一括して首相を中心とする官邸が掌握すること、最後に縦割り行政をなくすために、幹部の省庁間横断的な人事配置などが最低でも盛り込まれている必要があった。渡辺行政改革担当相は当初首相の政治指導を支える官僚システムの抜本的改革として、内閣府に局長・次官の人事権を移し、さらに政府全体の観点から長期的展望に基づいて政策ヴィジョンの作成やそれを具体化させる政策立案・企画を担当する「国家戦略スタッフ」制の創設、高級官僚の天下りの全面的な禁止、キャリア制度の廃止とそれに伴う国家公務員選抜制度の改革などを盛った国家公務員制度改革基本法案を作成したが、同法案が官僚の既得権を否定することにも繋がるので、官僚の抵抗や、官僚を束ねる町村官房長官の反対に会い、衆議院に同法案が提出された時には殆ど骨抜きにされていた。ところが参議院では、民主党が政府案に対する代替案として「霞ヶ関改革・公務員制度改革法案」を提出した[21]。それは渡辺行革担当相の原案に近いものであった。官僚バッシングの風圧を受けた自民党は福田首相の強い意向を受けて、民主党案に大幅に歩み寄ることになり、二〇〇八年六月に「国家公務員制度改革基本法」が参議院で成立することになった。同法によって従来の国家公務員制度の中で改正された点は次の三点である。第一は、国家公務員選抜制度を改革した点である。キャリア制度と言われてきた、高級官僚へスピード出世できる国家公務員第一種試験を廃止し、一般職、総合職、専門職の三つの採用区分を新設した。公務員に採用された者の内、その採用時の区別なく、業務遂行過程で優秀と認められた者は「幹部候補育成課程」に入れられ、幹部として教育された後、幹部に登用される。但しその保障はない。第二は、内閣官房に「内閣人事局」を設置した点である。従来、国家公務員試験の第一種、第二種に合格した者から、各省庁はその独自の判断基準に基づいて個別に公務員を採用していた。その結果、すべての国家公務員は採用された省庁に帰属し、彼らが属する官庁の利益、すなわち省益のために働き、セクショナリズム、つまり「縦割り行政」が生まれた。こうした弊害をなくすために、「内閣人事局」が幹部人事を一括管理する。但し、個別官庁による新卒採用制度は従来同様に継続する。第三は、「国家戦略スタッフ」制度の導入である。この三つの改革を盛った「国家公務員制度改革基本法」の制定によって、とりわけ第三の「国家戦略スタッフ」制度の導入によって、「官邸主導」の政策決定システム構築において積み残されていた最も重要な課題がようやく実現されることになった。この「国家戦略スタッフ」制の導入によって、各省庁に帰属せず、各省庁を超える政府全体の視野から政策の企画・立案・決定において首相を補佐する優秀な官僚が補充される道が開かれることになった。ようやく日本もアメリカやドイツ並みに、首相という最高政治指導者が各省庁の「省益」に囚われず、「国益」の実現に資する政策決定を行ない、政治を方向づける制度が整えられることになったように見られる。この「国家戦略スタッフ」制の導入は、日本の政治的意志決定システムに焦点を当てて、日本政治の動向にアプローチする立場から見ると、大変注目に値する改革であると言えよう。従って、「国家公務員制度改革基本法」の成立は、「衆参ねじれ」国会の中で「怪我の功名」というべきか、福田首相が小渕首相のように「真空」首相となり、野党案を丸呑みに近い形で受け入れたために可能であったが、いずれにせよ福田内閣の功績と見ても良かろう。とはいえ、基本法は改革の方向性や時期を定めたプログラム法である。従って、まず首相をトップとする国家公務員制度改革推進本部が設置される必要がある。次に公務員人事を一元的に管理する「内閣人事局」の関連規定は二〇〇九年、その他規定は一一年までに関連法案を国会に提出し、一三年までに新制度への全面的移行が目指されることになった。それ故に、国家公務員改革の方向性や時期が定められていたものであっても、その実現は官僚のしぶとくかつ強靭な抵抗を排して政治指導体制確立を目指す政権党の強い意志に懸かっていたと言えよう。ともあれ、後述する第二次安倍政権によって新制度への全面的移行は完了するのである。

次に、福田内閣の緊急に取り組まなくてはならない問題として、経済問題があった。安倍内閣時代にアメリカの住宅バブルがはじけ、サブプライムローンの焦げ付きに端を発して、銀行や証券会社の破綻を始め金融不安が表面化し、さらにそれを契機に株価の大暴落と共に、アメリカの景気後退が始まった。こうした現象は世界経済システムが一つになっている今日、欧州や日本にも波及し、日本株が大暴落し、アメリカ向けの自動車や電化製品の輸出に陰りが見られるようになった。さらに、二〇〇八年五月から八月にかけて原油価暴騰、原材料価格の高騰が始まった。サブプライムローン問題で行き場を失った過剰な投機資金が商品市場に雪崩れ込んだために、原油価格は一時、約二・五倍、食料を含む原材料価格は五〇％も高騰し、世界的に庶民の生活を圧迫した。こうした現象は二〇〇八年五月頃から日本でも顕著となり、上記の通り、国民の間で年金、医療、食品偽装問題、さらに物価問題でも不安が高まってきた。そこで福田内閣は、消費者を守るために「消費者庁」の設置を検討すると約束したり、さらに言葉では「安心実現内閣」を標榜し、「国民の目線で改革を行なう」と主張したが、実際の政策の実施面ではその主張の成果は現われて来なかった。福田首相は、内閣が当面した最大の課題であった二〇〇八年六月の洞爺湖サミットという一大イベントを成功裏に終えて、その成果をもって政権浮揚を図ろうとしたが、何らこれといった成果を挙げること無く終わったことから、何か手を打たなければならないところにまで追い込まれた八月初めに、一ヶ月前に安倍内閣からの「居抜き内閣」と揶揄された内閣の「大幅な改造」に踏み切って「自前の内閣」を作った。それは、約一年後に迫っている総選挙を前に、福田内閣そのもののみではなく、自民党それ自体の生き残りを図るために、政権浮揚の活路を切り開くための乾坤一擲の行動と見られた。

小泉首相退場後、上述したように、安倍内閣時代に郵政民営化に反対した議員の一部の復党が許され、さらに自民党の支持基盤を掘り崩す「構造改革」に反対する議員の力も強まり、古い自民党は徐々に息を吹き返し始めた。こうして自民党内において小泉の「構造改革」に反対する者の数が増大し、その力も強まった。とはいえ彼らも、日本経済の国際競争力を強化するためにある程度の改革は必要であり、なかでも小泉内閣が断行した欧米諸国と較べて相対的に高い法人税の切り下げは元に戻すことはできないので、法人税切り下げで減少した部分の歳入不足分を行政経費の無駄を徹底的に省いて対応するが、しかしそれでも不足する分を補填する道を最終的には消費税の引き上げに求めようとした。そして、消費税引き上げの口実として、北欧諸国では、増大する社会保障費は消費税で賄うことで、持続可能な社会保障体制が築かれている点を挙げた。彼らは「財政再建派」と言われている。また彼らがそのように呼ばれるもう一つの理由として挙げられるのは、小泉内閣が打ち出していた財政再建を図る基本方針として、バブル経済崩壊後の経済不況を乗り切るために、森内閣まで赤字国債を発行し続けて、約八〇〇兆円の財政赤字を出しており、その利子だけでも毎年政府予算の歳出全体の約四分の一を占める状況にあるので、とにかく「国債などの新規借り入れに頼らず、政策に使う経費を、税収など本来の収入でどれだけ賄えるのかを示す指標」であるプライマリーバランス（基礎的財政収支）を二〇一一年までに黒字化すること、次に新規国債発行は毎年三〇兆円の枠を超えてはならないということが決められていたので、プライマリーバランスという目標を実現する手段として法人税以外の増税、つまり消費税の引き上げを主張している点である。従って、「財政再建派」は「増税派」とも言われていた。その代表的な政治家は小泉第三次内閣時代の与謝野馨経済財政担当大臣や、谷垣禎一財務大臣、福田第一次内閣の伊吹文明自民党幹事長などである。彼らに対して、小泉の「構造改造」路線を支持するするグループは「上げ潮派」と称された。彼らは、歳出削減、つまりより一層「小さな政府」に変えて、当面は増税を避け、何よりも日本経済の国際競争力を強める「経済成長」政策を優先させるべきであると主張した。その代表的な政治家は、森内閣時代の官房長官であり、安倍第一次内閣時代の自民党幹事長であった中川秀直らである。

福田首相は、その「自前の内閣」を作るに際して、与党との「協調路線」に軸足を置いた「財政再建」路線に舵を切る閣僚人事を行なっている。その表れは、経済財政担当大臣に与謝野馨、財務大臣に伊吹文明、国土交通大臣に谷垣禎一を起用している点に見られる。次に、福田首相の内閣改造におけるその特徴として次の三つが挙げられる。第一は、党の役職と閣僚人事において派閥の意向を重視する従来の自民党の慣行に戻った点である。その結果、派閥の実力者を党と内閣で「席替え」したように見受けられ、新味はない。第二は、選挙対策の陣容を整えた点である。その象徴が麻生太郎元幹事長を再び幹事長に起用した点である。麻生は二〇〇六年自民党総裁選で安倍元首相に敗れた後、河野派を受け継いで「麻生派」を立ち上げているが、弱小派閥の会長であることには変わりはない。とはいえ、小泉、安倍、福田の三人の歴代首相と自民党総裁選挙で争い、破れはしたが、それを通じて国民の間に次第にその名が知れ渡るようになったばかりでなく、もう一つの顔として愛読書が若者の好む漫画であり、漫画を愛読するオタク族の若者がよく集まる秋葉原で演説会を開くなど、国民とりわけ若者の間で人気のある政治家としてTVで紹介され、一定の大衆の支持を集めていた。福田首相の内閣改造に関して、二〇〇八年八月三日の全国各紙が行なった電話世論調査では、まず『朝日新聞』のそれでは、改造後も福田内閣支持率は従来と変わらず横ばいの二四%であるのに対して、麻生の自民党幹事長起用を「評価」する声は五一%であると伝えている。一方、『読売新聞』の電話世論調査では福田首相の評価が一二%上がり、麻生の起用を評価する声が六六%であったという。ともあれ、福田首相は、自民党の政治家の中で、誰よりも国民に人気のある麻生太郎を幹事長に起用することで、次の総選挙に向けての準備体制を敷くと同時に、党内派閥の内、これまで福田内閣に距離を置いていた麻生派をも取り込むことで、挙党体制を作り出そうとしたようである。

麻生太郎は吉田茂元首相の孫であり、橋本内閣時代に経済企画庁長官、森内閣時代に経済財政担当相、小泉内閣時代に自民党政調会長、総務相（二〇〇三年）、外相（二〇〇五年）、安倍第二次内閣時代に自民党幹事長を歴任しており、田中元首相が挙げた首相になれる資格の四つの条件を一応クリアしている政治家である。彼は今回の内閣改造で再び自民党幹事長に就任し、今後の政局の展開次第では、福田首相から首相職の禅譲を受けて、麻生首相の指導の下で総選挙を自民党が戦うものと予想された。第三は、「郵政復党組」を内閣と党の要職につけた点である。野田聖子議員を消費者行政担当大臣に、保利耕輔を政調会長にそれぞれ起用した。もし、保利政調会長が郵政民営化を元に戻すという決定を党で行なったなら、どういうことになるのか、心配する向きも出るぐらいである。こうして福田第二次内閣は、派閥連合体として復調した自民党と協力して政権運営を行なうことを示して、小泉改革路線から離れる方向性を打ち出したように見られた。それはまた政治的意志決定の手法においても見られた。小泉首相時代においては、首相中心の「官邸主導」の政策決定を図る際に、上記の通り、「経済財政諮問会議」が「改革のメインエンジン」の役割を果たしていたのであるが、福田首相時代には、安倍内閣時代の民間有識者がそのまま留任しており、それは政策決定の場ではなく「議論の場」として位置づけられ、安倍内閣時代に進んでいた「経済財政諮問会議」の形骸化がさらに一層進んでいるように見られる[22]。

福田第二次内閣発足後、一週間も経たない八月七日に、麻生幹事長はプライマリーバランスを二〇一一年度に黒字化する目標の先送りを検討する意向を示した。保利耕輔政調会長も「（新規国債発行三〇兆円の）枠を嵌めて考えることは私のやり方ではない」と麻生幹事長に同調する考え方を示した。それは、一つには選挙を意識した発言ではあるが、とはいえ高まりつつあった政府、大企業、公務員に対する国民の不信を一掃し、将来の国民の生活不安を取り除くために、社会福祉制度の縮小ではなく、少なくともこれ以上は改悪しないで、その安定化を図らない限り、いかなる政府も国民に背を向けられてしまう恐れがあったからであろう。従って、政権を失うまいとする危機意識も手伝って、また党執行部も、自民党が選挙で生き残るために、壊れかけている党の支持基盤を立て直すためにも、また急速に冷えこんできた景気を回復させる総合経済政策の採用を主張しており、福田政権は再び公共事業などの「ウラ社会福祉」を実行する「バラマキ政治」への復帰の圧力を受けるようになった。こうして、「財政再建派」と「上げ潮派」との対立だけではなく、両者に対する「五五年体制」版「バラマキ政治」への揺り戻しの圧力が強まった。そこで、福田第二次内閣は発足後、景気後退に対処するための綜合経済対策を検討し始めることになった。財政規律を守ろうとする与謝野経済財政担当相と、間近に迫っている総選挙を睨んで、野党第一党の民主党が後期高齢者保険制度の廃止、非正規労働者の待遇の正規労働者と均等な保障、農業所得保障、児童手当支給、食品安全行政の総合的点検と一元化などの選挙目当ての政権公約を打ち出していることから、これに対抗するために、ある程度の景気浮揚のために財政出動を行なわざるを得ないことを、麻生幹事長が主張し、この主張に連立与党の公明党も賛同して、具体的にその対策の一つとして定額減税を強力に主張した。民主党の主張に対しては、財源の裏づけが明示されていないと批判していた政府も、定額減税は選挙に受けは良いが、赤字国債を発行することなくその財源を手当てする方策はないので、与謝野大臣を始め財政再建派によって反対された。しかし、福田首相は、麻生幹事長と公明党に押し切られて、定額減税の財源の手当ては秋に検討するということで妥協が成り立ち、綜合経済対策のための補正予算案に定額減税の実施が組み込まれた。次に、福田首相は野田消費者行政担当大臣に検討を命じていた「消費者庁」創設に着手した。こうして、補正予算案と「消費者庁」設置案を決定し、九月に召集が予定されている臨時国会に臨む態勢が整えられていた。ところが、唐突にも九月一日、福田首相は辞任の意を表明した。一年以内に二人の首相が辞任するという異常事態が起きたのである。

福田首相の辞任の理由の一つは、「衆参ねじれ」国会に直面して政権運営は誰がやってもうまくいかないことが示された点である。福田内閣は、「衆参ねじれ」国会に直面して、上記の通り、野党の民主党案を丸呑みする形で、日本政治改造のための最も重要な国家公務員制度改革基本法を成立させたが、その他の法案においては「権力の余得」に頼るほか道はなかった。その経過を見ると、二〇〇七年一一月、アメリカのテロとの戦いを支援するインド洋でのアメリカ艦隊への海上自衛隊の給油活動を法的に根拠付ける、いわゆる「テロ対策特措法」の期限が切れたために、海上自衛隊を撤収させざるを得ない事態になった。そこで、福田内閣は、翌年の二〇〇八年一月に、給油活動を一年間さらに続けられる新「テロ対策特措法」を衆議院で三分の二の「権力の余得」を利用して再可決させた。二月には予算案と税制改正関連法案を衆議院で強行採決した。五月には、自民党の道路族が要求する、道路特定財源を一〇年間維持する改正道路整備財源特例法を再可決させた。またその間、日銀総裁人事案が参議院で二度も否決され、ようやく総裁は承認されたが、副総裁は承認されず空席のままとなる。民主党はこうした一連の政府の行為を「直近の民意」に背くものであるとして、六月に、福田首相に対する「問責決議案」を参議院に提出し、可決させた。問責決議案は、衆議院の内閣不信任案とは違って憲法・法律に基づく法的拘束力はないが、主権機関の国会を構成する参議院が首相に不信任を突きつけたわけであるから、その政治的影響力は大きいと言えよう。というのは、それによって道義的意味でも首相の権威が失墜させられたばかりでなく、次に開催される参議院において野党の審議拒否の口実にされる可能性が生まれたからである。もう一つの理由は、いずれ近い内に行なわざるを得ない総選挙には、国民に人気のある新しい総裁を選んで総選挙で勝利する党の態勢を整えておきたかった点であろう。その他にも理由は色々あったようである。例えば、上記の通り、二〇〇九年一月に時限立法であった「テロ対策特措法」の期限が切れるので、新法を衆議院の再可決で再び成立させなくてはならなかったが、公明党がそれには消極的な姿勢を示しており、さらに、公明党が一大勢力を築いている東京都議会選挙が二〇〇九年七月に行なわれることになっていることを挙げて、公明党はその準備のために十分な時間をかけたいとのことで、出来るだけ早く、遅くとも年内か、来年始めに総選挙を主張しており、その主張を拒否すると、衆議院の「権力の余得」も使えないことから、気は進まないが公明党の主張に従わざるを得ない、進退窮まった状況に追い込まれて、政権を投げ出したと見られないこともない。福田首相の突然の辞任について、二〇〇八年九月一四日の『東京新聞』の社説では、「総選挙で民主党に対抗するには自分より人気が高い麻生太郎自民党幹事長の下での解散がベターと判断した捨て身の行動だったに違いない」と推論され、「安倍晋三氏に次いで二代続きの政権投げ出しはあまりにも無責任との批判が渦巻いて」いる、と嘆いている。

福田首相の突然の辞任は、確かに無責任ではあるが、無謀というわけではなく、彼なりに自民党政治家としての冷静な判断からなされたものであったと推測される。というのは、九月二一日から民主党の臨時党大会が開かれ、二三日に小沢代表が無投票で三選されることになっていたが、その時期にはＴＶでは民主党がクローズアップされる可能性があるので、その時期に自民党総裁選をぶつければ、国民の関心を自民党に向けることが出来るし、総裁選挙運動をそれまで全国的に続けるなら、小泉元首相が総裁選を戦っていた時代と同様に、「総裁選劇場」がマスメディアで上映されるのではないかと深読みしている節もあり、それは、退陣に当たって、「わくわくするような総裁選」を、と訴えている点からも推論されるからである。日本全体のためというよりも、自民党にとってのピンチをチャンスに変える作戦の実行という、自民党生き残りのための捨て身の行動に出たものと見られよう。こうした福田首相の最後の政治行動には、小選挙区選挙制導入以降、選挙を重ねる内に、小選挙区選挙制が二大政党化を促進し、その帰結として国民の間に人気があると見られる政治家を党首に頂いて選挙で争う傾向が強まり、日本の政治においても、国が当面する問題を解決する政策を競うのではなく、マスメディアが作り出した政治家に対するイメージに影響される「国民の人気」に日本の将来をかけるポピュリズム政治への傾斜が強まったことが垣間見られるような印象を受ける。

さて、自民党では福田総裁辞任を受けて、九月一〇日に総裁選告示を行い、立候補者届けを受け付けた後、二二日に両院議員総会で次期総裁選挙を行なうというスケジュールが決められた。麻生幹事長が立候補を宣言した。すでに自民党幹部の間では、麻生幹事長を次期総裁に選出するシナリオが出来ていた。他に「上げ潮派」からは小池百合子元防衛相、「財政再建派」からは与謝野経済財政担当相、石破茂防衛相、石原伸晃元国土交通相の四人が立候補したので、お祭り騒ぎで賑やかに選挙戦を盛り上げようと目論まれていた。二一日までの約一〇日間、東京を皮切りに全国遊説が始まり、初めはマスメディアも五人の候補者の主張を取り上げていたが、五人の主張に共通するのは「民主党に政権を渡せない」というもので、後半になると、トーンダウンした。小泉元首相が出馬した二〇〇一年四月の自民党総裁選挙の時のように、マスメディアが五人の候補者の動きを連日のようにTVで放映してくれるなら、それを通じて自民党の人気の挽回もあり得たであろうが、マスメディアも、過去の経験から学習して、自民党の目論みに加担することを躊躇するようになった。麻生幹事長は総裁選に過去三度挑戦しており、敗北から勝利するためのノウハウを学び取っていた。モデルは小泉元首相である。国民の人気を博するために、上記した様に、漫画愛読者であることを喧伝したり、「漫画オタク族」が集まる秋葉原で演説会を開き、TVに絶えず話題を提供するばかりでなく、小選挙区導入後、その重要性がとみに増した自民党支部の地方票を獲得するために、小泉元首相から苦杯を舐めさせられた橋本首相の経験から学んで、精力的に地方支部回りを行い、自民党地方支部の支持の獲得に全力を傾注していた。その甲斐あって、二三日の開票では、議員票の五六％、地方票の九五％を獲得して、麻生太郎幹事長が、「四度目の正直」というか、第二三代自民党総裁に選出された。圧勝であった。こうして、二四日、衆議院で次期首相に選出され、念願の首相に就任することになった。今回の総裁選挙では、候補者が乱立し、派閥の力が殆ど機能せず、党の秩序が乱れかかっていることや、求心力のある人材が枯渇しており、さらに世襲議員のひ弱さや、政治家の劣化が進んでいることを示した。また福田首相辞任後の約二〇日間、総裁選挙におけるお祭り騒ぎの空虚さの後味の悪さのみが残ったように感じられた。

### （d）麻生内閣の動向と「構造改革」路線からの逸脱

麻生首相は、上記したように、田中元首相が挙げた総理になる四つの条件を一応備えた政治家であった。閣僚や党の役職時の彼の主張や行動を見ると、ステーツマンではないことは確かである。彼は時の政治的「強者」に迎合し、ポストにありつくために変節を繰り返し、政治情勢に応じてその主張を変えているように見える。例えば、高度経済成長期には財政出動を大いに主張し、小泉内閣誕生後は「構造改革」路線に調子を合わせ、政調会長に就任している。さらに、二〇〇三年九月に総務相に就任した。ところが、官僚に引きずられて、郵政民営化に反対したが、郵政民営化を争点とする二〇〇五年九月の衆議院選挙において小泉首相が圧勝するや豹変し、郵政民営化に賛成した。その後、一〇月には外相に抜擢された[23]。そして念願の首相に就任して、日本経済が景気後退に直面している状況を捉えて、財政出動を大いに主張しており、風見鶏のように、優勢な時流に迎合し、絶えず自分に脚光の当たるポストを求めてきたことが良く分かる。麻生首相は党総裁に選出された後、まず党四役の人事において、幹事長にはそれまで自分の下で幹事長代理を務めていた細田博之を昇格させて幹事長に任命し、他の三つの役職は留任とした。次に組閣に際しては、河村健夫元文科相を官房長官に任命し、次に舛添厚生労働相、野田消費者行政担当相を留任させ、総裁選での対立候補の二人、すなわち与謝野馨元経済財政担当相を留任させ、石破茂元防衛相を農水相に任命した。他の閣僚については、派閥に囚われず、「盟友」と称される人びとを選んだ。従って、「ワンマン」人事との批判もあり、また「お友達内閣」とも言われた。ただ一点注目されるのは、積極的な財政出動論者の中川昭一元政調会長を財務相兼金融相に充てた点である。麻生首相は、日本経済は「全治三年」なので、まずは景気対策が必要であると繰り返しており、もし、麻生政権が長期政権となるなら、「構造改革」路線が捨てられる可能性も生れた。それだけではなく、行政改革によって大蔵省が財務省と金融庁の二つに分割されたが、この両省庁を中川大臣に兼務させたことは、アメリカ発の金融危機にすばやく対処するためと称されているが、権限肥大の恐れがあると見られた。もしも将来兼務が常態化すれば、「省の中の省」であった旧大蔵省の復活に繋がり、首相を中心とする「官邸主導」の政治的意志決定方式も後退することもあり得ると考えられた。その他に目立つのは、国民の間に人気のある「選挙の顔」として女性閣僚を擁する利点が勘案されて、野田大臣の他に、小渕元首相の娘で、三四歳の小渕優子議員を小子化担当相に起用した点である。次に閣僚一八人の内一一名が二世、三世政治家である。その一一名の内、首相経験者の子や孫が四名もいた。さらに植民地支配や侵略の過去を率直に認めた一九九五年の村山首相談話などを批判してきた議員グループの幹部である中川財務相兼金融相や中山成彬国交相らが内閣に並んでおり、また河村官房長官をはじめ「復古的」ナショナリストの巣である文教族が多く、福田内閣時代と比べると、タカ派色が一段と強くなっていた。ともあれ、麻生首相は一年以内に総選挙を控えていたために、与党内では仕事をする内閣ではなく、「選挙管理内閣」として受け止められていた。従って、国民の間に人気があるとみなされている首相一人が目立っていればそれで十分であるとの自覚の下に作られた内閣とも評された。ということは、新しい内閣発足に際して「大臣病患者」の自派議員を内閣に送り込みたい各派閥の期待を結局、裏切ることを意味した。それ故に、森元首相の表現を借りれば、各派閥にとっては、もし、すぐ解散せず延命を図ることにでもなれば、麻生内閣は「背信の内閣」[24]ということになろう。つまり、全派閥が内閣を応援する態勢にはないということである。従って、こうした党内情勢から見ても、麻生内閣に対する党内外の期待は直ちに選挙を断行することであったと言えよう。

麻生内閣は、政治的意志決定に関してのみならず、政策の方向性においても、小泉時代からの離反が見られた。まず、首相中心の「官邸主導」の政治的意志決定方式において、小泉内閣時代に「執政中枢」であり、かつ「改革のメインエンジン」の役割を果たした「経済財政諮問会議」の四人の民間有識者も、一〇月三日、その陣容を一新させた。経済界からは、張富士夫・トヨタ自動車会長、三田村明夫・新日本製鉄会長の二人、学識経験者からは、旧経済企画庁勤務後、東大教授、日銀副総裁を歴任した岩田一政・内閣府経済社会総合研究所長、社会保障国民会議の座長を務めている東大大学院教授・吉川洋の二人である。上記したように、福田内閣では安倍元首相が選んだメンバーがそのまま留任していたが、今回すべて入れ替わった。『日本経済新聞』（一〇月四日）によると、政界筋では「経済界で発言力の強いトヨタと新日鉄が政権を支える構図を狙ったのでは」とか、「同会議の特色であった市場重視のイメージはやや薄まり、景気対策や金融不安、社会保障に対応できる手堅い布陣」となり、「麻生カラーがにじんだ格好」であると、解説された。『朝日新聞』（一〇月四日）では、同会議を仕切る与謝野経済財政担当相は、「政策決定について与党との関係を重視する立場だ。諮問会議を『政策決定の場』ではなく、『討論の場』として位置づけ」ている、と解説している。民間有識者の新メンバーに関する各紙の論評にも示されているように、麻生内閣は、政策の方向性において小泉内閣の「構造改革」路線から離れ、さらに政治的意志決定方式としての、首相中心の「官邸主導」型においても、「執政中枢」の地位にあった「経済財政諮問会議」を同会議の文字通りの単なる「諮問機関」にする方向をとったのである。

ところで、二週間続いた自民党総裁選挙の間に、農水省が売却した事故米や汚染米が長期間食用に横流しされていた事件が発覚し、その責任を問われ、農水相と農水次官が辞任し、年金記録大量改ざんも発覚し、さらにアメリカ発の金融危機がさらに深まり、大手証券会社リーマン・ブラーザーズの破産、アメリカ最大の保険会社ＡＩＧの政府による救済などの大事件が続発し、世界的な金融不安が広がって来た。それに対処するために麻生首相は、福田内閣で決めた補正予算案や、「消費者庁」創設、「テロ対策特措法」の三つの案件を早急に処理し、さらに補正予算案では急速にその深刻さを増してきた景気後退に対処できないので、追加の第二の補正予算案の策定を考えざるを得ない事態に直面した。従って「衆参ねじれ」国会問題を解決するために、補正予算案が承認された後に、衆議院解散か、あるいはその前に解散かと言われていたが、世界的な経済危機の到来によって、解散よりも、早急な景気対策を講じるべきであるという考え方が強くなってきた。それと共に、麻生内閣成立当初はすぐにも解散かと思われていたが、麻生首相や与党側から見ると、もしかすると、景気対策さえうまくいけば、選挙に勝てる見通しも生まれるのではないかとも考えられるようになり、その方向に政治の舵取りが進められるようになった。この動きに対して、早く解散して、国民の支持を得た強力な政府の下で景気対策など経済活性化に取り組むのが筋ではないかと、野党は牽制し、日本政治の「迷走」が始まった。

麻生政権は、上述したように、早期解散の期待に反して景気後退を口実にして、ずるずると解散を引き延ばしてきたが、二〇〇九年七月二一日についに解散を行なった。同内閣成立後一〇ヶ月が経っていた。その間の内外の政治動向をもう一度振り返って見ておくことにしたい。というのは、世界全体において政治的、経済的に大きな変動が始まり、時代潮流の大きな転換も進んでいるかのように見られたからである。まず外政の動向から見ると、上記のアメリカ発の金融危機は一〇〇年に一度といわれている「世界同時不況」を本格化させ、その元凶のアメリカの金融業界の貪欲な私利追求を支え、それを正当化してきた新自由主義経済理論が急速に権威を失い、先進資本主義各国では自国の経済を危機から救済するために、「小さな政府」から「大きな政府」への逆戻りが始まり、再びケインズ経済学の見直しが進められる兆しも見えた。それに伴って「グローバル資本主義」の進展も足踏み、ないしは後退を余儀なくされ始めているかのようにも感じられた。さらに、「グローバル資本主義」の総本山であるアメリカでも、金融危機はGMを含めてのビックスリーの自動車会社などの製造業をも破産に追い込む勢いを示しており、それに伴い貧富の格差は激化し、アメリカ社会そのものの存続も危ぶまれる状態に至った。政策転換を求めるアメリカの有権者は、共和党のブッシュ政権の内・外政を批判し、外政では国際協調、内政では平等を基礎とする調和ある社会の再生を公約する民主党のアメリカ史上初めてのオバマ黒人大統領候補者に支持を切り替えた。その結果、二〇〇九年一月二一日に、ついにオバマ民主党政権が誕生し、新しい世界秩序と経済危機克服のための財政出動を基調とする経済・財政政策への転換が始まった。こうした世界の政治・経済環境の変容に麻生政権は、日本国が生き残るための確固たる国家目標を立てて、それを目指す長期的戦略に基づいて経済危機に主体的に対応するのでなく、ただ受動的にその場限りの無原則的な対応を繰り返して「迷走」し始めたかのように見受けられた。

次に、麻生政権の約一年間の経過を時系列に追うと、まず初めに、政権発足五日目に、中山国土交通相が辞任する事件が発生した。タカ派で有名な文教族である同大臣は、就任早々、成田空港の開設が遅れたのは農民の『ごね得』のせいであるとか、「日本は単一民族である」とか、「日教組の強いところは子供の学力が低い」という失言を連発し、それがマスメディアで取り上げられ、批判されるや、その責任を取って、九月二八日辞任した。麻生首相は、所信演説の冒頭で、福田前首相の突然の辞任と中山大臣の失言に対して国民に謝罪する言葉から始めており、通常、新しい内閣が誕生すると、「ご祝儀相場」として首相や内閣に対する支持率が高いのが普通であるのだが、麻生内閣に関しては芳しくない数字を示している。『読売新聞』によると、緊急世論調査（電話方式）で、麻生内閣支持率は四九・五％であった。『日本経済新聞』によると、五三％である。とはいえ、安倍（七一％）、福田（五九％）の両内閣発足時の支持率には届かなかった。

野党は、選挙の洗礼を受けていない首相が一年毎に二人も辞任し、その後を継いだ麻生総理に対しては、選挙の洗礼を受けていない政権の正当性を問い、一日も早い解散・総選挙を行なうべきであると、引き続き攻勢を続けた。麻生首相にとって好都合というか、世界同時不況の傾向は次第に顕在化し始めていたので、早急に景気対策を行なうべしという世論の声が強まった。さらに二〇〇八年暮れに向かって、グローバル企業の代表であるトヨタ、日産、ソニーなどが主要な輸出先であるアメリカの急速な景気後退のために巨額の赤字を出し、企業の体制立て直しのために、派遣社員の派遣切りや、正社員の人員削減を発表して、日本も急速に景気後退局面へと突入した。麻生首相は、解散して自民党が勝利して再び政権を担当し続ける見通しが確かでない上に、政権交代を主張して上昇気流に乗っているかのように見受けられる民主党の解散要求に従うよりは、まずは景気対策を講じる政策展開を行い、その成果を見て政局の主導権を掌握しようとする方向へと考え方を上記したように変えていった。つまり、麻生首相は、世界同時不況が顕在化し、半年前に急騰していた原油などの資源や穀物などの価格も急速に沈静化して元の値段に戻り、他方、大企業の人員削減で失業者が急速に拡大して、社会不安が醸成されている経済環境の変化を受けて、それを政権存続の好機と捉えて、まずは内閣が解決すべき当面の最大の課題は総選挙ではなく、景気対策であるとの認識を示して、「政局よりは政策」である、と主張し始めた。

九月末に景気浮揚を図る第一次補正予算案を閣議決定し、一〇月中旬それを成立させた。次いで、公明党が要求し、前内閣が認めた定額減税の実施方法として定額給付金方式をとることにして、それを含めた追加経済対策を盛った第二次補正予算案提出を決定した。麻生首相は、国会で定額給付金の性格について質問され、初めは「扶助金」であると答えていたが、それに対する批判が高まると、前言を翻して今度は景気刺激策であると答弁するなど、その発言が二転三転してそのぶれが目立つようになった。それのみではない。一〇月二七日の記者団とのぶら下がり会見で、「頻繁」を「ハンザツ」と発音し、その後も漢字の読み違えを連発して、麻生首相は漫画ばかり読んでいるので「漢字が読めないのではないか」と、マスメディアで愚弄され始めた。また、就任後、首相公邸には住まず、渋谷の自宅から官邸に通い、帰りはホテル等のバーで休息か要人との会談を繰り返しており、首相の行動スタイルは従来の国民の首相像とはかけ離れたものに映るようになり、次第に、麻生首相の権威が世間では軽んじられるようになっていった。こうして、麻生首相の支持率は二ヶ月も経たないうちに急速に低下し、自民党内では「選挙の顔」として選んだ首相がかえって自民党にとってマイナスになる事態となったと捉えられるようになった。つまり、麻生首相は解散したくても「解散できない首相」になり果てたのである。次いで、田母神論文事件が起こった。

二〇〇七年三月に当時の安倍首相によって航空自衛隊幕僚長に任命されていた田母神俊雄氏は、一一月にアパグループ主催の「真の近現代史観」懸賞論文に応募した論文で、「日本は蒋介石の手で日中戦争に引きずりこまれた被害者であり、日米戦争はルーズベルトの罠にはまったものだから、日本は悪くない」という趣旨のことを発表した。この発言は、『産経新聞』やそれが後押ししている保守・右派系の雑誌『諸君』や『ＳＡＰＩＯ』などではよく見られる、「復古的」ナショナリズムの太平洋戦争観であるが、現職の航空幕僚長がそれを公に主張することは日本政府の対外的イメージを大いに損なうばかりでなく、アメリカおよび中国の認識と異なる日本の「復古的」ナショナリストの独りよがりの認識であるために、外交的にも大きな問題に発展する可能性があった。麻生首相は同氏を直ちに解職することで事なきを得た。というのは、世界同時不況の深化で世界の主要な問題は経済危機の克服にあり、政治問題は一時後景に追いやられており、従って世界のマスメディアの注目から幸運にも免れることが出来たからである。こうした幕間劇があった後、あまり評判の良くない定額給付金などの財源を盛った第二次補正予算案を衆議院に提出し、次に、道路特定財源の一般財源化に伴い追加景気対策の一つとして地方交付税を一兆円配分すると表明し、自民党の道路族の反発を招き、さらに一二月に策定する中期財政プログラムの中に財政規律派の与謝野経済財政担当相が主張する消費税引き上げ幅や時期を具体的に盛り込むことを、麻生首相が主張し、自民党の上げ潮派や公明党の反発を買った。このように、麻生首相の政策には一貫性が見られない。というのは、上記したように、麻生政権を与党が全体として支えようとする態勢がもともと整っておらず、また内閣および首相を支える強力な集団が存在していないために、首相は、各省庁が日本にその都度提起された問題に対してその所轄に関してその対策を個別的に立案し、それらが全体として調整されることがないままに公表するのを放任していたために、利害関係者の自民党内の議員や野党の激しい批判を招くことになるのは必然であり、またそういうことになると、すぐその発言を訂正・修正するというスタイルを繰り返していたからである。こうして、その発言のぶれが目立ち、首相の求心力は低下の一途を辿っていった。このように、政治的意志決定方式も、小泉内閣時代とは反対に、それ以前に逆戻りしてしまったかのように見受けられた。ちなみに、『産経新聞』の一二月九日号によれば、麻生首相の支持率に対する各紙の世論調査の結果は次の通りである。『産経新聞』二七・五％、『朝日新聞』二二％、『毎日新聞』二一％、『読売新聞』二〇・九％、『日本経済新聞』三一％、である。

一二月二四日に二〇〇九年度予算案が閣議決定され、年が明けて二〇〇九年一月末に新しく召集された定期国会で、麻生首相は施政方針演説を行なった。そこで、「安心と活力ある社会」の建設を謳い、「活力ある社会」を築くために、何よりも当面は「景気対策、中期的には財政再建、中長期的には改革による経済成長」を主張した。つまり、自民党内の国家の財政危機対策を巡って対立する二つの考え方、すなわち小泉内閣の遺産の継承を主張する上げ潮派と財政規律派の両者の主張を一応受け入れるが、しかし、当面は、財政出動で景気を回復させた後に、中期的には財政規律派の「財政再建」の要求を、中長期的には上げ潮派の「改革による経済成長の追求」の要求を実現します、と主張して、党内の対立する考え方を時間の延長線上に並べることで妥協させる姿勢を示した。こうして、当面はかつての自民党政府の取ってきた財政出動路線を再び取ると宣言して、小泉内閣の「構造改革」路線から離れる立場を鮮明にしたのである。[25]

こうした動きに対して、党内の反発が強まったことは言うまでもない。まず、それは渡辺喜美元（安倍・福田両内閣の）行政改革担当相の離党という形で表面化した。麻生首相は福田内閣によって制定された国家公務員制度改革基本法の完全実施のための一連の関連法の制定を進めるべき義務を負っていたが、それには意欲を示さず、むしろ官僚の下からの突き上げで、高級官僚の「ワタリ」の全面禁止を緩めた。このことで、前内閣の国家公務員制度改革に取り組んでいた渡辺喜美元行政改革担当相が反発し、定額給付金に充当する二兆円に関して、単にばら撒くのではなく、戦略的に考えて景気対策かあるいは予算の不足が問題になっている社会福祉関係にそれを重点的に投入すべきであると主張して、定額給付金を盛った第二次補正予算案に反対し、実際、衆議院の議決に際して棄権したばかりでなく、さらに倒閣、新党結成まで主張するに至り、ついに二月一三日に自民党を離党した。次に、麻生首相に対する反発は郵政民営化問題でも表面化した。かつて郵政省は簡易保険料の運用方法として全国に「かんぽの宿」と称する宿泊施設（その中に豪華なホテル並みのものもある）を擁しており、民営化と共にその払い下げが行なわれていたが、その売却額が一般の市価よりも著しく安いことが判明した。鳩山邦夫総務大臣はそれを捉えて、新しく設立された郵政公社が小泉内閣時代に郵政民営化の推進に関与した経済人に格安で売却しているのではないかという疑惑を提起して、二月五日議会で問題になった際、麻生首相は実は自分は「郵政民営化に賛成じゃなかった。しかし、小泉内閣の一員として最終的に賛成した」と発言して、自民党内の「構造改革」支持派の非難を浴びることになった。そればかりではない。郵政民営化を取り消すべきであると主張する国民新党案から、民営化を一応前提にして小泉内閣の設計した四分社案ではなく、全面的に見直す案まで、その内容も異なるが、とにかく小泉内閣の設計した郵政民営化を見直すべきであるという考え方が強まっており、それに麻生首相も同調する姿勢を示した。こうした動きに激昂した小泉元首相は定額給付金を盛った第二次補正案が参議院で否決された後、予定されている衆議院の再議決には出席しないと主張した。もしこれに反麻生勢力が同調したなら、政権の命脈も尽きたかのように思われた。しかし同調者は出なかった。というのは、同調したくても小選挙区中心の選挙制度では党幹部が中心となって戦われるので、もし党幹部に睨まれたら公認されない可能性もあり、そうなると落選の危険を覚悟しなくてはならない議員心理が働いたこと、もう一つは、小泉元首相は二〇〇八年九月二五日に次の選挙には出馬せず政界を引退すると宣言し、さらに政治家の世襲制批判が高まっている中で次男を自分の後継者に立てたことで、その威光が急速に翳り始めていたからである。結局、小泉元首相一人が欠席して、一月二七日に三分の二の

「権力の余得」で、第二次補正予算が成立することになった。

小泉元首相の「構造改革」路線を支えたのは党内最大派閥の「清和会」であり、当然、麻生首相の「構造改革」路線からの逸脱の動きに対して、「構造改革」路線の継承を主張する上げ潮派の中川秀直元幹事長などのグループは小泉元首相の麻生首相批判に呼応して麻生批判を顕在化させ始めた。こうした動揺を収めたのは「清和会」最高顧問の森元首相であった。麻生総理を誕生させた以上最後まで支える姿勢を鮮明にして、二月五日、三人の代表世話人による集団指導制を改め、「清和会」に新たに会長を設け、町村信孝前官房長官を指名し、中川氏を代表世話人に留任させ、実質的に降格させる「裁定」を下し、中川氏の動きを抑えた。こうして、反麻生の動きは抑えられたが、内閣の自民党内の基盤はますます不安定になっていった。

『朝日新聞』の二月一〇日号によると、内閣支持率は一四％に下がっていた。すでに一月末には書店に『宰相不在』という題の本が並び[26]、麻生政権は森政権末期と同様な様相を呈し始めた。とはいえ、景気対策をはじめ経済活性化が至上課題となっている状況において、二〇〇九年度予算案は参議院で否決されても、三月末に自然成立することになっていた。野党の民主党も、国民生活と景気対策に必要なことにはあえて強い抵抗を示すことはせず、また予算案が通れば、解散に踏み切るのではないかという希望的観測の下に行動していた。そして、民主党にとって、天佑ともいえる「事件」が起きた。二月一四日、ローマで開催された、主要七ヶ国財務相・中央銀行総裁会議（G7）後の記者会見で、中川昭一財政・金融相が酩酊状態にあり、記者の質問にろれつが回らない発言をして、世界のマスメディアが一斉にそれを取り上げてその醜態を世界に晒した。麻生首相の盟友の「酩酊会見」に直ちに民主党は反応し、その辞任を求め、中川大臣は一七日に辞任に追い込まれた。従って、直ちに後任を任命する必要があった。しかし、それは内閣改造に繋がることになり、麻生内閣の支持の程度を巡って自民党の派閥間の関係が入り乱れている状況から見て、内閣改造は困難であった。そこで、麻生首相は与謝野経済財政担当相に、財務相、金融相を兼務させることにした。こうして与謝野大臣は日本経済運営の三つの要職を独り占めする結果となり、麻生内閣の最大の課題が経済危機の克服であることから考えるなら、与謝野大臣は実質的に『総理』の地位に就いたも同然ということになった。そして一ヶ月後の三月一四日与謝野財務相は、ロンドンで開催された主要二〇ヶ国・地域（G20）財務相・中央銀行総裁会議で、アメリカのガイトナー財務長官の財政出動の要請に同調する姿勢を表明した。ついに、財政規律派の強硬な主唱者自身も「宗旨変え」を行なうことになり、小泉内閣の「構造改革」路線は否定されることになった。こうして「改革逆走」[27]が始まり、小泉内閣以前の状態に自民党が戻りつつあった時に、天佑が今回は麻生首相の方に訪れた。

三月三日、東京地検は小沢民主党代表の公設第一秘書を違法政治献金容疑で逮捕した。それと共に、選挙があれば民主党が勝利して党首の小沢が次期首相になるものと誰もが推測していた矢先に、民主党の将来に暗雲が立ち込めた。小沢民主党代表は、「五五年体制」の「ウラ社会福祉」社会を維持する部分（とりわけ「土建国家」）を担当した代表的な自民党政治家の典型であった。そしてその体質は一九九二年自民党を離党した以降も払拭されたようには見られなかった。それ故にある政治評論家が、小沢民主党代表の「首から上はカリスマ的な『改革者』なのに、首から下は竹下派の残滓を引きずる旧態依然とした『派閥政治家』である」[28]と評したことがあるように、その政治資金問題は絶えず週刊誌の種になっていた。そしてついに、その公設第一秘書の逮捕で、マスメディアは準大手ゼネコンの西松建設が小沢に巨額の違法政治献金をしたと、新聞が連日書きたて、またTVもそれを放映して、一挙に小沢代表に決定的なダメージが与えられた。

そしてついに三月二四日、公設第一秘書が起訴された。逮捕があった後、民主党執行部は、それを「国策捜査」と捉えて、それは選挙を目前にして民主党を狙い撃ちした「不公正な権力行使」であると主張し、もし拘留期限の切れる三月二四日に起訴されても、それと戦う姿勢を示し、小沢続投で党内をまとめていた。そして起訴された二四日に、小沢代表は「何も疚しいことはない。適法に処理している」と主張して、法的には問題はないが、「政治とカネ」の問題で疑義がかけられている以上は、自分の進退は国民の判断に委ねる姿勢を示した。それに対して、自民党は違法政治献金疑惑に対して批判を強め、「敵失」を利用して選挙を有利に運ぼうとする姿勢を示したのは言うまでもない。とはいえ、その批判は強いものではなかった。というのは、ゼネコンの政党への政治献金の割合は政権党である自民党の方が圧倒的に多く、「検察も二一世紀に入ってからは劇場型司法になっている[29]」という検察に対する見方にも見られるように、今回の検察の対応は総選挙を目前に控えて野党の民主党に対して「不公正である」との批判もあり、今後は自民党にも検察の捜査が及ぶ可能性は否定できないので、今回の違法政治献金問題における自民党の民主党批判は諸刃の剣になる可能性があり、従って及び腰にならざるを得なかったからである。また小沢代表は、三月一七日に企業献金に関して、今回問題になった団体献金を全面的に禁止すべきであると主張し始めており、それが世論の支持を得ると、一番困るのは自民党ということになるからである。こうして、与党の自民党も野党の民主党も国民の信頼を失い、今後の日本政治は「成り行きは、〝風まかせ〟の、まさに流砂のような政治[30]」となりつつある、という近・現代日本政治の専門家である御厨貴教授の指摘の通りに進んでいく可能性が生れた。

小泉元首相が積極的に活用したテレポリティクスの後遺症として、いわゆる「世論調査」を頻繁に行い「世論」を思うように操作する力を持ったマスメディアは小泉政権以降巨大な権力として「政治の世界」に登場するようになり、政局を左右するほどその比重は高まっていた。マスメディアは報道の中立性を標榜しながら、実質的には既得権側に有利になる方向に「世論」を誘導し始めた。こうした新しい「メディア政治」時代にマスメディアの価値観に反する政治家や政党は、とりわけ大衆民主主義の時代においては生き残ることは困難になって来た。この傾向は民主党にも当てはまると言えよう。政権交代を叫ぶ民主党に対する国民の支持が自民党と比較して高まった矢先に、「政治とカネ」を巡る問題をマスメディアが一斉に取り上げ、小沢一郎に対するバッシングを組織的に展開した。それと共に自民党も再び息を吹き返し始めた。それは、すぐ「世論調査」に現われた。『朝日新聞』の調査によると、一三%であった麻生内閣に対する支持率は二六%まで回復した。それに対して小沢民主党代表の辞任を求める声は六〇%に達した（四月二一日号）。政権交代の実現が可能になったように見えた総選挙を目前に控えて、小沢民主党代表は念願の政権交代を実現する上で自分が党代表でいることが障害となっているとの党内の反小沢勢力の批判や「世論」の動向を勘案して、ついに、五月一一日代表職を辞した。民主党代表選出規定によると、党代表が任期途中で欠ける場合、両議院議員総会で選出することになっていたので、五月一七日に両議院議員総会が開催された。鳩山由紀夫幹事長と岡田克也元党代表の二人が立候補し、選挙の結果、鳩山由紀夫幹事長が新しい党代表に選出された。鳩山党代表は、総選挙を目前にして選挙の指揮を執ってきた小沢前代表を選挙担当の代表代行に任命し、対立候補の岡田克也元代表を幹事長に任命した。さらに菅直人元代表を代表代行に任命した。

こうして、民主党は新しい執行部の下に目前に迫った総選挙に向けて再び走り出した。五月一五日から一六日に実施された『読売新聞』の「世論調査」では、次期首相として相応しい人は鳩山代表が四二%、麻生首相が三二%で、鳩山代表の方がその支持率において一〇%も引き離していた（『読売新聞』五月一八日）。そして、さいたま市長選挙で民主党候補が勝利した。ところが、鳩山党代表の個人献金問題という「政治とカネ」の問題が再び頭を擡げた。鳩山代表の秘書が政治資金収支決算書の収入欄に寄付者の名前として故人や実際に寄付を行なっていない人の名前を記載していたので、故人献金問題が明るみになった。その資金は企業から不正に受け取ったものではなく、自己資金、とりわけ資産家の母親から贈与されたものであった。秘書が政治資金規正法に基づいて収入の記載に際して見栄で寄付が多かったように見せるため勝手に虚偽記載をしたと言われている。鳩山代表に対する批判が再び起こったが、六月三日、鳩山代表が記者会見でその間の事情を説明し、秘書の行なった虚偽記載について陳謝した。こうしてようやく民主党はマスメディアのバッシングから逃れることに成功し、鳩山党代表選出一ヶ月後の六月二〇日の「世論調査」では、小沢代表辞任や鳩山代表の陳謝で民主党に対する支持率も上がり、四五・九％に達した。

一方麻生内閣は、三月二七日に予算および予算関連四法を成立させ、五月末に四度目の補正予算、消費者庁設置法を成立させた。次に六月一二日、日本郵政社長の再任を巡る意見の対立から鳩山邦夫総務相を更迭し、六月二三日には「経済財政改革の基本方針二〇〇九」を決定し、衆議院議員の任期が切れる九月二五日まで解散せず、政権を維持する姿勢を示した。七月に入って、五日の静岡県知事選では民主党候補が自民党候補を破って当選し、一週間後の七月一二日の東京都議会選挙でも民主党が勝利し、自民党が敗北を喫した。ついに麻生首相も七月一三日解散の意向を示した。翌一四日に民主党の提出した内閣不信任案が衆議院で否決されたが、参議院では麻生首相問責決議案が可決された。麻生首相は来る総選挙で自民党が勝利しても参議院には出席することが拒否された以上、麻生政権の前途は閉ざされたのも同然となった。ついに七月二一日、衆議院解散が閣議で決定された。あまりにも遅すぎた決定であったと言えよう。投票日は八月三〇日に決定された。

【注】

（1）『朝日新聞』二〇〇五年一月二〇日、若宮啓文「風考計：自民党五〇年・「首相の条件」いまいずこ」。

（2）森本哲郎編著『現代日本の政治と政策』（法律文化社、二〇〇六年）、一三三〜一三七頁、野中尚人『自民党政治の終わり』（ちくま新書、二〇〇八年）、六二〜六四頁。佐高 信『小泉純一郎の思想』（岩波ブックレット№546、二〇〇一年）。

（3）大嶽秀夫『日本型ポピュリズム――政治への期待と幻滅』（中公新書、二〇〇三年）、五〇〜五五頁。

（4）同前書、八八〜八九、一六五〜一六七頁。あるジャーナリストによると、政治連携を申し出たのは田中真紀子議員であったという（上杉 隆『田中真紀子の正体』草思社、二〇〇二年、一〇〜一二頁）。

（5）飯尾 潤『政局から政策へ――日本政治の成熟と転換』、一五一～一五四頁。
（6）野中直人、前掲書、一〇三～一〇九頁。
（7）飯島 勲『小泉官邸秘録』（日本経済新聞出版社、二〇〇六年）、五八頁。
（8）内山 融『小泉政権――「パトスの首相」は何を変えたか』（中公新書）、四～一〇頁、なお、小泉首相登板後の、小泉、田中真紀子両氏によるTVを積極的に利用して、直接に一般大衆に働きかけてその支持を調達して、自分らの思う方向に政治を方向づけようとする新しい政治スタイルについては、前の注（3）に挙げた大嶽教授の著作において「マスメディアと政治過程」との関連において考察されている。
（9）東田親司、前掲書、五八頁、内山 融、前掲書、三五～四六頁。なお、清水真人は小泉内閣時代の政策決定過程の舞台裏について次のように述べている。小泉首相の衆議院議員当選以来の秘書でかつ腹心の飯島勲首相秘書官が「財務省をはじめとする霞が関の官僚機構を引きつけ、時には強引な小泉流リーダーシップの隙間を埋めていた。竹中が経済財政諮問会議で使ったスタッフは、個人的人脈で集めた事実上の政治任用とも言える少数精鋭。旧総理府と旧経済企画庁を母体に、各省出向者の寄り合い世帯である内閣府という本来の事務局組織は、使い勝手がいま一つだとして遠ざけがちであった。……官邸主導と言っても、小泉というこの破壊力が突出した「小泉個人商店」の色彩がなお強かったのが実態だ」（清水真人『首相の蹉跌――ポスト小泉・権力の黄昏』日本経済新聞出版社、二〇〇九年、前掲書、一三〇～一三一頁）。
（10）内山 融、前掲書、五四～一〇四頁。なお、道路公団改革、郵政民営化、自衛隊のイラク派兵、北朝鮮拉致問題で示した小泉首相のポピュリズムを事例毎に分析した研究として、大嶽秀夫『小泉純一郎 ポピュリズムの研究――その戦略と手法』（東洋経済新報社、二〇〇六年）がある。さらに、小泉首相による改革を政治的意志決定レベルに焦点を当てた分析として、清水真人の前掲書の他に、同氏の著作『官邸主導――小泉純一郎の革命』（日本経済新聞社、二〇〇五年）がある。
（11）竹中治堅、前掲書、一五八～一六〇、二四一～二四六頁。
（12）『朝日新聞』二〇〇六年一〇月三〇日、若宮啓文「風考計・若宮・トッド対談」。なお、小泉首相を中心とする「官邸」が外交政策において中心的な役割を果たした点を、テロ対策特別措置法、有事関連法、イラク特別措置法の制定や自衛隊派遣の事例に即して研究した文献として、信田智人『官邸外交――政治的リーダーシップの行方』（朝日選書、二〇〇四年）がある。
（13）M・ウェーバー（脇 圭平訳）『職業としての政治』（原著一九一九年）、七七～七八、八九頁。
（14）本書第一部第三章注（11）において、戦後日本では社会民主主義勢力は弱体であったが、しかし政治的イデオロギーとしては強力であり、それは自民党内でも優勢であった、という独創的な見解を大嶽教授が指摘している点を紹介した。自民党内の社会民主主義路線を代表する小沢一郎が自民党を割って出て、ようやく野党の民主党代表に就任したことは政治的イデオロギーの観点から見るなら、当然と言えば当然の成り行きであったと言えよう。

(15) 草野厚、前掲書の「第四章　民主党派閥と政権の可能性」において、同党を構成している諸グループの概説がある。

(16) 清水真人『首相の蹉跌』、一三一～一三三頁。

(17) 清水真人『平成デモクラシー』(ちくま新書、二〇〇八年)、一三三頁。

(18) 上杉 隆『官邸崩壊――安倍政権迷走の一年』(新潮社、二〇〇七年)、一四五頁。

(19) 前の注 (16) と注 (17) の著作は一年間の安倍内閣の動きについて、安倍首相と彼を支える『チーム』安倍 (井上義行秘書官、塩崎恭久官房長官、世耕弘成広報担当補佐官) と、小泉首相と彼を支えた飯島勲秘書官チームとを対比させて、安倍首相が情の政治家なら、小泉首相が非情の政治家として、おのおのの政権運営の有様が活写されており、安倍内閣の一年間の政治動向を見る上において有益である。

(20) 御厨 貴『ニヒリズムの宰相・小泉純一郎論』(PHP新書四〇五、二〇〇六年)、四五、一一四、一八二、二〇九頁。

(21) 民主党の「霞ヶ関改革・公務員制度改革法案」の骨子は次の通りである。官房長官を長とする内閣人事局を新設し、審議官・部長以上を「幹部公務員職」として一元管理する。現行のキャリア制度は政府案と同様に廃止し、総合職、一般職、専門職に分類、中途採用試験も設置する。能力や実績に応じた処遇・登用を実現。政府案で先送りされた労働基本権の付与は「非現業一般職国家公務員に協約締結権を認める方向」と明記。今後三年間程度で範囲などを検討する。さらに、政府案にはない、組織としての天下り斡旋の禁止と国会の機能強化が盛り込まれている。最後に、政治家と官僚の接触制限は政府案と異なり設けない。接触内容の大臣への報告や情報公開基準の整備で透明性を確保する、など。

(22) 『朝日新聞』二〇〇八年九月一八日、「改革エンスト　寂しく幕・福田政権下の経済財政諮問会議」。

(23) 麻生首相の家系・人柄および自民党政治家としての活動については、参照:『日本経済新聞』二〇〇八年九月二三日、「麻生氏、総裁までの歩み」、『朝日新聞』二〇〇八年九月二三日、「冷や飯も食ったセレブ――麻生・自民新総裁の人となり」、大下英治「麻生太郎首相の素顔と力量」『潮』二〇〇八年一一月。

(24) 二〇〇九年一月二一日の『朝日新聞』とのインタビューでの森元首相の発言 (『朝日新聞』二〇〇〇九年一月二一日)。

(25) 清水真人『首相の蹉跌』、三三三頁。

（26）上杉隆『宰相不在――リーダーなき国家の末期症状を暴く』（ダイヤモンド社、二〇〇九年）。
（27）麻生内閣の政治的方向性を、安倍・福田両内閣の経済財政諮問会議を主宰した大田弘子経済財政担当相は「改革逆走」と批判している。大田弘子『改革逆走』（日本経済新聞出版社、二〇一〇年）。
（28）プロファイル「政界を動かし続けた〝怪物〟の素顔」の中の伊藤淳夫氏の評。『ＳＡＰＩＯ』二〇〇八年一〇月二二日、一七頁。
（29）御厨貴『政治の終わり、政治の始まり――ポスト小泉から政権交代まで』（藤原書店、二〇〇九年）、一一一頁。
（30）御厨貴「もはや下野して出直す以外に活路はない――麻生・中川問題が示す自民党の自然死」『中央公論』二〇〇九年四月、六二頁。

# 第三章　歴史的政権交代と「決定中枢」制度再編への模索

## 1　鳩山政権と「決定中枢」制度再編への始動

二〇〇九年八月三〇日の投票の結果、野党第一党の民主党がその議席を三倍増させ、絶対多数を制した。こうして政権交代が実現した。民主党政権について述べる前に、それまでの同党の歩みを簡単に振り返っておきたい。初めにそもそも何故に民主党という政党が出現したのか、その理由を先に簡単に見ておくことにしたい。その際、本書第二部第二章の2（a）で、小泉政権時代までの同党の動きをすでに紹介してあるので重複のきらいがないとは言えないが、ご了承願いたい。

顧みるなら、一九九三年八月に樹立された細川政権の発足は今日から見るなら、戦後日本の政治の転換点であったように思われる。それは次の点に現われていた。第一は、時代の転換が引き起こした政変であったという点である。周知の通り、東西冷戦の終結によって戦後築かれた「五五年体制」を存続させてきた対外的な環境が激変し始めた。日本はそれまで日米安全保障条約によってその対外的な安全が保障され、アメリカの押し付けた「平和憲法」と相まって「平和の園」が築かれていた。この状態を存続させる対外的条件は次第に失われ始めていたのであった。また、池田内閣によって実施された高度経済成長政策によって日本はGDPが世界第二位の経済大国へと躍進し、一億総中流という豊かな社会が作り出されていたが、冷戦の終結と時を同じくして、高度経済成長政策がもたらしたバブル経済も崩壊し始めた。また世界経済においてもすでにグローバル資本主義経済が確立され始めており、さらに産業構造も日本の高度経済成長を可能にした重厚長大産業から高度情報技術産業への転換が進んでいた。従って、こうした内外の政治・経済環境の激変に対応する新しい日本の政治・経済システムの再構築が客観的に必要となっていた。こうした時代の変化を感じ取り、とにかく従来の成功した政策の続行に固執する政権党の自民党を改革して、同党を新しい時代に対処し得る政党に変えるか、それともそれが不可能なら、自民党に取って代わる新しい政党を結成するか、そのどちらかが時代の課題として提起されていたと言えよう。そうした「時代の課題」に取り組むために、まず「政治改革」が必要であると主張された。この「政治改革」を実践しようとしたのは小沢一郎率いる新生党のみではなかった。熊本県知事を辞めて中央政界に進出した細川護熙はこうした「政治改革」の必要性を一九九二年六月号の『文藝春秋』において主張し、その主張に賛同する者を糾合して日本新党を創立し、すぐに迎えた参議院選挙で四議席を獲得していた。そして翌年七月の衆議院選挙では三五議席を獲得した。この三五人の議員の中に後述する松下政経塾出身者が七名も含まれていた点は注目されて良かろう。その中に民主党の幹部となっている前原誠司、樽床伸二がいた。(1) ちなみに、現在の最大野党である立憲民主党代表の枝野幸男も弁護士から日本新党議員として初当選を果たしている。この日本新党の次に、一九九三年六月に自民党から小沢グループが離党して新生党を旗揚げした同時期に、武村正義や鳩山由紀夫が新党さきがけを結成した。こうして民主党の中核部分に陣取る政治家群を輩出した新生党、日本新党、新党さきがけという自民党離党組から成る、自民党に取って代わろうとする保守諸党が出現したのである。

細川連立政権は実はこの新しい三つの保守三党に共産党を除く野党、つまり社会党、民社党、公明党、社会党から離党した江田三郎率いる社会民主連合などが加わった政権である。従って、それは、自民党一党支配体制の終焉を意味したと言えよう。第二に、同政権の樹立が戦後政治の転換点であったもう一つの理由は、「五五年体制」を制度的に可能にした中選挙区制度を小選挙区比例代表並立制に変えたこと、政党助成制度の導入という「政治改革」を実現して、今日の政治ゲームのルールを確立した点である。それは小沢一郎の功績である。細川政権は改革を急ぎすぎたために国民福祉税という消費税の引き上げを突如提案し、成立八ヶ月で退陣した。その後を継いだ羽田政権も二ヶ月で終わった。この時の細川・羽田両政権を支えた七党一会派の内、公明党を除いた部分の復活版が民主党であると言えよう。一九九四年六月、羽田政権末期に、自民党は社会党党首の村山を首班とする「自社さ」三党の連立政権樹立を提起し、その誘いに社さが乗り、自社さ連立村山政権が誕生した。自民党はこれを奇貨として復調への舵を切った。一九九四年一二月に社・さが抜けた後の非自民連立政権を支えた諸党を糾合して、小沢のリーダーシップの下で「新進党」が結成された。村山政権成立六ヶ月後の一九九五年一月、村山は首相を辞任し、後継首相に自民党の橋本龍太郎が就任した。橋本自社さ連立政権時代にさきがけから入閣した菅直人厚生大臣が薬害エイズ問題で行政責任を示すファイルを官僚の抵抗を排して検察当局に提出し、行政の責任を認めたことで国民的人気を博する。菅は市民運動出身の上昇志向の極めて強い政治家で、社会民主連合を経て、一九九四年一月に新党さきがけに入党し、政調会長に就任していた。大臣在職中の経験に基づいて、官僚内閣制の実態を身近に見て、それを『市民自治の憲法論』の著者・松下圭一教授の主張する「国会内閣制」に変えるべきであると主張するようになった[2]。一九九六年一〇月、改正選挙法（小選挙区比例代表並立制）の下での第一回目の衆議院選挙が実施された。自民党が躍進し、新進党は低調であった。その間、復調した自民党主導の政権運営に距離を置き始めていた社さの二党は閣外協力に切り替え、連立から離脱した。社会党は村山首相が自衛隊を承認するなど党の基本方針を一八〇度変える選択を行ない、名称も社会民主党に改称した。それを契機に社会党は二つに分裂した。一九九六年九月、社会民主党から離れた旧社会党の部分と、武村を排除した、鳩山由紀夫と菅直人の率いる新党さきがけとが合同し、民主党（旧民主党）を創立した。翌年の一九九七年一二月に新進党が解党した。党首の小沢は、その政治戦略構想を実現するために思うがままに動かすことの出来る党にすべく新進党の「純化」を図ったからである。一九九八年一月、小沢に従う党員のみで自由党が創立された。同年四月、公明党や自由党を除く新進党の他の部分は旧民主党に加わった。こうして、日本の政党の付置状況は、与党の自民党に対して、野党陣営においては第一党は民主党であり、その次にその議席数から見て大きい順に自由党、公明党、共産党、社民党などということになった。二〇〇三年七月、民主党と自由党の合併までの間、民主党代表（同党では党首は「代表」と称される）は党の顔の鳩山由紀夫と菅直人が共同代表を務めたが、その後両人が交互に代表を務めた。党の存在理由は自民党に反対し、それに取って代わる市民の政党である点を示すことであった。そしてこの点を理論的に明らかにした党の基本理念や党綱領もない不思議な政党である。鳩山由紀夫と菅直人という双頭の民主党には、党創立時点から政治家を目指す多くの青年が加わった。まず官庁から課長補佐や課長段階で官僚の道を捨てて政治家への転身を企てる若手の官僚や、次に政治家になることを生涯の目標に定めた、松下政経塾出身の政治家志望の青年が加わった。というのは、二世、三世が半分近く占め幅を利かす自民党は「カンバン、ジバン、カバン」のない若い政治家志望者には門戸を閉ざしていたのも同然であったからである。民主党の幹部や中堅・若手政治家の多くはこの層に属する者たちである。彼らは、基本理念も党綱領もない民主党においてそれぞれが得意とする政策作りに専念し、党の重要な事柄や方針の決定に際しては、十分に議論し、民主的な手続きに基づいて決めていくべきであると考える人が多く、その政治文化は、自民党のように派閥の長達が密室で重要な事柄や方針を談合で決定し、それを「上意下達」式に党員の議員に「命令」ないしは「指示」するような政治文化とは異質なものであった。こうした政治文化を共有する幹部・中堅層の官僚出身の代表的な政治家の名前を挙げるなら、まず二〇〇五年の郵政民営化を争点とする選挙で小泉首相と党首力を国民の前で競い合った岡田克也元党代表であろう。彼は通産省課長から政治家への転身を企て、自民党から新生党を経て民主党に加わっている。次に、岡田元代表が衆議院選挙での民主党の敗北の責任を取って辞任した後に党代表に就任した前原誠司が挙げられよう。彼は松下政経塾出身で、上記のように日本新党で初当選し、その後民主党に加わっている。前原元代表は就任約半年後の偽メール事件で、その責任を取って二〇〇六年四月辞任した。その後任の代表に就任したのは、上記の通り、小沢一郎である。最後に、弁護士から民主党の創立に加わった代表的な政治家は枝野幸雄と仙石由人であろう。両人とも学生運動から弁護士になり、その後に民主党に加わっている。

民主党に加わった中堅・若手はその多くが彼らの政治文化に合わない自民党の派閥のようなものに拘束されるのを嫌い、自由に出入りするが、一応その志向する政策を同じくする同士達の政策グループを形成していた。その政治的な方向性は多様であり、一つの政党内のグループとは思われないぐらいであり、とりわけ憲法や安全保障・外交に関する政策に関してはその政治的方向性が正反対のグループも存在する（例えば、右側の前原誠司を中心とするグループの凌雲会と左側の旧社会党グループとの関係がその典型である）。とはいえ、彼らは民主党をただ自民党に反対してそれに取って代わる政党という容器として捉えていて、民主党に雑居していると見られないこともなかった。民主党の事務局長を歴任した政治評論家の伊藤淳夫著『民主党・野望と野合のメカニズム』によれば、政党としての民主党を自民党と比較すると、地方組織は弱く、個人後援会を組織している議員も少なく、流動的な無党派層の支持で当選した人が多く、まさしく「風頼み」の政党であり、党内の各種グループは大学のサークルに近い。従って、選挙毎に「追い風」が吹くことを期待するが、当選への処方箋を持たないという。[3] こうした党のあり方から見ると、「追い風発生装置」は党代表である。従って、マスメディアで党代表が叩かれると、その都度新しい党代表に取替えることを繰り返しているという。[4] その論理的な帰結として、党代表が替われば、基本政策に対するスタンスも変わるという。

二〇〇三年九月、小沢一郎率いる自由党は民主党（旧民主党）と合同し、新しい民主党が誕生した。この時、自由党は実質的に民主党に吸収・合併されたのも同然の弱体な政党になっていた。一九九八年の参議院選挙で自民党が敗北し、与野党逆転の「衆参ねじれ」現象が起きており、その責任を取って橋本首相が辞任し、後任の小渕首相は「ねじれ現象」を打開するために、連立政権樹立を自由党に提案した。小沢は衆議院比例代表の一〇〇議席を二〇削減し八〇にすること、副大臣制や党首討論の導入などを要求し、それが受け入れられたので、自自連立政権が成立した。その後、自由党が緩衝材になって公明党が連立政権に加わり、自自公連立政権へと展開した。小沢は自分の政治的要求が実現したのを見届けて連立解消へと歩を進めた。ところが自由党内で連立続行を求める者が出て、彼らは小沢から離れて保守党を創り、自由党から離れた。五〇の議員を擁した自由党は約半数以下の議席の政党にダウンサイズされた。小沢は、政治主導の確立と政権交代可能な二大政党制の樹立を旗印に掲げて、自民党を飛び出し、新生党を結成し、細川・羽田政権を立ち上げ、選挙制度の改正、政党助成金の創設、副大臣制などの政治改革を、自ら主導し、あるいは触媒作用を図って、政界を駆け巡ってきたが、ついに、二〇〇三年九月、「一兵卒」になった気持ちで、野党第一党の民主党に「吸収・合併」される道を選択せざるを得なかったのである。ところが、民主党誕生の二年九ヶ月後の二〇〇六年四月の代表選挙で対立候補の菅直人を破り、上記の通り、党代表となっていたのである。

「数は力なり」の信奉者である小沢は選挙至上主義者であるので、党代表就任後、民主党の地方組織の整備に取り掛かり、さらに自民党を支えている医師会や建設業界、農協などの中間団体の取り込みに着手した。彼のお陰で、大学のサークル系か同好会系の性格を持った民主党に体育会のような強さが注入されたと言われている。[5] 民主党を支えた中間団体は連合（日本労働組合総連合会）のみであった。それは民主党内の旧社会党と旧民社党のグループとの関係からである。小沢代表の下での民主党は選挙向けの組織再編に力を注ぎ、その効果があって二〇〇七年九月の参議院選挙で民主党が圧勝し、参議院の主導権を掌握した。小沢が党代表になってから、党運営は、党代表に鳩山由紀夫幹事長、菅直人代表代行の三人から成るいわゆる「トロイカ体制」が主導していたが、参議院選挙後は民主党の参院議員総会の党内における権力の比重が高まり、その会長の輿石東も加わり、党の運営は「トロイカ体制」プラス輿石東参院議員会長の「四人組」によって担われることになった。民主党を構成する各政策グループは次の通りである。小沢グループ、鳩山グループ、菅グループ、羽田グループ、旧社会党グループ、旧民社党グループ、前原＝枝野グループ、野田グループなどである。二〇〇九年五月一七日、「政治とカネ」の問題を巡ってマスメディアが主導する「世論」のバッシングを受けて、小沢代表が辞任後、鳩山代表が誕生するまで、自民党的な政治文化を濃く滲ませている小沢代表の党運営に反発する中堅・若手層は「反小沢」的な姿勢を強め、彼らは「反小沢派」と称されるようになった。その代表的な政治家達は羽田グループの長老である渡部恒三元衆議院副議長が命名した「反小沢七奉行」とも言われている。岡田克也、前原誠司、枝野幸男、仙石由人、玄葉光一郎、野田佳彦、樽床伸二の七人である。この七人の内、岡田、仙石、枝野を除く四名が松下政経塾出身者である。民主党の多くの政治家の政治的目標は国家よりも平等な個人からなる社会の維持を優先させる政治的方向性を有しているように見られる。[6]それは小沢の政治的考え方に近い。小沢は、内政では、欧州の英独仏型の社会保障を重視する政策を主張している。その主張はこれまでは政治勢力としては存在していなかった社会的民主主義の主張に近いものであり、もし、民主党が小沢の主張を全面的に受け入れ、社会的民主主義政党へ変容するなら、英独仏型の政党政治が今後の日本において出現する可能性もないとは言えなかったであろう。[7]また外政では小沢は、国連中心主義を掲げ、国連の「平和維持軍」への参加を主張し、それを実現するために、憲法を改正して「普通の国家」に変わるべきである、と主張してきた。民主党内では、内政では、日本は「情報と経済のグローバリゼーション」の勢いには逆らえないので、その副作用の弊害が国民の生存権を脅かさないように、ある程度の「事前規制」を行いつつ、それにもかかわらず、生存の危機に陥った人びとが生れたら、彼らを救出するための最低限の社会保障体制、とりわけセーフティーネット（安全網）を構築する必要がある、という考え方をする人びとが多い。しかし、その一部では、新自由主義政策を主張する人もいる。(8) さらに、外政でも、旧社会党系の人びとのように、相変わらず、平和憲法の擁護に固執しており、憲法改正や「普通の国家」への転換に反対する人もいれば、前原誠司のように、国連中心主義ではなく、自民党のタカ派と変わらないような対外政策、つまり日米同盟体制の強化の下での自衛隊の正式の軍隊への転換を主張し、従って、小沢の政策方針に同調しない人びとも多い。以上が政権交代直前の民主党の状態であった。

ところで、戦後の国政選挙の経過を総合的に概観して見るなら、有権者の平均投票率は約六〇％である。半世紀以上の長期政権を維持してきた自民党への国民の支持は同党が有効投票数の過半数を獲得していたとはいえ、実際は全有権者の三分の一の支持しか得ていなかったことになる。自民党政権の正当性に関して問題がないとは言えないということになる。小泉政権が「グローバル資本主義」時代に対応する政治・経済システムの構築を企てた「構造改革」路線は、自民党一党支配体制を支えてきた社会基盤を皮肉にも内部から空洞化させてしまっていた。それは格差社会の出現という形で現われることになる。野党の民主党は、二〇〇九年八月三〇日の衆議院選挙では、「構造改革」政策で価値剥奪された人びとに対する個別的な応急手当てをマニフェスト（政権公約）の中に取り入れて、有権者の支持を取り付けようとした。さらに、大企業の利益よりも「国民生活が第一の政治」を行なうという意味での「コンクリートから人へ」というスローガンの下に自民党時代の公共事業最優先の政策からの抜本的な政策転換の訴えや、「脱・官僚主導政治」を主張して、六〇数年間続いた自民党支配時代に代わる「平成維新」を遂行するというスローガンを掲げた。それに賛同して自民党支配に飽き飽きしてきた有権者は、従来棄権に回っていた政治的無関心層や無党派層も含めて大挙して投票場に赴いた。こうした現象はマスメディアでは「風が吹く」と言う。民主政治は言うまでもなく「国民による政治」であると言えよう。その国民の意志は世論に反映されるので、民主政治とは「世論による政治」にほかならないと、一世紀前にジェームス・ブライス（James Bryce）が指摘した。またマスメディアが世論の形成と方向付けに大きな影響力を行使するという点を明らかにしたのは約一〇〇年前のリップマン（Walter Lippmann）の名著『世論』（一九二二年）である。戦後日本において世論形成とその方向付けにおいてマスメディアの影響力が顕在化したのは、上記の通り、小泉首相によるテレポリティクスの展開においてである。「政治とカネ」を巡る問題について小沢民主党代表に対するマスメディアの組織的なバッシングは異常とも言えるものであった。現代日本におけるマスメディアの世論操作のやり方はひと言でいえば「マッチ・ポンプ」式であると見られよう。マスメディアはその価値観に悖る特定の政治家の発言や行動については、それを正す必要があると判断した場合、それらを一般庶民の素朴な善悪感情を基準にして一刀両断的に断罪して、組織的に「悪」のイメージをフレームアップし、それがいかに正しいのかを論証するために、街頭や電話でそのことについて「世論」調査を行い、それで自説を正当化した後に、その「捏造した」主張を視聴者に組織的かつ継続的に吹き込むのである。この傾向は小沢民主党代表の政治資金問題についても当てはまると言えよう。

マスメディアの影響を受けて、政治的無関心層や無党派層が投票所に足を運ぶようになると、上記したように、「風が吹く」と表現される。今日の大衆民主政においては、「風」がすべてだとは言えないが、その大部分がテレビをはじめとするマスメディアによって作り出される傾向がある。マスメディアは、憲法によって制定されている三権と並んで、実質的に第四の権力の地位を確保し始めているかのように見られる。今回の衆議院選挙では、格差社会を作り出した自民党に対する国民の不満が鬱積し、その結果、政権交代を求める野党の民主党に対する期待が高まり、マスメディアもそれを煽るような傾向が見られると、民主党への「風」が吹いた。つまり政治的無関心層や無党派層が少しは動いたのである。投票率が六九％であった。平均投票率より約九％程度上がった。その部分が民主党に流れたと見られよう。つまり、政権与党の自民党と公明党の固定票を除く大量の票が民主党に流れたということになる。総議席四八〇の内、民主党は前回の一一二議席を三倍増させて三〇八議席を獲得し、絶対多数を制した。前回より一九三議席の増大であった。小選挙区制の効果が表れたのである。これに対して、自民党は前回の三〇三議席の約六〇％の一八一議席を失い、大敗した。今回の獲得議席は一一九議席に過ぎなかった。これまで連戦連勝の公明党も、自民党と与党を形成していたので一〇議席を失い、二一議席に止まった。圧勝した野党第一党の民主党の議席数の内、水ぶくれした部分は選挙を指揮した小沢一郎代表代行が各選挙区で発掘した主に若い女性からなる新人が多く、その数は一〇〇人を数え、小沢グループは衆参議員合わせて五〇人から一挙に一五〇人に増え、実質的に民主党は小沢の支配下に入ったのも同然であると言われた。日本に政権交代可能な二大政党制の確立のために一七年間も戦ってきた小沢一郎という政治家の夢がついに叶えられたのである。

さて、民主党は今回の衆議院選挙では絶対多数を制した。とはいえ、参議院では第一党であっても、その議席は一〇九議席であり、総議席数二四二の過半数超えの一二二議席には達していなかった。民主党はすでに国民新党（四議席）、前長野県知事の田中康夫率いる新党日本（一議席）、無所属議員四人と統一会派を組んでいたが、しかし過半数超えの一二二議席を制するためには最低でも五議席が不足していた。そこで、新政権樹立に際して、国民新党と五議席を持つ社民党との連立政権を組むことになった。今回の衆議院選挙で四議席を取った国民新党は郵政民営化に反対する旧自民党の議員からなる小党であり、次に七議席を取った社民党は、上記の通り、民主党を構成する旧社会党グループとは袂を分けた社会党の部分である。両党とも、「構造改革」政策に反対する点で、民主党とは連携できる部分があり、こうして民主党中心の連立政権が誕生することになったのである。

二〇〇九年九月一六日、鳩山由紀夫民主党代表は衆議院で首相に指名された後、民主党を中心とする新しい連立政権を正式に発足させた。その際、民主党では、政策決定において官僚と並んで選挙区や業界の利益代表の族議員の跋扈が見られ、強く批判されてきた従来の自民党の政策決定システムとは異なる、「政治主導」の政府の樹立を主張したこともあって、政府が政策策定・決定を一元的に担い、党は議会や選挙で政府を支える活動を受け持つという「政府と党」の役割分担を明確に分ける方針が決められた。その結果、選挙区や業界の利益集約およびその政府への反映の仕事は党が一元的に担うことになり、各選挙区や業界からの陳情は幹事長室に集められ、そこで取捨選択された案件が政府に伝えられる方式が採用されて、従来の党政策調査会は廃止となった。このように、政権運営は自民党時代と異なり「政府と党」との役割分担の原則に沿って行なわれ、政策策定・決定の内閣一元化が図られた。鳩山由紀夫党代表が首相に就任し、岡田幹事長は外相に任命された。次に、幹事長には小沢代表代行が任命され、議会と党の運営は小沢幹事長に委ねられた。組閣に際しては、鳩山首相は「トロイカ体制」を軸に、反小沢連合の象徴である前原誠司元党代表を一応抱きこむ形で党内の力のバランスを図り、党内各政策グループの代表をそれぞれ要職に就けた。鳩山首相は東大工学部出身であるので、日本では初めての理系出身の総理ということになる。アメリカのスタンフォード大学大学院で経営工学の博士号を修得した後、一時専修大学助教授として教鞭をとった後に、自民党の竹下派に属する議員として政治家の道を歩み始めた名門政治家一家出身である。祖父は自民党の創設者で、日ソ国交回復を主導した鳩山一郎元首相であり、父も外相経験者である。そして実弟が麻生内閣時代の総務大臣の鳩山邦夫である。母はブリヂストン創業者の娘で巨額の遺産を相続しており、二人の息子の政治資金の提供者でもある。鳩山首相は半世紀以上も続いた自民党政権時代とは異なる新しい日本を創造する意気込みを示して、内閣の課題として「平成維新」「友愛政治」を説いた。具体的には、内政面では、「コンクリートから人へ」の政策転換の象徴として、八ツ場（やんば）ダム（群馬県）と川辺川ダム（熊本県）の建設中止宣言、労働者派遣法の改正、少子化対策として一七歳までの子供に毎月二万三〇〇〇円の「子供手当て」支給や高校授業料無償化、高速道路料金無料化の実現を宣言した。外政では、沖縄の米軍基地で苦しめられている県民の声に耳を傾けて、普天間基地を県外に移設するとの約束を公表し、それを二〇一〇年五月末に決着させると約束した。さらに日米間の核兵器持込の密約に関する秘密書類の調査、日米安全保障条約は堅持するが、安全保障問題の取り扱いにおけるアメリカとの対等な関係の構築、とりわけ最も注目すべきは、東アジア共同体設立の主張、日本は二〇二五年まで諸国に先んじて温室ガスの二五％削減などの地球温暖化対策で国際的にリーダーシップをとること、などが宣言された(9)。以上のように、鳩山新首相が自民党の進めてきたのとは異なる日本の国の在り方の政治的方向性を示した点は注目に値する。

政権発足当時では内閣支持率は約七〇％台であった。ところが、間もなくそれは膨らんだ風船が針に刺されて急速に萎み始めたかのような様相を呈した。というのは、内政では、これまでの自民党一党支配下において蓄積された様々な弊害の清算や、外政では、対等な関係へ向けての日米関係の修正への模索、地球温暖化問題対策における日本のリーダーシップの発揮、東アジア共同体設立などの、国際社会においてある程度の日本の自主性を示す主張などによって既得権を脅かされたと感じる勢力の反撃が直ちに始まったからである。既得権を保守せんとする勢力の中心は言うまでもなく、今や野党に転落した自民党であるが、それと長い間連携関係にあった大新聞、ＴＶなどのマスメディア界、経済界などが一斉に民主党政権への批判を開始した。主要な攻撃対象はツートップ（two top）の鳩山首相と小沢幹事長である。膨らんだ風船に穴を開ける「針」の役割を果たしたのは「政治とカネ」の問題である。鳩山首相は膨大な政治資金を母から受けていたが、上記の通り、政治資金収支報告書では秘書が実際に寄付を申し出ていない多くの人の名前を借りて、いかにも鳩山首相の政治団体に寄付したかのように虚偽記載した点について、政治資金規正法違反の容疑で、東京地検特捜部が秘書を逮捕して起訴した。また小沢幹事長についても、秘書用の建物を建設する土地取引に際して使われた資金の出所について、政治資金収支報告書の記載に問題があるとして、同じく政治資金規正法違反の容疑で、一年前に小沢幹事長の秘書が逮捕され、起訴されていた。自民党は、二〇一〇年度予算案の審議を利用して、このツートップの「政治と金」問題を国会において全面的かつ集中的に取り上げ、その政治的責任と道義的責任を追及し、それを連日のように新聞、週刊誌、TVが取り上げた。それは二〇一〇年六月まで九ヶ月間も続いた。こうして、政権交代によって、「政治とカネ」の問題で汚れていた自民党とは異なる清潔な政治を民主党政権に期待していた国民の素朴な期待は裏切られた。その結果、内閣支持率は月を追って下がっていった。

それに輪をかけたのが鳩山首相の「期待された最高政治指導者としての首相」像にそぐわない言動が続いた点である。五月のある週刊誌（『週刊現代』二〇一〇年五月二九日号）では、小見出しに鳩山首相が「妄想癖にして虚言癖、そして現実逃避」と揶揄された。小泉元首相が「ぶら下がり」と称する、夕方五分間TV記者との会見の場を設けていたが、その後歴代総理がそれを踏襲し、鳩山首相もこの「ぶら下がり」を踏襲して、記者団の質問に首相の発言の重みやその影響を慎重に考量することなく、気軽に答えてきた。それが積もり積もって理念先行でその実現の形が一向に見えないことが明らかになるにつれて、その行為が国民には首相の「大言壮語」と映り、上記の週刊誌の表現となったのである。言うまでもなく、首相なら、どんな発言をする場合でも、一国の最高政治指導者なのだから、その発言を行なう前、発言する内容についてはそれを実現する手立てを万端整えているものだと、誰もが考える。ところが、首相が何かを約束するが、それは時間が経っても実現される兆しが見えず、その期待は裏切られていった場合が多々あった。こうして、鳩山首相は、実際は総理の資質のない、ただの育ちのよい坊ちゃんではないのかと疑われるようになった。その象徴が自民党時代からの日米間の懸案事項であった沖縄の普天間基地移設問題に関する総理の対応である。首相は、沖縄県民の切実な声に耳を傾けて――そこまでは事実である――、人口密集地の市街地の真中にある米軍飛行場をアメリカと交渉して国外ないしは県外に持っていくと約束し、二〇一〇年五月末までに政府案を纏めてこの問題に決着をつけると公言した。ところが、政府案がすでに日米決着を見た自民党案に近いものに落ち着くほかなくなったことが明らかになり、五月四日、首相は沖縄を訪問して、急に沖縄に駐留する米軍が日本の防衛にとって抑止力となっていることを勉強して分かったので、自民党が纏めた現行案を若干修正して、海兵隊の訓練場の一部は沖縄の北に位置する徳之島に移設する案で対応したいと言い出した。結局、鳩山首相は沖縄の米軍基地問題について県民の苦しみを少しでも和らげたいという美しい気持ちを持っていて、この問題に対処するために個人的な希望や願望をずっと述べてきたのが実相のようにも感じられる。いずれにせよ、それは、一国の首相としての資質が疑われる対応の仕方であるといえよう。首相は激烈な権力闘争が常態となっている国際政治の中で、日本国の存続を図り、その存在感を示すためにも、美しい気持ちの発露も結構ではあるが、むしろその気持ちを形として表わす前に、むしろ冷厳な権力リアリズムに裏付けられた優れた政治的手腕を体得しておくべきではなかったのか、と批判する声も聞かれる。こうした鳩山首相の政治的最高指導者としての資質の欠如は、政権運営にも現われたのである。

鳩山首相は、組閣に際しては、第一に、小泉元首相の「首相主導政治」を機構的に支えた、予算編成の大枠を決め、そして政策の優先順位を決める執政府の中核的地位にあった官邸直結の経済財政諮問会議を廃止し、法の手当ては後回しにして同会議の機能を継承する「国家戦略室」を設けて、その担当大臣を副総理に任命した菅直人に兼務させた。次に、さらなる行政改革を担当する行政刷新会議を新しく設置して、その担当大臣に党政策調査会長を歴任した凌雲会を支えている仙石由人を任命した。官房長官には腹心のパナソニック（旧松下電器）労働組合幹部出身の平野博文を当てた。財務相には蔵相経験者の藤井裕久を、外相には上記の通り岡田克也元党代表を、国土・交通相には凌雲会を率いる前原誠司をそれぞれ当てた。さらに、旧社会党グループを代表する長老の横路孝弘元北海道知事は衆議院議長に推挙しているので、同グループから赤松広隆を農林水産相に、千葉景子を法相に、そして旧民社党グループからは直嶋正行を経済産業相に、川端達夫を文部科学相にそれぞれ任命した。厚労相には、野党時代の国会論戦で年金問題を巡って自民党の政策を鋭く批判して有名になった長妻昭を任命した。羽田グループからは北沢俊美を防衛相に、小沢グループから仲井治を国家公安委員長に、原口一博を総務相に、鳩山グループから小沢鋭人を環境相にそれぞれ当てた。このように、党内グループ間の力のバランスを考えた人事配置を行なったのであった。そして「政治とカネ」の問題で小沢辞任論を唱える、反小沢連合の野田グループの代表の野田佳彦は大臣ではなく、財務省副大臣に任命した。また同じく小沢辞任論を強く主張してきた凌雲会系の弁護士出身の枝野幸男元党政調会長は入閣させない形で、その処遇に差を付けた。最後に、連立を組んだ国民新党代表の亀井静香を金融・郵政改革相、社民党代表福島瑞穂を消費者・少子化相にそれぞれ任命した。

第二に、鳩山首相は自民党時代の「官僚内閣制」において各省庁の決定された政策を政府として最終的に調整を行なう最高機関であった「事務次官会議」を廃止した。それに代わって、各省庁の「政務三役」、つまり事務次官などの官僚を加えない、大臣、副大臣、政務官の政治家のみから構成される三役会議が政策策定・決定を行なうこととした。その際、党の幹事長室で取りまとめられた選挙区や業界の陳情を政策分野毎に分かれた副幹事長がそれぞれそれを担当する各省庁の三役会議に伝え、党と政府の意志疎通を図った。(10) 次に、各省庁で決まった各々の政策を持ち寄って、それを調整して政府の意志として最終的な決定を行なうのは、従来の事務レベルの折衝とは異なり、閣僚同士の議論で決める、課題別の基本政策閣僚委員会や閣僚懇談会、そして閣議である。その他に、自民党時代と変わったことは、内閣法制局長官の国会答弁（主に法案の合憲性に関する法令解釈を述べるのが過去の通例であった）の禁止を初め、従来官僚が各省庁大臣に代わって国会で政府委員の資格で野党の質問に答えてきた慣行の廃止に着手した。(11)

以上のような布陣で「政治主導」の民主党を中心とする連立政権が船出したが、小泉元首相時代において各省庁を束ねた「経済財政諮問会議」が廃止となり、さらに事務次官会議が廃止となったために、各省庁を束ねる役割は強力な総理大臣と彼を支える官房長官と内閣府に期待されることになった。ところが、鳩山首相は強力なリーダーシップを発揮しないために、各省庁が勝手なことをやり出し、司令塔不在を強く印象付けることになった。その一例を挙げると、郵政民営化を軌道修正する郵政改革法案作成は担当相の亀井大臣が主導したが、銀行が破綻した際に預金者に一〇〇〇万円まで政府が保証するという制度があるにもかかわらず、亀井大臣は新しく模様替えする郵貯銀行には預け入れ限度額を二倍にするという決定を閣議にもかけずに発表し、それを知った財務相を始め、他の大臣も閣議で決めていないことを勝手に発表するとは何事だと言わんばかりに反論すると、亀井大臣は総理と電話で了解を得ているのでどこが悪いのかと反撃に出て、図らずも鳩山内閣の政策決定過程における一国の政治的最高指導者として、閣僚を束ね政府の意志を纏める首相の政治的力量の欠如のみならず、もしかしたら鳩山首相は高度の戦略的思考に基づく日本の将来構想やそれに基づく創造的な総合計画を何ら持ち合わせていないのではないのかということを強く印象づける結果となった。さらに、民主党のマニフェストは、小泉元首相が主導した「構造改革」路線に反対する短絡的で場当たり的な応答にしか過ぎない部分が多く、その中身は「構造改革」路線の副作用に対する個別的な一時しのぎの手当てが中心となっていて、「グローバル資本主義経済」に対処するために、今後、日本はどのような新しい国家目標を策定し、かつ国民に可能な限り犠牲を強いることなく、それを実現するために、どのような政策や方法が最適なのかという創造的な戦略的思考からの対応ではなかった。それに加えて、マニフェストに掲げた項目を全て実現しようとすると、財政的に不可能であることが野党やマスメディアによって暴かれた。その結果、選挙に際して行なった約束を反故にする事例が段々増えてきた。こうして、二〇一〇年五月一七日現在、『朝日新聞』の世論調査によると、内閣支持率はついに二〇%を割り始めた。かつて自民党時代では内閣支持率が二〇％になると首相交代が行なわれる場合が多く、過去の例から推測するなら、鳩山首相も危険水域に入っていると見る人も多くなった。

とはいえ、鳩山内閣は、政権発足後二ヶ月も経たない二〇〇九年一一月一一日から、財務相の後押しもあって、予算の無駄を削り、選挙公約を実現する財源を見つけ出すために、そして情報公開を通じた行政の透明性を確保するためにも、自民党時代に作られた無駄な行政組織や事業を洗い直すことを目的とする行政刷新会議が主導した「事業仕分け」第一弾を実行した(12)。その際、TVを入れてそれを公開の場で行い、TVキャスター出身の蓮舫参議院議員が「事業仕分け」会場で、官僚に対して意表を突くような突っ込み発言を繰り返し、それに慌てふためく官僚の姿を国民が「観客」として見て溜飲を下げる思いを抱かせるような一種の「劇場」が作り出されたことで国民の圧倒的な支持を得た。そして、年が明けて、二〇一〇年一月、藤井裕久財務相が高齢による健康上の理由によって辞職し、菅副総理が財務大臣に横滑りし、国家戦略担当相の任は解かれた。新しい国家戦略担当相には行政刷新会議担当大臣の仙石由人が横滑りした。そして、行政刷新会議担当大臣には反小沢の急先鋒の枝野幸男が任命された。それによって「政治とカネ」の問題で国民の六〇％から辞任が求められている小沢幹事長に対する批判にも若干答える形で、鳩山内閣のイメージ・アップが図られた。行政刷新会議担当相に就任した枝野幸男は水を得た魚のように、四月から「事業仕分け」の第二弾として、蓮舫参議院議員と共に、独立行政法人や公益法人の存続の可否、官僚の天下り状況の調査結果の公表など、内閣のプラス・イメージを高めるのに貢献した。言うまでもなく、国の財政資金が投入されている独立行政法人や税制上の優遇を受けている公益法人にはそれが提供するサービスが国民の本当のニーズに答えているのかどうか、また本当に公益を担っているのかどうかという視点から洗い直しが必要であったが、民主党政権によってそれがようやく着手された。これによって自民党政権時代に出来なかったことが試行錯誤を重ねながらも試みられることになった。それはいろいろな批判もあったが、日本が新しい時代へ向けて着実に進んでいることを象徴しているものと受け止められており、それ故に、国民の支持も高かった。

こうした「事業仕分け」によって一面では国民の支持を得る努力が重ねられていたが、こうした努力を無にする決定を上記の通り鳩山首相が行なった。すなわち、五月二八日、日米両政府は米軍普天間基地移設先を「国外ないしは最低でも県外」ではなく、自民党案に近い名護市辺野古周辺とするという共同声明を発表したのである。これに社民党党首の福島瑞穂消費者担当相が反発し、この決定を閣議にかけるなら署名しないと主張し、連立からの逸脱を示唆した。鳩山首相は説得に努めたが失敗し、罷免した。こうして、普天間基地移設問題で「国外ないしは最低でも県外」に移すという主張を鳩山首相は引っ込めざるを得なくなり、国際政治の冷厳な現実に屈した。社民党が連立から逸脱するや、鳩山首相の発言に希望を託したが、それが裏切られたことを知った沖縄県民も憤激し抗議デモを行なった。それと連動して、自民党やマスメディアもツートップの「政治とカネ」の問題に加えて、鳩山総理の首相としての資質の問題、小沢一郎幹事長が裏で実質的に鳩山内閣を支配している、とマスメディアによって喧伝された「二重政権」問題を取り上げて、ツートップ、つまりいわゆる「小鳩政権」に対する批判を組織的に展開し、それを契機に反民主党の「世論」が高まった。七月一〇日に参議院選挙を控えて、「風頼み」の政党の民主党にとっては党の代表であり、かつ連立政権の首班の鳩山首相は「追い風発生装置」であるはずであるのに党首自身が風を起こすどころか、逆風を引き起こしてしまった現状を痛感し、鳩山首相は辞職を決断した。六月一日、退陣を表明し、あわせて小沢幹事長の辞任をも発表した。参議院選挙を目前にして逆風を避ける手段としてツートップの「道連れ」辞任が強行されたのであった。その三日後の六月四日に民主党代表選が行なわれた。立候補したのは逸早く名乗りを挙げた菅直人と、国民にはあまりその名が知られていなかった樽床伸二議員であった。「世論」によって党内最大の小沢グループの動きが封じられている状況下で菅直人財務相が圧勝し、新しい党代表に選出された。

なお菅政権について述べる前に、歴史的政権交代を果たした鳩山連立政権の功罪について簡単に触れておく事も有意義であろう。九ヶ月半の間の鳩山内閣のマイナス面ばかりをあげつらうのはやさしいが、客観的に見て、公約の目玉の子供手当て支給は約束の半額ではあるが、六月から施行されたし、また不景気のために税収が伸びず、来年度予算案には歳入額を超える赤字国債まで発行して、安心・安全の国民生活を保障するための政策の実現に取り掛かっていた。とはいえ、政治家としての政治的力量の未熟な素人集団の閣僚達から成る鳩山政権は、格差社会の是正に向けての努力は一応認めるにしても、理念ばかり先行して、それを実現する現実的な手立てがあまり見られず、試行錯誤ばかりを続けていて、自動車運転に譬えるならば、「政権運用」の運転免許取立ての「慣らし運転」と解釈されてもよかろう。長い間、野党生活で政権運営の経験を積んでいないために、政治的未熟さが際立って目立った政権であったと言えよう。その典型的な例が政権と官僚機構との関係であろう。そもそも政治家と官僚の関係は政策決定過程の中での役割分担の観点から見るなら、次のようになるであろう。国が直面しかつ解決を迫られている諸問題を発見し、その後にそれらに関する情報を収集し、かつそれらの問題を解決する具体的な処方箋を出来るだけ多く案出し、それに基づいて問題に対処する可能な限り多くの政策のオプションを企画・立案し、それを政治家に提示するのが官僚の第一の役割であろう。次に政権党の政策決定の衝に当たる指導的な政治家は公共政策研究の第一人者のイスラエルのドロア教授の言うところの megapolicy、すなわち国家百年の大計を頭に入れて、それを実現する具体的な政策体系の基本方針の mesopolicy の観点から最適なものを選択して、それを政府の公的な政策として決定する。[13] そこで政治家の役割は一応終わり、こうして決定された政策の実施の役割は再び官僚の第二の役割となり、最後に、実施された政策の結果が本来の政策目標に照らして成功しているのかどうかを点検・評価するのは政治家と官僚の共同事業であり、もし失敗していたら、もう一度やり直して新しい政策過程に入るか、実施された政策の修正に入るか、それを決めるのは政治家の役割、つまり政策過程におけるフィードバック機能であろう。

こうした政策決定過程における政治家と官僚の役割分担の観点から、鳩山政権の政策決定過程を見るなら、同政権は「脱官僚依存」、「政治主導」の主張を額面通りに実行しようとして、政策決定における官僚の役割を軽視ないしは無視しようとする姿勢を強め、「官僚不在」ないしは「非官僚」[14]の状態に陥っていたと見られる。自民党時代、上記の通り、日本は「官僚内閣制」と言われ、人事権を持つ自己完結的な権力集団の官僚機構が実質的に政策決定権を掌握していたが、それを可能にしていたのは官僚機構が日本のみならず世界に張り巡らされた行政需要に関する豊富な情報収集能力、行政需要に応えられる成熟した慣行、そしてこの慣行を持続可能にしている「暗黙知」[15]を有していたことであった。各省庁がそれぞれの分担する課題毎の政策決定を行なっても、最終的には大蔵省、そして行政改革後は財務省が予算案編成を通じて調整し、最後に事務次官会議が最終的な調整を行なうのが自民党時代のやり方であった。民主党政権はこの事務次官会議を廃止し、各省庁の政務三役が党幹事長室の各政策部門の副幹事長が選挙区や業界団体の陳情を受けて伝えてきた案件を勘案して政策決定した。そして、各省庁との調整は基本問題閣僚委員会ないしは閣議で行なわれることになっていた。ところが、首相やそれを支える内閣官房がリーダーシップを発揮しないために、各省庁の横の調整を経ないままに、各省庁の政務官はそれぞれ上から一方的に決定された政策を官僚機構に伝えた。政策決定過程の活動の流れの中で官僚不在のままに政治家のみの「政策決定活動」が空回りする例が多く見られるようになったと言えよう[16]。民主党政権は、巨大なシンクタンクであり、豊富な情報網や問題解決の「暗黙知」を有する官僚機構を「脱官僚依存」のスローガンを額面通りに受け止めてしまって、官僚に背を向け、党のマニフェスト実現のためにそれを有効に活用しようとはせず、政策決定過程の機能不全を招いてしまった。この点が政権交代の過度期とはいえ、鳩山政権の最大の欠点であったと言えよう。それは普天間基地移設という政策決定において顕著に見られたのである。首相や官房長官は政策決定過程における政治家の役割である mesopolicy の発信を官僚機構の支援なしに勝手に公表し、さらに関係する外務省や防衛省の各大臣はそれぞれその mesopolicy に基づいて彼らなりの具体的な解決策の政策を横の連絡や調整もしないまま発信していたので、政府の統一的な政策決定と実行の意志は外部に伝わることはなかったと言えよう。つまり官僚機構を活用しない政策決定過程は機能不全を来たすのは必然的な成り行きであったと言えよう。このように、「政治主導」とは何か、それは政策決定過程において政治家が受け持つ役割、つまり megapolicy を念頭に置いた mesopolicy を提示し、それを実現する最適な政策を選択することであるのだが、そのことを弁えず、鳩山政権は「政治主導」は「政治家主導」の政策決定と誤解したところに、その政治的未熟さが顕著な形で現われたと見ても良かろう。

## 2　菅政権と「決定中枢」制度再編の失速

議会制民主主義において議会が政治センターであり、そこでは与党が野党との対話の中で政策決定を行なうのが憲政の常道と言われている。従って、菅政権発足時の野党の状態を見ておくことも重要であろう。

政権与党だった自民党は、上述したように、衆議院選挙で大敗を喫し、その議席の約四〇％を失った。中堅・若手が大量に落選する一方、選挙に強い派閥の会長は多く生き残った。小泉元首相は引退したが、森元首相を含めて四人の首相経験者も残った。従って自民党が新しい時代に適合するための党の改革を企てようとしても、それは過去の残滓を背負ったままであるので困難であることは容易に推察された。麻生総裁は敗北の責任を取って辞職し、二〇〇九年九月二八日に党の規則に従って次期総裁選挙が行なわれた。自民党の次期総裁・首相候補とされていた「麻垣康三」の中、唯一残されていた古賀派の谷垣禎一が総裁に選出され、従来の慣例に従って派閥均衡の党執行部人事が行なわれた。幹事長には大島理森前国会対策委員長が、政調会長には総裁選に立候補した石破茂元防衛相が、国会対策委員長には川崎二郎が選出された。谷垣新総裁の下での最初の党大会では「日本らしい日本の保守主義」という理念の他に、次世代にツケを回さないように「財政の効率化と税制改正により財政を再建する」という新綱領が打ち出された。

次に国政選挙の候補者については、世襲議員が多いとの批判に答えて、原則として候補者は公募で募り、再出馬予定の議員もこの公募で選ばれない限り公認せず、各選挙区の支部で予備選などの党員参加で最終的な候補者を決めることとした。また長老政治家の政界からの退出を早めるために、国政選挙では原則として比例区で衆議院七三歳、参議院七〇歳以上は公認しないという立候補者の年齢制限を設け、七〇歳以上の人の立候補は特別の事情のない限り公認しないこととした。その後の党運営を見ると、半世紀あまりの政権担当時代の澱(おり)を清算し、政権奪還を目指して党の力量を高めるために若手を大幅に幹部に登用して抜本的な党改革を実施するような、党の解党的な出直しが必要との声が高まった。それにもかかわらず、谷垣新執行部は、こうした多くの党員の声を無視して、民主党のツートップの「政治とカネ」の問題——この問題はこれまで自民党のお家芸とも言われていた問題である——がマスメディアで取り上げられたことを好機とばかりに、国会ではこの問題で民主党攻撃に全力を傾ける戦術を取った。それは、過去の反省と解党的な出直しの方向への動きとは見られず、党内のみならず国民の失望を買い、本来なら民主党のツートップの世論調査での支持率の急速な低下と反比例して高まるはずの自民党への国民の支持率は逆に下落した。その結果、二〇一〇年七月一〇日に予定されていた参議院選挙を控えて、その任期を終える参議院議員の中に離党する者が出始め、さらに谷垣新執行部の下では政権奪取は困難と判断する多くの議員の間では、新党結成に乗り出す者が続出し、党は分解過程に入ったような様相を呈し始めた。まず、鳩山邦夫前総務相は与謝野馨元財務相と連携して新党結成に動き出したが、失敗し、二〇一〇年二月に離党した。次に、郵政民営化に反対したことで小泉元首相によって党を除名されていた「復古的」ナショナリストの平沼赳夫元経済産業相が中心になって新党結成が前から取沙汰されていたが、四月に与謝野馨元財務相と四人の有力議員が自民党を離党して、平沼赳夫と一緒に「たちあがれ日本」という新党を創立した。それには応援団の名目で、石原慎太郎東京都知事も加わった。財政再建派の与謝野馨元財務相と党代表となった平沼赳夫との間には政治イデオロギー的には共通点はないように見られるが、同党に加わった議員達は、自民党が新たに設けた公認年齢制限という障害を考えるなら、年齢的に平均七〇歳代前後の人びとであり、参議院選挙を目前にして政治的な生き残りを図ろうとして一時的な避難所に集まった感じも見受けられる。さらに、消えた年金問題の調査で国民の人気を得ていた経済成長派の参議院議員の舛添要一前厚労相は世論調査では首相候補として高い支持率を得ており、彼を次期総裁にして参議院選挙を戦うべしという声も上がっていた。そこで舛添要一参議院議員はそれに乗って新党結成に動いたが、党内基盤を持たないためにその動きは不発に終わり、結局離党する羽目に陥り、「改革クラブ」に代表で迎えられ、名称も「新党改革」に変えられた。それは、二〇〇八年に民主党から離党した渡辺秀央参議院議員などが作った衆参議員合わせて五、六人の小党である。「新党改革」の立ち上げと時期を同じくして、松下政経塾出身の山田宏東京都杉並区長が呼びかけて自治体の首長や首長経験者を中心とする「日本創新党」が結成された。それは「改革派知事」としてマスメディアを賑わしている弁護士出身の橋下徹大阪府知事や東国原英夫宮崎県知事などと連携して地方主権を主張し、まずは消費税を段階的に増税し、それを地方の財源に充当すべしという主張を展開していたが、同党には国会議員は一人もいない。同党を除いて、以上挙げた自民党から分離した衆参議員合わせて五ないし六人の小党は、政権交代後本格的な二大政党制の時代を迎えて、早くも強まってきた二大政党制の閉塞感が漂う中で二大政党に反映されない多様な民意を代表する「第三極」を目指して、二大政党が議会でその勢力が伯仲した場合、キャスティングボートを握って政局の主導権を掌握しようと目論んでいることは確かであった。「第三極」を最初に主張したのは公明党である。公明党は自民党と連立を組んでいたことで、先の衆議院選挙で三分の一の議席を失う大敗を党創立後初めて経験した。その責任を取って太田昭宏党代表は辞任し、代わって新しい党代表に山口那津男が就任した。公明党の政策は平和、福祉であり、大体において民主党の政策と共通点が多い。次に、渡辺喜美元公務員制度改革担当相は、上記の通り、国家公務員制度改革を巡って麻生総理との意見の対立を契機に自民党を離れ、高級官僚の天下り反対一点張りの主張を展開し、二〇〇九年八月、国家公務員制度改革を党の主要な目標に掲げた「みんなの党」を設立した。従って、同党は小党の走りである。それは、衆議院選挙直前に自民党から離れた多くの他の小党と比べて、自民党から離れた時期が多少前であったこともあり、国民の間でその名前が知れ渡っており、幾つかの直近の地方選挙では民主党への幻滅が広がるのに比例してその支持率を伸ばしていた。もし参議院選挙で一〇名ぐらいの議員を出せば、キャスティングボートを持つ小党としてその比重は高まることが予想された。最後に、第二部第一章2（a）でもすでに指摘したが、日本共産党は、冷戦崩壊後、西欧の共産党は新しい政治状況に対処するために、党名を変えたり、綱領も新たに作り直したりしているが、旧態依然として「五五年体制」時代と変わらないままの状態を続けていた。以上が二〇一〇年六月八日に発足した菅政権が対話を進めるべき野党の状況であった。

菅新総理は六月一一日の国会での所信表明の中で、まず鳩山政権の掲げた「戦後行政の大掃除」を本格化させると同時に、国民を不幸にする要素を出来るだけ少なくする「最小不幸社会」を作ることが自分の政治的信条であると述べた後、この「最小不幸社会」の実現という目標を達成するために、その方法として「強い経済、強い財政、強い社会保障」の一体的な実現を目指すという政権目標を明らかにした。そしてその目標は「五五年体制」時代の赤字国債を増発して公共事業を行なって経済を成長させた「第一の道」でもなく、小泉政権時代の規制緩和などの新自由主義経済政策によって企業の生産性向上を図る「第二の道」ではなく、「第三の道」で達成を目指すと宣言した。この「第三の道」とは、経済・財政問題に門外漢の菅総理が財務相時代に小野善康大阪大学教授や政府税制調査会の専門委員の神野直彦東大名誉教授から経済・財政問題の講義を受け、その中から育まれた識見のようである。その考え方の骨子は、増税しても、それを「賢く使えば」雇用を増大させ、さらに経済成長をもたらし、最後に社会福祉のますます増大する費用も賄うことが出来るというものであった。小野教授は新自由主義経済学の言う不況からの脱出を供給側（企業サイド）の改革ではなく、ケインズの言う需要の創出に求め、政府がお金を使って市場を創出すべきであり、その財源を増税で調達すべきであると主張しており、神野教授は需要の創出先として介護・医療分野を挙げ、その分野に投資を増やして雇用を拡大させ、それによって経済成長を図れば、「強い経済、財政、社会福祉」の一体的な実現が可能であると主張したのである。この方法を菅総理は「第三の道」と称したのである。確かにこの方法は、一国資本主義時代の、しかも保護貿易主義を採る「閉鎖経済」では、投資を介護・医療分野に集中すれば、ある程度の経済成長も実現し、財政にも一定の寄与をなす「財政→社会保障→経済成長」という好循環が予想されることから、一種の社会保障を優先させる経済システムの確立という新しい構想とも見てとれるが、産業の中で介護・医療分野の投資だけでどれほどの大きな経済成長をもたらし得るのかは疑問であり、またグローバル資本主義時代においては、企業は国際的な熾烈な経済競争に勝ち抜かなくてはならず、その点を考慮するなら、現実的実効性には大いに疑問がある政策であると言えよう。いずれにせよ、菅総理は、ギリシャの財政危機という警告もあり、巨額の赤字国債を抱えて国家財政の破綻が論じられている中で、財政再建には増税が必要であるという財務省側の主張と、国民を不幸にする要素を最小にする社会福祉費用とをどのように両立・調和させるのかに関する構想を打ち上げて、それを煙幕に使って、増税した分を「賢く使う」、つまり介護・医療分野に投資し、それによってまた経済成長が促進される「好循環」が生まれるという「幻影」を振り撒いて、実際は消費税率の引き上げを主張したと思われるのである。(17)選挙期間中、自民党は、民主党が財源の手当ても考えずに児童手当などのバラマキ財政を強行しているが、民主党のマニフェストは国民の人気取り目当ての空約束であり、それを実現しようとすると、国家財政の破綻は必至であり、従って、当面、財政再建のために消費税率を一〇％に引き上げるべきであると主張して、民主党に対するネガティヴキャンペーンを展開した。その批判を受けて、菅総理は責任政党であることを自負する意味で、財政再建のために自民党と同様に、消費税率を一〇％に引き上げて「賢く使う」と反論した。また参議院選挙に際して、六月一八日、法人税の引き下げを含む企業を支援する項目を随所に盛込んだ民主党の「新成長戦略」を発表し、さらに民主党のマニフェストがバラマキであり、それを実現する財源の裏づけが明確ではなく、マニフェストを全部実現するなら財政破綻を来たすことは必然であるとの批判に応えて、マニフェストの現実主義的な修正を提示し、「国民生活が第一の政治」という衆議院選挙での民主党の主張の原点からの離反の姿勢を、菅内閣が明らかにした。

そもそも与党でこれまでの選挙で、消費税の導入ないしその税率の引き上げを主張して、国民の支持を得た例は殆ど無いと言えよう。菅首相は、財政再建の緊急性を訴えてその対策として消費税率引き上げの方向に与党を誘い込み、あわよくば言質を採って選挙を有利に運ぼうとする自民党の良く考え抜かれたとしか考えられないような選挙戦術にまんまと乗せられてしまい、民主党敗北の重大な要因を自ら招来してしまうことになった。共産党は、菅内閣は鳩山元首相が次の衆議院選挙までは消費税率の引き上げは行なわないと主張していたのに、その主張を撤回して消費税率の引き上げを主張し、さらに増税した分を法人税の減税に回す姿勢を示しており、それは「国民生活が第一の政治」という民主党の主張に反し、大企業のための反国民的な増税政策であるとの批判を展開した。また公明党も消費税の引き上げに反対した。社民党や国民新党も反対した。マスメディアも消費税引き上げに関して民主党の主張の一貫性のなさを批判しながら、与党としての民主党が責任政党として財政再建に取り組む姿勢を示したことを一応評価しながら、その内容が曖昧であり、低所得層にとっては逆進性の強い消費税率引き上げの問題点を取り上げ、その対応策を講じておくべきであるとの主張を展開した。それを受けて、菅首相は消費税を引き上げても低所得層には負担をかけないように一定の所得以下の人びとには引き上げた分の還付方式をとると説明したが、遊説先の選挙区によってはその境界となる年間所得が二〇〇万円以下とか四〇〇万円以下とか発言がぶれ始めた。みんなの党は消費税引き上げに反対し、まず無駄を徹底的に省いた後に、「小さな政府」を確立するために徹底的な公務員制度改革を実現し、あわせて経済成長政策を展開すべきである、と主張した。

こうして、選挙での「世論」の争点は消費税の引き上げをめぐる賛成か反対かに絞られ、一一ヶ月前に民主党に投票した有権者、とりわけ多くの無党派層は民主党に対する期待を裏切られてしまい、さらに二大政党に対する幻滅も感じられ始めた。選挙で「追い風発生装置」であるはずの菅代表は民主党に良い「追い風」を誘発させるどころか、逆風を巻き起こしてしまった。七月一一日、前日の参議院選挙結果が明らかになったが、「追い風」は一一ヶ月前の衆議院選挙では民主党に吹いたのであるが、今回は大都市の無党派層の票、つまり「追い風」はみんなの党に向かって吹き、民主党は逆風をまともに受けることになった。その結果、民主党は改選議席五四の内、一〇議席を失う大敗北を喫した。獲得議席は四四である。それに反して、自民党は改選議席三八であったが、獲得議席は五一で一三議席を増やして、改選第一党となった。真の勝者はみんなの党で、改選議席一から一躍一〇議席を獲得して、その得票数は七九〇万票であり、公明党のそれをしのぎ、「第三極」の首座を争うようになった。公明党は二議席を失い九、国民新党は改選議席三の全部を失い、社民党は三から二へと一議席を失い、たちあがれ日本、改革日本の二つの新党はそれぞれ一議席、共産党が三議席を獲得した。参議院での新勢力は、民主党一〇六、自民党八四、公明党一九、みんなの党一一、共産六、国民新党三、社民党四、改革日本二、他四である。参議院の全議席が二四二であるので、その過半数以上は一二二である。与党の民主党が政権運用を円滑に行なうためには、衆議院では三〇六議席という絶対多数に近い議席を有していても、参議院では過半数には一五議席が不足することになった。つまり連立を組む国民新党の三議席を足しも、過半数には一二議席が不足していて、「衆参ねじれ」国会現象が再び発生した。公明党やみんなの党との連立を組むことが可能なら、政権は安定するが、この両党が連立を拒否するなら、全野党連合に対しては少数派に転落し、デッドロックに陥り、政治の安定は考えられなくなった。

民主党内では、参議院選挙が始まって唐突にも消費税発言を行なった菅首相や選挙を指揮した枝野幹事長や安住選挙対策委員長などの党執行部の責任を問う声が高まり、菅首相を中心とする「反小沢」連合勢力の権威は急速に失墜した。菅首相の任期は六月に辞任した鳩山前代表の残任期間の九月までである。従って、民主党代表選挙が九月一四日に行なわれることになった。菅内閣の余命はそれまでという予想もあるが、菅首相は再選を期し首相続投を主張した。そのため、菅首相は前言を翻し、消費税発言が唐突であった点を詫び、野党に対しても協力・協調を呼びかけ、ひたすら低姿勢を示し続けた。

九月六日から始まった党代表選挙では、菅の対抗馬として小沢が出馬し、事実上の倒閣活動が始まった。これによって、それまで民主党政権を指導してきた「小沢・鳩山・菅」トロイカ体制は崩壊したのも同然となった。樽床を除く、民主党の「七奉行」、すなわち岡田克也、仙谷由人、前原誠司、野田佳彦、枝野幸雄、玄葉光一郎の六人組はすでに鳩山の後任を選ぶ六月四日に行なわれた両院議員総会では管を担ぎ、反小沢派の旗幟を鮮明にしていた。そして、九月の代表選挙でも当然に財政再建とマニフェストの一部修正を目指す菅陣営に加わった。これに対して、消費税論議の封殺とマニフェスト堅持を訴える小沢候補を支持したのは鳩山・羽田グループや、中立を保っていた樽床派であった。こうして民主党は二つに割れ、両派の「巨頭決戦」が始まった[18]。日本の政治が今後どのような方向へ進むべきかの選択は党内二派の対立に反映されることになったのである。

既得権を守護せんとする自民党や主要四大新聞紙などのマスメディアは金権政治批判に絡めた形でそれを象徴する小沢、鳩山に対する批判を展開し、国民世論を菅支持の方向へと誘導した。九月一四日の投票の結果、菅がマスメディアに動かされた地方議員と党員・サポーターの圧倒的な支持を受けけた。そして、その勢いを受けて国会議員による選挙でも圧勝を期したが、予想に反して国会議員獲得票では、菅候補得票数は小沢に投じられた二〇〇票に対してわずか六票上回る二〇六票に過ぎなかった。ともあれ、菅首相は国会議員の支持において不安はあったものの、一応「通過儀礼」を済ましたので、「モラトリアム政権[19]」と称されていた状態から脱却すべく本格的な政権作りに取り掛かることになった。まず、党役員人事では外相の岡田を幹事長に横滑りさせた。その際、岡田は受諾の条件として、枝野現幹事長を自らの補佐の幹事長代理に降格させて任命すること、外相の後任に国土交通相の前原を横滑りさせることを要求し、受け入れられた。

次に、内閣改造に際しては、小沢を支持したグループの分断を図る意味で鳩山グループの海江田万里を経済財政・科学技術相に一本釣りして内閣に封じ込めた。また鳩山グループの座長の大畠章宏を経済産業相に任命した。党内中立派の重鎮の鹿野道彦を農水相に据えて中道派勢力との調整を図った。小沢派の直系は閣内には入れなかった[20]。菅内閣では、大臣一七人の内、再任されたのは、官房長官の仙谷由人、財務相の野田佳彦、防衛相の北沢俊美、行政刷新相の蓮舫、国民新党の金融・郵政相の自見庄三郎のみである。鳩山内閣発足後一年以上引き続きポストに止まったのは北沢俊美防衛相のみであった[21]。

小沢派を切り捨てた後の菅内閣は、以上の布陣で、仙谷官房長官が「挙党体制」と称していたが、その実態は国会議員の支持がほぼ互角の小沢がいつでも管にとって代わる可能性を秘めていた「虚党体制」であったと見られる[22]。従って、菅首相の取るべき道は、まず、党内では小沢派の力をそぐために小沢が政治資金違反容疑で特捜の追求を受けている好機を捉えて、可能なら彼を政治的に抹殺すること、次に、衆参議院の「ねじれ国会」が行く手を阻んでいる以上、それを解決して、政局を安定させ、菅内閣を存続させる方策としては、かつて福田首相が当時の野党の最大政党である民主党との連立を小沢代表と画策したように、野党の自民党との連立政権の確立を目指すほかなかったように思われる。この道は、菅がまずその打倒を掲げた「官僚内閣制」の中核部分である国家官僚制の法務部分の独走を「指導する」のではなく、小沢起訴の方へ向くように「放任する」ことであり、次に自民党のペースにはまる訳であるから、政権交代時に民主党が掲げた目標を捨て去ることでもあった。実際、その方向へと進み、二〇一一年六月に退陣することになる。そうした菅内閣の歩みは、本稿が「決定中枢」制度再編の動きを中心に論を進めていることから、菅内閣が発足後、直ちに「決定中枢」制度再編に対して消極的になっていった動きを先に紹介した後に再び取り上げることにしたい。

菅内閣は、当然、鳩山政権の積み残した懸案を民主党政権として引き継ぐことになった。当時国会に上程されていた懸案は次の通りであった。郵政改革法案や製造業への派遣を禁止する労働者派遣改正法案、地球温暖化対策法案などのほかに、自民党政権時代末期の積み残しの課題（福田内閣時代に成立した「国家公務員制度改革基本法」の完全実施）である、政治の最高指導者の首相を中心とする政治的意志決定システムの確立を目指す「政治改革」に関連する法案、すなわち、「政治主導確立法案」（内閣官房に置く国家戦略室を「局」に格上げ、現在三名の官房副長官を一名増員し、その内一名を国家戦略局長とする。国家戦略局長の下に政務官級の国家戦略官を一名置く。首相補佐官の定員五名から一〇名に倍増、国家公安委員会を担当する政務官一人を新設する。各省に閣僚、副大臣、政務官を補佐する政務調査官（民間人）を置く）や、「国会改革関連法案」（議員立法）（政府特別補佐人から内閣法制局長官を除外、内閣府副大臣を二人増員、内閣府政務官を六人増員、法務政務官、厚生労働政務官、国土交通政務官、環境政務官を各一人増員、官僚の国会答弁の禁止）、その他に福田内閣時代に成立した国家公務員制度改革基本法の中で、幹部公務員の任命・解任に関係する部分の制度設計が積み残されていたが、その部分の法案化（省庁幹部人事を一元化する「内閣人事局」の新設、首相や官房長官が幹部候補者名簿を作成し、幹部職員を公募する制度の導入）が国会で審議され、議決される必要があった。[23]

こうした法案が実現されれば、官僚機構の人事権を、首相を中心とする官邸が掌握することになり、「官僚内閣制」から「国会内閣制」への転換を可能にする制度が確立されて、約一七年前からの小沢一郎前民主党幹事長の主張を契機に始まった「政治主導」の意志決定システムの構築が制度的に一応の完成を見ることになるはずであった。そうなると、日本も、アメリカや中国と同様に、優れた政治指導者が首相に就任することになれば、内外の問題の処理に当たって、意志決定をトップダウン式に行なうことが可能になることが予想された。

ところが、参議院選挙が七月一〇に予定されていた。その一ヶ月前の六月八日に発足した菅内閣は、すでに衆議院において可決されていた「政治主導確立法案」を本来なら国会会期を延長してでも参議院で可決させておくべきであったが、延長せず予定通り選挙へと走り、上記の通り、「衆参ねじれ」現象を招いてしまった。こうして、新しい日本を作り直すと称して提案された「政治主導確立法案」などの鳩山政権の懸案は、再び「衆参ねじれ」現象が出現したために、当然野党の協力なしにはその実現の可能性が困難となった。とりわけ「政治主導確立法案」という官邸の再構築という問題に関して、菅首相は以下において述べるように財務相時代に財務省の政治文化に染まり、この「政治主導確立法案」の政治的方向性とは全く異なる考え方を持つようになったためにさらに困難になったと言える。

顧みるなら、民主党は自民党時代の与党・政府二元代表性に基づく政策決定システムを「官僚内閣制」であると批判し、「国民の生活が第一の政治」を実現するために、「脱官僚依存」、「政治主導」体制の確立を主張し、政権を取ったら、国会議員一〇〇人を政府に送り込み、国会と政府が一体となって、つまり党と政府が一体となって政策決定を行なう「政策決定の内閣への一元化」を図ると主張した。そして政権交代後、鳩山内閣は新しい官邸機構として首相直属の国家戦略局の設置でその主張を具体化させようとした。この国家戦略局は新時代の国家のヴィジョンを作り、政府の予算の骨格を決め、その他の重要政策の基本方針を定めるとされていた。鳩山首相は政権発足と共に国家戦略局を設置したが、それを裏付ける法案を成立させるまでは臨時的に「局」ではなく、「室」とし、その設置規則には「税財政の骨格、経済運営やその他の重要な基本政策の企画・立案並びに総合調整」と謳われていた。上記の通り、国家戦略担当相は副首相の菅直人が兼務していた。菅副首相が財務相に転じた後、国家戦略担当相には仙石由人が就任した。政府の政策決定に際して首相直属の「司令塔」の役割を果たすことになっていた国家戦略局構想はそれを法制化するための「政治主導確立法案」が上記の通り二〇一〇年六月に国会に上程されていたが、菅新総理が選挙を優先させたために廃案となり、さらにその上に参議院選挙での民主党の敗北によってその成立の見通しは野党次第ということになり、極めて困難になってしまった。

このように民主党政権は、政策決定の仕組みに関して、自民党時代のやり方全てに反発して、それを民主党独自のものに変えようとした。その典型が国家戦略局構想である。小沢一郎が主張し、彼自身が主導するか、あるいは触媒作用を果たしてきた「政治改革」の動きの線上に国家戦略局構想があるが、それは民主党が冷戦時代と異なる新しい内外の変化した環境に対応するための官邸機構の再編構想の中核に据えられていたものであった。それは小泉首相が経済財政諮問会議を予算編成方針やマクロ政策、構造改革の基本方針作りに活用し、官邸主導の司令塔として用いたのを参考にして、経済財政会議を廃止する代わりにその機能を国家戦略局に移し、さらに外交、安全保障問題についての戦略も担当させるのみならず、省庁間の総合調整機能をも持たせ、文字通りの官邸主導の司令塔にしようとしたものと考えられた。ところが七月中旬、菅首相は二〇一一年度の予算編成作業に着手するに当たって、予算編成作業を主導するものと考えられていた国家戦略室の機能縮小を発表した。菅首相は「政治主導確立法案」の実現の見通しが困難になっていること、また目前に予算編成のタイムリミットが迫ったこともあり、さらに実際に財務省のトップとして同省の官僚との交流の体験の中から民主党の官邸機構の再編構想を実現するよりは、従来のやり方を踏襲する方がより現実的であるとの認識を持つようになったようである。その証拠は、菅首相の官僚制に対する次のような姿勢の変化の中に見てとれる。菅首相は、橋本自・社・さ連立内閣の厚生相としてエイズ薬害問題の処理に当たって感じていた反官僚観を著書『大臣』の中で披瀝して、脱官僚の象徴的な存在と見られていた。そしてその考え方はその後も変わっていなかったように思われる。というのは、衆議院選挙で民主党が圧勝した後の二〇〇九年一〇月三一日、民主党東京都議連の講演で「（官僚は）知恵、頭を使っていない。霞ヶ関なんて成績が良かっただけで大バカですからね」と発言しているからである。ところが、財務相として日本官僚制の中枢の中で優秀な官僚と協調して日本の財政を司っている内に、その官僚観を一八〇度転換させている。二〇一〇年六月八日、首相就任記者会見で「官僚を排除して、政治家だけでモノを決めればいいということではない。官僚のプロフェッショナルとしての知識や経験を生かしながら、国会議員が政策を進める」と発言し、二日後の一〇日に次官への訓示で「官僚と政治家の立場はそれぞれ違う。うまくコンビネーションができたときに、日本の政治や行政がより強いものになる」（『読売新聞』二〇一〇年六月一一日、「首相　官僚たたき反省」）と述べているからである。菅首相の官僚観の変化は、鳩山政権時代の政策決定過程の機能不全の状態を内側から見て反省したことに起因しているものと考えられよう。こうした官僚観の変化は「政治主導とは（官僚と）情報を共有し、心を一つにして政務三役と（官僚の）皆さんが一体となって仕事をしたい」という野田財務大臣就任挨拶（六月九日）でも見られる（『朝日新聞』二〇一〇年六月一〇日）。こうして、菅首相は自民党とそう変わらないような次のような官邸機構の再編を主張し始めたのであった。すなわち、首相が公務員制度改革担当相を兼務する玄葉光一郎党政策調査会長と仙石由人官房長官の二人と協議して政府の基本方針を決定する新しい機関を内閣官房に設置するというものである。政調会長が政府と党の間の調整を担当し、官房長官が省庁間の調整を各々分担し、両者が首相の指導の下で政府の最高方針を決定し、それを支える事務局を内閣官房内に置くという考え方である。それに対して、本来、官邸の司令塔の役割を果たすことが予定されていた国家戦略局は首相の外交戦略を含めて幅広い政策分野についての助言機関ないしはシンクタンクに換骨奪胎させるという考え方を七月四日菅首相が表明した。そして、菅首相は、国家戦略局をイギリス労働党政権時代のブレア首相の政策助言機関であった policy unit（政策室）の型に変えたいとの考えを表明した。それに対して、鳩山政権時代の国家戦略室長であった松井孝治前官房副長官は事前の相談もせずに官邸機構の新しい再編案を主張したことに対して反発した。それに次いで、前原国土交通大臣も「菅さんが何をやりたいのか分からない」と不満を漏らした。菅首相は仙石官房長官と玄葉政調会長に野田財務大臣を交えて二〇一一年予算の基本方針を決定した。それは、全省庁に前年度予算の政策経費の一割削減を求める一方、民主党が公約した重要政策や新成長戦略などの予算を重点配分する一兆円超の「元気な日本復活特別枠」を創設し、各省庁がそれに対応する目玉政策を打ち出す場合、それに振り向けることにする、各省庁間の「政策コンテスト」を提言したものであった[24]。

以上の菅政権の新しい政治的意志決定のやり方は、内閣官房や財務省が調整役を担い、党側の政調会の各部門が口を出す自民党時代の政府・党二元代表制時代の政策決定システムとそう変わらないものになり、従って『朝日新聞』（二〇一〇年七月一七日）においては、自民党政権への「先祖返り」であると批判された。このように、鳩山民主党は自民党時代のそれにとって代わる政策決定における官邸主導システムの構築を国家戦略局の形で構想し、それを具体的に制度化する「政治主導確立法案」を国会に提案したが、参議院選挙での民主党の大敗で挫折することになった。それのみではない。菅首相が新しく再設計し始めた首相を中心とする新しい官邸機構が作られたとしても、政策決定は、「衆参ねじれ」国会の発生で、最終的には参議院での与野党の協議ないし話し合いで決められるほかなくなってしまった。そして、菅首相が構想しているような、民主党を中心とする連立政権が成立したなら、連立政党間政策協議機関が政策決定の最終機関になるであろう。いずれにしても、新しいグローバル資本主義時代にあって激変して止まない内外の環境変化に即時的にかつ機動的に対応できる政治的意志決定システムの確立の試みが菅政権時代になって再び挫折の可能性を強めてきたことは日本政治の将来にとって好ましいことではないであろう。次の民主党の野田政権から政権を奪取した自民党の第二次安倍政権によって、首相による政治主導体制を支える「決定中枢」制度再編の試みは二〇一四年に実現されることになる。それについては次の章で取り上げることにする。以上において、発足したばかりの菅政権下で「決定中枢」制度再編が鳩山政権から引き継いだ懸案事項の処理を適切に行なわなかった点のみならず、制度再編の方向性についても菅首相の考え方が鳩山とは異なっていたが故に、実質的に制度再編は失速することになった。

言うまでもなく、「決定中枢」制度再編が実現されることにでもなれば、それによって政官関係は従来とは異なるものに改変されることになるのは必至と言えよう。従って、民主党政権が「脱官僚・政治主導」の実現に向けて動き出したところで、官僚側もその成り行きを注視し、さらに彼らの文化に反する方向へと改革が動き出すなら、抵抗するか、面従腹背などの行動に走ることになり、それによって行政組織の機能不全が起こる可能性もあり得よう。実際に、菅政権発足後間も無くそうした兆候が見え始めたのである。

上述の通り、「政治主導体制」の確立とは、国家の運営において政治家が官僚機構を主体的に動かすことであり、せんじ詰めれば政官関係において政治家が官僚機構に対するリーダーシップを発揮してそれをその目指す方向において動かすことであろう。民主党は政権獲得後「政治主導体制」確立を目標に掲げて、政務三役の政治家が政策決定において各府省庁官僚の影響力を排除し、政治家だけで決定を行なって政策決定の主導権を掌握できるものと短絡的に考えていた節が見られる。その表われは官僚の政治家との接触を制限する規則までも作った点である。政治家の政務三役が官僚に丸め込まれるのではないかという官僚に対する過度の警戒心に起因する恐怖心から出た行動であったように思われる。このように、政治家が政府運営において官僚の有する知識と経験に頼ることを拒否し、さらに官僚を信頼するどころか不信の目を向けるなら、官僚の方でも、最悪の場合、業務のサボタージュか面従腹背の行動に出ることになるであろうし、またその前に政治家が勝手に行なった政策決定が官僚の政治文化や官僚側から見て国益に反すると思われた場合、民主主義国家では政策決定の拠って立つ根拠となる「事実」に関する情報をリークして、世論に訴えてこの是正を求める行動に出ることもよくあることである[25]。それは政官関係がこじれ始めた最初の段階に起こる現象である。この現象は菅首相の代表選が行なわれていた最中の九月七日に尖閣諸島沖で中国漁船が海上保安本部の巡視船に体当たりした事件が勃発した際の処理において見られたのであった。

本章執筆中の二〇二〇年九月の時点から顧みるなら、民主党政権の三年三ヶ月間においてそれまで進行していた日本政治の右傾化のスピードが加速されていったように見られる。その切っ掛けを作ったのは、中国の強国としての台頭が急速に顕在化し始め、その一つの表現形態としての尖閣諸島における中国漁船の傍若無人の行動であった。尖閣諸島沖での中国漁船の違法操業や領海侵入はその前から度々あったが、それを取り締まる日本の巡視船の公務執行に抗議して巡視船に対して体当たりする事件は初めてである。そもそも、日本は北方領土問題のほかに竹島と尖閣諸島の二つの領土問題を抱えている。竹島は韓国が実質的に占有しており、それに対して、日本はそれを固有の領土であると主張し続けており、日韓関係における一つのトゲとなっている。政治的にこの竹島とは反対の境位にあるのが尖閣諸島のケースである。それは日本が占有しており、中国がそれを中国の固有の領土であると主張しているからである。日中国交回復の際、周恩来首相の英断で尖閣諸島の帰属問題は棚上げすることが了解されていたという。また鄧小平も一九七〇年代においてこの問題については次世代の知恵に委ねると発言している。従って、尖閣諸島の帰属問題は日中関係を悪化させる要因としてはそれまでは表面化して来なかった。ところが、鄧小平の決めた「社会主義的市場経済政策」の成功によって、中国が二一世紀に入ってＧＤＰにおいて世界第二位の地位を日本と争うようになり、間もなくそれを追い越す経済成長を遂げるようになり始めたことで、その経済発展に見合う、政治的強国への道を選択し始めた。それと共に、中国は尖閣諸島の帰属問題を提起し始め、それまでの良好な日中関係に水を差し始めた。つまり、平和国家日本の超大国となった中国との邂逅の幕開けである[26]。その幕開けを象徴したのが、この中国漁船の日本の巡視船への体当たり事件であった。日本の巡視船は、違法操業を行なった上に、それを取り締まることに抗議して巡視船に体当たりの衝突を繰り返した中国の漁船を沖縄県石垣島へ連行し船長と船員を逮捕した。那覇簡易裁判所は船長を九月一〇日に一〇日間の勾留を決定し、船員と船のみを中国に返した。それに対して中国は船長の釈放を強く主張した。日本側では、こうした場合にどのように対処すべきかの対応策がそれまで未整備であった。「影の首相」と言われた仙谷由人官房長官は那覇市の司法関係機関と連絡を取り合い対応に当たった。日本の国内法に基づき船長が罪状を認めれば、尖閣諸島沖における日本の法執行を認めたことになり、それによって尖閣諸島に対する日本の主権・施政権を認めることになる。従って、船長は認めず、九月一九日に再び一〇日間の勾留延長が決定された。それに対して直ちに九月二一日に、温家宝中国首相は船長の無条件釈放を要求し、その後、日本との閣僚級の往来中止、航空路線増便に関する交渉中止、さらにゼネコンのフジタの社員四名の軍事施設撮影容疑での逮捕、日本向けレアアースの輸出の差し止めなど、強硬な対抗措置を取り始めた。こうして日中関係の緊張が急速に高まった。ついに、九月二四日那覇地方検察庁は「日本国民への影響や今後の日中関係を考慮すると、これ以上身柄を勾留して捜査を続けるのは相当ではない」という理由によって、中国人船長を処分保留で釈放した[27]。これに対して国内では、その決定は中国の圧力に屈した外交であるとか、政治的介入によって釈放が決まったのは明らかであるのに、那覇地検の一検事の判断に責任を負わせたとの批判が起こった。また、国外では日本の対応は中国の海洋進出に対する屈服であるとの論調も見られた[28]。

戦後日本は外政においてアメリカの指導体制の下にあり、相手側が最悪の場合戦争を予想させるような厳しい姿勢を示す事件に遭遇したことがなかった。もし、そうした危機が発生した場合、どのように対応すべきかについての方針ないしはマニュアルに関して「普通の国家」なら当然備えてあるはずなのに、それについては政治家のみならず国家それ自体においても準備がなされていなかったと見られる。従って、民主党の代表選の最中に起きたことであることを考慮に入れたとしても、外から見た場合、菅政権が何をしているのか、その意図が明確に伝わらないきらいがあり、対外政策についてももたもたしている状態をさらけ出す始末となった。実際のところ、この外政における危機を乗り切れたのはアメリカの助け舟であった。菅、仙谷、前原の政権中枢はこの問題でふらついており、日中間の緊張がさらに高まり、戦争になった場合の究極のシナリオが想定されたが、アメリカが尖閣諸島は日米安保条約第五条の適用対象であると述べたので、この言質を取った菅政権は安堵して危機を乗り切ることが出来た[29]。図らずも、鳩山政権が日米同盟をぐらつかせたが、この事件で日米同盟が再び強化されたことは皮肉と言えよう。こうした政策決定におけるぐらつきや、毅然とした態度を示さない政権を見て、官僚側が不安に思ったのは当然であろう。この事件の稚拙な対応ぶりは、第一線で活躍する海上保安庁の職員から見たら、彼らに命令を下す政府はなく、一地方の検事が国家の重大な決定を行なったというように見えたであろう。またそれに対して違和感を抱いたとしても不思議ではなかろう。国民一般も同じ感じを受けていた。中国漁船が巡視船に体当たりする瞬間が撮影されており、そのビデオが外部にリークされた[30]。中国漁船が大胆にも巡視船に体当たりを繰り返し、それに命を懸けて公務執行にあたる海上保安庁の職員の活躍ぶりをビデオで見た一般国民は中国漁船の傍若無人ぶりに驚き、眠っていたナショリズムが刺激されたと見てもよかろう。選挙では民主党は世論という「風が吹いた」お陰で政権交代を果たしたが、その「風」が逆風に代わったら、吹き飛ばされるのは時間の問題と言えた。九月中旬から一ヶ月続いたこの事件は、国会で取り上げられ、参議院で仙谷官房長官と海上保安本部を所轄する馬淵国土交通相に対する問責決議案が可決された。ともあれ、この事件は政官関係において官が政に対して不信を突き付けた出来事であったと見られよう。

以上、「決定中枢」制度再編に対する菅内閣の対応を見て来たので、前に戻って菅内閣の歩みを追うことにしたい。六月に発足した際の菅内閣では、仙谷・野田・玄葉の三閣僚が中核になっていたが、九月中旬の改造内閣でも引き続き彼らが中核となっていた。このトライアングルに行政刷新相の蓮舫を加えた予算編成閣僚委員会が二〇一一年度の予算案の編成に取り掛かった。上述の通り、七月に自民党時代と同様なゼロベースの予算編成方針が打ち出され、各府省庁は政務三役の下にそれぞれ来年度の予算編成に取り掛かっていた。そして、政務三役はそれぞれ「要求大臣」となり始めており、それは政治主導体制の確立を主張した民主党政権発足初期とは異なり、首相が予算編成を主導するのではなく、縦割り行政の復活を意味するものと見られよう。そこで、政府機関の総合・調整を図る意味で仙谷官房長官は霞が関を横断する独自の官僚ネットワークの構築に乗り出した。その後、仙谷は彼が作った霞が関を横断する独自の官僚ネットワークを恒常化させ、その延長線上に自民党時代と同様な事務次官会議の復活を実現させることになる。それは、後に触れることにする。

一〇月四日、東京第五検察審査会が政治資金規正法違反で小沢の強制起訴の再決議を行なった。菅内閣の後門の虎であった小沢派を弱体化させる好機が到来したのである。その後、野党は国会において政治倫理委員会を設置し、小沢を召喚して国会で正すという、民主党を追い詰める作戦に出た。小沢は出席を拒否したので、民主党は野党やマスメディアの批判にさらされた。マスメディアに弱い、民主党の執行部の岡田幹事長は小沢を規律違反で党籍剥奪を決定した。これは民主党が利害の異なる集団がただ政権を取るために集合した徒党に過ぎず、本格的な政党ではなかったことを示す出来事であった。このことは民主党が早晩内部崩壊するであろうということを象徴するものであったと見られよう。こうして、菅内閣は自分の体に埋め込まれていた時限爆弾を法務省の特捜と野党の協力を得てその信管を取り外すことに成功したのである。これによって既得権層全体による「小沢殺し」は完成に近づいたと言えよう[31]。

菅政権に残されたその延命に資する方策は、民主党のマニフェストの一部修正の美名の下に、国民への公約を形式だけは残しその実質は切り捨て、自民党の要求する政策路線を受け入れることであった。それは内政では財政健全化のための消費税引き上げ、次に対外的にはアメリカによるグローバル経済システムの発展に対応する貿易システムの再編成のＴＰＰ（環太平洋経済連携協定）への参加である。菅政権は、支持者に受け入れられやすいように、消費税引き上げは社会保障を充実させるためであると問題をすり替えて、「税と社会保障の一体的改革」を掲げた。次に、農産物の関税自由化が含まれるＴＰＰへの加入は、農産物の関税自由化に反対の小沢派がまだ力を持っている限り、強力に推し進められないので、「情報収集のための協議」の名目で加入協議への参加を表明した。

一一月一三日から一四日にかけて横浜で開催されたＡＰＥＣ会議では、議長を務めた菅首相はオバマ・アメリカ大統領にＴＰＰ加入についての日本の立場を伝えて、一応野党を安堵させることが出来た。この会議において、胡錦濤・中国国家主席とメドヴェージェフ・ロシア大統領との個別会談を行なう機会を持った。その折、とりわけ胡錦濤主席との個別会談がＴＶで放映された。首脳会談の式場としてはふさわしくない場所で普通の椅子に座り対面の会談であったが、菅首相はＡ４ぐらいの紙一枚を持った手を膝の上に置いて喋っており、いかにも首脳会談という雰囲気ではない様子が映し出された。菅首相の姿は日本を代表する首相というより、客から注文を取っているような、あるいは部下が上司の話を聞いているような雰囲気が醸し出されていた。菅首相は市民運動家上がりの政治家であるが、この場面はいかに贔屓目で見ても、一国の首相の器ではなく、ただの市民運動家止まりの政治家という感じを与えるものであったように思われる。ＴＶに映し出された胡錦濤主席との個別会談の模様によって、菅首相が首相の器ではないのではないかという疑問が湧いた。それが間違っていなかったことが、間も無く後述の東日本大震災の時余すところなく示される。

一一月二四日に通常国会が開幕した。上記のように、尖閣諸島事件での不手際を理由に官房長官の仙谷と国土交通相の馬淵に対する問責決議案が参議院で一一月二六日に可決されたので、最大懸案の予算案を通すためにも、両人を罷免しない限り、参議院を乗り切ることが出来なかった。追い詰められた菅首相は、年が明けた二〇一一年一月一四日に、官房長官の仙谷由人を代表代行に移動させ、官房長官には副幹事長に降格させていた枝野を起用した。そして同時にまた国土交通相には大畠章宏、法相には江田五月、国家公安委員長には中野寛成、などに代えた。そして注目すべきは、経済財政担当相には党内の批判を承知の上、自民党政権の経済財政担当相・財務相の経験者であり、自民党を離党して「たちあがれ日本」共同代表になっていた与謝野馨を一本釣りで当てる部分的な改造を行なった。岡田は幹事長に留任したので、政権の中核の菅、仙谷、岡田、枝野の「四人組」は不変のままであり、従って同じメンバーが政権運営を続けることになった。自公の野党は、一一年度予算案とそれと表裏一体の関連法案に反対し、早期の解散・総選挙や首相退陣を要求し菅内閣を揺さぶった。

二〇一一年三月一一日に発生した東日本大震災と福島原発事故は、政権与党の民主党がいかに国家を管理・運営するガバナンス能力に欠けているのかを天下に晒すことになった。戦争という危機は度外視しても、平時における自然災害や疫病災害及び原発事故などの危機が発生した場合、この例外状態を克服してそれを正常状態に戻すべくどうすべきかの対応策や、それを実行に移す手順や必要な措置を定めた緊急事態に対応する法制が整っていない場合、国の最高指導者である首相の優れた指導力に期待するほかない。ところが、そもそも危機ということに対する認識を全く持たない首相を持った国民は悲劇というほかなかろう。その例は、すでに一九九五年一月一七日の阪神淡路大震災時における村山首相が示している。当時は、初動態勢の遅れが惨事をより大きくしたと後に批判されたが、その教訓は生かされてはいなかった。一六年後に発生した東日本大震災は想定をはるかに超えるものであるばかりでなく、それによって引き起こされた福島原発事故は、一九八六年に発生したソ連のチェルノブイリ原発事故をはるかに超えるもので、放射線物質の拡散という、もしそれを制御しなければ日本全土が放射能汚染列島と化して、多数の死亡者を出す可能性も生まれた。この未曾有の危機に直面して、もし菅首相がそれを乗り切り、例外状態を正常状態に変える道筋をつけたなら、大宰相として評価されたであろう。ところが、現実は「首相の器」ではなく、市民運動家のままの政治家が「歴史理性」のいたずらで首相の地位に上り詰めていたのであり、その結果、想定外の大危機に直面したこの菅首相は、優れた専門知識を持つ官僚からなるよく整備されている国家機関を適切に使って危機に対処すればよかったのに、そうはせずに慌てふためき、自ら原発事故の処理に乗り出す始末であった。本来なら、この大震災のケースでは首相たるものは首相官邸で、種類の異なる危機の克服にあたる各専門官庁から上がって来るあらゆる対応策を総合判断して最終決定を下すべきであるのに、そうはせずに最高司令官がいきなり戦場となった東電に切り込み隊長よろしく乗り込んで現場で指示を出したり、その指示に異議を挟む者を怒鳴り散らしたりして、後世の史家の顰蹙を買うような行動に出た。その姿がまたTVに映し出され、日本の決定「中枢」がここまで劣化したのかと、心ある人びとを慨嘆させたのであった[32]。

ともあれ、次々に想定外の危機が立ち現われ、その中で菅内閣に解決を迫った主要な危機は次の四つであった。第一は、東北・関東地方の広範囲にわたる被災者の救命・救援活動と復旧・復興。第二は、福島原発事故の制御。第三は、物流の寸断や計画停電・放射性物質の放出による不安に直面した国民生活の混乱防止。第四は、広範囲の被災と電力供給の不足で生産・流通・消費の急速な収縮に直面した日本経済の崩落のリスク、であった。菅内閣はこの四つの危機の対応においては、個別の「作戦」の現場にトップダウン式に介入するというミクロ・マネジメントに走った。それは、上記した東電の本社に首相が乗り込んだり、また福島原発の事故を首相がヘリコプターの上から視察して、現場で危機の処理に当たっている専門家に口を出したりしたことなどに見られる。この四つの危機の対処は、それぞれの専門官庁に任せ、官邸は大所高所から総合調整を図るマクロ・マネジメントに徹すべきところであったのだが、それはないものねだりのようであった[33]。

三月二八と二九日の両日、再開した参議院予算委員会では、菅首相の原発視察が現場の危機管理を妨げたことが取り上げられ、最高指導者としては失格であると追及された。すでに三月二二日、党代表代行のまま官房副長官として内閣官房に復帰した仙谷は、首相官邸において「被災者支援各府省連絡会議」を設置した。この会議には関係閣僚に加え、各省事務次官などを参加させることにした。それまで危機にどう対処すべきかの知識も経験もない政務三役の民主党の政治家が未曾有の大震災と原発事故に立ちすくみ、適切な指示も出せず右往左往している状況において、仙谷は事務次官会議の「復活」を決断し、この会議を設置したのである。仙谷はこの会議にバラバラに進められていた各省庁の危機に対するそれぞれの対応を総合調整する機能を持たせようとした。つまり、東日本大震災と原発事故という未曾有の危機を克服するための政府としての即応体制を事務次官会議の「復活」の形でようやく構築することになったのである。

次に、仙谷のリーダーシップによって曲がりなりにも菅内閣に解決が迫られた四つの危機の内、第一から第三までの課題に対処する行政の体制が整えられた。次に、三月二一日に残された第四の危機、つまり大震災によって引き起こされた日本経済の崩落のリスクを回避させるための最高司令塔の役割を持たせる、通称「経済リスク対応ユニット」が設置された。それを財政再建派の与謝野経済財政担当相が主宰した。この会合には経済財政関連部局の官僚に日銀も加え、省庁横断的な意思疎通と情報交換が図られた。この会議は、実は菅首相が三月初めに新設した、すでに廃止になっていた小泉首相の自民党政権時代の経済財政諮問会議の代わりの役割を果たす首相直轄の「新成長戦略会議」と、そして与謝野経済財政担当相が作った菅を議長とする社会保障改革集中検討会議、この二つの会議を与謝野が主宰していたので、その両会議の下部組織としての「実務者ユニット」であった(34)。こうして、東日本大震災という未曽有の危機を契機に、民主党が公約した政治主導体制の確立は、鳩山政権の末期にすでに迷走し始めていたが、菅政権になってその試みは挫折し、政権交代前とその実態において殆ど変わらないぐらいに後退し、日本政治の「決定中枢」制度再編の課題はここで挫折する状態へと陥ってしまったかのように見られた。

また、菅政権自体も「衆参ねじれ」国会に直面して、与党が衆議院で多数を制しているので二〇一一年度予算案を可決させることは出来たが、予算執行のための関連諸法案は参議院でも可決させる必要があり、野党の自公がそれに反対すれば、二〇一一年度予算の執行は宙に浮いてしまうことになるのは当然に予想された。

さらに、三月初めには、前原誠司外相が外国人から献金を受けた事件が発覚して辞任し、菅政権を支える勢力の一角が崩れた。それに追い打ちをかけるように三月一日、小沢派の議員一六名が民主党を離党しており、衆議院における予算案可決の際に欠席した。

六月初めに野党は内閣不信任案を提出した。小沢派など党内においてそれに同調する動きが見られた。菅は採決直前に「震災対応に一定の目途がたったら」と演説して、辞任を匂わしてその場を切り抜けた。それで内閣不信任案は一応否決された。七月九～一〇日の世論調査では菅内閣の支持率は前回六月の調査の二二％から政権交代後最低の一五％となっていた。七月一三日の記者会見で、菅首相は福島原発事故に対する政府の危機管理能力を問われた際、「脱原発」への政策転換の意思を表明した。菅首相は「脱原発」への明確な道筋や方針、それを裏付ける科学的、経済的な根拠を示さずに唐突にもこうした発言を行なった。この発言に対して、野党はもちろん、与党内でも批判が起こり、首相としての資質がさらに問われることになった。こうして、菅首相は再生可能エネルギー措置法案の成立と引き換えに、八月に辞任した(35)。

## 3　野田政権と「決定中枢」制度再編の中断

二〇一一年六月九日、菅首相が退陣をしぶしぶ表明した後、仙谷代表代行と岡田幹事長は次期代表に野田を擁立することで党内各派との調整に入ったが、失敗した。その結果、八月二九日の代表選挙では、野田の他に、前原、海江田、鹿野道彦、馬淵澄夫の五人が立候補した。第一回投票では小沢の推す海江田が一四三票を獲得して第一位へ躍り出た。野田は一〇二票を獲得し、第二位であった。規定により過半数を獲得した候補者がいなかったので決選投票となった。前原派と中間派の大部分が野田に投票したので、野田は二一五票を獲得して、一七七票を獲得した海江田を押さえて逆転当選を果たした(36)。次期民主党代表に選出された野田は、八月三〇日に首相に指名され、次いで九月二日に前内閣同様に民主党と国民新党の連立内閣を発足させた。

一九五七年生まれの野田佳彦は、安倍前首相と同様に戦後生まれである点の他に、戦後日本の首相になった政治家の中では、異色の経歴の持ち主である。民主党政権の三人の首相の出自を比較すると、初代首相の鳩山は日本の学界や政界の名門出の貴公子であった。それに反して、菅は庶民の出で市民運動家の経歴の持ち主である。この二人の前任者と比べると、野田は幼年期に浅沼稲次郎暗殺事件やケネディ大統領暗殺事件に刺激を受けて政治家になる夢を育み、その夢に向かってまっしぐらに走ったような人である。陸上自衛隊員の父が千葉県船橋市に駐屯中に、彼が生を受けた。野田は生涯船橋市を故郷としている。早稲田大学政経学部を卒業した後、松下政経塾の第一期生として創立者の松下幸之助から日本のあるべき国家像を学んだようだ。五年間在籍し、一九八五年に同塾を卒業した後、故郷の船橋で直ちに政治活動を始めた。その政治活動とは、議員になるために選挙活動を行なうことであるが、彼のやり方は、船橋駅などで毎日朝夕、駅に出入りする有権者に向かって自分の名前を覚えてもらうために、いわゆる「朝立ち」を一九八六年一〇月から始め、それ以降愚直にも継続した。その効果があって、一九八七年の千葉県議会選挙で当選し、地方政界入りを果たした。次いで一九九三年の衆議院選挙では松下政経塾の評議員の一人の細川元首相の日本新党創立に前原、樽床などの政経塾出身者と共に参加し、同党から立候補して初当選を果たした。政界で活動する切符を手に入れたのである。それ以降、松下政経塾の後輩の前原と共に民主党の次世代を担うリーダーとなった。鳩山内閣では菅財務相を補佐する財務省副大臣に就任し、政府を管理・運営するノウハウを初めて財務省幹部から学び、同時に彼らの政治文化の影響をも受けたように見られる。[37]二〇〇九年六月、鳩山首相が退陣し、財務相の菅が首相に転じ、組閣に際しては、野田は財務相に任命された。財務副大臣から大臣に昇格した野田財務相は、菅首相が「社会保障と税の一体的改革」という政策――その実態は消費税の引き上げであるが――を内閣の最優先の政治目標に掲げていたので、財務省の官僚と共にその方向に沿って菅首相を支えた。上記の通り、二〇一一年八月に菅首相が辞任し、民主党代表選挙で次の代表に選出され、首相となった。明治時代に内閣制度が創設され、時代が下って内閣を運営する首相を選ぶ決定権が政党政治の発達と共に次第に政党に移った後に、とりわけ戦後日本において「カンバン、ジバン、カバン」のいわゆる「三バン」のないごく普通の庶民出身の人間が総理大臣の地位に就いたのは野田が日本歴史上初めてであろう。日本国憲法が定着したことで、社会の民主化と共にようやく政治家リクルートの民主化も進んだ証であると見られよう。その点、戦後日本のデモクラシーの展開における一つの象徴的な出来事であると評価される。もっとも、そのことと野田が首相として行なったこととは別である点は留意しておくべきであろう。

野田首相は父が自衛隊員であることから安全保障問題ではタカ派である。[38]財務省の視点から日本政治の進むべき方向を考えていたので、自民党の政治家とその政治的態度においては変わるところは殆どない。従って、彼は内閣が直面する課題の解決には、「衆参ねじれ」国会を前提にするなら、野党の自公の協力を仰ぎたいと願っていたし、また可能なら野党との連立も考えていた。次に内閣が解決すべき最大の課題と考えていたのは高齢化の加速化と共に膨れ上がる社会保障費の削減による財政再建であり、それを解決する当面の方法は消費税の引き上げであると考えていた。従って、菅首相が引いた政治路線をひたすら歩むことになる。この路線を歩んできた菅首相が行き詰まって政権を投げ出したわけだから、野田政権がこの同じ路線を歩むなら、当然野党の支援がなければ、間も無く行き詰まるのは必至であったであろう。ところが野田政権は、内閣の在任期間が鳩山内閣の二六六日、菅内閣の四五二日に対して、四八二日、すなわち一年四ヶ月も延命できた。その主要なわけは、野田首相が菅内閣の政権運営の経験を反面教師として学んでいたからであろう。それは野田第一次内閣の組閣において示された。菅前首相は反小沢路線を純化させる方向へと進み、自己を支える党内基盤を狭める、つまり自分の足を食うような党運営を行なった、と考えていたからであろう。野田はその失敗の経験から学び、党役員人事や閣僚選任においても党内勢力のバランスの回復に努めている。そこにこそ延命できた秘密があったと見られよう。

野田首相は、政権発足に際して内閣の行く手を遮る障害は一つには参議院における多数派の野党であるので、参議院からの起用は異例ではあるが、小沢とも親しい関係にある点をも顧慮して党参院議員会長の輿石東を幹事長に起用した。次に、組閣に際しては、政権の中核は野田派と前原派で固めたが、党内勢力のバランスを考慮して、中立派の鹿野道彦を農水相に起用するのはもちろん、羽田派の他に、小沢・鳩山派にも閣僚のポストを提供した。例えば、小沢派の一川保夫を防衛相に、山岡健次を国家公安委員会委員長にそれぞれ任命した。また鳩山派の川端達夫を総務相に任命した。さらに、脱小沢派の象徴の仙谷、岡田などは入閣させず、「党内融和」を演出した。(39) その他、国民新党とは連立を組んでいるので、引き続き郵政改革・金融担当相に自見庄三郎を留任させた。内閣の構成から見ると、もし、野田首相を中心とする政権中枢が政権獲得時の民主党が約束した公約、つまりマニフェストを反故にしないなら、党内から倒閣の動きは強まることはなかったであろう。九月二日の内閣の初会議において、次のような基本方針が決められた。「一昨年の政権交代の原点に立ち返り、『国民生活が第一』との理念にのっとって、政権交代の意義を実感してもらえるよう、国民目線に立った政治の実現にまい進する」と約束し、その具体策としては、行政の無駄使いの根絶と行政刷新、東日本大震災の被害地域における早期の社会経済の再生及び生活の再建、原発事故の速やかな収束、被害者への賠償や『除染』の実現、経済成長と財政再建の取り組みの両立化、社会保障全体の持続可能性の確保のための、社会保障・税の一体的改革を図る法案の具体化、日米同盟の強化及び多極化した世界に対応したアジア諸国などとの多角的な連携の強化を謳い、最後に本格的な「政治主導」の確立に向けて、各省庁の「政務三役」と官僚は、それぞれの役割分担と責任を明確にし、相互に緊密な情報共有と意思疎通を図りつつ、それぞれが持てる力を最大限に発揮し、政府全体が一体となって政策運営に取り組むということが表明された(40)。

以上の基本方針の内、最後に謳った政治主導の確立のところは、菅内閣の方針の継続である。菅前首相は、野党時代に官僚を厳しく批判してきた自分の立場を修正して、上記の通り政権発足時には官僚との融和路線に転じたことをその基本方針において示していたが、野田首相も菅前首相の立場をそのまま踏襲するという宣言を行なったのである(41)。こうした宣言に沿って、東日本大震災後に、仙谷官房副長官が二〇一一年三月に各府省連絡会議として事務次官中心の会議を復活させていたが、野田政権は事務次官会議を完全に復活させた。すなわち野田内閣は各府省連絡会議のテーマを震災関連だけなく、国政全般の幅広いテーマを取り扱うことにして、毎週金曜日に定例化したのである。これは事実上の事務次官会議の復活であった(42)。それは、「脱官僚依存」を掲げたマニフェストの修正であったと言えよう。この流れは小沢が幹事長時代に廃止した法制局長官の国会答弁の復活にも現われた。さらに、一〇月二一日の閣議決定に基づいて「国家戦略会議」が設置された。それは、小泉首相時代に「決定中枢」の機能を果たした「経済財政諮問会議」の復活であり、名称を変えただけである。「国家戦略会議」は予算編成、税制改革の基本方針、経済成長戦略、社会保障と税の一体的改革、などの経済財政全般にわたる司令塔の役割を果たすことが目指された。大蔵省出身の国家戦略室長であった古川元久議員が経済財政担当相に就任し、彼が中心となって菅内閣時代に調査機関に形骸化されていた国家戦略室と内閣官房を事務局として運営することになった。議長は野田首相、副議長は古川経済財政担当相、藤村官房長官である。構成員は財務相、総務相、経済産業相、外相の四閣僚の他に、民間から、白川日銀総裁、米倉経団連会長、古賀信明連合会長、民間企業経営者、政治学者、経済学者、などからなり、前原党政調会長がオブザーバーとしてこの会議に参加することになった。官邸主導の予算編成を含む政策決定の司令塔として期待されたこの会議も、その設置法が国会で成立せず、結局失敗することになった。[43]

こうした政策決定過程の自民党政権時代への逆走傾向は政府と与党との関係においても見られた。政府の政策決定の最高機関として首相・官房長官・幹事長・政調会長・国対委員長・幹事長代理から構成された「政府・民主三役会議」が新たに設置された。[44] それは、民主党政権発足後、「政策決定の内閣への一元化」が旗印になって、制度的にも議員の政策決定への接近チャネルが切断され、その不満がそれまで蓄積されていた。そこで、党政調会長と閣僚の兼務を取り止めて、政府が政策決定を行なう前に事前に案件について政調会長に知らせ、党の了承を得る制度に切り替えたのである。それは自民党政権時代の党の事前審査制の復活に等しいものと考えられる。[45] ともあれ、これによって、政府の政策決定に関して議員の意見を聞き、かつそれを了承するチャネルが作られ、それについて党内の不満、とりわけ反主流派の不満を解消し党内融和が図られることになったとも見られよう。もっとも政策調査会に付されるのはすべての案件ではなく、重要案件のみとされたのであった。[46]

野田内閣成立時の世論調査を見ると、『日本経済新聞』によると、その支持率は六二％であった。[47] 国民の多くは、野田内閣は民主党が約束したマニフェストの実現に邁進するであろう、と考えていたからであろう。ところが野田首相は、民主党のマニフェストの実現ではなく、財務省の主張する財政再建のために消費税の引き上げを中心に、民主党支持者の期待に反する方向へと政権運営を進めた。その結果、せっかく「挙党一致」を目指したにもかかわらず、党内の亀裂が強まることになったのは必然と言えよう。

次に外政では、安全保障政策の基軸として日米同盟のさらなる深化に努める一方、尖閣諸島の帰属問題を巡って中国との対立を続けた。それを契機に潜在していた日本のナショナリズムの顕在化が誘発され、それによって、とりわけ政治家の中のタカ派の発言権が強まり、その代表格の石原東京都知事は尖閣諸島が個人の所有する土地であることに目をつけて、東京都がそれを買い上げて、新たに港湾施設を整備する計画を示した。それは中国の反発を招き、それを抑える目的で、現状維持を前提に国が買い上げるという、いわゆる「国有化」を野田内閣は決定した。これによって日中関係はさらに悪化していった。リベラルに思えた民主党が戦後日本において外政において初めて政治の「右傾化」を進めた点は特記すべき点であり、後でこの点について民主党の防衛政策のところで触れることにする。その他、鳩山内閣が出帆し、前原が国土交通相に就任直後に行なった八ッ場ダム建設中止宣言に象徴される「コンクリートから人へ」の政策、つまり大規模公共事業の廃止は反故になり、再び大規模公共事業を復活させ、また「脱原発」の世論が高まっている中において大飯原発の再稼働を承認したり[48]、反対の多いＴＰＰへの加入について前向きの姿勢を示したり[49]、野田内閣が打ち出す政策はことごとく党のマニフェストに反する方向、つまり自民党政権がやったことと差別が付き難いものになっていった。すでに野田内閣発足時に『朝日新聞』九月三日の「天声人語」には次の指摘が見られる。「政権のありようが、どうにも自民党に似てきた感がある。鳩山さんは腰砕けだったが普天間問題を取り上げ、菅さんは脱原発依存を唱えた。政権運営を含めて民主党らしさはあった。その「らしさ」が薄れているように思われる」と。そして公約違反の最たるものが消費税の引き上げであろう。

消費税増税については小沢派が反対しており、党内で合意を得るのは極めて困難であった。二〇一一年一二月から三回に分けて消費税の引き上げの可否や、もし行なうなら、その時期と税率などが論議された。野田内閣は、反対派を押し切って、消費税の引き上げを翌二〇一二年三月に閣議決定し、社会保障と税の一体的改革と称するが、その実態は消費税引き上げである法案を国会に提出した。二〇一二年六月一五日に野党である自公の主張を取り入れ修正された三党合意案が出来上がり、それを党内に持ち帰って論議が続けられた。そして、言うまでもなく、政調会長に「一任」されるまでは長い時間を要することになった。社会保障と税の一体的改革に関する三党合意案は次の通りである。①消費税率を二〇一四年四月に八％、二〇一五年に一〇％に引き上げる、②低所得者に対しては、政府案に明記されていた減税や現金支給の「給付付き税額控除」に加え、公明党の主張した「軽減税率」を検討する、③年金・医療・介護などの社会保障制度改革は、国民会議を設置して議論し、一年以内に法的措置をとる、というものである。[50]二六日の衆議院本会議における消費税増税関連法案の採決では、民主党は五七人が反対、一六人が棄権という大量の造反者が出た。こうして、民主党の自壊の道が始まった。

七月二日、小沢は離党し、一一日には「国民の生活が第一」という新党を立ち上げた。八月八日に民自公の三党首会談が開かれ、野田首相から「増税法案が成立した暁には、近いうちに信を問う」との案が提示された。それを受けて、一〇日の参議院本会議では消費税増税法案が可決された。自民党は、消費税増税引き上げ案について、野田首相に対して可能な限り協力する姿勢を示し、野田首相がその方向において決断するなら、増税に反対する党内反対派、とりわけ小沢派が離党し、その後に弱体化した与党を追い詰めて早期に解散・総選挙に持ち込む政略を立てていたが、それに野田首相が乗せられ、自民党の政権奪取の政治戦略が成功したことになったのである。[51]一〇月一九日に野田首相は、自民党総裁に帰り咲いた安倍晋三と山口那津男公明党代表と党首会談を行い、解散の三条件として、①特例公債法案の成立、②「一票の格差」衆議院制度改革法案の成立、③社会保障改革を審議する「国民会議」メンバーの人選、の三点を要求した。自民党・公明党の両党はそれを受け入れ、一一月一六日に野田首相は輿石幹事長などの反対を押し切って、自民党が望む衆議院解散を行なった。野田首相が解散を決意した理由としては、①自公の野党に解散を約束したことの代償として自分に課された政治課題の消費税引き上げの実現が可能になること、②「ねじれ国会」を前提にすれば、党が割れている状況ではいずれ内閣不信任案が出され、辞任か解散に追い込まれるであろうという予想、③日本の右傾化の加速化と共に、「日本維新の会」をはじめとする「第三極」が大きく勢力を持つことになる前に、つまり民主党にとって代わる新しい勢力が結成される前に、「損切り」解散を決意したという。[52]「日本維新の会」とは橋下徹大阪市長率いる「大阪維新の会」と石原慎太郎率いる「太陽の党」とが二〇一二年に合同した政党である。また「第三極」を目指す主要な政党としては、民主党を離党した小沢一郎率いる「国民の生活が第一」が総選挙を目前に控えて「卒原発」を掲げて結成された嘉田由紀子滋賀県元知事を代表とする新党に吸収される形で合流して生まれた「日本未来の党」がある。総選挙は一二月に実施された。この選挙では世論という風を失った民主党は惨敗した。選挙で大勝した自民党は公明党との連立政権を樹立し、今日に至っている。

野田首相は、自分が民主党代表であることを忘れ、政権獲得時の党の公約を反故にし、国民の生活よりは、消費税増税を最優先の政治課題として位置づけ、その実現に邁進し、その過程で保守化・自民党化の道を進め、党内の分裂を先鋭化させ、さらに党の分裂を惹起し、ついに早期の「自爆解散[53]」まで断行して、最終的に民主党の消滅へと導く歴史的な大敗北を招来したのである[54]。

二〇〇一年に開始された、政策決定過程における「決定中枢」制度のボトムアップ型のシステムをトップダウン型のシステムへと再編する政治改革は、鳩山内閣が準備した内閣人事局の設置及び内閣府の充実化を待たねばならなかったが、鳩山内閣によって「決定中枢」制度再編が始動はしたものの、与党となった民主党が再編を実行するための準備ができていなかったばかりでなく、それを実行するための制度改革のリーダーシップを発揮できる指導者を欠き、鳩山内閣は退陣した。その後を継いだ菅内閣はその動きを一応進めるが、途中で失速した。そして、最後に野田内閣の目的が消費税の増税であったので、その動きは中断されてしまった。この動きは、第二次安倍政権によって、二〇一四年に内閣人事局の設置や国家安全保障局の設置の成功によって、ようやく「決定中枢」制度再編という小沢が目指した政治改革が一応完了する。それについては、次の章で取り扱うことにする。

以上、戦後日本の政治史における大事件である歴史的政権交代を果たした民主党政権時代の三年三ヶ月間の三人の首相の「政治主導」確立の動きを中心に日本政治の動きを考察してきた。注目に値するのは、この「リベラル」

で「国民の生活」を重視すると称して政権掌握に成功した民主党政権時代に、実は安倍政権によって本格化する日本政治の「右傾化」が、とりわけその防衛政策において始まっていたことを忘れてはならないであろう。それについて、以下若干考察し、この章を終えることにする。

自民党一党支配が続いた「五五年体制」において、イギリスの議院内閣制度を理想と考えていた政治学者たちは、政権交代がないのは、野党と与党の間の対外政策において大きな違いのないイギリスと違って、我が国の与野党間の対外政策の違いはあまりにも大きすぎるからである、と論じた。与党の自民党は日米安保条約体制の下で、仮想敵国であるソ連の侵略を想定して、自国を守る「必要最小限度」の軍備の整備を着々と進めていたが、それに対して、野党第一党の社会党は平和憲法擁護を最優先の政治課題に掲げ、憲法の基本原則の一つである平和主義に反する、つまり日本が戦争に巻き込まれる可能性のある一切の政策には反対した。自由民主主義国家で政権交代が円滑に行なわれている国々では、確かに与野党間の対外政策の間にはそれ程大きな違いはなく、従って対外政策において継続面が強いと言っても過言ではない。こうしたことを踏まえて、リアリズム志向の国際政治学者達も、与野党間の対外政策の継続性が保障されない国では政権交代は起こらないという主張をする者も現われた[55]。こうした主張の殆どが、当時の野党第一党の社会党に向かって、政権を取りたければ、その理想主義的な国際政治観を捨て、現実主義へとその政策の方向転換を図るべきであると誘導しているようにも見受けられた。ともあれ、こうした主張は効を奏して、実際、一九九四年から五年にかけての社会党の村山委員長を首相とする自社さの連立内閣成立時に、村山社会党委員長は、上記したように、同党の党是でもあった日米安保条約反対を引っ込めて、その肯定へと転じ、その帰結として自衛隊も合憲であると、それまでの社会党の対外政策の基本原理となった主張を全部反故にしたのである。そして、それによって間も無く社会党は小党へと転落していったことは記憶に新しい。

クラウゼヴィッツは「戦争とは他の手段による政治の延長である[56]」と述べているように、内政と外政は連関しており、内政が変われば、当然外政も変わらざるを得ないほど両者は構造的に連関している。従って、国の対外政策が変わらなければ、内政も変わらない訳であるから、野党が政権を掌握した場合、それまでの与党の対外政策を踏襲するなら、それに引きずられて内政においても大きな改革を成し遂げることはできないと見てもよかろう。二〇〇九年、我が国において歴史的政権交代があり、政権に就いた民主党は、「コンクリートから人へ」のスローガンを掲げ、自民党が推し進めてきた「土建国家」に象徴されるような大規模公共事業などの廃止を宣言した。そして同時に対外政策でも、沖縄の普天間基地の返還に伴う新しい基地の設置を沖縄以外で行なうという鳩山首相の談話、さらに「東アジア共同体」建設の提言など、内外政策にわたる変更を主張した。しかし、既得権益圏の強力な反対に遭うや、自民党の内外政策の変革を言い出した鳩山首相自ら歩を先へ進めることが出来ず、ついに辞任してしまったのである。そして、民主党は改革の声だけは大きく響かせたが、次第にそれも聞こえなくなり、元の木阿弥となった。その間の事情は以上のところで見てきた通りである。ところが、対外政策においてだけは、自民党政権時代の対外政策が継承されたばかりでなく、さらにその方向性をより鮮明に強めていった印象を拭い切れないのである。なかでも、対外政策の中核に位置する防衛政策においては、鳩山首相の考えとは正反対の方向へと推し進められていったと見てよかろう。

もとより、日本の防衛政策は憲法第九条を前提とするなら、平和追求政策ということになろう。日本は自衛隊創設後国際政治の変化に合わせて、防衛大綱を作成し、その中に防衛政策の基本方針を示してきた。第二次安倍政権が推し進めた集団的自衛権の行使を可能にした安保法制の制定への道筋をつけたのは、ほかならぬ二〇一〇年の民主党政権時代に作成された防衛大綱の改正であった点は注目に値する。それを見る前に、それまでの防衛大綱の基本方針の変化を見ておきたい。日米安全保障条約体制の下で冷戦時代にソ連を仮想敵国と想定して、アメリカは打撃力の「矛」、そして日本は専守防衛に徹する「盾」をそれぞれ担う役割分担が決められていた。従って、防衛大綱は、日本が「盾」をどのように整備し、次に、もし侵略された場合に、アメリカと連携して、それをどのように使うかについての基本方針をまとめたものである。最初に制定されたのは一九六七年の三木武夫内閣時代である。次に、冷戦終結後の新しい国際政治状況の変化に対応してそれが改正されたのは、村山首相時代の一九九五年である。この第二次防衛大綱は、三木内閣時代に制定された第一次防衛大綱と共に、その作成者は主に防衛庁の官僚であった。もっとも、その起草の段階においては、第一次は高坂正堯京大教授、第二次は渡邊昭夫青学大教授が参加している。両学者は共にリアリズム志向の国際政治学者である。両防衛大綱に見られる日本の防衛政策の基本方針は日本独自の「防衛力整備」と「日米安保体制」の堅持の二つである。[57] 第一次防衛大綱では、冷戦下とはいえ、日本への大規模な直接侵略の可能性は低いとみなして、「限定された小規模な部隊による局地戦」に対して、日本独自の防衛力で対応することを目標にしている。このような平和時の侵略をはねつける防衛力を整備することを「基盤的防衛力構想」と称した。この構想は東アジアという地域において「力の真空」を作らないことを目的としており、従って、日本が国際社会において安全保障分野で貢献することはあまり視野に入れていなかったと言えよう。[58]
もっとも、一九八〇年代に入って、日本周辺のシーレーン防衛に関しては、アメリカの東アジア戦略の中で日本に一定の役割を担うことが期待されるようになってきた。とはいえ、このシーレーン防衛は日本近海での活動であるので、個別的自衛権の延長として捉えられることが可能であった。[59] ところが、ソ連の崩壊後、国際情勢の変化と共にアメリカの世界戦略も当然変化した。アメリカは、自国の軍事力によって支えられている国際社会の平和と安定のために日本にも一定の貢献を期待するようになった。それのみではない。一九九〇年代に入って、東アジアでは、一九九三年から九四年にかけての朝鮮半島核危機、九五年の台湾海峡危機、九八年の北朝鮮の弾道ミサイル発射実験などの、安全保障上の危険が日本の周辺においても見られるようになった。こうした安全保障環境の変化に対応すべく、約一〇年ぶりに改訂されたのが小泉内閣時代に作成された第三次防衛大綱であった。[60] そこでは「基盤的防衛力」という概念は基本的に継承されているが、さらに新しい脅威に対処するために「多機能弾力的防衛力」という新しい概念が導入された。それは、従来のソ連の上陸作戦の対抗に止まらず、防災や人道支援、国際平和協力にも活用できるように、自衛隊組織を柔軟に改変していくことが意図されていた。二〇〇四年一二月に小泉内閣時代に、第三次防衛大綱が以上のような意図の下に作成された。それは、日本の防衛政策が単純に防衛庁を中心とする自衛隊の活動のみならず、外務省などの他の省庁との協力も視野に入れるようになり、より多角的で複合的なものに変容していったのである。(61)

二〇一〇年一二月の民主党政権下において第四次防衛大綱が作成された。民主党は「政治主導」を掲げていることから、その作成において、第一次と第二次とは違って、防衛相や内閣官房の官僚のみには任せず、仙谷由人官房長官、福山哲郎官房副長官、そして長嶋昭久民主党外交安保調査会事務局長の三人と、日本近代政治史専門の北岡伸一東大教授が中核となって起草され、それは官房長官、外相、防衛相、財務相の四閣僚による「四大臣会合」で最終決定がなされた。この第四次大綱では、第一に、それまでの「基盤的防衛力構想」概念が放棄され、新たに「動的防衛力」概念が導入された。それは、従来の「防衛力の存在」に依拠した防衛力から「防衛力の運用」に焦点を当てる防衛政策へと大きく転換するものであった。それまでの「基盤的防衛力構想」においては勢力均衡的な考え方から「力の真空」を作らないことに主眼が置かれ、防衛力を整備することとそれ自体が自己目的化していた。それに反して、第四次防衛大綱で新しく採用された「動的防衛力」概念は、尖閣諸島事件に象徴される中国の台頭を見据えて防衛目的を変更し、防衛する地点を北海道から南西方面へと変更し、尖閣諸島とその周辺の島嶼の警戒・監視活動を切れ目なく実施する方針を打ち出している。すなわち全国に配備された自衛隊を柔軟に運用することで、各種事態に対して実効的な抑止・対処を可能にし、日本の領土安全と国民の安全を確保することが意図されたのである。さらに、日米同盟の重要性と米軍再編の着実な実施を支持し、かつアジア太平洋地域の安全保障環境の安定化、そしてグローバルな安全保障環境の改善のために活動を行ない得る防衛力の構築を目指しているのである。[62]

民主党は、このような防衛政策における日本の「普通の国家」化へ向けて基本方針の転換を進める一方、さらに、自民党がなし得なかった武器輸出三原則を大幅に緩和する政策転換をも行なった。野田内閣の藤村官房長官は二〇一一年一二月一二日に、平和貢献・国際協力に伴う案件なら防衛装備品の海外移転を可能にする新方針を打ち出したのである。さらに、海上安全保障の分野でも、東アジア首脳会議を利用して、領有権をめぐる問題を直接に議論することを慎重に避けつつも、二〇一二年のＡＳＥＡＮ海洋島嶼フォーラムにおいて、東シナ海と南シナ海の問題をリンクさせ、共通の討議の場にする上でのイニシアティヴを積極的に取っている。[63]

以上見てきたように、民主党の菅・野田の両内閣は内政では国民に約束した公約を次々に反故にしていったのに反して、外政では自民党政権時代の路線を積極的に継承し、さらには「普通の国家」なら行なうであろうことに関して、自民党政権が慎重に進めていたことを積極的、かつ大胆に進めたのであった。この点で政権交代にもかかわらず、外政における継続性は維持された。それのみではない。むしろ従来の路線をその限界を超える方向へとより強く進めたと見てもよかろう。その前提があったればこそ、第二次安倍政権が安保法制の制定に漕ぎつけることが出来たのである。その鍵は、民主党の外政を担当した政治家がタカ派であったからである。すなわち、第四次防衛大綱の制定時の防衛相は羽田派の北沢俊美である。[64]北沢防衛相と並んで、野田首相もタカ派であり、従って政権交代があっても、対外政策においては鳩山内閣を除き自民党内閣時代との継続性が保持されていたことは容易に推察されよう。

ところで、第二次安倍政権が出現した後に日本の政治の「右傾化」が指摘されるようになったが、この「右傾化」の動きは「五五年体制」時代でも続けられていたが、この動きの加速化に弾みをつけたのがほかならぬ、内政では「リベラル」を標榜していた民主党の菅・野田両内閣時代であった点は記憶されてしかるべきであろう。

ちなみに、日本政治の「右傾化」とは、海外とりわけ戦前において大日本帝国の支配下にあるか、戦争中に占領下にあったアジアの諸国では、日本が戦前の軍国主義時代へと戻ることである、と受け止められている節が見られるし、またそのように捉える論調も見られる。一九四五年八月一五日、大日本帝国は連合国に降伏し、敗戦国となった。とはいえ、すでに第一部で紹介したように、連合国の内部で米ソ間で世界支配をめぐって争いが生まれ、それを契機にアメリカの世界戦略も変化し、その帰結として敗戦処理においては、戦前の日本の軍国主義とそれを支えた武官官僚制やそれと連関する社会・経済構造は確かに根絶されたが、しかし、天皇制も軍国主義的に利用される部分は脱色されて残され、また国家官僚制の半分の文官官僚制はアメリカの占領政策の手段として温存された。こうして戦前の日本国家の根幹部分は温存されたのである。とはいえ、戦後の日本は自由民主主義国家へと生まれ変わった。そして、憲法第九条の制約があり、究極的に戦争を伴うことになる外政においては、英仏のような自由民主主義諸国と同じようなことは行えず、従って「普通の国家」ではないのである。従って、他の自由民主主義国家と同様な「普通の国家」になりたいという願望を持つのは自然のことであろう。このごく普通の願望を、「五五年体制」時代において社会党をはじめ政治的イデオロギー的に左派に属する人びとは「右傾化」と称して批判してきた。ところが、この日本政治の「右傾化」の動きに弾みをつけたのが、左派勢力の後退後、その空白を埋めた「リベラル」と称する、反自民の諸勢力の集合体である「民主党」であったのは歴史の皮肉とも言えよう。とはいえ、こうした解釈は民主党を高く評価したことになるので、むしろたまたま民主党政権時代に尖閣諸島事件に象徴される覇権主義的な傾向を示す中国の台頭が顕在化し、それを契機に日中や米中の関係も変化し始め、それに刺激されて潜在していた日本のナショナリズムが覚醒された側面があったと見た方が妥当であろう。[65]

民主党の自壊作用が始まった野田政権の末期の二〇一二年九月、韓国の李明博大統領が竹島に上陸した。このニュースがマスメディアを通じて日本国民に知らされた。それは、国民の心の深層に眠っていたナショナリズムに火をつけることになった。なぜなら、突然この時期に竹島がＴＶの画面を通じて、それまで良好だった日韓関係を急速に悪化させる方向へと向かわせることになったからである。李大統領は、内政での失敗を覆い隠して、国内の反日感情を利用して内政の失敗によって失われた人気を回復させるためのパフォーマンスとして仕組んだことが日韓関係にダメージを与えることになったのである。同年四月、石原慎太郎東京都知事が尖閣諸島の購入を宣言し、中国との同島の領有問題が再燃したが、日本がいよいよ「右傾化」して尖閣諸島を国有化するなら、次は韓国が占有し続けている竹島の領有権問題を日本が持ち出すであろうという想定から、先手を打って竹島は韓国領であることを世界に示し、かつ自国民には国土を守る「強い大統領」であることを示そうとしたのだろう。ところが、李大統領の竹島上陸の動きが日本のＴＶにおいて放映されるや、それを契機に、鬱積したナショナリズムのマグマが動き出し、その動きを強めるかのように右翼系の論客がＴＶでの出演機会が多くなり、韓国を批判し、「嫌韓」世論が作り出されていった。李大統領の取った行動で、日韓関係は良好なものからその逆の悪化の方向へとマイナスのスパイラルが動き始めた。戦後日本のデモクラシーとそれと表裏の関係にあった平和主義を論壇やマスメディアで主導してきた論客たちは世紀の転換期を境に他界ないし引退し、しばらく空白期が続いたが、この時期を境にして、戦争を知らない新しい世代が日本のリーダーとして国を動かし始めると共に、論壇やマスメディアでも左派の論客の退場後の空白を、日本を「普通の国家」にすべきであるという右派系の論客が占めるようになった。その象徴は、左派が占めていた総合雑誌はすでにそれ以前に廃刊に追いやられ、その空白を右翼系の雑誌が占めるようになった点であろう。その代表的な雑誌の『諸君』『正論』や、漫画雑誌『サピオ』などが書店を占拠するようになった。また、中立・公正を主張してきたマスメディア、とりわけ大新聞やそれが経営するＴＶも右派系の論客を前より多く出演させるようになった。こうして、「嫌韓」、「嫌中」の世論が作り出され、それに刺激されて「ヘイトスピーチ」も聞かれるようになった。こうした世論の流れの恩恵を一番多く受けたのがほかならぬ、五年三ヶ月ぶりに首相として復帰した安倍総理であろう。

【注】

(1) 出井康博『松下政経塾とは何か』（新潮新書、二〇〇四年）、一〇六～一〇七頁。松下政経塾は一九七九年六月に松下幸之助によって設立された政治家養成学校である。入学した政治家志望の学生は初めの六ヶ月間松下幸之助イズムの教化を受けるという。そのイズムとはその基本は新自由主義であるが、時代の制約を受けて田中角栄元首相の「列島改造論」と同類の「国土創成論」もあわせ主張されている（六二―六八頁）。なお、松下政経塾出身の国会議員の民主党入党前の所属政党については、参照：塩田潮『新版民主党の研究』（平凡社新書、二〇〇九年）、三三八頁。

(2) 菅直人『大臣』（岩波新書、一九九八年）。

(3) 伊藤淳夫『民主党――野望と野合のメカニズム』（新潮新書、二〇〇八年）、一二四頁。

(4) 前掲書、一二五頁。

(5) 前掲書、一七七頁。

(6) 大下英治『民主党政権』（ＫＫ新潮新書、二〇〇九年）、二五、一六二～一六三頁。

(7) 本書第二部第二章の注（14）ですでに紹介してあるが、小沢一郎が二〇〇六年に民主党代表に就任したのは政治イデオロギー的に見れば偶然ではなかったと見られよう。大嶽教授は一九九九年刊行の『日本政治の対立軸――九三年以降の政界再編』（中公新書）の中で、「五五年体制」下の「社会・経済制度に埋め込まれた平等主義など日本型社会民主主義的要素が濃厚である」と指摘しているが、そうした要素は自民党の田中派、それを継承した経世会が培ったその支持基盤にあった点を考慮するなら、自民党の中道左派の政治家達は口では社会主義を明確に唱えなくても、結果的に英独仏の社会民主主義路線を推進していたとも解釈されよう。従って、その路線を継承した小沢一郎をリーダーとするグループは「日本的」社会民主主義勢力とみなしても間違いなかろう。このことを裏付けるかのように、月刊誌『中央公論』（二〇〇八年一〇月）の「小沢一郎の研究」の中で、権力中枢に向かって絶えず政界遊泳を続けている小池百合子議員が、民主党は「経世会の主流部分が移った」ものである、と述べているが（七一頁）、結党後の自民党の中道左派が社会民主主義的路線を追求し、その中核部分が小泉首相の「構造改革」を契機にそのイデオロギー的位相を自覚して、民主党の衣を借りて自立し始めているとも解釈されよう。こうした私の解釈を裏付ける見解が山口二郎『政権交代論』（岩波新書、二〇〇九年）にも次のように述べられている。〔民主党における〕「小沢をはじめとする自民党出身の保守政治家は、社会民主主義政策と親和性を持っていた。……自民党が構造改革路線をとることによって、旧来の保守政治家の持っていた平等主義的要素が野党に掃き寄せられる形となった。……こうして、民主党自体は社会民主主義という言葉を使わないものの、政策内容に即してみれば、新自由主義と再分配という対決の構図ができあがった」（一八九〜一九〇頁）。なお、本書の第五章「民主党は政権を担えるか」（一五六〜一九四頁）は、民主党の創設から政権掌握時までの動きをフォローしており、民主党研究としても優れている。

（8）塩田潮氏によると、民主党には小泉元首相の「構造改革」路線に反対する点では共通するが、その反対の意味を異にする「二つの反小泉」が存在するという。一つは、「小泉改革はまやかしで有名無実に終わると断じ、本物の改革は民主党政権でと」主張する「反小泉」である。基本的には小泉元首相と同じ新自由主義を支持する岡田克也現外相の政治的立場である。それは「マーケット重視の自由競争を推進することによって日本経済を強い経済にして行く」が、「自由競争で格差社会にある点では、社会政策で格差を補正して行く」立場である。つまり「強い経済と社会的公正の両立」を図ろうとする立場である。もう一つは「小泉改革は弱肉強食、弱者切り捨て、格差を拡大させる悪政と位置づけ、改革は間違いという立場を取る「反小泉」である」（塩田　潮、前掲書、一六〇〜一六一頁）。以上、民主党には二つの「反小泉」が存在するが、新自由主義が必然的に生み出す弱者保護に関して、それに社会政策で対応するのか、それとも弱者を生み出す格差社会の克服を新しい社会の確立という政治的方向において求めるかの違いである。従って、この二つの「反小泉」はいずれ分裂することになるであろう。なお、結党から政権交代までの民主党に関する本格的な研究として、上神貴佳・堤英敬編著『民主党の組織と政策——結党から政権交代まで』（東洋経済新報社、二〇一一年）がある。

（9）小泉俊明『民主党大崩壊！——国民を欺き続けた一〇〇〇日』（双葉社、二〇一二年）、一八〜三八頁。小泉俊明議員は、鳩山首相が「それまでの政治を見直した大きな改革」として、次の四点を挙げている。①東アジア共同体構想、②年次改革要望書の見直し、③プライマリーバランス（基礎的財政収入）の見直し、④内閣府モデルの見直し。

（10）生方幸雄「手負いの独裁者・小沢幹事長室一八〇日」『文藝春秋』二〇一〇年五月、一〇九〜一一〇頁。

（11）伊藤光利・宮本太郎編著『民主党政権の挑戦と挫折——その経験から何を学ぶか』（日本経済評論社、二〇一四年）、「第一章　民主党のマニフェストと政権運営」（伊藤光利）、二〇〜二二頁。

（12）牧原　出『崩れる政治を立て直す——二一世紀の日本行政改革論』（講談社、二〇一八年）、一六七頁。御厨　貴編『「政治主導」

の教訓――政権交代は何をもたらしたのか』（勁草書房、二〇一二年）、「第一〇章　事業仕分けの検証」（手塚洋輔）、二四〇～二六〇頁。

(13) Y. Dror, Public Design for Policy Sciences, 1971, p. 63, pp. 74-79.

(14) 行政学が専門の牧原出教授は、鳩山政権は「脱政治」というより、「非官僚」というべき体制であった、と規定している（『日本経済新聞』二〇一〇年七月一五日、「国会審議に新ルール必要」）。

(15) 御厨 貴『政治の終わり、政治の始まり……ポスト小泉から政権交代まで』（藤原書店、二〇〇九年）、一〇五、一四九頁。

(16) 待鳥聡史教授は「民主党政権による官僚排除はやはり明らかに限度を超えていたように思われる」と指摘している（飯尾 潤編『政権交代と政党政治』中央公論新社、二〇一三年、「第三章　民主党政権下における官邸主導」（待鳥聡史）、九九頁）。

(17) 日本再建イニシアティブ著『民主党政権　失敗の検証――日本政治は何を生かすか』（中公新書、二〇一三年）、「第三章　経済と財政――変革への挑戦と挫折」（田中秀明）、一一三～一一四頁。

(18) 佐々木毅・清水真人編著『ゼミナール現代日本政治』（日本経済新聞社、二〇一一年）、一九四頁。

(19) 同前書、一八五頁。

(20) 同前書、二〇〇頁。

(21) 同前書、二〇五頁。

(22) 同前書、二〇三頁。

(23) 日本再建イニシアティブ著、前掲書、「第二章　政治主導――頓挫した「五策」」（塩崎彰久）、六七～七〇、七五～七七頁。

(24) 同前書、七〇～七一頁。

(25) 牧原 出、前掲書、一八九頁。

(26) 日本再建イニシアティブ著、前掲書、「第四章　外交・安保――理念追求から現実路線へ」（神保謙）、一二八頁。

(27) 佐々木毅・清水真人編著、前掲書、二一三頁。

(28) 日本再建イニシアティブ著、前掲書、第四章、一四二～一四三頁。

(29) 『日本経済新聞』は二〇二〇年九月初めから三回に分けて、「検証　尖閣沖衝突一〇年」と題する記事を連載しており、その中で、一〇年前に起きた尖閣沖衝突事件の検証を行い、その三回目の〔下〕では、「安保適用明言　米に根回し」の小見出しの下に、当時の前原誠司外相がクリントン・アメリカ国務長官に働きかけた点を明らかにしている（九月四日）。

(30) 日本再建イニシアティブ著、同前書、一四六頁。
(31) 宮崎学・青木理・辻恵『政権崩壊――民主党政権とはなんだったのか』（角川書店、二〇一三年）、二〇〇頁以下。
(32) 佐々木毅・清水真人編著、前掲書、一〇～一二頁。
(33) 同前書、一〇～一一頁。
(34) 同前書、一五～一六頁
(35) 日本再建イニシアティブ著、前掲書、八頁。
(36)『朝日新聞』二〇一一年八月三〇日。
(37)『朝日新聞』二〇一一年八月三〇日、「野田佳彦研究　上」、『日本経済新聞』二〇一一年八月三〇日、「野田佳彦　こんな人」。
(38) 野田佳彦『民主の敵――政権交代に大義あり』（新潮社、二〇〇九年）、一三三～一三四頁。
(39)『朝日新聞』二〇一一年九月三日。
(40)『日本経済新聞』二〇一一年九月三日。
(41) 伊藤光利・宮本太郎編著『民主党政権の挑戦と挫折――その経験から何を学ぶか』（日本経済評論社、二〇一四年）、「第一章　民主党のマニフェストと政権運営」（伊藤光利）、三九頁。
(42) 同前書、四〇頁。
(43) 日本再建イニシアティブ著、前掲書、七頁。
(44) 伊藤光利・宮本太郎編著、前掲書、三八～三九頁。
(45)『日本経済新聞』二〇一一年九月一四日、「政策決定党主導色濃く」。
(46) 伊藤光利・宮本太郎編著、前掲書、一四五頁。
(47)『日本経済新聞』二〇一一年九月四日。
(48) 伊藤光利・宮本太郎編著、前掲書、三八頁。
(49) 小泉俊明、前掲書、一四二、一六二頁。
(50) 伊藤光利・宮本太郎編著、前掲書、四〇～四一頁。
(51) 同前書、四一頁。
(52) 同前書、四二頁。

(53) 同前書、四二頁。
(54) 伊藤裕香子『消費税日記――検証　増税七八六日の攻防』(プレジデント社、二〇一三年、一〇〜二〇頁)によると、政権を投げ出した二ヶ月後のインタビューで野田前首相は次のように述べた、という。政権を失ったことは「後悔はしていない」、「財政はもう、歳出削減だけではたちゆかない」、「誰かがやらなくてはいけないことでした」。党を分裂させないで増税を見送るよりも、党が割れても増税の断行を優先させたということですね、という問いに、「党より天下国家を考えたということです」。「民主党の綱領とは合わない話をしてしまうかもしれませんが、『穏健な保守』という路線が、自分の中でずっと思い描いてきたことです」と答えている。(伊藤光利・宮本太郎編著、前掲書、三七頁)。
(55) 舛添要一『現代国際政治入門――世界力学地図の読み方』(PHP研究所、一九八六年)。
(56) クラウゼヴィッツ(日本クラウゼヴィッツ学会訳)『戦争論』(原著一八三四年。芙蓉出版、二〇〇一年)、四四頁。
(57) 竹中治堅編『二つの政権交代――政策は変わったのか』(勁草書房、二〇一七年)、「第七章「防衛大綱改定」(細谷雄一)、二二〇頁。
(58) 同前書、二二一頁。
(59) 同前書、二二二頁。
(60) 同前書、二三〇頁。
(61) 同前書、二二四頁。
(62) 同前書、二二八頁。
(63) 日本再建イニシアティブ著、前掲書、「第四章　外交・安保――理念追求から現実路線へ」(神保 謙)、一五六頁。
(64) 『日本経済新聞』二〇一一年一月六日、「民主党・誰が何を決めているのか(2)、危機管理：北沢氏と岡崎氏」。この記事において、北沢防衛大臣が「武器や関連技術の輸出を原則として禁じている武器輸出三原則の見直し」を主張したが、菅首相が社民党との連携を理由に慎重姿勢を示したのでひっこめたとのことが紹介されている。
(65) 二〇一一年一月三日の『読売新聞』第一面「日本の改新：第一部　識者に聞く」において、ハーヴァード大学教授のジョゼフ・ナイと前外務次官の薮中三十二の二人の対談を載せているが、その中で薮中氏は次のように述べている。「昨今の中国や北朝鮮の動向は、確かに日本人を覚醒させた。日本はどうすべきか、国民が外交や安全保障を日常的に語り合っている。政府には対外的に果敢に主張し、決断力を見せてほしい、という意見が増えた」。ナイ教授はこの薮野氏の発言を受けて次のように語っている。「私の印象では、中国との尖閣諸島問題などを経て、日米同盟に対する日本人の関心は飛躍的に高まったのではないか。〇九年秋の民主党政権誕生の頃、日本は米国から離れ、対中接近の政策を取るのではという疑念も生まれたが、すっかり消えたように見える」。この発言に対して、薮中氏は「私もそう思う。……」と、ナイ教授の意見に賛成している。

# 第四章　競争的政党システムの機能不全による「決定中枢」の専制化への傾向
## ――「普通の国家」へ向かう第二次安倍政権の軌跡

### 1　野党時代における自民党の変容

二〇一二年一二月一六日、総選挙が実施され、自民党が単独過半数（二四一議席）を大幅に上回る議席を獲得し、三年三ヶ月ぶりに公明党との連立で政権復帰することになった。翌日の『朝日新聞』の第一面には「自公三二〇超　安倍政権へ」「民主　壊滅と敗北」の大見出しが躍った。また同日の『日本経済新聞』の第一面にも「自公三二〇超　政権奪還」という大見出しの下に「衆院の新勢力」の小見出しがあり、各党の獲得議席が次のように紹介されている。民主党五六（選挙前二三〇）、自民党二九二（選挙前一一九）、維新五三（選挙前一一）、公明三〇（選挙前二一）、みんなの党一八（選挙前八）、未来八（選挙前六二）、共産党八（選挙前九）、社民党二（選挙前五）、国民新党一（選挙前二）、たちあがれ日本〇（選挙前一）、〔北海道の鈴木宗男の政党の〕大地一（選挙前三）、諸派・無所属五（選挙前八）。今回の衆議院選挙から見えてくるのは、維新がその議席を五倍増させる大躍進を遂げたこと、民主の惨敗に対して自公は両党合わせて三二一議席を獲得し、維新の五三議席と合わせると三七五議席となり、憲法改正に必要な議席の三分の二をはるかに超え、憲法改正が現実味を帯びてきたという点であろう。つまり、投票場に足を運んだ有権者の三分の二以上が保守勢力を支持したことを示している。もっとも、投票率は五九％であった。一二月一七日付けの『朝日新聞』の社説によると、「投票率は大きく下がった。世論調査での自民党の支持率も二割ほどで、安倍氏は昨夜『自民党に一〇〇％信頼が戻ったわけではない』と語った」という。同じ紙面で曽我豪政治部長は、民主党政権に対する「失望の反動が生んだたまさかの圧勝に過ぎないかもしれない[1]」と述べている。

民主党は風頼みの政党であったので、同党に風が吹かなければ、惨敗は目に見えていた。自民党は各選挙区で強固な地盤、つまり各種議会で過半数を優に超える地方議員や党の支部――その多くが国会議員の後援会でもあるが――、さらに長い付き合いのある友好団体や利益団体からなる下部組織を有していたが故に、勝利の機会を掴む現実的な土台を有していたと言えよう。従って、惨敗した民主党と比べるなら、投票率が五〇％台の低い水準にあるが故に「圧勝」の形に見えたに過ぎないと言えよう。その後の自民党政権の運用次第では、そして、もし野党が政権担当能力を鍛えている場合には、野党に風が吹いて無党派層や棄権した有権者が投票場に走ることにでもなれば、再び政権交代が起こることにもなろう。

その実体が小選挙区制度の「小選挙区比例代表並立制」が一九九四年に導入され、上記の通り、それが二年後の一九九六年の総選挙で初めて実施された。そして、今回の選挙で同制度の運用が一六年経過し、小選挙区制の効果が二〇〇九年の総選挙と同様に、政権交代の形で現われた。それに伴い、イギリスの議会制民主主義の政治制度の導入を長い間待ち望んでいた人びとにとっては、その望みがようやく叶えられる「競争的政党システム」が日本でも機能し始めたと認識されるようになった。もっとも、政権復帰を果たした自・公連立政府と野党となった民主党が「国民のための政治」を競い合うような体制が存続・強化されていくことが「競争的政党システム」が日本で定着するかどうかの変数となるであろう。ともあれ、劇的な政権交代が二回起こり、形の上では「競争的政党システム」が日本でも出現した。それは紛れもなく小選挙区制導入の成果と見ても間違いなかろう。

このように、小選挙区制の導入によって、政党システムも自民党一党優位システムから二大政党システムへと変化し、それによって政治の動態も「五五年体制」時代とは異なる方向へと変わることにもなった。さらに、小選挙区制の導入は与党時代の長かった自民党内権力構造にも大きな影響を与えた。上述の通り、小沢一郎の主導した政治改革、とりわけ小選挙区制とそれとリンクする形で導入された政党交付金制度によって、選挙に際しての候補者の公認権と選挙資金が党執行部、とりわけ党首に帰属することになり、議員と党首、つまり党総裁との関係が変わり、次第に党執行部独裁体制へと変容していくことになった。政策決定システムがボトムアップ型であった「五五年体制」時代では、中選挙区の影響を受けて派閥が強く、自民党は派閥連合体の様相を呈していた。しかし、小選挙区制導入後は、党首と議員との関係が派閥を経由する間接的なものから、垂直的に上下関係へと変わり、それに伴って派閥の権力が相対的に弱まっていった。そして形式的には派閥がなくなったと言われている。しかし、実際は政策集団という形で模様替えして存続している。というのは、かつて自民党は包括政党と言われていただけに多様な政治的志向を有する議員が所属しており、従って政策の方向性を同じくする者同士が結び付くのは当然であり、また派閥全盛時代に繋がっていた利益集団とのつながりも継続しているからである。さらに総裁選挙において立候補するために二〇名以上の議員の推薦が必要であることから、党執行部権力を掌握するためにも派閥を存続させ、さらにその数を増やす力学が生まれたと言えよう。この力学の作用で、党首となる人物は最大派閥か、あるいは優勢な派閥連合が推す政治家ということになる傾向が強まった。もっとも、二大政党制の下では、固定票があってても政権獲得には程遠いので、国民の多数の支持を得るために政治的無関心層を投票場に向かわせる、いわゆる

「国民に人気のある政治家」を「選挙の顔」として必要とするので、当然に国民に人気があるということが党首となる必須の条件となった。こうした理由によって、党首には党内最大派閥か、あるいは優勢な派閥連合が「選挙の顔」になる政治家を選ぶケースが多くなっていった。

以上述べたように、小選挙区制度の導入は、「競争的政党システム」を出現させただけではなく、自民党内権力構造までも変えていったが、さらに対抗する民主党との関係においても自民党の政治的性格を変えていくことになった。

二〇一四年三月二四日の『日本経済新聞』では、芦川洋一論説委員長の解説記事「〈自民党2・0〉の危うさ」が掲載されており、同記事の冒頭に「自民党がすっかり変わってしまった。派閥が壊れ、権力の重心が首相官邸に移り、保守の色あいがどんどん強まってきた―」と前置きした後、「一党支配の五五年の自民党」と今日の自民党との違いについて、次のように三点あげている。第一点は「派閥連合体から議員集合体へ」の変容、第二点は「ボトムアップの政策決定機関から〈官高党低〉の政策追認機関への」変容。三点は「現世利益追求型から保守の理念追求型へ」の変容。このように自民党を変容させたのは、一つは「小選挙区の導入・政治資金の規制・政党交付金の創設を三点セットとした九四年の政治改革」であり、もう一つは「省庁再編による首相のリーダーシップを強化する制度の確立」である、と指摘している。なお、第三点の「現世利益追求型から保守の理念追求型へ」と自民党を変容させたのは、二大政党制の競争的政党システムの定着と共に、自民党は競争相手の民主党との違いを明確に示す必要に迫られ、「保守の理念」を強調して、それを追求する方向へと党の性格を変えたとのことである。とはいえ、「五五年体制」時代の自民党は包括政党、つまり「さまざまな階層を取り込む国民政党」であったので、利益が結節点であったが、しかしそれがなくなれば、「保守の理念で、くくるしかない。保守の色合いが濃くなっていくのは当然だとして、そこに危うさが潜んでいないだろうか」と結んでいる。日本政治の今後の在り方から見て、自民党の「保守の理念追求型へ」の変容に伴う「危うさ」に関する芦川論説委員長の指摘の当否は別にして、自民党の「保守の理念追求型へ」変容において主導的な役割を果たしたのは、五年三ヶ月ぶりに首相に返り咲いた安倍総理であったと言っても過言ではなかろう。つまり、野党時代における自民党の変容は安倍首相の復活の動きと連動している。従って、自民党の変容については、安倍首相がそれとどのように関わり合っていたのかを中心に見ていきたいと思う。

安倍晋三は父方と母方の両方に政治家の祖父がいる。父の安倍晋太郎も首相候補の一人であった政治家である。従って三世議員である。父方の祖父の安倍寛は太平洋戦争に反対し翼賛選挙で非推薦候補として当選した反戦の代議士で、敗戦後の一九四六年に五一歳の若さで急逝している。安倍晋三は一九五四年生まれなので、父方の祖父の影響はない(2)。

成蹊大学を卒業し、アメリカに留学した後に、神戸製鋼に入社したが、父が一九八二年中曽根内閣の外相に就任したので、会社勤めを辞めて父の秘書となった。「現世利益追求型」の利権政治が盛んであった「五五年体制」時代においてそれとは無縁の外交分野で父の下で政治家としての初めての訓練を受けたことはその後の彼の政治家としての歩みにおいてかなり大きな影響を及ぼしたように見られる。というのは、七年八ヶ月に及ぶ第二次政権時代において彼は外交活動においてその存在感を示そうとしていたからである。この点において、彼は利権政治に没頭した単なる政治屋（politician）に過ぎない多くの他の自民党の政治家とは異なる、ステーツマンとなる条件が与えられていたとも見られる。

周知の通り、彼の母方の祖父は、岸信介である。岸の伝記を書いた原彬久教授は安倍と祖父との関係を次のように語っている。「安倍氏は幼少のころから『祖父はA級戦犯の容疑者だ』と言われ、いやが応でも岸という存在が自分に降りかかる。成長するにつれ、自分の祖父はどんな存在で何をしたのか、学ばざるを得ない。安倍氏の中で岸の存在はどんどん大きくなったのではないか」。こうして、安倍は祖父の考え方や生き様から学び政治家としての思想的土台を築き上げていった」という。従って、「首相の中に岸信介がいる」という。[3]

岸は「両岸」と言われている。戦後日本の社会福祉体制は「一九四〇年体制」の改良版であった点については、すでに本書第一部で紹介済みであるが、実はこの「一九四〇年体制」の創設において主導的役割を果たしたのが岸である。他方、戦後の日本では、日本の再建を目指す国家主義者として知られてもいる。従って「両岸」と言われる所以である。[4]

原教授によると、岸は東京帝大時代、「北一輝の『国家改造案原理大綱』を徹夜で書き写した。岸の根っこの考え方が、北の国家社会主義や大川周明の大アジア主義といった思想の影響を受けていたことは間違いない」という。岸は「一九二六年に商工官僚としてドイツを訪問して産業合理化運動を視察し」ている。[5]「一九四〇年体制」の原型となった思想は第一次大戦中のドイツのルーデンドルフ将軍独裁時代の「総力戦」思想である。岸はドイツ滞在中産業合理化運動のみならず、この「総力戦」思想を学んで「一九四〇年体制」の設計を行なったものと思われる。第一次大戦中のドイツの「総力戦」体制は、第一部ですでに紹介したように、「戦時社会主義」とも言われているぐらい、軍部の指導下に労使が協調し、資本家側は労働者側の要求の一定の部分を認め、その代わりにドイツ社会民主党とその傘下の労働組合も戦時経済に協力したシステムである。明治・大正時代において日本の支配的な政治的イデオロギーは家父長としての天皇が臣民である国民を慈悲をもって統べる国家であるという天皇制家族国家論であった。第一次大戦に勝利した日本では、戦中から続いていた景気は戦後も継続し、財閥と大地主は政党内閣成立後も政権と組んで利潤の極大化に走り、それによって生活基盤を奪われた国民の圧倒的多数を占める貧農や都市労働者の貧困も増大し、社会問題が発生した。ヘーゲルの国家論を土台としたF・ラッサールの「国家社会主義論」が日本の社会主義運動の指導者たちにも受容され、それに基づく社会主義運動も芽生えた。日本の右翼運動の創設者の一人の北一輝は、天皇制家族国家論をベースにして貧民を国家によって救済すべきである、という国家社会主義的な「国家改造案」を主張した。彼の考え方の影響を受けた軍人達が国家改造を目指して二・二六事件を起こしたが、天皇がそれを認めず、国家改造のためのクーデターは失敗し、蜂起した軍人達は処罰された。それに連座させられた北も処刑されたことは周知の通りである。

北の国家社会主義論は、国民の多数者である貧民の苦しみを家長の天皇が救済できるように、財閥と大地主と結託した政党内閣を主体とする国家を天皇親政の方向へと改造すべきであるという政治思想であった。それは「温情的」な国家資本主義論である。つまり、資本主義的システムの中にあっては、社会問題をマルクス主義的な社会主義の方向ではなく、戦争という国家に予想される最悪の危機的状況において、資本主義と国家の発展段階の違いによっては異なるが、国民の多数者である貧農あるいは労働者の国家への忠誠心を確保し、かつ国家への奉仕の意欲を引き出すために、彼らの生存の最低限度の維持手段を提供する「福祉」システムを国家によって構築すべきであるという考え方である。この考え方の制度化が「一九四〇年体制」の確立であったと見ても間違いなかろう。

岸は東条内閣の商工相であったことから、戦後、アメリカ占領軍によって逮捕され、A級戦犯容疑で巣鴨プリズンに収監されていたが、東京裁判で不起訴となり、一九四八年に釈放された。一九五二年の総選挙では、「憲法を改正し独立体制の整備を期する」ことを目的とする「日本再建連盟」を結成して出馬したが、惨敗した。一九五四年、吉田茂首相の自由党に反対する右側の保守勢力が大同団結した「日本民主党」を創立し、岸はその幹事長に就任した。翌年、第一部ですでに述べたように、社会主義政党の統一に対抗して二つの保守政党の合同が岸を中心に推進され、自由民主党つまり自民党が誕生した。岸は初代幹事長に就任し、党の綱領の作成に携わった。「経済自立の達成」「福祉社会の建設」などが並び最後に「自主憲法の制定」が掲げられた。こうして、岸の悲願の憲法改正が自民党の「党是」となったのである。(6) 上記した「両岸」の国家主義者としての考え方が自民党の党是となった点は忘れてはならないであろう。

安倍首相は「両岸」、すなわち祖父の二つの側面の政治的立場を継承しているように見られる。彼が自民党議員となってすぐ憲法改正を目指す「草の根の保守」の大衆団体である「日本会議」の国会議員懇談会所属の衛藤晟一に口説かれて福祉政策に取り組むようになり、その後党社会部長に就任し、小泉純一郎厚労相と一緒になって、現行の老人介護保険制度を多くの反対を押し切って導入している。親の介護を子供ではなく、社会が面倒を見るという考え方に親孝行を美徳と考える多くの自民党の保守的な議員たちが反対したのは当然のことと思えるが、西欧諸国と同様に社会が面倒を見るという「革新的」政策の採用に安倍首相が関わっているのである(7)。この点を見る限り、彼を反動とみなす人もいるが、それは間違いであろうと思われる。むしろ、日本国の存続のために進んで改革するという「真の保守主義」の表れと見ても間違いなかろう。そして革新官僚と言われた祖父の「革新」性を受け継ぎ、問題処理において現実主義的感覚を持っているように思われる(8)。

「両岸」のもう一つの側面、つまり国家主義の側面が首相となってあまりにも目立つので、「福祉社会の建設」という岸のもう一つの側面の継承面の影が薄いが、実際は首相時代にその片鱗が見られるので後に触れることにする。

安倍首相は一九九三年の総選挙において初めて出馬し、当選した。政治家として第一歩を踏み出した時、自民党は野党に転落しており、彼の政治家としての歩みは野党の議員として始まったのである。それは彼に二つの点でその後の政治的活動に影響を与えることになったのではないかと思われる。一つは、自民党もそうであったろうが、その所属議員としての安倍は対立する政党の存在を意識し、対立する他党とは異なる自党の存在理由を明確に示す必要に迫られたという点であろう。自民党の創設から一九九三年までの歴史を振り返って見て、それまでは、合同した時の旧日本自由党の路線が党を支配し、その路線を受け継いだ宏池会や経世会などが「軽武装・経済立国」を国家目標に掲げて「現世利益追求型」の利権政治に明け暮れたが、冷戦の崩壊並びに時を同じくして強まったグローバル資本主義の進展によって利権政治を可能にした内外の諸条件が弱まった結果、政権を失った、と分析された。ところが、この路線上に立って、一九九四年、政権復帰を焦る自民党は非自民政権と競い合う方向へ進み、宏池会の推す河野洋平総裁の下で綱領的文書の改訂を通じて党是の「自主憲法の制定」を事実上棚上げした。この動きに対して、党是を守るべきであるという旧日本民主党系、つまり福田派の反発が強まった。清和会と名称を変えた旧福田派を受け継いだ森派のリーダーの一人の小泉前首相は派閥を横断する反経世会のＹＫＫを結成し、経世会が支配する自民党を「ぶっ壊す」方向へと進んだことは上述した通りである。若き安倍晋三議員は、一九九七年にかつて福田派内の最右翼の青嵐会のリーダーであった故中川一郎の子息の中川昭一を代表とする「日本の前途と歴史教育を考える若手議員の会」を設立し、その事務局長に就任している。[9] この会は後に触れるが「創成日本」の原型となる。こうして、安倍議員は祖父の作った自民党の党是である「自主憲法の制定」を実現することで、「美しい日本」国再建を政治目標に掲げて、自民党を党創設時の綱領の実現を目指す党へと変革する活動を開始したのである。小泉首相時代に自民党内権力の重心は中道から右へ大きく移動し、今日細田派と称されている清和会が最大派閥として自民党を支配するようになっていった。小泉首相時代の副官房長官時代において、北朝鮮による日本人拉致問題で国民的人気を得た安倍は、小泉によって自民党の幹事長に起用され、二〇〇四年七月の参議院選挙の陣頭指揮に当たったが、民主党の五〇議席を下回る四九議席しか得られず、自民党にとって厳しい結果となった。その責任を取って幹事長を辞任したが、九月に降格人事ながら副幹事長に任命され、党改革実行本部の本部長、「新理念・綱領に関する委員会」の副委員長を兼務して、「自主憲法の制定」を事実上棚上げした一九九四年の綱領的文章の見直しを進めた。[10] その結果、二〇〇五年一一月に立党五〇年記念党大会で、安倍主導によって作成された新たな「理念」と「綱領」が承認された。「理念」は「自国の安全はみずからが守る」「日本の伝統と文化を尊び、これを大切にし、その発展をめざす」などが掲げられ、「綱領」も「新しい憲法の制定」を冒頭に掲げ、「高い志をもった日本人」を育成すべく「教育基本法を改正する」と明記された[11]。さらに、この党大会で初めて条文化された「新憲法草案」が採択された。それは、前文を含めて全面的に書き直しただけでなく改正の手続きを定める第九六条を修正し、発議要件を衆参両院の総議員の三分の二以上から過半数に緩和している。しかし、天皇の元首化、家族の尊重や国旗・国歌などに関する規定は無く、また前文で日本の歴史や伝統を称揚することも控えられていた。憲法改正の主眼は第九条に置かれ、戦力の不保持を定めた第二項を削除した上で軍隊の保持を明記したが、「国防軍」ではなく「自衛軍」という名称でとどめていた。新憲法起草委員会では右派がリベラル派を抑え込むまでに至らず、安倍にとって満足すべき内容ではなかったという[12]。

七年後の二〇一二年四月に右派の考えを全面的に盛った「日本国憲法改正草案」が発表されるが、それについては後に触れる。

安倍はこの時期、憲法改正や教育基本法改正などを前面に掲げて「草の根の保守」の結集を図り、自民党の目指す理念を明確にさせて、民主党との違いをはっきり示す戦略を展開し始めていたのであった[13]。

二大政党制を中心とする競争的政党システムの母国のイギリスでは、労働党は労働者階級を支持基盤とし、社会民主主義的な理念を展開する労働者の政党である。それに対抗する保守党はイギリス社会の古き良き伝統を守るために必要とあればそれを新しい時代状況に合わせてあえて改革を行なうことを厭わない国民政党である。二一世紀に入ってからの日本では、二〇世紀末に冷戦の崩壊と共に、自民党の一党優位システムの崩壊と並んで社会党も実質的に消滅してしまったので、二大政党の自民党と民主党はともに国民政党を目指しているために、両者を区別する「絶対的な」メルクマールを見つけ出すのは困難となった。自民党は党内右派、つまり旧日本民主党の岸派の流れをくむ福田派を継承する清和会が実質的に支配し始めており、「右派」政党となったと言えよう。世代交代もさることながら、社会党の消滅と共に、上記の通り、日本の人文・社会科学界を支配していた左派系の学者や、知識階層に影響を与えたマスメディア、とりわけ左派系の論壇もその主要な部分が消滅し、政治的世論の空間において左派がそれまで占めていた領域は空白となっていった。その結果、中道左派並びに中道から右へと政治空間の重心が移動するにつれて、民主党もその政治的イデオロギーにおいてその立ち位置を明確化することが求められ、二大政党制をとるアメリカの保守政党の共和党に対して民主党が「リベラル」（Liberal）と称されているので、それになぞられえて「リベラル」と称されるようになった。しかし、その実体がよく分からないと言えよう。そこで、日本政治の右傾化、つまり自民党右派が目指す政治的方向性に異議を申すのが日本の民主党の存在理由であるとするなら、控除法を採用して、「日本政治の右傾化」が何を意味するのか、それを知るなら、それに異議を申し立てるのが「リベラル」ということになるので、「リベラル」の意味するところが少しは明らかになるであろう。すでに本書第二部第二章で述べたが、安倍首相はその第一次政権のスローガンに「戦後レジームからの脱却」を掲げた。それが内外政に渡ると解釈されるならば、外政面ではそのことをアメリカが絶対許さないであろう。そのことに気付いたのか、二〇一二年末に成立する第二次安倍政権では、安倍首相はこのスローガンを引っ込めて、その代わりに「日本を、取り戻す」というスローガンに替えている。その点を見るなら、「戦後レジーム」とは日本の内政面、つまりアメリカに押し付けられたという「日本国憲法に体現される戦後的価値」からの脱却を意味することになる。つまり、日本政治の右傾化、あるいは右派とは日本国憲法に基づいて改革された政治的社会的諸側面を否定し、それ以前の「美しい日本」を取り戻すということを意味することになろう[14]。本書ではそのことを「復古的」ナショナリズムと定義しているが、要する日本政治の右傾化とは、対外的には日米同盟体制の堅持とその更なる強化を前提にして、内政面だけ「日本国憲法に体現される戦後的価値」を伝来の日本の伝統と文化に即して改変することを意味するものと解釈されよう。従って、「リベラル」とはこうした動きに異議申し立てを行い、「日本国憲法に体現される戦後的価値」を守ることを意味することになろう。そうであるなら、自民党の中道左派並びに中道が「日本国憲法に体現される戦後的価値」を実現してきたのだから、民主党はかつての自民党の中道左派並びに中道の継承体の性格を持つものと解釈されることにもなろう。それを裏付けるかのように、枝野幸男現立憲民主党代表がその目指すところは旧自民党の宏池派のものとそう変わらないと漏らしている[15]。

以上の考察によって、自民党の右派、ないしそれが目指す日本政治の右傾化の意味がある程度明らかになったが、自民党の右派にはもう一つ「復古的」ナショナリズムの点では同一線に立つが、経済政策において二つに分裂している点に留意する必要があろう。すなわち、アメリカから受容された新自由主義経済政策の実現を目指す「構造改革」派と、従来自民党が取ってきた政府の財政出動による需要サイドの拡大を志向する景気振興策、要するに「五五年体制」を実現した経済政策の継続を主張する「構造改革」反対派である。小泉政権は前者の路線を推進する政権であったので、郵政民営化反対を主張する後者の議員を衆議院選挙では公認せず、自民党から排除していった。その経緯については、すでに本書第二部第二章で紹介した通りである。「構造改革」路線は日本の社会経済システムをアメリカ標準に合わせて改造する方向、つまり「日本国憲法に体現される戦後的価値」を支えた日本経済システムをグローバル資本主義システムに適合する形にする新自由主義的再編の試みであるので、それまでの自民党右派の路線とは異なるアメリカ的な「新」右派である。このように、経済政策において新旧に分裂した自民党右派、いや右派そのものとなった「新」自民党は将来、この二つの経済政策の対立を両立ないしは止揚する方向を模索することになるが、それについては後で触れることにする。

以上で、一応「リベラル」な政党と称されることになった民主党に対抗する「保守政党」としての自民党の掲げる「保守の理念」が明らかにされたところで、安倍による自民党の「保守の理念」を明確化させる動きをさらに追うことにしたい。

すでに本書第二部第二章で述べた通り、小泉首相の辞任後の二〇〇六年九月の自民党総裁選挙では、当時官房長官で「選挙の顔」と評されていた安倍晋三が当選し、第一次安倍政権が発足した。安倍首相は、上記したように「戦後レジームからの脱却」をスローガンに掲げて、「草の根の保守」の結集を図る際に主張した、将来の日本国民の考え方の土台を形成する教育基本法を改正した。この改正された教育基本法には、「我が国と郷土を愛する態度を養う」という表現を用いて、愛国心並びに日本の伝統と文化の尊重を子供たちに教えることがその目的に掲げられ、実質的に未来の世代を「愛国心を持つ国民」に育てる方向へと教育方針の保守的改革が断行されたのである。次に、防衛庁を省に格上げした。最後に、憲法改正の手続きとして未整備であった国民投票法の制定が行なわれた。二〇〇七年七月末の参議院選挙で民主党が大勝し、「衆参ねじれ」国会が出現した。これによって、念願の憲法改正は当面は不可能となり、政治的デッドロックにぶち当たった。それを乗り越える道は野党第一党の民主党との大連立政権の樹立しか考えられなかった。強大化し始めた野党の民主党に対して自民党の存在理由を明確にして、それと自民党との違いを強く示したいと考えていた安倍にとっては、連立案は到底受け入れられるような解決策ではなかった。そこで在任一年で安倍首相は辞職の道を選んだ。その理由として挙げたのは、上記の通り、持病の潰瘍性大腸炎悪化である。

さて、安倍が一九九三年の総選挙で当選し野党議員として政治家人生を始めたことが、彼に与えた影響の二つの内、一つはすでに上に述べた通りであるが、もう一つの影響として考えられるのは、自民党が野党であるということから芽生えて来た、政治を敵と味方に分けて考える思考法であると推測される。つまり、二大政党制時代の到来は与野党の区別を前提にするが、この区別を「敵と味方」の区別として捉える思考方式が彼の中において強まったのではないかと思われる。[16]顧みるなら、「五五年体制」の中期以降は経済成長政策が効を奏して、日本は世界第二位の経済大国へと躍進し、「一九四〇年体制」の改良版の社会福祉体制の確立・展開によって国民すべてが中流意識を持つ「総中流」社会が出現し、冷戦の最中とは言え、アメリカの軍事的保護の下で「平和の園」が出現していた。その結果、大きな政治的対立も無く、また社会的分断も無い政治的には「おおらかな」空間が作り出されていたと言えよう。ところが、冷戦後は日本が進むべき方向が模索され、機能不全をきたして来た「五五年体制」の改革としての「政治改革」が主張され、それに伴う一九九三年の総選挙における自民党の野党への転落と共に、政党間対立が顕在化し始め、政治とは敵と味方を区別し、敵を排除することであるという考え方、ないし思考法が政治家の間に芽生え始めたと見てもよかろう。安倍はその一人であったように思われる。こうした政治観を持って中道ないし中道左派志向の非自民政権に対抗して、それと競い合う野党の路線ではなく、自民党の原点の「自主憲法の制定」による日本再建を目指す党へと自民党を改革していくことが、己が政治的に進むべき道であると悟ったように思われる。政治を敵と味方に分け、敵を打ち負かすという考え方は、階級対立が内戦へと反転しかねない状況にあったワイマール・ドイツ時代において、「政治とは敵と味方を区別し、究極の場合、実存的他者として敵を絶滅することである」、というカール・シュミットの有名な「政治的なるものの概念[17]」に通じるものがある。この政治概念は政治の極限状態である戦争の言い替えに過ぎないのであるが[18]、こうした考え方が「五五年時代」では忘れられていた。ところが、安倍晋三議員の中にはそうした考え方に近い思考が醸成されていったのではないかと推測される。このように、敵と味方を区別する思考法をとる政治家にとって、当然、大連立政権案は論外ということになるので、第一次安倍政権が直面した「衆参ねじれ」国会の出現によってもたらされた政治的デッドロックを乗り越える方法は、辞職しかなかったかのように思われる。

こうして、政治家としての安倍晋三の生命は終わったかのように見られた。ところが、持病の潰瘍性大腸炎によく効く薬に巡り合い、健康を回復した後、もう一度「総理大臣として復活したいという気持ちは」第一次政権の時に比べて「千倍ぐらい」強くなったという[19]。

それまでの政治家としての活動を反省し、再起を期すことになった。とはいえ、安倍は再起の「執念」をひた隠して、「雌伏の五年間」、再度首相になるための戦略を立て、再び首相になった場合、第一次政権でやり残した課題、つまり実現したかった政策の優先順位を考え、その目的の実現に力となってくれる人材、つまり彼が実現したいと思う各種の政策に精通し、かつその実現に手足となって働いてくれるような政治家、行政実務者、経済人、学者などの組織化を進めていった。と同時に、「草の根の保守」との連携を強化し、一議員として自民党を「保守の理念」の実現を目指す党に改変する活動に専心した。

二〇〇八年九月、第一次安倍政権の跡を継いだ福田内閣も「衆参ねじれ」国会の問題で政治的デッドロックに直面して辞職し、その後自民党総裁選が行なわれ、麻生太郎が当選した。その際、麻生太郎を支援した議員を中心に「真・保守政策研究会」が結成され、中川昭一が会長に就任した。この会を支えたのが安倍である。九月二四日に首相に就任した麻生は総選挙で民主党と対決すべく「真正保守再生」の姿勢を打ち出した[20]。上の本書第二部第二章2の（d）ですでに紹介したように、麻生内閣も同じ政治的デッドロックに悩まされ、ついに総選挙に踏み切ることになった。

上記のように、二〇〇九年八月末に行なわれた総選挙で、民主党が大勝し、自民党は野党へと再び転落した。鳩山内閣発足の翌日の九月一七日に自民党再生会議が開かれ、「立党精神」への復帰と「保守政党」としての再生が確認された。二八日に党総裁選挙が行なわれ、宏池会の谷垣禎一が選出された点については、すでに本書第二部第三章で触れた。リベラル派と目されている谷垣でも自民党そのものが「総右派」へと変容してしまった以上、その大きな流れに抗うことはできず、その流れに身を任すほかなかったのではないかと推測される。一二月一五日に出された自民党の政権構想会議の第二次勧告では、「正しい日本の保守の旗を立てねばならない」と強調し、その主張に照らしての民主党との違いを明確にすべく、民主党政権が推し進めようとする動きに反対する立場を鮮明にした。具体的には、永住外国人の地方参政権への反対、選択的夫婦別姓制度への反対、尖閣諸島中国漁船衝突事件への抗議、朝鮮学校の高校授業料免除への反対、ロシア大統領の北方領土訪問への抗議、北朝鮮による日本人拉致問題の早期解決などが取り上げられ、これらの項目について自民党本部が作成した意見書を自民党が支配する地方議会において採決させて、地方レベルから民主党政権に揺さぶりをかける運動を展開した。[21] そして、翌年の一月二四日に開催された第七七回党大会では新しい綱領が制定された。まず、「市場原理主義」や「社会主義政策」を否定し、「日本らしい日本の保守主義」を政治理念とすることを宣言し、その上で具体的な方針として最初に「新憲法の制定」を掲げ、次いで「日本の主権は自らの努力により護る」「自助自立する個人を尊重し、その条件を整えるとともに、共助・公助する仕組みを充実する」という項目が置かれた。[22]

安倍にとって、このような谷垣党執行部の動きも満足できるものではなかった。中川昭一の落選と死去を受けて、安倍は二〇一〇年一〇月、「真・保守政策研究会」の会長に就任し、名称を「創成日本」に改めた。ちなみに、「創成日本」に加わった議員たちは後に第二次安倍政権において安倍の「親衛隊」となる人びとである。[23] 菅義偉が副会長の一人で、事務局長は加藤勝信である。その主要メンバーは、衛藤晟一、高市早苗、稲田朋美、古谷圭司、下村博文、萩生田光一などである。[24] 安倍は、この「創成日本」を「保守の中核体」に位置付け、[25] 国会議員による単なる研究会から脱皮させて、街頭演説や講演会の実施、地方議員の組織化などを行なう運動体に転換させていった。安倍は会の方針を次のように述べている。「私は以前から戦後レジームの脱却を訴えてきましたが、今の民主党はまさに戦後レジームの象徴です。国家観を否定し、教育の場では日本人の誇りを否定する。……この戦後レジームを叩き壊すために『創成日本』が原動力となっていきたいと思います」。その後、「たちあがれ日本」などと「日本を救うネットワーク」を結成し、民主党政権の打倒を目指して、自民党の枠を超えた右派の結集を図っていった。[26] 七月一一日の参議院選挙では、上記の通り、菅首相が唐突にも消費税率引き上げを主張して、民主党は四四議席にとどまり、自民党は改選第一党となる五一議席を獲得した。非改選と合わせた与党全体は過半数を割り込んだ。再び「衆参ねじれ」国会が出現した。政権与党の民主党にとって政治的デッドロックとなった。今回は民主党側が野党との連立を望むようになった。安倍は連立には絶対反対の立場で、谷垣党総裁を牽制したのである。[27]

本書第二部第三章ですでに指摘したように、二〇一〇年は安全保障問題について日本国民が「覚醒」させられた年であった。北朝鮮のミサイル発射実験や核武装の動きもさることながら、尖閣諸島をめぐる日中の対立が顕在化し、それによって世界の超大国となった中国の台頭が脅威として感じられるようになった。この時代の変化は安倍の動きにとって追い風となったのは間違いない。安倍は自民党を彼の考える「保守の理念」の党に変えるべくさらに谷垣党執行部に圧力をかけた。その成果が二〇一二年四月に発表された自民党の「日本国憲法改正草案」である。この改正案は、上記した二〇〇五年の「新憲法草案」と比べて著しく右傾化している。前文に「長い歴史と固有の文化」「天皇を戴く国家」という言葉が置かれ、第一条では天皇の元首化、第三条では国旗・国歌、第四条では元号が規定され、次に第九条には「国防軍」の保持、自衛権の発動、領土・領海・領空の保全が規定されている。第一三条では現行憲法の「個人の尊重」が「人としての尊重」に変更され、第二一条では公扶助義務、第二八条では公務員の労働基本権の制限が盛り込まれ、第九四条では外国人の地方参政権が否定された。最後に第九章として、戦争や内乱、大規模な自然災害などの際の「緊急事態」に対応する規定が設けられている。[28]この「日本国憲法改正草案」は、安倍が望む「自主憲法」の内容に近く、[29]将来、自民党が政権に復帰した場合、その実現を目指す「美しい日本」の形を表すものと見てもよかろう。

二〇一二年九月二六日、自民党総裁選があり、安倍が再び党総裁に選出されることになった。その少し前の九月初旬、大阪において安倍が「敵」とみなしている日教組や自治労と戦い、憲法改正にも積極的な姿勢を示す大阪維新の会の代表の橋下徹大阪市長と歓談し、その際、大阪維新の会を母体とする全国政党の「日本維新の会」結党を準備中であった橋下が安倍を党首に招聘しようとしたというニュースが新聞紙上に見られた。安倍元首相の久しぶりのニュース登場であったが[30]、まさか自民党総裁として復活するとは思われていなかった。

「総右派」となった自民党総裁選挙において、谷垣総裁は九月の総裁選前に総選挙が行なわれれば、無投票再選のシナリオも考えられないことでもなかった。ところが、総裁を支えるはずの石原伸晃幹事長が出馬の意思を示したので、九月一〇日に出馬断念を表明した。二日後の九月一二日、安倍は「創成日本」の同志たちの強い勧めに従って総裁選挙への立候補を正式に表明した。安倍の選挙対策に当たったのは、「創成日本」の副会長の一人であり、第一次安倍政権時代の総務相であった菅義偉と経産相の甘利明であった。菅は、法政大学卒業後、神奈川県に選挙区を持つ小此木彦三郎議員の秘書として政治家としての訓練を受け、横浜市議を経て、一九九六年の総選挙で一年前に亡くなった小此木彦三郎議員の選挙区の一部を受け継ぎ、初当選を果たしている。四七歳であった。マキアヴェリの言う「幸運の女神」の前髪を大胆に掴んだことになり、政治家としての第一歩を踏み出したのであった。次に「政治の師」と仰ぐ梶山静六の下で政治家としての修行を積んだ。一九九八年の自民党総裁選では出馬した橋本候補と対立する梶山候補を当然支持して、所属する派閥の平成研究会・現竹下派から飛び出している。梶山から「もう派閥の時代ではない。同じ考えの人間が結集して政治を動かすんだ」との言葉に従って、二〇〇六年の自民党総裁選挙では脱派閥を掲げた「再チャレンジ支援議員連盟」を立ち上げ、安倍晋三の勝利に貢献した[31]。その時から菅は安倍を支える縁の下の力持ちの役割を担い続けている。二〇一二年の総裁選挙でも「創成日本」の同志を糾合して、安倍に出馬を強く求めただけではなく、総裁選挙においては安倍を当選させるべく全力を傾けた。ところが、安倍が属する清和政策研究会長の町村信孝・元官房長官も立候補の意思を示し、同じ派閥から二人が出馬することになった。会の実質的オーナー格の森元首相が安倍に辞退を勧めたが、安倍はあいまいな態度を続けた。清和会の内部の反対を押し切って再登板を強く勧めた菅は麻生の為公会と高村正彦の番町会の支持を取り付けていた。[32]石原、安倍、町村の他に、さらに宏池会から林芳正参議院議員と、無派閥の石破茂が出馬し、五人で競うことになった。第一回投票において、三〇〇の地方票と一九七の国会議員票の内、石破は議員票（三四票）では三位であったが、地方票（一六五票）で圧勝し、合計一九九票を獲得し第一位となった。石原は議員票では一位であったが、地方票が振るわず合計で三位につけた。安倍はいずれも二位（議員票五四票、党員票八七票）であった。過半数以上の得票者のいない場合、党規則で国会議員のみで決選投票が行なわれることになっていた。安倍と石破は「タカ派」の点では優劣がつけ難く、第一回投票で石原に票を投じた平成研の議員が石破憎しで安倍支持に回り、清和会の議員も同じ派閥の安倍に投票したことで、安倍が国会議員の決選投票の結果、一〇八対八九で石破を破った。

新総裁に就任した安倍は挙党体制を構築すべく、党副総裁に高村正彦を留任させ、幹事長には総裁選を争った石破を起用した。次に、安倍陣営の選対部長を務めた甘利明を政調会長に、町村陣営の細田を総務会長にそれぞれ充てた。[33]

再び自民党総裁に返り咲いた安倍は、国会で野田首相に総選挙を一日でも早く行なわせるように仕向ける誘導質問を行い、総選挙に向けて、外交・安全保障、経済成長戦略、教育再生、憲法改正など民主党との違いを強調して選挙の準備に取り掛かった。そして、冒頭に紹介したように、自民党は選挙前の一一九議席から二九二議席へと議席を伸ばし、同じく善戦した公明党の獲得議席三〇と合わせると、自・公で三二〇を超える勝利を手にした。こうして、安倍第二次政権の幕開けとなったのである。[34]

## 2　第二次安倍政権による「決定中枢」制度再編の完成

二〇一二年一二月二六日に安倍第二次政権が発足した。自民党と公明党の連立政権である。首相経験者による自民党総裁への再選は党史上初めてであり、首相再任は一九四八年に成立した第二次吉田内閣以来である。そればかりではない。元総理の麻生太郎が副総理兼財務大臣として入閣しているのである。首相経験者の宮澤喜一が大蔵大臣として小渕内閣に入閣したこと、橋本龍太郎が沖縄開発庁長官及び行政改革担当大臣として第二次森内閣に入閣した前例があるが、元首相が副総理として再入閣したのは第一次吉田内閣の幣原喜重郎以来である。安倍首相の復帰に対して党内において、二〇〇七年に政権を投げ出した件で批判もあり、安倍首相の党内指導権が確立されるまでは、党執行部人事や組閣においては挙党体制の陣容が敷かれた。1ですでに指摘したように、党執行部人事では、総裁選では第一回選挙で第一位であった対抗馬の石破茂を幹事長に任命し、高村正彦党副総裁は留任させている。また、総裁選で戦った石原伸晃，林芳正や、前総裁の谷垣禎一も入閣させている。とはいえ、麻生元総理が副総理兼財務相として、甘利明が経産相として、菅義偉が官房長官として、「創成日本」の仲間が内閣の重要閣僚として入閣している。また「創成日本」副会長の一人の高市早苗は政務調査会長に就任している。ちなみに、公明党との連立政権であるので、閣僚のポストの一つの国土交通相には公明党の前代表の太田昭宏が就任している。

安倍をリーダーとする「戦後レジームからの脱却」、つまり「日本を、取り戻す」という「保守の理念」に賛同して一つの結社のような団体をなす「創成日本」が第二次安倍政権の中核を占めている点は注目してもよかろう。というのは、七年八ヶ月に及ぶ長期政権を築いた安倍政権の政策展開を可能にしたのは「保守の理念」の実現を目指す者が結束して、安倍首相を支えたからであると言えよう。(35)日本の政策決定システムの原理は、二〇〇一年の行政改革以降、ボトムアップ型からトップダウン型へと改革されたが、その制度化が遅れ、民主党の鳩山政権が衆議院に提出した内閣人事局設置を骨子とする国家公務員制度改革基本法完全実施に関連する法案が廃案になり、その完成までには至っていなかった。とはいえ、小泉内閣時代から政治主導ないしは官邸主導による政策決定システムが大枠としては実現していた。それを前提にして安倍首相は内閣官房を執政府の中核機関として運用する方向を作り出していった。まずその長官に菅義偉を据えた。彼の下に三人の副長官が配置されたが、二人は議会対策に当たる副長官である。参議院担当副長官は二〇〇五年以来自民党の広報を担当してきた世耕弘成参議院議員が、衆議院担当は加藤勝信議員がそれぞれ任命された。残り一名は霞が関の府省庁官僚を総括する事務担当の副長官であるが、警察・情報・危機管理の要職を歴任した官僚ＯＢの杉田和博が任命された。さらに、安倍首相は第一次政権時代において経産省から出向して首相の事務秘書官となっていた今井尚哉（たかや）を今回は政務秘書官に迎えた。田崎史郎『安倍官邸の正体』によると、毎日、安倍首相、今井政務秘書官、官房長官及び三人の副官房長官の七人が集まり、政府の方針が決められているという。(36)つまり、この安倍総理を中心とする「正副官房長官会議」が日本の政治を動かす駆動力となっていたと見てもよかろう。

以上の布陣で第二次安倍政権は発足した。二〇一二年一二月の総選挙では自公及び憲法改正に理解を示す大阪維新の会やみんなの党などの議席を合わせるなら、憲法改正に必要な三分の二以上を確保したことになるが、参議院は自公の議席は過半数に達していなかった。政権発足後の二〇一三年七月に参議院選挙が予定されていた。従って、この参議院選挙で自公が七ヶ月前の衆議院選挙で獲得した三分の二以上の議席を獲得することが当面の最大の政治課題として提起された。安倍首相の究極的目的は憲法改正であるが、参議院選挙で現状維持か、あるいは敗北するなら、憲法改正を目指すその政権基盤そのものが脆弱のままであり続けることになる。従って、この参議院選挙で是が非でも与党が過半数以上の議席を獲得しない限り、いかなる政策も推し進めることはできない状況にあったと言えよう。

安倍政権は七年八ヶ月も続く長期政権を築くことになるが、その主要な理由の一つは来る参議院選挙のみならず、その後の衆参議院選挙において連続して与党を圧勝に導いた点にあったと言えよう。その秘密は安倍首相が唱えたデフレ経済からの脱却や、日本経済の成長を図るという「アベノミクス」政策が、一定の効果をもたらした点に求められる。首相に復帰することになる総選挙で、安倍自民党総裁は、外交・安全保障、経済成長戦略、教育再生、憲法改正などの政策を掲げて当時の与党の民主党との違いを強調しており、「アベノミクス」とは民主党との違いを示す政策群の中の一つの経済成長戦略を指す。安倍首相は政治評論家の田崎氏との対談において、「第一次政権の退陣直後から、その挫折を忘れないために、自らノートに当時の反省や思いを綴ってきた」が、それから分かったことは「第一次政権の時は正しければいいという考えだけでやってきた。でも、ちゃんとした手順、戦略、人事が必要だ」ということを強く自覚して行動するようになった、という。[37]二〇二〇年八月末に安倍首相が再び持病の潰瘍性大腸炎を理由に辞任した後に、月刊『Ｈａｎａｄａ』は「ありがとう!安倍晋三総理」という題で特集を組んでいるが、その中で「創成日本」の応援団を率いる桜井よしこ「戦略家、安倍晋三　獅子奮迅の働き」という文が寄稿されているが、[38]そこでは安倍首相は「戦略家」と見られている様に、第二次政権では政治的権力関係や世論の動向との関係において彼が実現したいと思っている政策の実現の可能性の程度を勘案しながら、政府が着手すべき政策の優先順位を決め、次にそれを実現するためのスタッフの選定を行なっている。つまり、人事を通じての政策転換を図っているのである。

安倍首相は、まず政権が取り組むべき課題として、日本経済再生、すなわち日本経済が陥っている「デフレ脱却のためにすべての政策を総動員する」[39]ことであるとの認識の下で動き始めた。つまり総選挙で国民に約束した政策群の中で第一に掲げた「経済成長戦略」政策の実現を優先させ、その目標達成のために全力を傾けることにしたのである。安倍首相は党内基盤のみならず、政権基盤を固めるためにも、当面の課題として参議院選挙において与党を圧勝させる必要があったので、参議院選挙に照準を当てて、国民の自民党への支持を高めるべく、まず二〇年近くデフレで苦しむ日本経済の再生を図ることを最優先課題に位置づけ、デフレからの脱却と景気回復を目指す「アベノミクス」という経済総合政策を掲げた。小泉内閣時代から経済成長政策としてグローバル経済への対応のみならず、アメリカの要請に基づき新自由主義的経済政策が「構造改革」路線として実施されていた。上述のように、日本経済を一九七〇年代後半において世界第二位に押し上げた経済システムは終身雇用制を基盤とする、企業が疑似家族共同体として組織され、運営される会社中心主義であった。それは業績中心主義よりも帰属中心主義に重きを置く企業運営方式である。ところが、「構造改革」路線は、こうした日本的な会社主義的組織原理や運営方式を解体し、企業は純粋に利潤追求のために組織され、かつその成果を最大限に挙げられるように効率的に運営されるアメリカ型企業モデルに準じて従来の経済システムの改造を求めるものであった。従って、この「構造改革」路線は日本の従来の社会システムに亀裂を生みだすだけでなく、自民党の支持基盤をも破壊するものでもあった。にもかかわらず、小泉政権が進めざるを得なかったのは、グローバル経済の進展と共に、日本企業の国際競争力を高めるために、それが必要不可欠であったからである。そうした考え方から、この路線は継続しなくてはならなかった。とはいえ、その路線を続ければ自民党の支持基盤を壊すことになるので、その再編と強化を図るためには、「ウラ社会福祉」つまり公共事業の拡大を継続しなくてはならないが、それまでの公共事業の拡大で財政は赤字で膨れ上がり、さらなる公共事業の拡大は国家の財政破綻を招く道であるので、むしろ財政政策としては公共事業の削減による財政均衡を図る方向へと財務省が動いていた。また野党の民主党もそれを強く求めていた。さらに少子高齢化の進展が急速に進み、社会保障費も増大の一度を辿っていたが、民主党政権時代の菅、野田両首相による「税と社会保障の一体的改革」の実現によって消費税率を五％から一〇％へ引き上げることが出来る前政権からのプレゼントがあっても、「構造改革」路線では法人税を引き下げなくてはならないので、消費税を上げても税収は上がることは期待できなかった。こうして、安倍首相にとって、経済政策としては「構造改革」路線も継続させ、同時に財政政策としてはそれと相矛盾する自民党の支持基盤の再編強化のための財政拡大をも行なう経済財政政策を行なわねばならない難題が突き付けられていた。この難題を解決する方向を、安倍首相は自民党総裁就任前に金融政策によって探る道を本田悦朗、浜田宏一から教示された[40]。その道とは日銀による無制限の資金の市場への供給である。この道は先の大戦での戦争経済を賄った方法でもあった。従って、それは政策的に禁じ手であり、そうした道が取れないように、戦後の民主的改革によって金融政策を担当する日銀の独立性が保障される制度が確立されていたのであった。安倍首相はこれまでの政権が行なうことのできなかった禁じ手を使う、経済政策、財政政策、金融政策をミックスしたいわゆる「アベノミクス」を編み出したのである。この「アベノミクス」とは①大胆な金融緩和、②機動的な財政政策、③民間投資を促す成長戦略、の「三本の矢」から成る経済総合政策である。この政策の実現にとっての障害は、言うまでもなく日銀の独立性であった。従って、この政策を実現するためには、日銀の独立性を無視し、さらに従来のボトムアップ時代の慣例では公務員の人事はそれぞれの組織が自主的に行なうことになっていたが、この人事の自律性の原則を破る必要性が生まれたのであった。第二次安倍政権は「保守の理念」の実現を目指す「革命」政権であり、かつ政策決定システムもボトムアップ型からトップダウン型へと変わり、今や政治主導、つまり官邸主導の体制がほぼ整備されつつあったところでもあることから、安倍首相は従来の慣行を無視ないし軽視する「人事」を行なう方向へと一歩を踏み出した。安倍政権が長期政権となる秘密の一つは従来の政府の慣行を考慮せず、「適材適所」の名目の下で政権に忠実な官僚を任命する「人事」を断行した点にあったと言っても過言ではなかろう。

安倍首相は、まず消極的な金融緩和政策を取り続ける白川日銀総裁を辞職へと追い込んだ。新しい総裁には安倍首相の政策に理解を示すアジア開発銀行総裁の黒田東彦（はるひこ）が任命された。[41]黒田新総裁は「異次元の金融緩和」政策を宣言し、物価引き上げ目標を二％台のインフレ志向の金融政策に転換させ、大量の国債を日銀が購入して、それによって円高誘導を図り、それに連動して五年ぶりに株価も上昇し、日本経済の再生への期待を高めた。次に、財政再建にウェイトを置き過ぎたために前政権下で抑制されていた公共事業の復活を、三・一一の巨大地震の記憶を利用して「国土強靭化」政策という国民に受け入れやすい名称に変えて行なう「財政出動」に踏み切った。最後に、基本的には超国家企業の国際競争力をつけさせるための、規制緩和と法人税の軽減など「成長戦略」の実施に取り掛かった。こうした「アベノミクス」政策の始動によって、円安が進み、それによって輸出も上向き、さらに株価も上昇し始めたので、経済界に明るさが戻り始め、世論が安倍政権に有利な方向へと推移し始めた。そして、七月に参議院選挙を迎えたのであった。

参議院選挙では八ヶ月前の衆議員選挙と同様に自民党が圧勝した。今回の選挙で改選された議席を合わせると自民党の議席は一一五であり、公明党は二〇、みんなの党は一八、日本維新の会は九であった。自公合わせると一三五で過半数の一二一をはるかに超えた。民主党は惨敗し、その議席は半減し五九であった。[42]衆議院選挙と今回の参議院選挙で自民党に圧勝をもたらしたことで安倍首相の党内基盤が強化されただけでなく、国会の「衆参ねじれ」現象も解消されたので、政権基盤も強化された。いよいよ安倍カラーを滲ませた政策を遂行できる政治的な基本的な条件が確立されたと言えよう。究極的目標は憲法改正であるが、自公と憲法改正に前向きのみんなの党、日本維新の会の三党の議席を合わせるなら、憲法改正に必要な両院の議席のそれぞれの三分の二を超えるという形式的な条件が整備されることになった。しかし、世論の動向次第である。というのは、自民党が参議院選挙で圧勝したとはいえ、それは有権者が安倍政権の景気回復対策の「アベノミクス」政策に期待したからであり、必ずしも同党が主張する憲法改正を支持したからではないし、投票率も五九％台の最低水準である上に、自民党への投票者数は全有権者の約二〇％に過ぎなかったからである。従って、安倍首相も憲法改正の主張をトーンダウンさせ、当面は実現可能な政策を先に実行していくという現実主義的対応を取った。その際安倍カラーを漸次滲ませていくことになるが、安倍政権の七年以上の政策展開において、この安倍カラーが赤い糸となっている。従って、まずそのことを確認しておく必要があろう。それは「外政優位」の政治と要約してもよかろう。

顧みれば、冷戦体制下の「五五年体制」時代においては、国の防衛は日米安保条約によってアメリカによって保障されていた。従って、吉田内閣によって掲げられた「軽武装・経済立国」の目標に向かって国家の総力が傾注され、一九七〇年代後半には「ジャパン・アズ・ナンバーワン」と言われるぐらい世界第二位の経済大国へと発展していた。政治は経済成長政策によって生み出された巨大な富をいかに配分するかの問題に収斂し、国民各層の利害を代表する各種団体によるその富の配分をめぐる「利権政治」が展開され、政治過程は利益集団間の利害の調整か妥協の形態をとっていた。従って、強いて言えば、外政よりも内政が優位に置かれていたと言えよう。つまり「内政優位」の政治であったと言える。ところが、冷戦崩壊後、二一世紀に入り、「内政優位」の政治を可能にした内外の諸条件が上記の通り失われていったのである。

確かに、冷戦崩壊後しばらくは自由民主主義が世界における支配的な政治理念としての地位を確立すると共に、アメリカも冷戦の勝利に一時酔っていた。しかし、経済的には成長産業の中心が重厚長大産業から高度情報技術産業へと移行し始め、それに伴い自国が主導するグローバル経済の論理によって国内の製造業の空洞化を招き、製造業に従事していた中間層の没落が始まった。それと反比例して情報技術を活用した金融支配の強化が進められていった。その結果、アメリカでは貧富の差が大きくなり、それに伴い社会も分断され始めた。こうしたアメリカ社会の変質を背景に国際政治においてもアメリカは次第に経済を無視してまでも世界におけるその覇権的な地位を守ろうとする強い意志を弛緩させ始めた。それに対応するかのように、国際政治も多極化の方向へと傾斜し始めたと言えよう。言うまでもなく、二一世紀初頭から、グローバル経済の論理を巧みに利用して社会主義市場経済を成功させて経済的には日本を抜いて世界第二の経済大国へと発展した中国は、「中華民族の偉大な復興」を目指して国際政治においてもアメリカに挑戦し始めた。国際政治学者のイアン・ブレマーが世界は「Gゼロ」時代に向かっていると主張しているが、国際政治におけるアメリカの覇権が相対的に弱まっていくと共に、こうした中国の台頭や、豊富な石油資源を背景に大国として復活し始めたロシア、そしてEUの政治的単位としての成熟などを考量するなら、国際政治は第一次大戦前のようにパワー・ポリティクス的様相が強まり始めたかのように見られる。こうして、日本を取り巻く国際環境も冷戦時代とはその様相が激変し始めた。北朝鮮は、日本人を拉致しておきながら、その一部の人びとを帰国させるのに巨額の金銭を要求し、さらになお残っていると推測される犠牲者の帰国を拒否し続けている。また、国際法を完全に無視して核開発を進めており、ついにはそれを運ぶミサイルの発射を繰り返しており、その北朝鮮がアメリカとの関係次第では何時アメリカとその同盟国の韓国と戦争状態に陥るかもしれない状態が続いている。上記の通り、二〇一〇年九月の尖閣諸島における中国漁船の日本の巡視船への体当たり事件を契機に、中国の日本に対する対応は覇権国が行なう常套手段を使い始め、それによって日本の中国に対する見方は一八〇度変わることになったと言っても過言ではない。今後、尖閣諸島の帰属問題を巡って日中関係が悪化する可能性はないとは言えない。こうした日本をめぐる対外関係の激変によって、日本の保守層の危機意識も覚醒させられたと言えよう。

国際政治の本質はモーゲンソーが指摘するようにパワー・ポリティクスであるなら、すべての国家は究極の場合に想定される潜在的な敵国との戦争を予想して国内政治体制を整備しておかなくてはならないであろう。約九〇年前にカール・シュミットは、一九二八年に日本も調印し、日本国憲法第九条の内容ともなっている「ケロッグ・ブリアン条約」を批判して、次のように述べている。国民は自国との関係で友敵を区別する能力ないし意志を持たない場合には、「政治的なるものの領域には存在し得なくなる」。つまり、そうした「国民は政治的存在であることをやめてしまう」。……「戦争というものの意義は、それが理想や法的規範のためにではなく、現実の敵に対して行なわれるという点にある。友・敵というこの範疇の不明確化はすべて何らかの抽象化と諸規範とかの混合によって説明される。それ故に、政治的存在としての国民は、場合によっては、自らの危険において、自らの決定によって、友・敵を区別することを避けるわけにはいかないのである」[43]。日本国憲法第九条の平和主義は友・敵の区別を否定している。カール・シュミットの政治概念に拠るなら、日本国憲法第九条の平和主義を信奉する国民は「政治的存在であることをやめてしまう」ということになるのである。安倍首相はこうした「政治的存在であることをやめてしまう」ことになる日本国憲法に基づく価値観を否定し、「友・敵」の区別に基づいて政治的に判断する思考様式に従って、本章の1ですでに指摘したように、自民党に反対する他党は「敵」とみなしており、さらに対外的にも、「日本を、取り戻す」という目標を掲げる際には、日本という国家が国際社会の中で「友・敵」の区別を行なう意志を持っていることを明確に示し、そして「友・敵」の区別を行なう能力もある点を示す必要性があると痛感していたとしても不思議ではなかろう。安倍首相の目指す政治方向は、このままでは日本という国家は「溶けてしまい[44]」かねない危機状況にあるという認識に基づいて、その状況を克服して国家の存在性を内外に明確に示すことであったと見られる。従って、安倍首相は自分の内閣を「危機突破内閣」と自称したのである[45]。

日本という国家の存在性を内外に示すためには、戦後に日本人が抱くようになった平和主義と対米観、この二つの考え方を新しい国際関係の中で調整し直す必要性が生まれよう。平和主義は大戦に敗北した日本に戦勝国のアメリカが押し付けたものであると捉えるなら、それは日本人の対米観と内在的に一体的なものであると解釈できる。安倍首相の外祖父の岸元首相は日本の敗戦を認めた上で、海洋国家であるべき日本が第二次大戦において大陸国家のナチ・ドイツと同盟を結び、国家としては誤った選択を犯し、敗北の屈辱を舐めたことを反省して、今後は強要された日米安全保障条約を日本が主体的かつ自主的にアメリカとの対等の立場で改めて同盟を結び直す形に変え、それに基づいてアメリカと共に世界において日本の進むべき道を探ることが日本にとってベストであるという考え方を持っていたと考えられる。敗戦という屈辱は時の政府の選択の間違いであったので、むしろそれを深く反省して、同じ海洋国家としてのアメリカとは敗戦という屈辱を乗り越えて国際社会において共に進むことが今後の日本の進むべき道であると結論付け、一九六〇年六月に日米安全保障条約の改正を進めたものと解釈される。また岸元首相は、日米同盟関係を堅持しながら、独立国家としてその存在性を内外に示すために、アメリカが押し付けた、人類の普遍的な民主主義的な基本原理を採用した日本国憲法を可能な限り日本の伝統と文化に適合する形に修正して、日本人の憲法に変えることを自民党創立時に国家目標として掲げたと見られる。安倍首相の政治行動を方向付けているのは、この祖父の考え方であると推測される。問題は、アメリカが日本国憲法第九条の「ケロッグ・ブリアン」条約をベースにした平和主義原則を敗戦国日本に強要している点である。その意図は、国際政治学の常識から推測するなら、四年間もアメリカに立ち向かった敵国日本が再びアメリカに歯向かうことが無いように、言い換えるなら、アメリカに再び挑戦できる戦争能力を持たせたくないというアメリカの意志を日本国の基本法の中に記録させることであったのではないかと思われる。もしこの推測が正しいなら、日本は日米安保体制を堅持し、さらに多極化の方向へと向かう国際関係の中でアメリカの信頼されるパートナーとしての範囲内でその自主性を高めることで平和主義を修正していく他に道はないことになろう。安倍首相が推し進める「積極的平和主義」はまさにこの道ではないのかと推量される。

もし、将来、尖閣諸島の領有権をめぐる日中間の対立が激化して戦争になった場合でも、それは日中間の戦争ではなく、必然的に米中間の戦争へと転化することになろう。従って、あり得ないことかもしれないが、しかし、もしもの究極的な危機状況を想定して、新しい国際関係の下では、外交的のみならず、軍事的にも日米の間で緊密な協調体制が築かれていなくてはならないであろう。日本の従来の安全保障体制は究極の場合の戦争を想定せず、侵略された場合におけるアメリカ軍の反撃を補完する役割に限定された対策からなるものであったと言えよう。それは「消極的平和主義」であり、冷戦時代においては妥当であったかもしれないが、多極化時代の国際政治においては、日本がより積極的、かつ主体的に安全保障体制の構築が求められていることになろう。その構築には、まず日本国の安全保障政策を決定し、それを推進する外交と安全保障に関する司令塔の役割を果たす政府機構の設立が必要不可欠ということになろう。次に、日本を巡って近隣諸国との緊張関係が高まるにつれて、日米間の軍事機密の保護も必要不可欠ということになろう。

参議院での与党勝利によって政権基盤を確かなものにした安倍首相は、直ちに新時代の日本の安全保障を確かなものにするために提起されたこの二つの緊急な課題の実現に取り掛かった。まず二〇一四年一月に、外交・安全保障の基本方針を定め、かつその司令塔となる「国家安全保障会議」(NSC)を発足させた。そしてその事務局を内閣官房に置き、その局長に第一次安倍政権の外務次官であった谷内正太郎を任命した。国家安全保障会議は危機の窮迫度や危機の内容に応じて、首相が議長となり、官房長官、外相、防衛相を構成員とする「四大臣会合」およびこの四大臣に加え、財務相、総務相、経済産業相らから成る「九大臣会合」から構成されることになった。事務局の職員は約六〇人で外務省、防衛省、警察庁などからの出向者である。この国家安全保障局(NSS)は総括・調整班、政策第一班(米国・欧州など)、政策第二班(北東アジア・ロシア)、政策第三班(中東・アフリカなど)、戦略企画班、情報班の六班から構成され、谷内局長の下に二人の次長、その下の三人の審議官が配置された。[46] 次に、野党や世論の反対を押し切って、国の安全保障の秘密情報を漏らした公務員らに厳罰を科す「特定秘密保護法」の制定を強行した。[47] さらに、日米安保条約を日米同盟条約と捉え直すなら、同盟とはその締結国の一方が攻撃された場合には他方の国がそれを自国への攻撃と解釈して攻撃国と戦わねばならないという双務的義務を伴う。従って、アメリカがどこかの国によって攻撃された場合には、日本国は憲法の許す範囲内で集団的自衛権を行使することが求められることになる。それは国連加盟のすべての国に認められている権利でもある。ところが、日本国憲法第九条の従来の解釈では、日本国の個別的自衛権は認められるが、集団的自衛権は認められないというのが通説であり、従来の政府はその通説の解釈を守ってきた。二一世紀に入り、東アジアの国際関係の緊張の高まりと共に、日本の安全保障の強化のために日米同盟の強化が強く強調されるようになると共に、日本にとって同盟の双務的義務の履行が迫られるようになったと言えよう。集団的自衛権を個別的自衛権の延長線上に位置付ける新しい憲法解釈を行なう必要性が生まれた。このような新しい憲法解釈を行なうためには、「法の番人」と言われて来た内閣法制局の同意が必要であった。

安倍首相が推進する「外政優位」の政治はそれまで「内政優位」の政治を推進してきた行政組織、つまり「大蔵省支配」と言われてきたような財務省が他の省庁の上に位置した時代とは違って、外務省と防衛省および「特定秘密保護法」制定後は警察庁を重視する方向へと展開されていくのは自然の成り行きであろう。安倍首相は、第一次政権時代に集団的自衛権を行使できる憲法解釈を行なう政策転換を試みたが、当時の内閣法制局の猛反対にあって失敗した苦い経験を持っていた。従って、今回は再び人事を通じての政策転換を行なう政治手法を用いることになった。まずその布石として、従来、内閣法制局では法務、財務、経済産業、総務の四省出身者が交代で、次長から局長に昇格する「四省責任体制」と言われる長年の人事慣行があったが、それを破り、二〇一三年八月に山本庸幸内閣法制局長官を辞任させ、後任の新しい局長には集団的自衛権の行使容認に前向きな外務省の駐仏大使小松一郎を任命した(48)。

それと並行して「外政優位」の政治を本格的に展開させるためには、政治主導、つまり官邸主導の政策決定とその遂行体制を確実なものにするために、意志決定のボトムアップ型時代に築かれていた霞が関の人事慣行、つまり各省庁の次官を含めてすべての公務員の人事に関する各組織の自律性の慣行を廃止し、次官を含めてすべての公務員の人事を官邸が行なう制度に変える「国家公務員制度改革関連法」を二〇一三年一二月に衆議院に提出した。前章で繰り返し述べて来たように、トップダウン型の「決定中枢」制度の確立は政治改革の目玉であり、官邸による公務員の任命およびその管理を司る機関の設立は行政改革着手後の歴代の内閣の宿願であったと言えよう。それまで公務員の任命と管理の業務は人事院や総務省に属しており、国家公務員制度改革においては官邸による任命と管理に関する機関の設置に関して霞が関の反対や自民党の反対で頓挫していた。そして、第一次安倍政権の行政改革担当大臣に就任していた渡辺喜美が「内閣人事庁構想」を打ち出したが、安倍首相の辞職でその実現は見送られることになった。次の福田内閣時に、国家公務員制度改革基本法が上記の本書第二部第二章2の（c）で述べた通り、一応この「内閣人事庁構想」だけを除外して実現された。そして残された課題は民主党の鳩山内閣時代に政治主導確立法案に盛られていたが[49]、それも廃案になり、そして菅内閣と野田内閣でも一応試みられたが法案は廃案になった。政治主導、つまり官邸主導による政策決定システムを確立するために実現されなくてはならない最後の行政改革が内閣人事局の設置であったと言えよう。言うまでもなく、それは民主党がその実現を目指した目標であったので、その目標を安倍政権が引き継ぐことになり、民主党と安倍総裁の自民党も目標を共有することになり、その実現の運びとなった[50]。こうして、安倍内閣が衆議院に提出した「国家公務員制度改革関連法」は二〇一四年四月一一日に参議院で可決、成立した。これによって、二〇〇一年から開始された政策決定システムのボトムアップ型からトップダウン型への転換がようやく完成することになった。

同法に基づいて新設された「内閣人事局」は中央省庁の幹部人事を一元管理する一六〇人規模の機関で内閣官房の下に置かれた。それは審議官以上の幹部公務員約六八〇人の人事に首相と官房長官が直接かかわる仕組みである。加藤副官房長官が初代内閣人事局長を兼務することになった。幹部人事はこれまで各省庁が原案を作り、局長級以上の約二〇〇人を一九九八年に設立された官邸の人事検討会議に諮って決めて来た。今後は各省庁の人事評価に基づいて推薦された人事案に対して内閣人事局が「適格性審査」を行い、「幹部候補者名簿の作成」が行なわれる。その後、それに基づいて首相と官房長官、所管大臣の三人で「任用候補者の選任」、さらに「任免協議」を行なって最終決定がなされることになった。とはいえ、実質的な人事権は首相と官房長官にあり、所管大臣の任命権は以前より形骸化されたと言えよう[51]。菅官房長官は一一日の記者会見で、「従来の縦割りや省益ではなく、まことに国、国民のために頑張ってもらう体制をしっかり取っていきたい」と内閣人事局設置の意義を述べた[52]。ついに五月三〇日に内閣人事局が発足し、その発足式で、安倍首相は「(従来の霞が関は)船団だった。これからは一つの大きな日本丸という船に乗り、国民、国家を念頭に仕事をしてほしい[53]」と訓示した。

内閣人事局設置に関してその立案に当たった宮澤洋一自民党政調会長代理は「内閣に近衛騎兵団を作る。忠誠を誓う軍団を作る。そういう発想の下につくった」と、設置の狙いを隠していない[54]。また、『日本経済新聞』四月一二日の記事でも、「重要政策で政権の意向に沿った人材を配置、政策が円滑に遂行できるようにすることをねらう」ものであると、その設置の目的を指し、将来憂慮される点として、ある経済官庁幹部の次の発言を紹介している。「政権に人事介入が増えれば、おとなしく無難な仕事をする役人が増える」と指摘、「政権交代で処遇が左右されかねないことが職員の意識に与える影響を懸念した」と。さらに、「新制度は……霞が関を変える起爆剤」となる、と示唆している。

政策決定システムの原理のボトムアップ型からトップダウン型への転換の試みに約一三年間を費やしたことになるが、この内閣人事局の設置によって、ようやく政策決定システムの原理の一八〇度の転換が完成することになったと言える。それと共に、今や首相の政治指導次第では「日本丸」という国家がどのような方向へも進むことが可能な制度が完成したのである。また第二次安倍政権の登場と共に、万年政権党の自民党も「日本を、取り戻す」という「保守の理念」の実現を目指す政党へと大きく変質し、同時に意志決定の政治システムも変わることになったので、戦後日本国のカタチも大きく変わる方向へと進み始めたと見てもよかろう。

さて、約一三年もかけて完成された首相による政治指導体制の概要を次に確認しておくことにしたい。顧みるなら、首相による政治指導体制確立の試みが本格的に始まったのは小泉内閣時代からである。当時、執政府の中核機関として内閣府に法律に基づいて経済財政諮問会議が設置され、郵政民営化をはじめ、経済政策に関するすべての重要課題が審議され、竹中経済財政担当相が総括していた。第二次安倍政権では、民主党時代に停止されていた経済財政諮問会議が一応再開されはしたが、新設された日本経済再生本部、規制改革会議、政労使会議などと同列の地位に置かれた。すなわち、第二次安倍政権では、政権運営のツールとして、政権が掲げる重要課題への取り組み、次に様々な政府内の調整を必要とする案件の検討と決定、さらに突発的な緊急事態に対処する方針の審議・決定のための機関として、首相を議長とし、関係大臣、副大臣、政務官、行政官、民間人から成る政策会議が多数設置された。つまり安倍政権は政権を運営する総合的な政策対応システムとして政策会議を設置することになり、経済財政諮問会議はその中の一つの会議の性格をもたされることになったのである[55]。従って、経済財政諮問会議は復活したが、それは経済政策というマクロ政策を担当し、安倍政権が重視する「デフレからの脱却」を担当する日本経済再生本部は企業の競争力の強化などミクロ政策に関わる成長戦略の司令塔になるといった役割分担が定められた。そしてこの日本経済再生本部にはさらに成長戦略の調査と審議を担う下部の政策会議の産業競争力会議が設けられ、それと関連する機関として民主党時代に廃止されていた規制改革会議も復活した[56]。こうした各種の政策会議は首相を議長とする会議であり、すべて内閣府に置かれている。小泉内閣時代の経済財政諮問会議と違って、それらはあくまでも首相の諮問機関に過ぎない。従って、政策決定の中枢機関は首相とその政務秘書官及び内閣官房正副長官から成るインナー・グループ、つまり官邸である。

首相の政策決定を支援する政府機構は二つあり、一つは内閣府であり、もう一つは内閣官房である。この二つは首相の下にあり、内閣府が各省庁の上に位置し、内閣官房は府省庁間の調整と統括を行なう機能を果たす。内閣府は、中央省庁再編に際して、旧総理府や旧沖縄開発庁、旧経済企画庁を吸収して新設された。その後、時の首相が重視する各種政策を担当する内閣府特命担当大臣が任命されると共に、そうした大臣を支える事務局も内閣府の中に置かれ、その数は増え続けている。内閣府特命担当大臣は複数の省庁にまたがる政策の調整役となり、関係省庁への勧告権を持つ。他省庁の閣僚と兼務できる。例えば、上記の内閣人事局の設置の例を見るなら、その根拠法の「国家公務員制度改革関連法」は安倍首相の最側近の稲田朋美行政担当大臣がその作成に関わり、同法案成立後は、安倍首相はその実施を担当する「国家公務員制度担当相」という新しい国務大臣のポストを作り、二〇一四年五月三〇日にその初代大臣に稲田朋美行政担当大臣を兼務させている[57]。このように、首相自らの判断で特命担当のほかに、「担当相」も任命できるのである。二〇一四年時点で、特命担当相は、山口俊一沖縄・北方相、有村治子女性活躍相、甘利明経済財政・再生相、石破茂地方創生相の四人であるが、彼らは各自特命担当の課題の他に、二つや三つの別の課題も担当している。また麻生太郎財務相は、特命担当として金融、担当としてデフレ脱却をも担当し、三つの大臣を兼ねている格好になっている。小渕優子経済産業相、山口えり子国家公安委員長もそれぞれ特命担当と担当を持っている。望月義夫環境相は原子力防災特命担当である。各大臣は際限なく特命担当、ないしは特命を担当することになり、安倍内閣の存続の間、特命担当ないし担当は増え続け、それを支える内閣府の事務組織も増大の一途を辿っている[58]。

ところで、第二次安倍政権誕生までの自民党政権時代の政策決定システムは政府・与党二元体制である。「五五年体制」時代では「党高政低」と言われていたが、政治主導体制が本格化し始めた第二次安倍政権では、「政高党低」へと傾斜し始めている。政府提出法案が国会に上程されて法制化されるまでのプロセスを見ると、政府・与党二元体制の下では、与党の事前審査をパスしない法案は国会に提出できなかった。中央省庁や国会の各常任委員会に対応する自民党内の各部会で作成された政策案がまず政調会で審議決定され、その次に党大会や両院議員総会に代わる常設的な最高議決機関である総務会で了承される必要がある。このシステムは与党の事前審査制と言われるが、このプロセスを経た政策案が閣議決定され、政府案として国会に上程されて法制化される。そして、衆参両院では自民党議員は事前審査を経た政府案については「党議拘束」が掛けられるので、造反すれば処罰の対象になる。[59] 民主党政権時代に民主党も自民党と同じ事前審査制をとっていたが、政権が進める政治主導体制の確立を実現するためにそれは廃止となった。それにつられて、野党の自民党も党再生・改革の一環としてこの事前審査制を廃止した。ところが、第二次安倍政権発足後に再び与党の事前審査制が復活したのである。つまり、与党側では部会―政審―総務会という三段階からなるボトムアップ型の政策決定システムが復活したということになる。これによって、与党の事前審査制と一段と進められた安倍政権の政策決定のトップダウン化とが齟齬をきたす可能性が生まれた。[60] とはいえ、上記した通り、小選挙区制の導入により、党総裁と議員との関係はリーダーとフォロワーの関係に代わり、とりわけ「保守の理念」で統合されつつある自民党では、安倍首相が掲げる「外政優位」の政策群についてては、議員の間ではむしろ共鳴器となる人びとが大多数となっているので、政府案に強く反対する者は多くない、という自民党自体の変化が生まれつつあった。次に、自民党の党則第七九条に「総裁は必要に応じ総務会の議を経て、臨時に特別の機関を設けることが出来る」と書かれており、この規定を活用して、安倍首相は政調会の部会や調査会などとは別に、総裁直属機関を多数設置している。それは、内閣府に設置されている政策会議に課されている課題と同じ課題に取り組む会議である。例えば、政府内にデフレからの脱却を図る「日本経済再生本部」、地方活性化に関する「地方創生実行統合本部」、などであるが、それと同じ名称の総裁直属の会議が多数作られて

図４　安倍首相を支える人たち

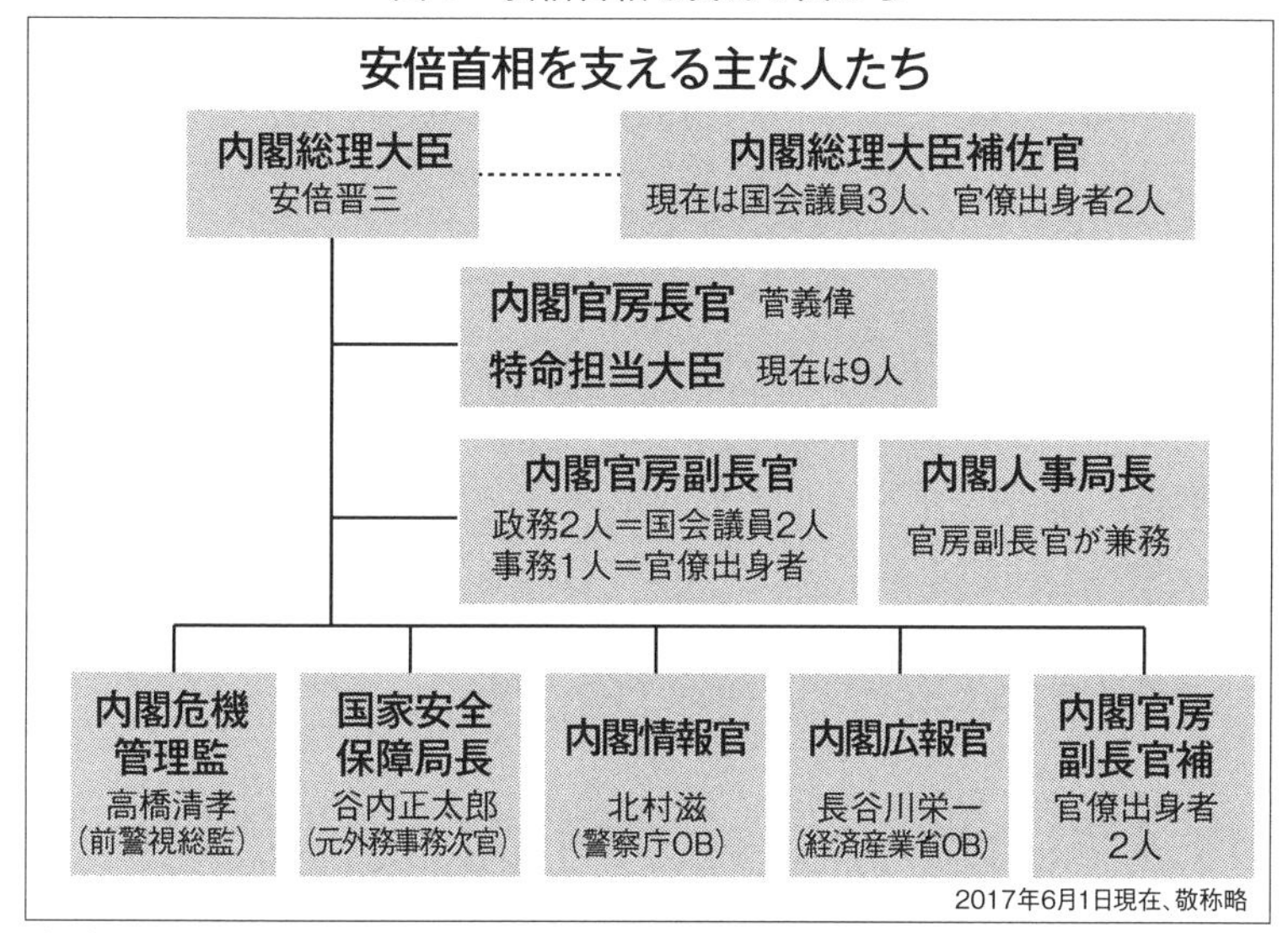


出所：withnews、2017年6月3日。

いる。[61] 内閣と与党には同じ名称の政策会議が設置され、有力な議員は両方の会議に参加しているので、政策決定においては実質的に政府と与党が一体的な関係にあることとなり、政府と与党の二元体制は政府を中心とする一元体制へと実質的に変容していると見ても間違いなかろう。後述するように、二〇一四年一二月の衆議院選挙で自民党が圧勝し、それに伴う内閣改造や党執行部人事の刷新が行なわれ、「安倍一強」時代の到来と共に、安倍首相は政調会長や総務会長に腹心を据えることで、与党の事前審査制の制度それ自体は残していても、その運用においては政府が中心となって与党との一体化が進められていったので、事前審査制は実質的に形骸化しつつあると見てもよかろう。

なお、この事前審査の一種として、安倍政権が自公連立政権であることから、政策決定において、まず与党間には党首会談、幹事長・国会対策委員長会談、与党政策責任者会議、政府与党間には政府・与党協議会が設けられ、そこで重要な政策決定についての協議がなされている。この協議を通じて公明党は自民党ベースの政策決定に対して一定の影響力を行使できることになっている。[62]

以上、安倍一強体制の確立過程を見てきたので、二〇一四年後半期からの安倍政権の「外政優位」の政治の展開は次節においてフォローすることにしたい。

## 3　「決定中枢」の専制化への傾向――立憲的仕組みの形骸化と「忖度政治」の横行

### (a) 日本政治に埋め込まれた権力に対するコントロールの仕組み

内閣人事局の設置によって政策決定システムのボトムアップ型からトップダウン型への転換を目指した政治改革は一応完了し、それと共に首相を中心とする「決定中枢」制度再編も実現したと言えよう。それに伴い首相を中心とする官邸への権力集中化の傾向が現われた。今や、首相官邸は名実ともに日本政治の舵取りの「コントロール・タワー」となった[63]。それと共に、日本国の「権力核」も可視化されるようになったとも言える[64]。現行憲法の下における首相は大日本帝国憲法における天皇と内閣総理大臣の両者の権限を合わせ持つ権限を有し、それ故に首相は日本における最強の権力保持者である。「権力は腐敗する。絶対権力は絶対的に腐敗する」というイギリスの自由主義的貴族アクトン卿の有名な箴言は国家という政治的組織体（polity）のみならず、集合的目的を達成するために人間によって結成されたあらゆる組織体に当てはまると言えよう。それ故に、自由民主主義的憲法の制定を目指したアメリカ合衆国の建国の父祖たちは権力の腐敗と乱用を防止するために厳格な三権分立制度を導入している。アメリカ連邦大統領は強大な権限を持っているように見えるが、彼は行政府の長であって、立法権は有していない。そして違憲立法審査権を持つ連邦最高裁判所の監視下に常時ある。それに対して、世界で最も古い自由民主主義国と言われているイギリスは議院内閣制を採用している。そのために、権力分立制は存在するが、アメリカのそれとは当然異なる。というのは、主権機関の議会（下院）の最高委員会の性格を持つ内閣は実質的に立法権と行政権を併せ持っているからである。従って、内閣の長である首相は強大な権限を有し、戦争などの危機に際しては独裁権も行使できる。とはいえ、こうした強大な権力を有する首相が「不法な独裁者」にならないように、まず首相を支える与党が総選挙時に国民に約束した公約からはみ出して暴走しないように内部からチェックするシステムがビルトインされている。それればかりではなく、下院の野党がチェックし、さらに上院が「憲法」に反する法案の承認を拒否し、最後に次の選挙で有権者がチェックするシステムが制度化されている。さらに今日では「第四の権力」と称されているマスメディアも常時監視し、批判的な意見を示してチェック機能を果たしている。従って、これまでは「不法な独裁者」となった首相は現われてはいない[65]。

「公共政策学」の樹立者の一人であり、そのさらなる発展をリードしている、上で紹介したドロア教授は、自著『統治能力』（一九九四年）が二〇一二年に日本で邦訳された際、それに寄稿した「日本語版への序文」（二〇一〇年一二月）の中で、危機を克服するために民主的な権力の集中が必要である、と述べている。そして、「日本の統治能力を改善するための試みの勧告」を六つ提示しているが、その第一番目に挙げているのが「本質的に重要な民主的な権力集中を確実にするように、体制は部分的に改革されるべきである。大統領制に類似した、あるいは強力な首相を実現するような憲政に向けて改善すべきである[66]」という勧告である。二〇一四年五月、内閣人事局の発足によって、ドロア教授が勧告した「強力な首相を実現するような憲政に向けて」の改善は一応完了したと見られよう。つまり、現代日本では二〇一四年五月以降、法制的には首相を強力にする「民主的な権力集中」制度が確立されたと言っても過言ではなかろう。そこで、日本において従来、首相権力に対する「民主的な」コントロールのシステムはどういうものがあったのか、それを確認して置くことが必要であろう。

日本も自由民主主義国家であるので、国家権力の構成原理として三権分立制が採用されている。首相は行政府の長であり、他の二権、つまり立法権を担う衆参両議院から成る議会と司法権を代表する最高裁判所と相互の間にチェック・アンド・バランスの関係にある。とはいえ、日本は議院内閣制を採用している関係上、上述したように、イギリスと同様に首相を長とする内閣は議会の最高委員会の性格を帯びているが故に、立法権と行政権は極言すれば一体的な関係にある。とはいえ、現代政治の生命線と言われている政党という憲法外的な政治団体が国家を実質的に運営していることから、議会における野党が行政権をコントロールし、形の上では立法権が行政権に対するチェック機能を果たしている。また定期的に行なわれる総選挙で政府の失政があれば、政府を支える与党が議会の多数を失う危険性、つまり選挙において示される有権者の野党への支持の切り替えというチェック機能が存在しているので、野党への転落を恐れ、与党が首相をコントロールする制度が確立されている。それは、長い間政権与党であり続けた自民党の場合には、第一に、定期的に行なわれる総裁選出選挙において、政権を失う恐れのある政策を続行する首相に対してはその支持を撤回することで首相であり続けることが出来なくなる仕組みであり、第二に、議会へ提出する法案についての与党の事前審査制である。「五五年体制」時代においては、中選挙区制の恩恵を受けて自民党内に強力な派閥が存在し、野党が与党を倒して政権交代を実現する力を持っていなかったこともあって、自民党内で派閥間の絶えざる権力闘争の妥協の産物としての「擬似的政権交代」の形で時の最強派閥の長ないしはそれが推す国民に人気のある政治家が次期首相に選出されていた。従って、首相はまず与党による強いコントロールを受ける立場にあり、首相の独断的な政治的行動はチェックされていた。次に、政府権力の正当性の根拠は主権者の国民が定期的に選挙で示す政治的意思表明にあるので、権力の正当性の調達機能を果たす政党、とりわけ与党の存在は行政府にとって「命綱」そのものであり、「党高政低」の傾向にあった。他方、憲法擁護を党の主要な存在根拠とする最大野党の社会党は議席の三分の一を少し超える得票傾向を有し、与党に取って代わって政権を担当する意志も能力も欠けてはいたものの、ひたすら憲法擁護のために全力を尽くしていたので、政府は憲法から大きくはみ出すような政策の追求は現実的には困難であった。従って、その点において、政府に対する野党のチェック機能は作用していたのである。

最後に、「五五年体制」時代においては、霞が関の官僚集団が憲法に基づく公認の慣行ではないにせよ、首相の権力を制約ないしはチェックする「立憲的慣行」に基づいて行動していた点は忘れてはならないであろう。キャリア官僚は最も難しい国家公務員採用総合職試験に合格したエリート集団である。彼らは受験必須科目の憲法を徹底的に学習して憲法解釈に関する憲法学界の通説を身に着けているので、憲法感覚に優れているばかりでなく、公務員就任時に日本国憲法遵守を誓約した人びとである。従って、憲法改正を「党是」とする自民党政権の下でも、時の政権が憲法の原則を大きく踏み外すか、あるいは逸れる政策を掲げても、それを法律の専門家である彼らは現行法に適合するものであるかどうかの観点からチェックして、時の内閣の「暴走」を実質的に阻んできたのである。それが可能であったのは、上記の通り、明治維新以後に確立された大日本帝国の文官官僚制が持つ各省内人事の自律性の慣行であった。つまり、幹部の人事権を含めてすべての公務員の人事権を各省庁の官僚団が保持していたのである。さらに政策決定システムがボトムアップ型であったので、政策の発案は実質的に各省庁が先に行い、稟議制によって発案された政策案が下から上へと持ち上がるが、最終決裁者の所管大臣の任期が一年か二年であり、大臣には所轄の省庁のことについての非専門家が就任する場合が多いので、実質的に各省庁の官僚団が時の政府の政策を決めてきた。従って、官僚団の支援なしには内閣はその存続が困難であったと言えよう。また、「第四の権力」と言われるマスメディアも、戦前においては軍部の報道機関の役割を果たした過去を反省して、その多くが政府に対する批判的な姿勢を堅持し、国民世論の動向を方向付けていた。従って、時の政府に対するマスメディアのチェック機能も極めて高く、政治的に無視し得ぬ大きな影響力を持っていたと言えよう。

以上が首相権力を「民主的な」方向へと作用させていた非公認のものを含めての従来の制度的な仕組みであったと考えられる。ちなみに、三権分立制を採用していても、違憲立法審査権を持つ最高裁判所が「統治行為論」という理論を用いて行政権と立法権に対する憲法擁護の立場からのチェック機能を「自粛」しているので、アメリカのように司法権が行政権をコントロールする例は極めて少なかったと言える。さらに、最高裁判所判事の任命権を内閣が有しているが故に、首相権力に対する司法部のコントロールは皆無に近いと言えよう。この点では「司法国家」と言われる現在のドイツとは正反対に、現代日本は「行政国家」と言っても過言でない。ドイツは、連邦制の採用を別にすれば、日本と同様に議院内閣制の国である。しかし、「合法性」を装って独裁を続けたナチ・ドイツ時代への反省から、三権を立憲主義的にコントロールする憲法裁判所が導入されている。そして、それによって、絶対的な価値に高められている憲法の擁護、すなわち立憲主義が貫徹されている。[67] また隣国の韓国も、一九八七年の民主化の成果として制定された第六共和国憲法によってドイツの憲法裁判所をモデルとする憲法裁判所が設置されている。同裁判所はすでに何人かの大統領罷免の判決を下している。三年前の朴槿恵前大統領罷免に見られるような「ろうそく集会」に象徴される憲法擁護を求める下からの「街頭デモクラシー」に支えられた形の憲法裁判所の行政権と立法権に対する立憲主義的なコントロールはドイツのそれを超えているかのようにも見られる。[68]

以上紹介したような首相権力に対するコントロール制度は「五五年体制」時代のものである。こうした公認または非公認の諸制度は、冷戦の崩壊やグローバル経済の進展、さらには二一世紀に入って急速に台頭した超大国を目指す中国の存在感の高まりや核保有国を目指す北朝鮮の軍事的挑発行為などに見られる東アジア地域における国際環境の変化や、それに対応するための日本のレスポンスとしての一連の政治改革などによって機能不全を起こしている。首相権力に対するコントロール機能を果たしてきた従来の政治的仕組みないしは機関は、選挙を除けば、端的に言って、次の四つであったと見てもよかろう。すなわち、立法部の議会、とりわけ野党、与党内の派閥集団、霞が関の官僚団、マスメディアである。首相とこの四つの政治的機関との関係が、もし首相がコントロールされる関係から、逆に首相がそれらの機関をコントロールする関係へと逆転していったならば、首相権力は強大なものになるのは自明と言えよう。実は、これまで見てきた通り、一連の政治改革、とりわけ内閣人事局設置によるトップダウン型の政策決定システムの完成によって、こうした流れが強まっているように思われる。二〇一六年三月、野党の民主党が維新の党と合同し、民進党を立ち上げた。後で述べるが、二〇一七年夏の東京都議会議員選挙で小池都知事が創設した「都民ファーストの会」が圧勝し、それによって政局は波乱含みに展開し始め、その克服を目指す安倍首相による電撃的な衆議院解散が断行された。その直前に小池都知事を中心にして小池支持勢力と民進党との新党結成が試みられ、それを契機に民進党は分裂し、自民党一強、野党の多党化、つまり「一強多弱」時代へと進んでいった。それと共に競争的政党システムが機能するための基本的条件とも言える、いつでも与党に取って代われる野党がその後数年間、あるいは一〇年間は不在の可能性もあり得る与野党間の権力関係の非対称性が生まれることになった。このことは、首相権力に対するコントロール機能を果たす政治的仕組みの一つの欠落を意味する。もし残された三つ、すなわち与党内の派閥集団、霞が関の官僚団、マスメディアがそれぞれ二〇一七年までにそのコントロール機能が無力化ないしは形骸化されていくことになるのなら、首相権力に対する「民主的」コントロールの仕組みは実質的に不在ともいえる状態が出現することになるであろう。ところが、そうした状態が実際に起こったのである。その過程を安倍首相による「外政優位」の政治への転換の試みとの関連において、次に見ていくことにしたい。

### (b) 権力に対するコントロールの仕組みの形骸化と安倍首相による「外政優位」の政治への転換

本節2ですでに指摘したように、安倍首相は第二次政権の課題として、経済、安全保障、教育の三つの危機の打開を掲げていた。経済の危機については「アベノミクス」で対応したことは上述の通りである。安全保障の危機は日米安保条約を「日米同盟条約」と解釈し直して、同盟に伴う双務性を実現するために日本側の体制作りは、上記の通り、「外政優位」の政治への転換の形で実行され始めたのである。その基本は、安全保障の司令塔となる国家安全保障会議の設立と集団的自衛権の行使を可能にする法制度の整備である。次に、憲法第九条に準ずる平和国家日本の証として佐藤政権によって定められた武器輸出三原則も同盟の双務性に応えられるような形で変更すること、及び特定秘密保護法の制定である。二〇一三年一一月に、三年前に民主党政権が策定した「動的防衛力」の構築を目指す防衛大綱を踏まえ、「統合機動防衛力」の構築を目指す新しい防衛大綱を制定し、それに基づく今後一〇年程度の外交政策及び防衛政策を中心とした国家安全保障の基本方針が決定された。そしてそれに基づいて、上記したように、新たに設けられることになった国家安全保障会議は野党の民主党の協力も得て二〇一四年一月に発足させ、次に特定秘密保護法は二〇一三年一二月六日に成立している。残された二つの課題、つまり集団的自衛権の行使を可能にする法制度の整備と武器輸出三原則の見直しのうち、後者は二〇一四年四月一日に「防衛装備移転三原則」を閣議決定する形で行なわれた。武器輸出三原則の見直しは、前章ですでに紹介したように、民主党の野田政権時代に藤村官房長官によって二〇一一年一一月「防衛装備品等の海外移転に関する基準」が策定されているが、それを継承するものである。すでに述べたように、それは対外政策に関して与野党が同じ土俵の上に立っていることの証明である。というよりも、民主党の幹部には、とりわけ野田前首相や前原前外相など「タカ」派が多く、安全保障問題では通説の憲法解釈から大きく逸れない限り、最大野党の民主党が安倍首相の政策に協力的である点は注目してもよかろう。三原則は次の通りである。①国際条約や国連安保理決議の違反国、紛争当事国への輸出を禁止する。②輸出を認める場合を限定し、厳格に審査し情報公開する。③目的外使用や第三国への移転が行なわれないよう適正管理する。このように、禁止対象を明示することで、また「武器」という名称ではなく「防衛装備」というソフトなイメージを与える名称を採用して、実質的に輸出禁止から「解禁」に一八〇度の転換が図られたのである。[69]最後に残された集団的自衛権の行使を可能にする法制度の整備は、憲法第九条の通説の解釈を覆す解釈改憲に近い荒業を行なわなくてはならないので、法案が成立するのは翌年の九月まで一年以上の歳月を要することになった。

安倍第二次政権発足後、内政では「アベノミクス」の「第一の矢」である日銀による異次元の金融緩和の効果が円安、株高として現われ、その余波が経済界に明るい期待感を生み出し、沈滞した社会の雰囲気が少しずつ改善の方向へと向かい始めた。そしてその効果は二〇一三年七月の参議院選挙での自民党の勝利に反映されたと見てもよかろう。そして、九月には二〇二〇年の東京オリンピック・パラリンピック開催決定のニュースが世論の雰囲気を一挙に明るい方向へと変え、オリンピック景気の到来という期待感が生まれ、社会の雰囲気も全体として明るい方向へと向かい始めた。こうしたことで生まれた政権への期待感というプラス効果を利用して、安倍政権は上記の通り、二〇一三年末に国民の「知る権利」を制限する特定秘密保護法制定を強行し、さらに安倍首相自身も「草の根」の保守層の応援団の願いでもある靖国神社参拝も行なった。「草の根」の保守層の応援団は大喜びであったが、中韓ばかりでなく、アメリカからも批判の声が上がった。[70]この行為によって安倍首相はいよいよ本格的に「保守の理念」の実現に取り掛かっているのではないかと、国民の中のリベラル層の反発を誘発することになった。年が明けた二〇一四年四月には野田政権末期に締結された民主党、自民党、公明党の三党合意に基づく消費税率の五％から八％への引き上げも行なった。これらのことでせっかく手にした政権への期待感というプラス効果も使い果たされることになった。それにもめげずに、七月には集団的自衛権行使の限定容認に関する閣議決定に踏み切った。これで安倍政権が掲げた安全保障の危機に対処する対策は基本的な枠組みとしてはほぼ実現されることになったとも言える。とはいえ、集団的自衛権の行使の限定容認の含意するところはアメリカと共に戦争することであり、そして当然そうした究極の場合には自衛隊の海外派兵を行なうことにも繋がるので、自衛隊法をはじめとする関連する一〇近い既存の法律の改正が必要であった。そうした法制化活動には平和憲法を擁護したいという国民層の反対が予想されるのでその対策が必要であった。

ところで、こうした安倍首相の「外政優位」の政治への転換の試みを支える官邸の外務、防衛、警察・情報の専門家からなる補佐スタッフをまとめる中心人物は官房長官である。内閣では閣議決定を必要とする重要案件は必ず官房長官の了承を得なければならないことになっている。また官房長官は毎日二回、定例の記者会見を開き、内閣と政府のスポークスマンの役割をも担っている。さらに、官房長官に求められるのは官庁、つまり府省庁全体にわたる総合調整能力の高さと「舌禍」の少なさである。こうした稀な能力を備えた官房長官こそが安倍首相の「縁の下の力持ち」の菅義偉長官である。彼は「影の総理」とも言われているが、安倍首相の「最強の女房」役を演じており、政権の要石の麻生太郎副総理兼財務相、甘利明経済再生相と並ぶ「最強の官房長官」と言われている。[71]安倍首相が権力の光の面を代表するなら、その影の面を代表するのが菅官房長官であると見られる。安倍首相をナポレオン一世に例える人もいるが、[72]もしそうであるなら、菅官房長官はさしずめナポレオン一世を内政面で支えた警察大臣のジョゼフ・フーシエと言えようか。[73]菅官房長官は内閣人事局を梃子にして人事権を容赦なく活用して霞が関の官僚団の服従を調達し、一方、政府のスポークスマンとしては世論の操縦、さらに議会対策としては野党との交渉、最後は与党に対するコントロールの面で高度の権力技術を駆使して着実にその成果を上げている。[74]その実績は「権力人」の典型のフーシエを彷彿させるものがあるように見える。

安倍首相は集団的自衛権行使容認の閣議決定後にその法制化へと直ちに歩を進めず、一年以上の歳月をかけている。というのは、法制化に反対する強い国民世論の存在もさることながら、実は菅官房長官が安倍首相の行動に「波乱の芽」が出そうな時には、内閣の「エンジン」でありながら、いつでもそれを未然に防ぐ「ブレーキ」の役割をも果たしているからである。つまり、安倍首相が現実主義的に行動し得たのは菅官房長官という「良き女房役」の計らいの賜物であったように見られるのである。言うまでもなく、憲法改正に等しい集団的自衛権の行使容認の法制化については、当然リベラルな世論の反発は強く、それが与党内でも影響を及ぼしており、菅官房長官は高村正彦副総裁と共に与党をまとめるのに尽力した。さらに何よりも「平和」と「福祉」を党是とする連立与党の公明党が受け入れられるような形で進めるためには、公明党の説得に当たる困難な作業を創価学会と太いパイプを持つ菅官房長官が中に入って高村正彦副総裁が当たり、ついに成し遂げているのである[75]。五月に政府の有識者会議の「安保法制懇」がまとめた集団的自衛権の行使容認に向けた新たな憲法解釈を盛り込んだ報告書の提出を受けて、安倍首相は七月一日に上記の通り、高村正彦副総裁と公明党幹部とが妥協に漕げつけた「自衛権発動の三要件」を盛り込んだ「集団的自衛権行使の限定容認」の閣議決定を行なったのである。三要件は次の通りである。①わが国に対する武力攻撃か、わが国と密接な関係にある他国に対する武力攻撃が発生し、わが国の存立が脅かされ、国民の権利が根底から覆される明白な危険がある。②わが国の存立を全うし、国民を守るために他に適当な手段がない。③必要最小限度の実力行使にとどめる。この三要件の①で、これまで個別的自衛権に限ってきた制約を解き、集団的自衛権の行使も可能となったのである[76]。

このように、集団的自衛権行使の憲法解釈の変更の閣議決定がなされたが、次にそれを法制化するより困難な課題が控えていた。閣議決定が報じられるや、国会前でそれに反対する集会が開かれ、憲法擁護を主張する大新聞やその系列のＴＶが連日それを取り上げ始めるや、政権発足後間も無く示されていた六〇％の内閣支持率も三九％へと急落し、逆に不支持率は一九％から四〇％へと上がり支持率を上回ることになった。政権にとって危険信号が灯ったことになった。また集団的自衛権行使の法制化に関しては、与党内にも弱いとはいえ異議を唱える者もあり、さらに国民の中に盛り上がってきた反対意見とそれに支援された野党の力を出来るだけ削ぐためには、体制立て直しが必要になって来た。まず与党内立て直しは、内閣改造と党執行部人事で対応した。二〇一四年九月初めに、菅官房長官、麻生副総理兼財務相、岸田文雄外相、甘利経済再生相、下村文科相、太田国交相の六人の主要閣僚は留任させ、あらたに八名の閣僚を任命した。その際、内閣のイメージを一新するために女性閣僚を五名とした。女性閣僚の数は小泉政権の時と並んで最多である。さらに注目されるのは、次期総理の座を狙う石破茂党幹事長を内閣府特命担当大臣（国家戦略特別区域担当）兼地方創生担当相に任命して、内閣内に封じ込めることに成功した点であろう。安倍首相はこの内閣を「実現実行内閣」と名付けた[77]。次に、党四役もすべて入れ替えた。まず党幹事長には自民党の野党時代の総裁であった谷垣禎一を据えた。総務会長には親中派のリーダーであり、「国土強靭化」を旗印に、防災対策をライフワークとする「古い自民党の象徴」と評される二階俊博を、政調会長には腹心の稲田朋美を、選対委員長には茂木敏充をそれぞれ任命した。新しく党幹事長になった谷垣禎一は「政権に戻って一年八ヶ月たつが、安倍総理大臣が先頭に立ち、今まで安定した体制を作ることが出来た。これから大事なことは、さらに安倍総理大臣の下に一致結束してやっていくことだ」と述べた[78]。谷垣幹事長は野党時代の自民党の悲哀を舐めており、同時に当時の与党の民主党が内部分裂と対立を繰り返し、その結果弱体化して三年で政権を失っていることを見ており、それを反面教師にして自民党が与党であり続けるためには、内部分裂を押さえ、首相を盛り立て、支えることであるとの考えを持っており、従って政府に対する与党内の異論を押さえ、安倍総理をとにかく支えるために尽力し始めた。こうして安倍首相は、前党総裁の谷垣禎一を党幹事長に据えたことで、自民党員が有する「下野の恐怖に起因する沈黙による統治[79]」を梃子に与党のさらなる掌握に成功したのである。

これまでの歴代の首相と違って「外政優位」の政治の実現に努めている安倍首相は、究極の場合には戦争をも想定すべきであるという考え方を持っており、この考え方の延長線上において仮想敵を想定し、この仮想敵を利すると思われる国内の諸勢力も「敵」と捉え直しているように見られる。古来より支配者は国内を治めるに当たって、被治者、つまり「敵」に対しては「分割・統治」の権力技術を用いるのが習わしである。安倍首相も「敵」に対しては、この「分割・統治」の権力技術を用い始めている。「内政優位」の政治が実行されていた「五五年体制」時代とは顕著に異なる様相である。宣伝技術や情報技術の飛躍的な発展を見た今日において、それらの技術を巧みに利用して政府に対する良いイメージを広めて、つまり「イメージ管理」(image management)を行なって、選挙に際しては政治的無関心層や棄権層を自民党へと投票するように誘引することは容易になったと言えよう。電子メディアを通じて自民党を支持する方向へと国民を誘導する戦略は、上述のように、党の広報を担当する世耕参議院議員がすでに展開していた。この党の戦略と歩調を合わせて、安倍官邸も政権発足後マスメディア対策を展開しており、その一例を見ると、それまでは首相が新聞社のインタビューを受ける場合は各社持ち回り方式が慣例であったが、安倍首相はこの慣例を破り、政府に批判的な『朝日新聞』、『毎日新聞』、『東京新聞』ではなく、政府に好意的な『産経新聞』、『読売新聞』との単独インタビューに進んで応じて、新聞社を分断する姿勢を示した。ここに「分割・統治」の技術が駆使されているように見える。[80] また、安倍首相はそれまで政府に批判的な報道が見られたＴＶ朝日の首脳部とのゴルフを楽しみ、良い人間関係作りに努め[81]、一方、内閣のスポークスマンの菅官房長官も政府に批判的な言論人と積極的に会って会食を繰り返し、良好な人間関係を作り出すことに精力的に取り組み、結果的には反政府的なＴＶや言論人が政府批判を控え、自粛する方向へと時間をかけて誘導する戦術も取られたように見られる。[82] この戦術はインフォーマルなものであるが、一方、フォーマルには高市早苗総務相がついに二〇一六年には電波法を持ち出して、第四条の放送の公平性を盾にとって、個々の情報番組や報道番組の内容に関して政治的中立性が保たれているかどうかを問う姿勢を示し、それと歩調を合わせて自民党の広報部がマスメディアに直接抗議して圧力をかけるような事態が進行した。[83] 最後に、ＮＨＫについては会長及び幹部人事について政府寄りの人を推薦して、安倍政権の人事を通じての政策転換を図る政治手法が用いられ、政府から見て行き過ぎた情報番組や報道番組が次第に減少していった[84]。こうしたマスメディア全体に対する安倍政権によるコントロールの試みは二〇一五年末ごろまでにはほぼ完成の域に達し、それまで政府批判の姿勢を続け来た『朝日新聞』も、慰安婦問題の報道において誤報があったと「草の根の保守」からの執拗な攻撃と告訴で敗北した後には、レトリックの多い批判的意見を展開するのみで、政府を鋭く批判する刃は抜かれてしまったかのような感じになっていく。こうして、首相権力に対するマスメディアからのコントロールも弱体化していったと見られよう。

こうした官邸によるマスメディアに対するコントロールが陰に陽に試みられ始めている中で、上述したように、二〇一四年九月初めに安倍政権に対するイメージ・アップを狙って内閣改造に際して女性閣僚を一挙に五人に増やしたが、それが裏目に出てその一ヶ月半後に小渕優子経産相の政治資金規正法違反や松島みどり法相の公職選挙法違反がマスメディアで大々的に取り上げられ、それを受けて野党が国会で首相の任命責任を追及する動きを示した。政権発足時から女性活躍社会実現をモットーに揚げ、内閣のイメージ・アップを図って行なった五人の女性閣僚任命が逆効果をもたらしたことで、内閣の支持率はさらに下がった。安倍首相は態勢挽回を図るために、第一次政権の時に同じように閣僚が不祥事を起こした場合に、その対応が遅れて守勢に追い込まれた苦い経験の反省から、今回は素早く二人を更迭して事態の収拾を図ると同時に、政権の正当性をリセットすべく、首相の「伝家の宝刀」と言われている解散権の行使を考えるようになった[85]。選挙で「安倍首相の自民党」が圧勝するなら、それは内閣の行なう大胆な改革への舵取りを後押しする強力な援軍ともなるもので、一一月に衆議院の解散を決断し、それを表明した。その際、マスメディア対策を含めて用意周到な準備を行なって選挙に臨んだ。本来なら、集団的自衛権の行使に関する安全保障関係の法令改正を選挙の争点にするのが、議会制民主政の常道であるはずであるのに、それを避けて有権者に支持され易い争点、つまり来年秋に消費税をさらに一〇%へと引き上げることになっているが、財政事情を勘案してそれを延期する必要がある、その是非を問うという形にして、つまり争点をすり替えて解散を断行したのである。

一二月一四日に投票が行なわれ、一五日に開票結果が発表された。野党の虚を突き、解散に踏み切った戦術的な巧みさが効を奏して自民党は三議席を失うのみで二九〇議席を獲得した。公明党は四増やして三五議席を獲得し、自民・公明両党の合計議席は三二五で定数の三分の二（三一七）を上回った。野党では民主党が一一増やして七三議席を、共産党は八から二一へと躍進した。第三極の維新の党は伸び悩み一減らして四一議席を獲得するのみであった。次世代は一七減らし、小沢の生活も三議席減らし、共に二議席を獲得したのみであった。社民は前回同様に二議席、諸派・無所属が八減らして九議席であった。ちなみに、投票率は戦後最低の五二％である。[86]選挙の結果を受けて安倍首相は、一二月二五日に新内閣発足に際して、中谷元元防衛相を再び防衛相に起用する他、他の閣僚一七人は再任し、首相が取り組んでいる経済政策「アベノミクス」の推進を最優先に掲げると共に、安全保障法制の整備に全力を傾ける方針を改めて打ち出した。[87]なお、この選挙では、自民党においては世代交代もあり、かつて自民党の各派閥を率いたドンの多くもその前に引退しており、その代わりに多くの新人議員が誕生した。彼らは党首の安倍首相の指示には進んで従う議員たちである。選挙によって政局をリセットして政権の正当性を高めただけではなく、自民党内においても党首の指導権が確固たるものになり、与党から安倍首相に対するコントロールの仕組みはもはや機能しなくなったのも同然の状態が生まれた。こうして、それ以前から進行していた党内結束を維持する「沈黙の統治」が強化され、かつての包括政党時代の自民党らしい多様性と活力が失われていった。[88]翌二〇一五年九月には自民党の総裁選挙が巡ってきたが、対立候補は現われず、無投票で安倍首相は再選された。同時に、野党が反対し、安保法制を「戦争法」であると受け止めてその成立に反対する大衆運動の高まりの中において強行採決で安保法制を成立させた。[89]こうして、安倍首相は、第二次政権発足時に掲げた三つの課題の内の安全保障の危機に対処する体制作りにようやく漕ぎつけることに成功したのである。

その後の一〇月初めに、安倍首相は、安保法制を強行採決したことで内閣の支持率が急降下したことを勘案して、その後の内閣の支持率アップを狙って内閣改造を行ない、内閣の新しい看板として「一億総活躍社会」政策を打ち出し、その担当大臣に加藤勝信官房副長官を充てた。初入閣者は九人であるが、その中で目玉になるのは丸川珠代を環境相に、森山裕を農林水産相にそれぞれ任命した点であろう。連立を組む公明党の指定席である国交相には、太田に代えて石井啓一政調会長を初入閣させた。政権の要石の菅官房長官、麻生副総理兼財務相、甘利経済再生相などを留任させたことは言うまでもない。石破茂地方創生相も留任させた。加藤官房副長官の後任には安倍首相の腹心萩生田光一党総裁特別補佐を任命した。首相補佐官には衆議院外交委員会長の元法務副大臣の河井克行と元総務副大臣の柴山昌彦を新たに起用した。また、谷垣幹事長、二階総務会長、稲田朋美政調会長、茂木敏充選挙対策委員長の党四役、高村正彦副総裁も留任となった[90]。以上のような新たな陣容を整えた安倍首相は二〇一六年に入り、後で触れるが、二月にTPPの署名、五月にサミット開催、一一月には当選を果たした次期アメリカ大統領となるトランプ私邸への電撃的な訪問、一二月には、退任するオバマ大統領の広島訪問に対する答礼訪問としてハワイを訪れ、戦没者への慰霊に臨み、さらに同月山口県にロシアのプーチン大統領を招聘するなどの外交分野で活躍する。そして、二〇一七年に入り、チェックおよびコントロールの機制が機能不全を起こし始めたことの現われとして、政権の不祥事が発覚し始めるのである。それについて述べる前に、首相権力をチェックし、コントロールする仕組みの内、与党及びマスメディアと首相との関係についてはすでに述べたので、最後に残された、最も強い政治機関であり、競争的政党システムが機能するためにその存在が必要不可欠の野党の動向について触れることにしたい。

最大野党の民主党は二〇一二年末の総選挙で惨敗し、野田代表は政権を失った責任を負って辞任し、海江田万里が新代表に選ばれた。半年後の二〇一三年七月の参議院選挙では、安倍自民党の勢いが高まっている最中に行なわれたこともあり、自民党は六五議席、民主党は過去最低の一七議席しか取れず、政党としての影響力は急速に弱まっていった。この参議院選挙で、上記したように、一九八九年七月の参議院選挙以来続いていた国会の「衆参ねじれ」現象が解消した。次に、安倍首相の電撃的な解散権が行使された二〇一四年一二月の衆議院選挙では、不意を衝かれたこともあり、民主党は候補者も選挙区の過半数を下回る人数しか擁立できなかった。海江田代表が小選挙区で落選し、比例代表でも復活できず、代表を辞任した。その後任には岡田克也が選出され、出直しが図られた。ちなみにこの衆議院選挙では、解散前に第三極の象徴とも言われた「みんなの党」が解党し、野党の弱体化はさらに進んだ。[91]二〇一六年三月に民主党はかつて離党した議員も加わっていた維新の党と合同を果たし、民進党に党名を変更した。二〇一六年七月の参議院選挙では、野党共闘で一人区において候補者の一本化が図られ、安保法制廃止、憲法改正に必要な三分の二の勢力阻止を訴えた。しかし、その効果も限定的であった。自民党は五五議席、公明党は一四議席と、それぞれ改選前より議席を伸ばした。自民党は参議院で単独で過半数を確保した。改憲に賛成の政党の議席数を加えると、憲法改正に必要な三分の二の議席を確保できたので、すでに衆議院ではその数を確保していることから、憲法改正が現実味を帯びてきた。安倍首相は八月初めにこうした参議院選挙での勝利の余勢を駆って内閣改造に踏み切った。「未来チャレンジ内閣」と命名し、世耕弘成官房副長官を経産相に移動させ、後任の官房副長官には野上浩太郎元国交副大臣を起用した。初入閣は八人で農林水産相に石破派の山本有三元金融相を任命し、その代わり石破茂地方創生相を閣外に出すことに成功した。防衛相には稲田政調会長を移動させた。目玉は長時間労働の是正や「同一労働同一賃金」など「働き方改革」を推進する担当相を新設し、加藤勝信「一億総活躍」担当相に兼務させ、さらに二〇二〇年の東京オリンピックに向けてイメージ・アップを図る狙いで丸川珠代を五輪相に据えた。注目すべきは党役員人事である。七月中旬に自転車事故で入院中の谷垣幹事長が辞意を表明したことで、党役員人事の総入れ替えが行なわれた。幹事長には七七歳の二階俊博総務会長を、総務会長には細田博之幹事長代行を、政調会長には茂木敏充選対委員長をそれぞれ任命した。自由党時代において小渕内閣の運輸相、自民党復党後は、二〇〇七年に総務会長に就任し、二〇〇八年には福田内閣、麻生内閣の経済産業相を歴任し、二〇一四年九月に安倍首相によって再び総務会長に任命されていた二階幹事長は田中角栄の利権政治の系譜を引く自民党の古いタイプのたたき上げの党人派の政治家である。地方議員（和歌山県議会議員）から中央政界へ進出した点ではその政治家としてのキャリア形成が菅官房長官と似ているところから、二人は肝胆相照らす間柄である。二〇一四年九月に野田聖子の後任として総務会長に就任してからは、「アベノミクス」の第二の矢の「機動的な財政政策」、つまり「五五年体制」時代のバラマキによる自民党の票田の維持と拡大の路線を推進するエンジン役を引き受け、党勢拡大を通じて自分の派閥「志帥会」の拡大を強引に進めており、その剛腕ぶりは突出していた。とはいえ、二階幹事長は安倍首相が進めるアベノミクスの一つの車輪を動かす最重要な役割を果たしており、政権の正当性を調達する選挙の責任者としては安倍首相にとっては掛け替えのない人物であり、さらに高齢のため首相の座を狙う恐れもないので、危険なエネルギーを貯め込んではいるものの、自分の政権強化のために二階を味方に取り込むことは安倍首相にとって極めて有益であったように見られる。その間政治家としての老獪さを身に着けた安倍首相も万が一二階幹事長が自分を支えるのではなく、その軌道を踏み外すことが無いように幹事長代行に盟友の下村博文を据えている。二階幹事長も「独裁者」に近い権力を手に入れた安倍首相の懐の中に飛び込んで首相と共に自派閥の権益の拡大を図るべく、安倍首相が長期政権の継続を望んでいることを「忖度」して、一年後に開催される党大会において総裁任期を三年二回ではなく三回に延長することを提案して、安倍総裁の歓心を買う努力を怠らなかった。また二階幹事長は連立を組む公明党とも太いパイプを持っている。小選挙区と比例代表の両方で自民党と公明党がそれぞれの弱いところを補い合っており、もし連立が解消されることにでもなれば、自民党の議席は半減する可能性さえ予想されているので、安倍首相の「選挙至上主義」的考え方からしても、公明党と強い絆を持つ二階幹事長は無くてはならない人物でもあった。それればかりではない。安倍首相にとっては、二階幹事長は自民党を安心して預けられるだけでなく、韓国と中国との外交関係においても、彼の外交を支える資源の持ち主でもあった。彼は全国旅館業協会の会長として、二〇一五年二月に一四〇〇人を連れて韓国で交流イベントを催し、その際、朴大統領と会談して、日韓の間での懸案の「慰安婦問題」について話し合ってその解決の道筋作りに貢献している。さらに、五月二三日には三一一六人を連れて北京の人民公会堂で交流イベントを開催したが、習近平総書記も出席しており、その機会を利用して歓談し日中関係の改善のために貢献しているのである[92]。

新しく就任した二階幹事長は、その後安倍総裁と一体となり自民党の強化を目指すが、両者の関係は、二階幹事長の方は安倍政権の強化を通じて自派閥の利益の拡大を目指しており、同床異夢のそれに近く、極言すれば寄生虫と宿主のような関係であったと見られないこともない。このように、二〇一六年八月の自民党役員人事の刷新は、安倍政権と自民党との関係において、初めは総裁優位ではあるが、国民の間における政権支持率の変化次第では変化する変動要因を孕むものであったと見られる。

こうした自民党の将来にとって新しい展開の要因を孕み始める少し前の二〇一六年中頃、舛添要一東京都知事が職務における公私混同問題をマスメディアによって執拗に取り上げられ、ついに辞職に追い込まれていた。参議院選挙の二〇日後に出直しの知事選が行なわれた。自民党は元総務大臣の増田博也を知事候補に立てた。ところが、権力志向の強い小池百合子元防衛相は自民党執行部に反旗を翻し、同党を離党して立候補した。安保法制の強行採決などに見られる強権的な体質に危惧を抱き始めた、安倍政権に批判的な多くの都民の声が小池候補に集まり、一種の小池ブームが起こり、増田候補に一〇〇万票以上の差をつけて当選を果たした[93]。そして、小池都知事は翌年の二〇一七年夏の東京都議会選挙では地域政党「都民ファーストの会」を結成し、殆どの選挙区に候補者を立てて圧勝した。最大会派の自民党は歴史的な惨敗を喫し、民進党に至っては壊滅的な大敗を喫した。

時間を少し前に戻すと、安倍首相は、上で述べたように、二〇一五年五月には一億総活躍社会のプランとして「同一労働同一賃金」の実現の方針を打ち出していた。そしてその後、国民の日常生活において解決が望まれている様々な問題については、野党やマスメディアが取り上げると、直ちにそれらの解決を目指す政策会議や担当相を任命して、野党が与党に取って代われるよう政策提言を国民に提示できる前に、先手を打ってそうした争点に直ちにレスポンスする素早い対応を示した——もちろん、提起された問題の解決策が十分であるのかどうかの評価や、そのフィードバックのことは別にして——。ところが、九月に安保法制を強行採決したために内閣支持率が急落した。そこで安倍首相は上記の通り、自民党大会で総裁に再選された後に、内閣改造を行い、陣容を立て直して国民の人気取り政策に再び舵を切った。一一月には財界に労働者の賃金引き上げを要請し、さらに最低賃金の引き上げを求めた。明けて二〇一六年初めに日銀はマイナス金利を導入した。それによって赤字国債を大量に発行し、潤沢な資金を市場に提供して、景気の活性化を図った。二月に少子高齢化社会の到来と共に、働く女性の急増、その副作用としての保育園や幼稚園の不足やその高い費用の負担の問題が提起されるや、直ちにそれに対応する施策を打ち出した。七月の参議院選挙では増税再延期の「信を問う」ことを争点に挙げて、与党の大勝をもたらした。後に触れるが、年末に国会で農業界の反対の多いＴＴＰの承認を受けた。

後で「忖度政治」に触れるが、二〇一七年二月、首相権力に対するチェックとコントロールの仕組みの形骸化と表裏をなす形で安倍首相の権力乱用ないしは権力腐敗を匂わす大阪の国有地売却をめぐる森友学園問題が発覚し、国会で野党の追及が始まった。もっとも、権力腐敗を匂わす事件はすでに二〇一六年初めに表面化し始めていた。それは安倍政権の要石の一つで、ＴＴＰ交渉を担当していた甘利明経済再生相が収賄事件で辞職に追い込まれていた点である。ともあれ、二〇一七年四月にはアメリカ抜きでＴＴＰ体制が成立した。次いで連立与党の公明党の要求を入れて軽減税率付きの消費税引き上げの宣言を行なった。維新の党の主張する「低所得者世帯向けの高等教育無償化」に取り組むことも約束した。五月には「外政優位」の政治の一環としてのテロ対策のために必要との名目の下に、憲法に保障されている表現の自由、集会の自由などの人権を侵す恐れのある「共謀罪取締法」を強行採決した。これによって再び安倍政権の強権的な体質に対する違和感が国民の一部の間に広がり始めた。それに加えて、獣医学部新設をめぐる加計学園問題で「総理の意向」文章があるとされ、野党が追及の構えを示して、いわゆる「モリ・カケ問題」の解明を求めて国会の開催を要求した。そうした中で、夏に東京都議会選挙で、上記の通り、小池百合子知事率いる「都民ファーストの会」が圧勝した。小池百合子はカメレオンのようにその政治的立場を変える政治家である。ニュースキャスターから一九九三年の選挙で日本新党から出馬し初当選を果たし政界へ進出している。前原誠司も同じく日本新党から当選を果たしている。その後新進党、自由党に加わり、次に自由党の自民党離党組の石破茂、二階俊博などと共に小沢と袂を分かち、保守党の結成に加わり、それと自民党との合同で自民党入りを果たしている。第一次安倍政権時代は、初めは安倍首相の防衛担当補佐官であったが、内閣改造によって防衛相に起用されている。二〇〇八年、自民党総裁選に立候補し、安倍が再起を期した二〇一二年の総裁選では石破茂を支持している。[94]その経歴を見るなら、小池が「都民ファーストの会」を土台にして民進党を吸収して、自民党内の石破派や二階派と組めば、政界再編の動きが起こる可能性も予想され得たと言えよう。

言うまでもなく、小池知事が東京都議会選挙で起こしたことは、野党の民進党に政界再編の希望を抱かせるものであったとも見られよう。一方、この東京都の動きが全国に波及した場合の事を考えると、それは安倍政権にとっては一種の危険信号でもあった。その危険な芽を早く摘み取る必要があった。都議選敗北の二ヶ月後の九月末、安倍首相は「モリ・カケ」問題に関して野党の追及を避けるために臨時国会の召集要求を数ヶ月間も無視してきたが、突如九月二二日に臨時国会を召集し、冒頭で解散を断行した。首相は記者会見で「国難突破解散だ」と語った。当時、北朝鮮は、六回目の核実験や二度の日本上空を通過する弾道ミサイル発射を強行するなど、アメリカに対する「脅迫外交」を展開していた。このことを捉えて、安倍首相はあたかも北朝鮮が日本を脅かしているかのように世論操作し、各地方自治体に北朝鮮のミサイル発射の際にはアラーム警告を出させ、いやが上にも国内に緊張感を醸し出させる姿勢を示していた。「国難」とは安倍首相が作為的に作りだしたこの「北朝鮮の脅威」を指していたが、野党はそれを「モリ・カケ」問題を隠ぺいする政略であり、解散の真の争点のすり替えである、と批判した。(95) ともあれ、都議会における小池百合子都知事の「都民ファーストの会」の圧勝を契機にすでに政界再編の動きが醸し出され、それに乗じて民進党の議員の中に離党者が増え始めた。この機を捉えて、小池百合子は民進党を吸収する受け皿としての「希望の党」を創設するや、七月の都議選に続いて小池旋風が巻き起こり、政権交代の可能性まで囁かれた。約一年前の二〇一六年九月に民進党では代表選挙があり、国民の間に人気のある蓮舫を次期代表に選んでいたが、二重国籍問題でその出鼻を挫かれ、二〇一七年九月一日の代表選では前原誠司が再び代表に帰り咲いていた。前原誠司民進党代表は就任早々小池の党との合同を画策し、民進党すべての立候補予定者を「希望の党」が公認してほしいとの意向を示すや、小池は「安全保障、憲法観といった根幹の部分で一致していることが政党の構成員として必要最低限のことである」と主張し、安保法制容認を求める政策協定書、いわゆる「踏み絵」を振りかざして、それに従わない者は排除すると明言した。(96) 公示直前になって排除された枝野幸男は立憲民主党を立ち上げた。こうして民進党は立憲民主党、希望の党、無所属（野田元総理などどちらへも行かず残留した民進党員）の三つに分裂し選挙戦に入った。野党の分裂に次ぐ分裂劇の後に行なわれた総選挙では、与党に代われる受け皿がないことから、自民党は選挙前の議席の二八四を確保した。公明党の議席は五減って二九であった。とはいえ、連立与党の議席は三分の二（三一〇議席）を超えた。他方、野党の中で、選挙直前に結成された立憲民主党が公示前の一五議席から五五議席（追加公認一名を含む）へと大躍進して、野党第一党に躍り出た。一方、希望の党は公示前の五七議席を割り込む五〇議席にとどまった。共産党は四議席を失い一二議席、日本維新の会も四議席を失い一一議席で、それぞれ議席を減らしており、社民党は二議席、無所属は二二議席であった[97]。希望の党はその本拠地の東京の選挙区において一勝二二敗という大敗北を喫し、これによって小池旋風は一過性のものとして消え去った。選挙後、小池は党代表を辞任し、希望の党は結成から僅か二ヶ月足らずして、安倍首相に対抗する「看板」を失い、その後弱体化していくほかなかった。

こうした野党の小党分裂状態は二〇二〇年八月、安倍首相の退陣まで続くことになる。従って、首相権力をチェックし、コントロールする野党が実質的に不在に等しい状態が続いたことになる。以上述べたように、首相権力をチェックし、コントロールする四つの政治的仕組みが二〇一七年を前後してすべて機能不全状態に陥るか、あるいは無力化してしまい、当然首相権力のみが屹立することになった。制約と抑制を受けない権力はそれが乱用されないか、腐敗しないとするなら、それはその権力の保持者がプラトンのいう「哲人王」か、あるいは古代の中国にいたとされる「聖人」であるか、そのどちらかであるからであろう。もしそうした「政治家」ではないのなら、権力者の人格がもろに政治の世界に露出されるのは必然と言えよう。上記の「モリ・カケ問題」はその一例であり、上記の二階幹事長に見られるような自民党内でも安倍首相の意を忖度して自民党総裁任期を三期九年に延長すべきだという意見が出るぐらいであり、官界でもその兆候が現われ、その側面は「忖度政治」と言われるようになった。それについて述べる前に、安倍首相が掲げた三つの課題の中の、まだ言及していない安全保障体制の強化のための政策展開と表裏の関係にある、安倍首相の外交、そしてさらにもう一つの課題の教育再生について、先に簡単に触れておくことにしたい。

安倍外交の基本路線はすでに第一次政権時代に確立されていた。外相の麻生太郎は小泉内閣時代にも外相を務め、当時から日本外交の将来のヴィジョンとして「価値の外交」を提唱していた。それは「自由と繁栄の弧」(arc of freedom and prosperity)を基軸とする外交構想である。「弧」とは地政学の概念でイギリスの地政学者マッキンダーが、アフリカやバルカン半島から中東を通って、東南アジア、朝鮮半島に至る帯状の紛争多発地域を「危機の弧」（arc of crisis）と位置付けていたが、インドの元外相のマンモハン・シンがこの「危機の弧」と呼ばれていた地域において安定的かつ発展的なアジアの共同体の建設を提唱して、それを「繁栄の弧」と呼んだ。麻生外相はこの考え方を受けて、アジアにおける「自由、民主主義、法の支配」などの普遍的価値の先駆者である日本が、それまでＯＤＡなどで示した経済と技術の援助を通じて得た地位を生かして、この「弧」地域全体の繁栄に貢献したなら、その結果として経済や安全保障などで日本も国益を増大させることになるので、それまで「日米基軸」、「国連中心主義」、「近隣友好」の三本柱から構成されてきた日本外交にもう一つの柱として「自由と繁栄の弧」を加えるべきであると主張した。その具体的な内容は二〇〇七年に刊行した著作『とてつもない日本』の中に次のように述べている。「価値の外交」とは、「民主主義、平和、自由、人権、法の支配、そして市場経済」という、今日の日本が達成してきた「普遍的価値」を、権威主義体制から民主主義体制への移行を企てている諸国、すなわち、「北東アジアから中央アジア、コーカサス、トルコ、それから中・東欧にバルト諸国」にまで、「自由と繁栄の弧」となる地域に伝え、それらの国々の民主主義体制への転換という「終わりなきマラソン」に、日本が「伴走ランナー」の役割を果たすことを、日本外交の目標にすべきである、と。その外交の具体的な中身を見ると、「民主的支援、法制度整備・司法支援、行政支援などの他に『選挙支援』『市民社会の強化』『知的支援』など」で、従来の日本の外務省が行なってきた活動である。[98] これまで行なってきた日本の活動は欧米諸国が政治力や軍事力でやっている活動と比べるなら、経済と技術の援助が主であったので極めて地味な活動であったと言えよう。従って、こうした地味な活動が国際政治においてあまり目立たなかったことを反省して、そうした活動に理念的な方向性を与えることで、日本の国際政治における存在感を高めることを狙ったものであると考えられる。その主張は、当時の日米同盟を前提として見るなら、アメリカの世界支配の「伴走ランナー」の役割を日本が進んで引き受けるべきであるとも受け止められないこともない。この「価値の外交」は価値観外交とも言い直されるが、当時は「安麻外交」とも称されていた。

実はこの価値観外交の発案者は第一次安倍政権時代の谷内正太郎外務次官であった[99]。

彼は二〇〇五年一月から二〇〇八年一月まで外務次官を務めている。安倍首相は谷内次官とは父の外相時代の秘書として知り合い、その後、安倍が政務の官房副長官、谷内が事務の官房副長官として小泉首相を支えたこともあり、強い絆で結ばれていた。谷内は第一次安倍政権時代の「戦後レジームからの脱却」などの安倍外交の「影の演出家[100]」であったと言われている。というのは、谷内は安倍内閣の外交方針として次の四項目を進言し、安倍首相はその実現に力を注いでいたからである。その四つの項目とは、集団的自衛権行使への法整備、日本版ＮＳＣ（国家安全保障会議）の設置、中韓との関係改善、対ロシア外交、である。達成できたのは中韓との関係改善ただ一つで、他の三つは辞職により頓挫した。従って、安倍首相が上述の通り第二次政権発足と共に「外政優位」の政治を展開することになるが、その内容は谷内の四つの進言の内、達成されなかった三つの課題の実現であったと言ってもよかろう[101]。安倍首相は第二次政権を発足させた時、退任し早稲田大学で教鞭をとっていた谷内を直ちに内閣の参与に迎え、安倍外交のメンターとした。谷内は次の三点を日本外交の課題と位置付けている。「第一が、日本の外交路線を策定する上で大前提となる日米同盟の必要性を再認識させること。第二が、北方領土を含む、日ロ関係の打開である。日本よりも中国重視のロシア外交を転換させること」、「第三が、冷え込んでいる日中関係の打開」である[102]。上記の通り、安倍首相は谷内の進言の実現に取り掛かり、二〇一四年に「外政優位」の政治を展開する司令塔として日本版ＮＳＣの「国家安全保障局」を設置し、その初代局長に谷内を迎えている。このように、第一次安倍政権時代の「安麻外交」は福田内閣時代には一時中断されていたが、麻生内閣時代に再び復活し、二〇〇九年の政権交代まで続けられ、その後、民主党政権になってもその基本路線は一応続けられたと見られる。そして、二〇一三年以降、安倍首相の下でついに復活することになったのである。

二〇一〇年に尖閣諸島を巡って、中国が日本に対して強国としての強硬な姿勢を示すに伴い、価値観外交はその後若干修正されることになった。その主要な要因はもちろん中国の台頭であるが、その他に次の要因も作用した。第一は、二一世紀に入り、アメリカはその世界一極支配体制の維持が経済的な理由から困難になり、その結果、安定した国際秩序の確保よりも、自国の国益を重視する姿勢を示し始めた。その帰結として、それまで存在した国連とアメリカの一体性が失われ、両者の利害の対立も見られ始めた点である。それに伴い日本の外交の四つの柱の内、「日米基軸」と「国連中心」の間の優先順位の選択がその後迫られることになる。言うまでもなく、安倍首相の推進する「積極的平和主義」の中核には「日米基軸」が据えられている。安倍首相はアメリカの対日政策を担当する高官を前にした二〇一三年二月の「日本は戻ってきました」というスピーチの中で、「米国は、世界最古にして最大の、海洋民主主義国、そして日本は、アジアで最も経験豊かで、最も大きなリベラル・デモクラシーであって、やはり海洋国なのでありますから、両者はまことに自然な組み合わせなのです。……私の課題とは……日本を、……いままでにも増し頼りがいのあるパートナー国にすることなのです[103]」と約束しており、日本はアメリカが掲げる普遍的価値の世界大の普及活動において忠実な「パートナー」である姿勢を堅持し続けることを鮮明にした。従って、米中が対立するなら、当然日本は反中にならざるを得ない地位に置かれることになろう。麻生外相が価値観外交を唱えた時、中国はそれが中国を包囲する政策である、と批判した[104]。この批判に対して日本はそうした意図はないと弁明を繰り返している。第二は、強国としての中国の台頭にどのように対応するのかを巡ってアメリカの外交政策が明確に確定されていなかった点である。

戦後のアメリカ外交はアメリカ現代政治学の成果を取り入れて運用されている側面が見られる。政治の世界においては、社会現象の展開に関する「科学的予測」が強く信じられるようになると、その予測がもし正しいなら、それによって最大の被害者になりそうなアクターはそうした「予測」が実現されないように、proactive な対策、つまり先手を打ってそうした「予測」が実現するような事態の出現をあらゆる手段を用いて事前に阻止しようと努めるのが「政治の論理」である。このことは、マルクスの「科学的社会主義」論が、資本主義経済はその発展法則に基づいて「自然必然的に」社会主義へと発展するという「科学的予測」を展開しており、それが一九世紀末から二〇世紀初頭にかけて広く信じられ、そして実際に一九一七年にはロシアで社会主義革命が成功して世界最初の社会主義政権が誕生していたので、このマルクスの「科学的予測」に対する proactive な対策として、一九三〇年代のヨーロッパにおけるファシズムの台頭や戦後の社会福祉体制の確立が論証しているのである[105]。戦後、アメリカは世界に自由と民主主義を広めることを国家目標に立てて、その実現を目指すが、この目的に利用できる政治学の「科学的」研究を支援した。その支援を受けた政治学者たちは政治的発展段階を異にする各国の政治動向を比較政治学的に考察して、そこから権威主義体制から民主主義体制へと向かう政治発展のモデルを作り出していた。それによると、発展途上国において権威主義体制の下で経済発展が軌道に乗り、それに伴い中産階級が生み出され、この中産階級が中心となって市民社会が形成されるなら、そしてこの市民社会の自律性が増大していく勢いを示すなら、下からの民主化運動が起きて権威主義体制から民主主義体制への転換という政治発展が生じるというものである[106]。冷戦崩壊後の東欧の市民運動をアメリカが物心両面に渡って援助を惜しまなかったのは、この「政治発展論のモデル」の外交における実践的適用とも言えよう。アメリカは中国に対してもこの「政治発展論のモデル」に即して外交を展開したと見られる。一九七〇年代において、米日が共産党一党支配の中国と国交を結び――それはソ連が主導する社会主義圏を分裂させようとした、つまり冷戦を勝利へと導くための政略に基づくものであるにせよ――、中国の経済発展を支援した。その後、一九九〇年代に冷戦崩壊と時を同じくしてグローバル経済の進展があり、一四億の人口を持つ中国は世界の工場の役割を果たすまでに経済成長を遂げた。それに伴い中産階級も誕生し、それを中心とする「市民社会」も形成され、中国はいずれ「政治発展論のモデル」通りに、権威主義体制から民主主義体制への移行が起こるだろうという希望的観測も一時広まったことがあった。ところが、二〇一二年総書記となった習近平をリーダーとする中国共産党は、アメリカの現代政治学によって開発された「政治発展論」の「科学的予測」が実現するのを阻止するproactiveな対策を取り始めたのである。こうして、共産党一党独裁の権威主義的体制の中国はその間日米や西欧諸国の支援を受けて進められてきた目覚ましい経済発展の結果芽生えた民主主義への動きを国内では抑圧し、対外的には海洋への膨張主義的政策を採用して海軍の増強や南シナ海への進出を強行し始めたのである。そればかりではなく、「一帯一路」政策を掲げ、アメリカの向こうを張ってその影響圏を中央アジアやアフリカ、欧州へと拡大し始めた。さらに、「中華民族の偉大な復興」を唱えて失われた清帝国時代の中国の版図の回復を目指しており、その一環として日本の尖閣諸島の返還を求め、尖閣諸島へ中国公船は常時侵入を繰り返している。こうした中国の抑制のない膨張主義はアメリカが取ってきた「政治発展論のモデル」に基づく対中外交政策の失敗の証であろう。

この失敗に気付いたアメリカのオバマ政権はその後期になって欧州からアジアへとアメリカ軍の再配備を行なう「リバランス」政策をとって対中牽制へと外交方針の修正に取りかかった。とはいえ、その間グローバル経済の論理に従って米中間においては緊密な経済関係が築かれており、従って対中政策の転換は容易には進まず、一進一退を繰り返すほかなかった。二〇一二年末に首相に帰り咲く直前に執筆した英文論文「安保ダイヤモンド構想」の中で、安倍首相は「南シナ海は『北京の湖』になっているかのようだ」と対中脅威論を唱え、対中牽制のために日米豪印の四ヶ国の連携の必要性を訴えた[107]。この構想はその後安倍首相のイニシアティヴによってその実現が目指され、首相退任後に日米両国が共通に掲げる外交方針「自由で開かれたインド太平洋」（ＦＯＩＰ）の基礎となる対中牽制を目指す国際連携体制の確立へと至るのである。二〇一七年時点において、中国は世界第二位の経済大国であると同時に軍事的にも超大国に変貌している。船橋洋一・アイケンベリーによると、「中国は経済規模の拡大とともに、軍隊や準軍事組織の近代化と増強を進めている。一九八九年の時点では中国の軍事予算は日本の半分だったが、二〇〇一年に日本の防衛予算を超え、二〇一七年には五倍にまで増えた」という。[108]かつてヨーロッパの列強によって奪われた清帝国のすべてのものの回収に動く膨張主義の中国との付き合いは、日本にとっては外交的な難問である。二〇一六年一一月、安倍首相はトランプが次期大統領に当選するや、上記の通り、直ちにニューヨークに飛び、トランプ次期大統領と一時間半の会談を持った。その際に、中国に関して、「中国はいつから、どのぐらいのスピードで軍事費が増えているのか」の質問に対して、安倍首相は「三〇年近くで約四〇倍に増えた。こんな速さで増やした国は世界中でない」と答えると、驚いた表情を見せたという。安倍首相は中国潜水艦の具体的な保有数も挙げて「標的は西太平洋などで活動する米海軍第七艦隊だ」と呼びかけた。日本だけでなく米国の問題でもあるとして「米国はプレゼンスを維持してほしい」と呼びかけた。そして、中国の進出を念頭に置いた、価値観外交の修正版の「自由で開かれたインド太平洋」構想を確認し合ったという。[109]

こうして、価値観外交は、トランプ大統領によるアメリカの対中抑制政策への転換によって、その対象地域がインド、東南アジア、インドネシア、オーストラリアに限定されることになり、さらに暗々裏に国際政治的なレベルでは対中牽制システムの構築へとその方向を修正しているように見られる。時系列的に見れば、安倍首相は第二次政権発足後すぐ、麻生財務相にミャンマーを訪問させ、自らはベトナム、タイ、インドネシアを歴訪し、次にアメリカとモンゴルを訪問し、早速価値観外交を展開している。言うまでもなく、安倍外交の基本は「日米基軸」なので、学者肌のオバマ大統領とは気質が合わないにもかかわらず、自分を押さえて現実主義的に日米の関係の強化に尽力した。その一環として、安倍首相は、慶大卒業後松下政経塾時代にアメリカ留学の経験を持つ、二〇一五年一〇月に外務担当首相補佐官に起用していた上記の河井克行議員から、アメリカでは外交政策決定において行政府のみならず、議会とりわけ上院が大きな影響力を持っているので、日米基軸を強化するためには、行政府のみならず、議会を味方につける外交を行なうべきであるとの助言を受けて、二〇一五年四月に日本の歴代首相として初めて米議会上下両院合同会議で日米同盟を「希望の同盟」へと発展させたいという日本の立場を鮮明に示す演説を行い、日米関係のさらなる強化に努めた(110)。そして翌年の二〇一六年五月に、伊勢志摩サミットの開催を無事終えた。その際、日本の伝統と文化の象徴とも言える伊勢神宮に首脳を迎えた。それによって、欧米と異なる日本の個性を首脳たちに印象付けようと努め、さらにオバマ大統領を広島に迎え、核兵器のない世界の夢を語らせた。上述の通り、オバマ大統領の広島訪問の答礼としてハワイへ赴き日本軍によって犠牲になった戦没者慰霊を行なっている。このように、二〇一二年までの間六人も日本の首相が交代を繰りかえした時代と異なって、長期政権を築いた安倍首相はその外交活動を通じて日本の存在感を世界にアピールしたと見られよう。

一方、日米基軸を強化する外交と共に、東南アジア地域での価値観外交を展開しながら、安倍首相は、谷内が進言した「日ロ関係の打開」に取り掛かり、北方領土問題の解決を図るべくロシアとの交渉を開始した。次にもう一つの課題の中韓との関係改善については、まず韓国についてはアメリカの要請もあり、日韓の懸案問題の慰安婦問題については岸田外相に現実主義的に対応させ、ついに二〇一五年末に当時の朴政権との間に、「日本が元慰安婦の支援を目的に一〇億円を拠出し、最終的かつ不可逆的に問題を解決する」との慰安婦問題に関する合意に辿り着いた。さらに自由で開かれた国際秩序の構築においてアメリカの「伴奏ランナー」としての役割を積極的に果たすべく、その一環として日本の経済再生を目指してEUなどとの自由貿易協定の締結に邁進し、上記の通り、二〇一六年二月にTPPの署名にも漕ぎつけている。このように、二〇一七年までの間、安倍首相は修正版「価値観外交」の他に多元主義的外交を展開し、国際社会における日本の存在感を高めるのに大いに貢献した。この点は安倍首相とは異なる価値観を持つ人びとによっても一定の評価を受けている成果であろう。

以上、安倍首相が第二次政権発足時に解決を目指す課題として掲げた三つの課題の内、教育の危機の克服の課題を除いて、二〇一七年までにそれぞれの課題に取り組む政策展開を大筋においてフォローして来た。次に、最後に残された課題の教育改革について概観することにしたい。

本節の1ですでに述べたように、安倍首相は第一次政権時代に「戦後レジームからの脱却」を旗印に教育基本法の改正に成功している。彼の言う「戦後レジーム」とは現行の日本国憲法に基づく普遍的価値観を土台にして確立された政治・社会秩序体系を指すが、「復古的」ナショナリストにとってこの秩序体系は、過去の大戦において日本が「人道に反する罪を犯している」、従ってその罪を償うべし、という戦勝者が押し付けた価値観を基礎にしているものなので、それは、日本の伝統と文化を否定し、日本人をして「国民としての誇りと自信」を無くさせる秩序体系であり、しかもこの秩序体系を支えているのは日本国憲法とそれに基づく教育システムである、と考えられている。こうした戦勝者の押し付けた価値観によって歪められた教育から脱却しなければ、日本の真の独立はあり得ない。このような考え方に基づいて、安倍首相は、次世代の精神と行動様式を規定する考え方を注入する義務教育における教育方針の基礎である教育基本法を、「日本の伝統と文化の尊重」を子供たちに教えて、彼らが「愛国心を持つ国民」として社会化されるような方向へと改正したのである。安倍首相の辞任後、この改正教育基本法に基づく制度改革は実施に移されるが、政権交代もあり、安倍首相の期待通りには進んでいなかった。第二次政権を発足させた安倍首相は「マインドコントロールから抜け出して、必要なものはしっかりと子どものために書き換えていく必要がある」との方針を打ち出して、この方針に基づく制度改革、とりわけ教科書制度の見直しを、その側近の下村博文文科相、萩生田光一自民党総裁特別補佐、義家弘介前文科政務官に委ねた。教科書検定基準の改定において安倍首相と三人の間に意見の相違が多少あったが調整されて、二〇一四年一月、文科省は教科書検定基準の改定を告示した。改訂された基準に基づく教科書は二〇一六年四月の新学期から使用されるようになった。この教科書検定基準の見直し作業において、安倍首相の「外政優位」の政治との関連で注目すべき点は、強硬な「復古的」ナショナリストが主張する「自虐偏向教科書の是正」が実現され、その中で目立つのは、中学・高校向け学習指導要領の解説に尖閣・竹島を「わが国固有の領土」と明記している点である。さらに従来の教科書の検定基準には「近隣のアジア諸国との間の近現代の歴史的事象の取り扱いに、国際理解と国際協調の見地から必要な配慮がされていること」という義務付け規定があったが、この「近隣諸国条項」はすでに二〇一三年秋に作った「主な文部科学行政施策」の教科書改革の項目に明記されず、事実上骨抜きにされた[111]。ともあれ、こうして改訂された教育方針の下で次世代の国民が作り出されていくわけであるが、中国や韓国などの近隣諸国の近現代史の教育との間に「歴史事実」の解釈において異なる見解が必然的に生まれ、それが長期化すると、近隣諸国との相互理解において不信を生む可能性も今後憂慮される[112]。

教育制度改革のもう一つとして、首相権力に対するチェックとコントロールの機制との関連もあるので、安倍第二次政権時代に進行した大学制度の改変について簡単に触れておく必要があろう。世紀の転換期において橋本内閣によって行政改革の一環として国立大学は独立行政法人へと模様替えさせられていた。独立行政法人とは、サッチャー首相によって断行されたイギリスの福祉国家体制の新自由主義的改革による「大きな政府」から「小さな政府」への国家機能の縮減の企ての一つとして、公共サービス提供部分を担当する機構については、それを政府組織から分離させて、民間企業の管理・運営原則、すなわち経費節約、業務執行における効率性、支出経費に見合った成果を出す有効性、この三つの原則を行政の管理・運営の基本方針に導入させた行政団体（agency）である（本書第二部第一章3を参照せよ）。こうした性格を持つ行政団体に模様替えさせられた大学は、今や「教育」という行政サービス需要者である学生に対して教育サービスを提供する、国の予算によって運営される一種の企業体の性格を帯びるようになった。そして、国立大学が独立行政法人に模様替えさせられるにしたがって、大学運営は、教授会自治によるものではなく、文科省から採用を勧誘された経営能力に優れた実業家が中心となる理事会の業務へと変えられていった。それに伴いそれまで大学の教育のみならず、大学の運営においても主役を演じて来た教授は次第に「教育」サービスの提供者としての「教育労働者」の活動にその任務が限定され、次いで教育に必要不可欠な学問・研究の費用についても、その目的を明確にして一定の年度内にその成果、つまり研究業績を出すことを条件に支出される仕組みに変えられていった。つまり「五五年体制」時代の大学とはその性格が根本的に変化させられたのである。このことの政治的な効果は次の通りである。「五五年体制」時代においては、国立大学の人文・社会科学系において多くの比重を占めていた中道左派ないしは左派の教授たちが政府批判を繰り返しても、大学の自治が保障されていたので、権力を恐れることはなかった。つまり、学問研究によって得た知識に基づいて政府の政策を客観的に評価し、場合によってはその政策について批判した。それは当然野党を支援する結果になった場合も多い。ところが二一世紀に入ってからは、人文・社会科学の分野では、冷戦の崩壊と共にマルクス主義の影響も後退し、大学教授の世代交代もあって、安倍政権の「保守の理念」に基づく「戦後体制」の改革に対しては、もし批判したいと思っても声を大にして反対する勇気を持つ大学教授の数が次第に減少していった。そして、全体として大学教授は、政治にアンガジュマンしたくても権力と戦い敗北した場合には、その身分が保障されていた「大学の自治」という「退却の場」が消滅した以上、多くは沈黙するか、その発言を控えるか、自粛する傾向を帯び始めたかのように見られる。

このように、国立大学が独立行政法人に模様替えさせられることによって、大学教授と政治との関係にも変化が生じた。この変化は安倍政権による経済成長のための大学改革の企てによってもさらに進められる可能性が強まったように見られる。というのは、安倍内閣は従来人文・社会科学系の大学教授たちが左派ないしは中道左派系の論壇に拠ってか、あるいはマスメディアに登場して、自民党政府を批判してきた時代が再び出現しないように、経済成長のための大学改革と称して大学全体を理系中心に再編する計画を打ち出しているからである。二〇一三年二月末、安倍首相は衆参両院で行なった施政方針演説の中で「『大学力』は、国力そのものです。大学の強化なくして、わが国の発展はありません」と述べている。二〇一五年五月二六日の経済財政諮問会議に出席した下村文科相は「わが国の成長のための教育再生・科学技術イノベーション施策の強化」の必要性を説き、「教育への投資なくして、経済成長はなし」と主張した。そして、この主張を実現する政策として、六月八日に下村文科相は、全国の国立大学法人に対して、二〇一六年度から五年間の第三中期目標・中期計画の策定に当たって、人文社会科学系や教員養成系のいわゆる「文系」の学部、大学院の廃止や他分野への転換に取り組むように求める通知を出している[113]。こうして、大学の人文・社会科学系を縮小ないしは廃止させ、その代わりに経済成長と防衛力の強化に奉仕する技術系の充実に向けての大学改革の方針が打ち出されているのである。

以上述べたように、「五五年体制」時代においては、国立大学の教員たちの多くを占めていた左派ないしは中道左派系の教員たちが積極的に政治にアンガジュマンしていたが、そうしたことを可能にさせた制度自体が消滅し、それは、マスメディアの政治的空間の左の部分の欠落に繋がり、安倍首相の官邸権力に対するチェックとコントロール機能の衰退をもたらした要因の一つにもなっているのかもしれないと思われる。

さて、上記したように、二〇一七年に「モリ・カケ」問題が発覚し、さらにそれとの連関において官界における「忖度政治」の横行が野党やマスメディアによって取り上げられ、批判されるようになった。「モリ・カケ」問題は、首相権力に対するチェックとコントロールの政治的仕組みの形骸化と内在的に連関しており、政治の世界において首相の政治的価値観が制度的装置の濾過を受けずに、もろにそのまま露出された出来事だとも見られる。なお、「忖度政治」は一般社会のワンマン社長の会社ではどこでもよく起こる事象である。つまり、日本国において安倍首相が「ワンマン社長」へと変容したということの現われであろう。「モリ・カケ」問題は安倍首相の価値観と深く絡んでいる問題なので、もう一度その価値観を確認して置く必要があろう。

安倍首相の政治的目標は、明治維新後確立された大日本帝国を、アメリカが世界を支配する国際政治という環境に適合する形で再編して、存続・発展させることである。従って、戦前において海洋国家であるはずの日本がナチ・ドイツのような大陸国家となろうとした誤った選択を一時期行なった点を反省して、地政学的に定められた海洋国家たるべく、同じく海洋国家であるアメリカとの関係を堅持し、戦後の日本をイギリスやフランスのような「普通の国家」にして国際社会の中でその存在感を高めることを目指しているものと見ても間違いなかろう。従って、安倍首相は野党のリベラルな人びととはその拠って立つ根本的価値観が異なる。安倍首相にとって日本人の国家の存続・発展が最高価値であり、日本国憲法の三つの基本的原則のような普遍的価値は国家運営上必要なら利用する第二次的な価値である。つまり、彼にとっては、「国家理性」つまり彼が考えた国益が最高価値である。それを脅かす者はすべて敵であり、国家の内外においてそうした敵を排除することが政府の任務であると考えている。こうした考え方から、安倍首相は内政における「敵」が拠り所にしている現行憲法の改正を目指しているだけでなく、皮肉にもこの憲法の下で首相としての地位が与えられているにもかかわらず、当然それを尊重せず、さらにその延長線において権力闘争における「ゲームの規則」としての憲法の形式的な側面だけを、つまり自分の権力運用において有用な憲法の側面だけを利用しているかのように見られる。それは、二〇一四年二月一二日の衆議院予算委員会で集団的自衛権行使に関する総理の解釈について、それが従来の法制局長官の答弁と異なる点を野党から詰問されて、それに答える次の主張の中に示されている。「先ほど来、法制局長官の答弁を求めておりますが、最高の責任者は私です。私が責任者であって、政府の答弁に対しても私が責任をもって、その上において、私たちは選挙で国民から審判を受けるんですよ。審判を受けるのは、法制局長官ではないんです、私なんですよ。だからこそ、私はこうやって答弁をしているわけであります[114]」。

このように述べた安倍首相は、つまり議会制民主主義国家において国民から政権の正当性の承認を得る選挙で多数の支持を得たことでその承認を受けたのだから、政府の長である私が「行政権を執行するために憲法を適切に解釈していくことは当然のことだ」[115]と、さらに六月の記者会見でも同じ趣旨のことを主張している。つまり、選挙で国民の支持を得ていれば、どんなことでも「合法的」に行えるという「選挙至上主義」的な考え方が垣間見られるし、また選挙で国民の支持を得さえすれば、現行憲法に基づいて憲法の運用において積み重ねられてきた立憲的慣例を破ってもよいのだという現行憲法の慣行否定の考え方も見られるのである。また野党が首相の「違憲的行為」をいくら声高に批判しても馬耳東風であり、そんなに批判するなら選挙で出直して政権を取り返すことが先だよと言わんばかりの態度が見られる。従って、野党が「モリ・カケ問題」の真相究明のための臨時国会の開催を要求してもそれに応じようとしない国会無視の態度を平然と取り続けることが出来たのである。つまり、野党を「敵」と見なし、その上、野党とは共通の価値観を共有していないのである。その帰結として「競争的政党システム」は機能不全に陥るのは必然の成り行きであろうと思われる。もちろん、日本が直面する課題について、野党が与党に取って代われるような創造的で建設的な対案を構想する力量を欠いており、加えてまた与党よりも直接的に国民のためになるような具体的な政策を国民に提示することも出来ない状態が続いている。その上議会で野党は全体として少数派なのに、さらに細分化されて相争い、従って野党としての役割を果たしていないところにも、首相の議会軽視の姿勢を助長している一因があるのかも知れない[116]。

次に、価値観が異なることから当然それに基づく歴史解釈も異なる。普遍的価値観を体現する現行の日本国憲法が現代日本の起点となるが、安倍首相にとっての現代日本の歴史的起点は明治維新である。リベラル派とは歴史を捉える時間軸が異なるのである[117]。

日本帝国による台湾や朝鮮の植民地化、次にいわゆる「満州事変」から本格的に始まる中国侵略などの日本帝国が近隣諸国に与えた加害者としての行為に対しては、リベラル派の系譜の細川談話、村山談話、河野談話などを通して日本は繰り返し陳謝の意志を表明している。安倍総理は近隣諸国に対して日本がとった行為については歴代首相の談話を彼自身の歴史観の中に置き直して相対化させる形で、それを継承する姿勢を次のように示している。すなわち、現代日本の起点を明治維新に置き、アメリカのペリー提督によって封建の夢から覚醒させられた明治日本は欧米列強を追い付くべき近代国家のモデルと定め、アジアにおいて初めて近代国家を建設した。その後、国際社会においても追い付く目標とした近代国家の欧米列強が行なったことと同じことを行ない、その過程で台湾や朝鮮を植民地し、さらにそれに引き続き二〇世紀の一〇年代から世界の市場分割の戦いが列強の間に始まっていたが、アジアで初めて生まれた列強としての日本帝国もその戦いに参加し、その間、一時期において選択を誤り、英米を敵に回すことになり、不幸な敗戦の憂き目にあった。現代日本は、本来海洋国家であるはずの日本が大陸国家になろうとした選択の過ちを反省し、海洋国家たるアメリカとの同盟をさらに堅持し、これから海洋国家として「普通の国家」の体制を整えるべきである、との歴史観を示し、日本帝国が犯した一時的な過ちは歴代首相談話と同様に陳謝するが、その他の部分は「誤っていないのだから」リベラル派の歴史観に見られるように反省とお詫びの必要はない、との考え方である。とはいえ、この考え方を直截に表現するのではなく、外交的な配慮を施した形で二〇一五年八月に戦後七〇年談話として表明した。その中で過去の日本が行なった「植民地支配」と「侵略」は客観的な描写の中で触れ、それに対する歴代首相の談話で示された「痛切な反省と心からのお詫びの気持ち」は歴代首相とは異なり、主語は首相ではなく「わが国」に置き換えて表明されている。一方、この談話の中では「この戦争には何ら関わりのない、わたしたちの子や孫、そしてその先の世代の子どもたちに、謝罪を続ける宿命を背負わせてはなりません」という安倍首相の年来の信念も表明されていた。ともあれ、首相の「戦後七〇年談話」の発表によって日中関係や日韓関係のさらなる悪化を危惧していたリベラル派の人びとやマスメディアは、この談話では一応

「植民地支配」と「侵略」が触れられており、また歴代首相の談話が継承されている点を評価して、安倍首相が現実主義的に対処したと安堵した(118)。

顧みるなら、「五五年体制」時代には、日本の高度経済成長が生み出した価値の配分を巡って「利権政治」が横行していて、権力腐敗は「政治とカネ」の問題として表面化したが、それは田中角栄元首相のロッキード事件や中曽根元首相、竹下元首相、橋本元首相などの首相個人の収賄事件などであった。ところが、「外政優位」の政治を展開する安倍首相にはこうした類の「政治腐敗」は表面的には見られない。もっとも、上記の通り、松島みどり法相の公職選挙法違反や小渕優子経産相の政治資金規正法違反、そして二〇一六年一月に甘利明経済再生相がUR（都市再生機構）からの収賄事件の発覚によって辞任に追い込まれた件などが散見されるものの、首相個人の大疑獄事件のような大きな「政治腐敗」は見られず、相対的に「清潔な政権」であったと見られよう。

ところが、上記の通り、安倍第二次政権の下での官邸への権力集中に伴い、首相に個人的に接近して国有財産の払い下げや許認可において便宜を得て「利権」を手にしようとする動き、つまり権力乱用の形の「政治腐敗」が表面化し始めたのであった。その顕著なケースが大阪の森友学園への国有地払い下げ事件である。この事件は安倍首相の「復古的」ナショナリズムと深い関係がある。学校法人「森友学園」の経営する幼稚園の基本的な教育方針は、明治天皇の教育勅語を幼児に暗記させることであった。教育勅語は、言うまでもなく戦前の日本人の精神的バックボーンの形成において最も重要な役割を演じた訓話である。おそらく、教育勅語は日本帝国臣民にとってはキリスト教徒のバイブルに近い存在であり、それは日本的価値観を象徴する理念でもあったと言っても過言ではなかろう。森友学園の創設者は「草の根の保守」を代表する日本会議の大阪地区の幹部であり、大阪から幼児教育を通して「日本を、取り戻す」事業を展開しているものと、安倍首相は受け止めていたものと見られる。同学園が開設予定だった小学校の名誉校長に首相の昭恵夫人が就任していた。この学園に大阪府豊中市の国有地が鑑定評価額から八億円値引きされて売却されていた事実が二〇一七年二月に発覚した。この売却に関与を問われた安倍首相は「私や妻が売買や認可に関わっていれば、首相も国会議員も辞める」と国会で答弁した。この答弁後に財務省の決裁文書から首相夫人や複数の政治家の名前を削除した公文書改ざんも明らかになった[119]。それに関わった財務省の佐川宣寿理財局長は安倍首相が国会でその潔白を以上のように断言している以上、首相の気持ちを忖度して安倍首相の発言に合うような文章の改竄を、売却を担当した近畿財務局に命じたことがあったという。菅官房長官は二〇一七年八月に内閣人事局長を兼務するようになった杉田副長官と共に内閣人事局を梃子に、官邸の命令に異議を唱える者には降格も含めて不利益を与えるシステムを構築して、府省庁に勤務する官僚に対しては権力を用いて服従させており、一方官僚の方でも順調に昇進したいという欲求を持っているので、官邸に認められ順調に昇進するために、官邸の意向を進んで忖度して過剰忠誠を示す風土が出来上がっていたのである。この風土はマスメディアでは「忖度政治」という造語で表現され、上記したように、チェックとコントロールの効かないワンマン社長のいる会社のように、安倍政権下の日本政府内には「忖度政治」が横行するようになったのである。

「モリ・カケ問題」の「モリ」は以上述べた森友学園の疑惑であり、次に「カケ」は、岡山市にある加計学園の獣医学部新設計画を巡る疑惑である。その理事長は安倍首相がアメリカ留学時代の友人でその後もその親密度が高まり、ゴルフ仲間としてその親交を温め合う親友の一人である。当時は獣医学部が多すぎて、これ以上増やすことは獣医を過剰に世に送り出すことになるので、新設が禁止されていた。「アベノミクス」の三本目の矢はその実体は小泉政権の「構造改革」路線の延長であり、新自由主義的な規制緩和を目指すものであったが、「構造改革」路線の評判が芳しくないことから、規制緩和が経済成長のためにどうしても必要不可欠な部分は「経済特区」と命名して、規制緩和を行なうことになっていた。この制度を活用して加計学園は愛媛県今治市に獣医学部新設を文科省に申請したのである。この申請に対して既設の獣医学部を持つ学校法人が反対し、許認可が危ぶまれたが、総理の計らいで文科省が許認可を与えたとの推測が流れた。野党はその真偽を確かめるべく国会で取り上げた際、内閣府から「総理の意向」などと言われたとする文書が文科省にあるとされ、当時の文科省次官も言外にそのことを認める発言をしたので問題となった。こうして安倍首相が友人の経営する学校法人を優遇したのではないかという疑惑が持ち上がった。安倍首相はそうしたことがないと主張し、内閣府はそれに合わせて「総理の意向」などと言われたとする文書はないと強弁し、ここでも「忖度政治」が展開された。その際、そうした文書があると言外にほのめかした文科省次官は官僚天下りを支援したことや私生活のことまで暴露されて、辞職を強いられることになった[120]。その後、安倍首相は許認可には一切関係ないと強弁し、その姿勢は辞任まで続いた。

冷戦崩壊後に変容し始めた国際関係への対応、さらに急速にスピードアップし始めたグローバル経済の進展の中にあって、日本の社会・経済システムの存続・発展を図るためには、その再編をいかに行なうべきか、という従来の政策決定システムで対応するには負荷が多すぎる大きな問題が目白押しに提起され、世紀の転換期と前後して従来のボトムアップ型の政策決定システムからトップダウン型のそれへの政治改革が始められ、二〇一二年末に誕生した第二次安倍政権の手で二〇一四年五月に内閣人事局が設置されたことによってようやく完了することになった。これによって、危機に対処するために必要不可欠な、最高意思決定者である首相への「民主的」権力集中の制度が実現された。そのことは日本国にとって必要不可欠の「決定中枢」制度の改革であったと言える。ところが、自由民主主義国家の中に埋め込まれている「集中された権力」を近代憲法理念の実現に向けて行使しなくてはならないように仕向けている立憲主義的なチェックとコントロールの仕組みの「日本版」が上に挙げた理由によって機能不全をきたすようになってきた。その結果、安倍首相の人格がそうした制度的な濾過装置を経ることなく「政治の世界」に露出する事態が二〇一六年ごろから表面化し始めたのであった。もっとも、近代憲法の一類型である日本国憲法の遵守を誓う政治家が首相であったなら、立憲主義的なチェックとコントロールの仕組みの機能不全があっても、こうした事態を出現させる確率はそんなに高くはなかったかもしれない。ところが、安倍首相は現行憲法の改正論者であり、近代憲法理念については否定論者である。その結果、彼が英米の近代憲法理念よりも日本の伝統と文化を優位に考えていることから「法の支配」の意味が正しく理解されていないのではないかと推測されるのである。安倍首相が掲げる価値観外交の中の第一目標である「法の支配」は英米由来の考え方からすると、それは国家を構成する一人ひとりの人間、つまり個人の「天賦の」権利と自由の実現を政府に命じた法規範の「支配」、つまり個人の人権の保障体制を築くことである。そうした法規範は英語ではcommon lawという。そして政府が資本主義経済システムの成立と共に形成された広域市場圏の社会・経済秩序の予測可能性と法的安定性を確保する目的から国内のすべての住民に対して場合によっては強制力を用いて要求する統一的な行動様式に関する規範は英語では「制定法」（statute）という。一九世紀後半から二〇世紀にかけて世界が国家単位に分割され、英米仏の近代国家が国家のモデルとされ、そしてそのメルクマールとされた近代憲法に関して、英米以外の国も近代憲法の形式的な面を導入して、実際は「制定法による支配」（rule by statute）なのに、英米で使う「法の支配」（rule of law）であると主張し始めていた。一九一九年初めに「世界で最も進歩的で民主的な憲法」と言われたワイマール憲法の下で、合法性とは民主的に選出された公民の代表機関の議会によって制定された「制定法による支配」を意味し、それは個人の「天賦の」権利と自由の実現を政府に命じた法規範の支配、すなわち「法の支配」と区別されるようになった。そして、ヒトラーは「制定法による支配」を続け、英米流の「法の支配」を否定した。とはいえ、形式的に見れば、ヒトラー独裁も「合法的」であるが故に「法治国家」であったと言えるのである。言うまでもなく、戦前の日本では「法の支配」は「制定法による支配」を意味し、それに反して現行の日本国憲法下での「法の支配」は英米由来の「法の支配」を意味する。英米でliberalとはこの「法の支配」の擁護者を意味し、最近の日本ではリベラルとは基本的に現行の日本国憲法理念を擁護しようとする人びとを指すようになっているようである。安倍首相の言動を観察すると、彼の「法の支配」についての考え方は、国民の代表機関の議会が制定した「法律（statute）による支配」であり、従って、国の最高機関の国会が選挙毎に主権を有する選挙民の多数の支持を更新させているのだから、国会で制定した制定法＝法律によって「統治」するのは、「立憲主義」の点では問題はないと捉えられている節が見られる。従って、野党や反政府的なマスメディアが何を言っても耳を貸さないという態度が、自然に出て来るのではないかと推測される。確かに、安倍首相を長とする官邸権力の「制定法による支配」は「合法的」である点では疑念を挟めないが、ある面では国民全体の民主的な正当性の裏付けのない「合法性」を形式的には守っているかのようにも見られるのである。というのは、これまでの選挙結果を見るなら、安倍政権の正当性を調達している自民党の支持者の割合は全有権者の二〇％から三〇％台であり、国民の四分の一か、三分の一の正当性しか調達していないという事実は厳然として存在するからである。もし「国民のための政治」を目指すのなら、自民党以外の有権者のためにもなる政策実現により多くの配慮が必要となるであろう。カナダの法哲学者のダイゼンハウスはその著作『合法性と正当性』（一九九八年）の中で「ワイマールの教訓」から学ぶ必要があると問題提起し、ワイマール共和国を命を賭して守ろうとしたヘルマン・ヘラーの主張に仮託して、次のように主張している。法（制定法）は合法的であるだけではなく、正当性を持たねばならない。法が正当性を持つためには、能動的な市民による民主的な討論の手続きを経て、法が共通了解され、かつ制定時に可視性が担保され、立法後には立法者に説明責任の義務を課し、また施行された法令にも市民が常時異議申し立ての可能な制度が確立され、万が一でも個人の法的良心に基づく倫理的抵抗、つまり非暴力的な不服従という事態が起こらないように、法の内容も倫理的法原則――個人の基本的人権の擁護――に基づかねばならない、と。[121] 市原麻衣子一橋大学大学院准教授は、現在、中国も日本に対抗して、「法の支配」（rule of law）という統治モデルの積極的な輸出を図っているが、それによって「〔本来の意味の〕『法の支配（rule of law）』に基づく統治ではなく、恣意的な法の適用や当局による法の制定といった『法を用いた支配』（rule by law）が拡大する恐れがある。トランプ政権が自由で開かれた国際秩序の擁護者としてのアメリカの役割を放棄した今、日本は欧州とともに自由主義的秩序を積極的に擁護する必要があ（122）り、日本は真の意味の『法の支配』の擁護者として、それを中国に対抗して発展途上国に広めるべきであると、主張している。そうした意味で、日本国内においても真の意味の「法の支配」が形骸化しないように、有権者はもちろん、政党、マスメディア、公務員などが、首相権力の専制化への傾向を抑制するために立憲主義的なチェックとコントロールの仕組みを再起動させ、その回復のために努力を傾ける必要があろう。そうした努力が実らない間は、首相権力の専制化への傾向は残念ながら続くことになるのは必然と言えよう。以上は二〇一七年までの第二次安倍政権による「外政優位」の政治への転換の試みを略述したので、次は、二〇一八年から二〇二〇年八月二七日の安倍首相退陣までの政治過程を内政と外政に分けて略述し、本節を終えることにしたい。

### （c）政権末期までの「忖度政治」の横行と「外政優位」の政治の展開

まず、内政から見ていくことにしたい。二〇一八年三月末、野党の執拗な要求に応えて、森友学園への国有地売却問題で安倍首相夫人の関わりを匂わせる文章などの改竄を主導したとされる、財務省理財局長から栄転した佐川宣寿国税庁長官が国会に喚問されたが、証言拒否を連発した。国会による行政調査権は全く機能しなくなったことを象徴する出来事である。六月には働き方改革関連法が成立した。それによって残業時間の上限が法定化された。二〇一九年四月から大企業に原則月四五時間、年三六〇時間とする規制が適用される。対象は二〇二〇年四月には中小企業にも拡大される。七月には、それまで政策提言はあったがまったく顧みられなかったと言えるカジノ営業を含む統合型リゾート法も成立した。このように、安倍政権は国会や一部のマスメディアによる「モリ・カケ」問題の真相究明を求める動きが進む中においても、「アベノミクス」の第三の矢の一つとして、観光業の振興という名目の下に国民の中に反対の多い賭博業の解禁という規制緩和まで行なった。九月二一日に自民党総裁選挙が行なわれ、安倍首相は前回の無投票当選と違って閣外に出た石破茂元地方再生相が総裁選に立候補したために投票となった。安倍首相が議員票の三二九、党員票の二二四、合計五五三票を獲得した。それに対して、石破茂元地方再生相は議員票の七三、党員票の一八一、合計二五四票を獲得した。「安倍一強」の中で石破茂候補が善戦したとはいえ、安倍首相は六九％の得票で連続三選を果たした。議員で石破茂候補に票を投じたのは、石破派の他に竹下派の参議院議員と無派閥の一部議員であった。自民党内でも「安倍一強」に対する不満が潜在していたことを示す兆候と言えよう。ともあれ、この選挙によって安倍総裁の任期は二〇二一年九月まで伸びることになり、自民党政権が続くなら、安倍首相は明治憲法下を含めて歴代最長の桂太郎（二八八六日）を抜いて一位となるはずである。[123]総裁選に勝利した安倍首相は党内の不満の解消を目指して一〇月に内閣改造を行なった。内閣の要の麻生財務相、菅官房長官の留任、腹心などは内閣と党役職のポストの席替えを行ない、内閣の根本土台はそのままにして一三人の閣僚の入れ替えを行なった。また党執行部四役人事では二階幹事長と岸田政調会長は留任させ、甘利明を選挙対策委員長に、加藤勝信を総務会長にそれぞれ任命した。[124]安倍首相は内閣改造の一週間後に、来年、つまり二〇一九年一〇月に予定通り消費税率を八％から一〇％へ引き上げることを表明した。一二月には、３Ｋ（危険、汚い、キツイ）労働分野の労働力不足や高度情報技術の専門能力を持つ技術者などの不足を補う必要性を鑑みて、その対策として入国管理法を改正し、いわゆる移民労働者の入国を認める道を開く決定を行なった。同時に、トランプ大統領によってアメリカのＴＰＰからの脱退が決定されたので、アメリカ抜きで日本が中心となる新しいＴＰＰが発効した。

二〇一六年六月に平成天皇が生前退位を表明したことを受けて、二〇一七年一二月に天皇陛下の一九年退位を閣議決定した。それに基づいて二〇一九年五月一日に明仁天皇が退位し、皇太子が即位した。徳仁天皇の代となり、元号は平成から令和に代わった。その一ヶ月前の四月に新しい元号が発表された。平成の元号の発表は当時の小渕官房長官が行なった前例を踏襲して今回も菅官房長官が行なった。「令和」の揮毫を胸の前に持って座っている菅官房長官の姿はＴＶに一日中映し出された。それを見た若者の間に「令和おじさん」として親しまれるようになった。「歴史は繰り返すが、最初は悲劇で、後は喜劇である」と述べた経済学者もいる。そうしたことが起こらないかどうかは時が経てば明らかになろう。五月には、それまで安倍首相が毎年主催していた「桜を見る会」について、首相による政治利用及び参加者の中には首相の地元選挙区の安倍後援会会員が多く参加していたことが問題となった。安倍後援会会員らはその前日に都内の有名ホテルで催された前夜祭にも参加していた。その費用は安倍首相が負担していたのではないかという疑惑が発覚した。もしそれが事実なら、公職選挙法や政治資金規正法違反になる。かつて、政治資金規正法違反で検察に追及されて、小沢一郎民主党元代表が政治的に葬られたことがあったが、その二の舞になる可能性もあり得ないことではない。こうして、「モリ・カケ問題」にもう一つ「桜を見る会」問題が安倍首相を巡る疑惑として、野党やマスメディアの一部では取り上げられ、国会でも追及が始まった。安倍首相はそんなことは一切ないという答弁を繰り返した。六月、世代間助け合いの現行年金制度が高齢人口の増加と彼らを支える現役世代の人口の減少に伴いその存続が危うくなり、社会保障制度の根幹の年金制度改革が検討されていたが、それに絡んで、金融庁は、改革後は年金では足りず「老後二〇〇〇万円」の貯蓄が必要であろうという予測を発表し、物議を醸した。

そして、七月に参議院選挙を迎えた。自民党は今回改選で五七議席を確保した。二〇一六年参議院選の五六議席を上回ったが、一三年の六五議席には及ばなかった。非改選議席五六と合わせると、一一三議席となり、公示前より九議席減らしたことになる。従って、過半数の一二三には届かず、三議席を増やして二八議席を獲得した公明党の存在が安倍政権の運営において、その後重要性が増すことになった。上述の通り、野党は多党化していたが、今回の選挙では立憲民主党と共産党の選挙協力が実を結び、立憲民主党は改選議席の九を倍増させて一七議席を獲得した。それと対照的に民進党の分裂後、希望の党に集まった議員や立憲民主党に行かなかった元民進党議員などが二〇一八年五月に結党した国民民主党は六議席を取るのみとなった。二〇一六年の参議院選での民進党の獲得議席は三二であった。今回の選挙では立憲民主党と国民民主党を合わせてもその獲得議席数は二三議席であり、九議席減らしていることになる。このように、自民党の受け皿になる旧民主党の衰退は目を覆うものがある。第三極を目指す日本維新の会が一〇議席を獲得して三の改選議席を三倍増する躍進を遂げている。共産党は三議席を増やし一六、社民党は比例選で一議席を守り、新党の山本太郎のれいわ新選組が二、NHKから国民を守る会が一、無所属一三、であった。投票率は二四年ぶりに五〇％を割り、四八・八〇％であった。この参議院選挙の結果、連立与党は憲法改正に賛成の日本維新の会の議席を合わせても憲法改正に必要な三分の二には及ばなくなった。[125]ともあれ、安倍首相の下での選挙は、この参議院選挙で六回目であり、衆議院三回、参議院三回、すべて自民党の勝利を勝ち取っている。この六回の選挙に全勝したことが安倍首相の権力を支えた大きな力の源泉であると捉えて、「選挙至上主義」を安倍政治の特徴の一つとして挙げる政治学者もいる。[126]

安倍首相は参議院選挙を受けて九月一一日に内閣改造を行なったが、政権の骨格はそのまま維持している。一三人の閣僚が変わっているが、従来同様にその多くは腹心に内閣と党役職のポストを相互に入れ替えているだけである。例えば、加藤勝信党総務会長を厚生労働相に、側近の西村康稔官房副長官を首相が秋から本格的に取り組むと宣言した「全世帯型社会保障」実現に向けた改革を担当する経済再生・社会保障改革相に、萩生田光一党幹事長代行を文科相に、衛藤晟一首相補佐官を沖縄・北方・一億総活躍担当相に、河井克行首相補佐官を法相に、それぞれ横滑りさせている。さらにこの改造で注目されるのは国民に人気のある——マスメディアが作り出している面もあるが——小泉元首相の次男の小泉進次郎党厚労部会長を環境相に任命し、次に河野一郎の孫で、河野洋平元自民党総裁の子息の河野太郎を外相から防衛相に横滑りさせている点であろう。また、加藤勝信総務会長が閣僚に横滑りしたことで、党役員人事も同時に行なったが、二階幹事長や岸田政調会長は続投で、総務会長には鈴木俊一五輪相を当て、選挙対策委員長には下村博文党憲法改正推進本部長を当てた。さらに稲田朋美筆頭副幹事長の幹事長代行への昇格を行い、二階幹事長へのお眼付役に据えている[127]。

首相権力に対するチェックとコントロールの仕組みが機能不全をきたす時には、往々にして権力が乱用されるが、その一形態が権力の私物化であり、それが上記の「桜を見る会」において垣間見られた。こうした権力の私物化は実は七月の参議院選挙においても見られた。河井法相の妻が広島の選挙区で岸田派の候補に対抗して出馬した。その際、党本部は選挙資金として一億五〇〇〇万円を支給している。政党助成金の原資は言うまでもなく税金である。その政党助成金の一部が選挙区の自民党系の市長や地方議員などにばら撒かれ、買収に使われたとされていた。それが発覚して、就任して間もない河井法相は一〇月三一日に辞任した。この件は後で触れる。安倍首相は内閣改造後、一年前の約束通り消費税率を八％から一〇％へ引き上げた。そして公明党の要求を容れて飲食品などは八％に据え置くという軽減税率制度を導入した。消費税率引き上げが社会福祉に使われることを示す意味を込めて、幼児の教育・保育の無償化をスタートさせた。国会では「桜を見る会」問題が野党によって追及されるが、首相は「虚偽」答弁を繰り返し、かえって国民の不信を買うことになった。一一月一三日、菅官房長官は国民の不信を鎮めるために、翌年から「桜を見る会」を中止すると発表した。一一月二〇日、安倍首相の通算在職日数が二八八七日になり、ついに桂太郎元首相のそれを超えて憲政史上最長となった。一二月二五日に秋元司元内閣府副大臣のカジノ誘致を巡っての収賄事件が発覚し、逮捕された。上述の通り、二〇一七年から二〇一九年にかけて安倍政権の権力乱用の側面が徐々に現われ始めていたが、それは首相権力に対するチェックとコントロールの仕組みの形骸化と共に、官邸に集中した権力が「抑制」されないことに胡坐（あぐら）をかいて、首相や彼の側近によってそれが乱用される機会が増加し始めた兆しと言えよう。アクトン卿の言う通り「権力は腐敗する。絶対権力は絶対的に腐敗する」という傾向が、安倍政権の末期に現われ始めたのである。

年が明けて、令和二年、すなわち二〇二〇年に入るや、中国の武漢発の新型コロナウイルスが世界中に広がり、中世ヨーロッパにおいてペストが流行して人口の約三分の一が死亡したという歴史的事実が想起され、世界全体にパニックが起こった。中国に近い日本でも一月一五日に新型コロナウイルスの感染者が確認された。二月一三日に新型コロナで国内初の死者が確認された。安倍首相は関係省庁間の周到な準備もないまま唐突に二七日に新型コロナウイルス対策として全国の小中高校及び大学の一斉休校を要請した。三月に入って一三日にコロナウイルス対応で緊急事態宣言を可能にする改正新型インフルエンザ等対策特別措置法を制定した。外政のところで後に触れるが、二〇二〇年に予定されていた習近平中国国家主席の国賓としての来日が延期され、次いで二五日、夏に予定されていた東京オリンピック大会も一年延期の決定が行なわれた。四月には新型コロナウイルスの拡大に伴い、西欧諸国に倣って、七日に首都圏、大阪圏、福岡の七都道府県に緊急事態宣言を発出し、一六日には緊急事態宣言の対象を全国に拡大した。それによって、一般会社では多くの従業員が在宅勤務を強いられ、仕事は情報技術手段を利用する「テレワーク」に切り替えた人が増大した。また飲食業界は営業時間の短縮か、一時的な休業も要請された。こうして、経済を始め社会の機能の一部が停止するような事態が出現した。

コロナ禍には新型コロナウイルスに効くワクチンが開発・大量製造されるまではマスクしか主たる予防法がないことから、マスクの品不足が大きな社会問題として提起されるや、安倍首相は直ちにレスポンスの姿勢を示して、全世帯に布製のマスク二枚を配布すると表明した。このマスクは「アベノマスク」と揶揄されることになる。確かに、五月から六、七月にすべての世帯に郵送されたが、安倍首相やその周縁の人びとを除いてほとんど使われなかったような感じを受ける。九〇億円の無駄使いである。さらに、緊急事態宣言によって失業した人や飲食業界では営業が出来ず、経済的に困窮する人びとが現われたので、彼らを救済すべく岸田自民党政調会長はコロナ禍により経済的に困窮に陥った人びとに三〇万円の支給を行なう支援策を安倍首相に提案した。ところが、それを実行に移す直前になってそのことを知った連立与党の公明党の山口代表が、コロナですべての国民が苦難を強いられているのだから、マスクと同様に全国民に一律一〇万円を支給すべきであると主張し、二階自民党幹事長もその案を支持したので、安倍首相は最初の案を引っ込めて、国民すべてに一律一〇万円の支給を決定し実施した。その後、緊急事態宣言で本来入るべき収入が入らないことへの補填金として膨大なカネが必要になって来た。政府は六月一二日にコロナ追加対策を盛り込んだ第二次補正予算を成立させた。補正予算としては過去最大規模で、予備費に異例の一〇兆円を計上した。コロナ禍が収まらない限り、政府の財政は膨張を続けることになろう。緊急事態宣言はその効果があり、五月二五日に解除された。正常化へ向けてのあらゆる努力が続けられ、緊急事態宣言で落ち込んでいた観光業や飲食店などを支援するために、菅官房長官肝いりの、観光関連事業支援策「ＧｏＴｏトラベル」と「ＧｏＴｏイート」が開始された。ところが、このコロナ禍の打撃をもろに受けている業界への支援策が開始されるや、それは間も無くコロナ感染を全国に拡大させる逆効果として現われることになる。

以上見たように、安倍首相による新型コロナ対策は、はからずも首相を中心とする官邸による政策決定において劣化現象が現われ始めている兆しのように見られた。上記の通り、二一世紀に入って政策決定システムのボトムアップ型からトップダウン型への政治改革は日本にとって必要不可欠であったと言えよう。しかし、トップダウン型の政策決定システムの民主的なコントロールシステムが事前に考案されていなかった点は画龍点睛を欠く制度改革であったとも見られる。二〇一四年五月に内閣人事局の発足と共に霞が関のキャリア官僚の行動が徐々に変化し始めたように見られる。戦前にはキャリア官僚は国家理性を一身に体現したような「国士」型であったし、またその系譜に属するキャリア官僚は「五五年体制」時代にも多く残っていた[128]。そしてその気風はキャリア官僚の中にその後も受け継がれていて、労働基準法が機能しない長時間労働と薄給に耐えて公務に励み日本を支えてきた。彼らはそうした自負心があるが故に、政治家に仕えてきたと言えよう。ところが、二〇一四年五月に内閣人事局が設置され、官邸が官僚を自由に動かし始めると共に、官邸の意向を前もって忖度して進んで官邸に奉仕して、立身出世を図る官僚が増大していくようになったと見られよう。それと共に、首相の政策決定に関しては政官関係の点では望ましくない方向へと向かい、官邸が聞きたくないことでも伝える気概がキャリア官僚から失われていったように見られる。いや、優秀な官僚は長時間労働で心身をすり減らされていることも重なって官界から逃走し始めているのではないかとも思われる。その兆候は二〇一九年度の二〇代総合職（キャリア）の自己都合退職者数は六年前の四倍以上、そして公務員試験の総合職の応募者の急減として現われているところに見られよう。[129] 行政改革以前では大蔵省のキャリア官僚が実質的に日本を統治していたが、財務省と金融庁に分割された後、大蔵省のキャリア官僚の力は相対的に弱まり、それに反比例してアイディア官庁と言われる経産省のキャリア官僚が官邸に多く用いられるようになったという。安倍首相のブレインの一人の今井秘書官は経産省出身であり、第二次安倍政権では内閣府においてその比重を高めたのは経産省だと言われている。いくら優れたアイディアの持ち主であると言われても時間の経過と共にそのアイディアは次第に枯れるものであり、「アベノマスク」が首相の発案ではないのなら、それは官邸官僚の案ということになり、その劣化を証明するものと言えよう。[130]

ところで、首相権力をチェックできる制度はまだ残されていたのであった。それは法務省の所轄に属する検察庁である。それは行政権の一翼に位置していても一定の独立性を保って政治への監視役も果たしており、具体的には政治家の権力犯罪をも捜査し、起訴する強力な権限を持ち、従って政治家にとっては鬼門である。ところが、安倍首相は、国民の耳目がコロナ禍に集中している中で、彼特有の「人事を通じての政策転換」の政治手法を使ってこの検察庁の骨抜きに取り掛かっていたのである。二〇一六年当時法務省官房長であったが、法務・検察内部で決めた地方の検事長への転出が安倍首相によって取り止めさせられ、法務次官に任命されたほどの首相の信任の厚い黒川弘務東京高検検事長は二〇二〇年二月八日に定年を迎えることになっていた。検事総長の定年は六五歳であり、それ以外の検事の定年は六三歳である。稲田伸夫検事総長は二〇二〇年七月に就任満二年を迎えるが、近年の総長は二年ほどで交代しており、その後任に黒川弘務東京高検検事長を起用するのではないかと観測されたのである。実際、安倍首相は彼の勤務を半年延長することを急遽閣議で決定した(131)。権力乱用である。その噂が流れた二月二日の記者会見で枝野幸男立憲民主党代表は「首相を逮捕するかもしれない機関に官邸が介入するのだ」と批判した(132)。当然、マスメディアを含めて批判が高まった。首相の意を受け、法相は閣議決定に沿って検察庁法改正に動いた。それが知れ渡ると、ソーシャルメディアでも黒川検事長の定年延長は安倍首相の疑惑隠しを目的とする権力乱用だという非難が広まり、政治的無関心層までこの件がきっかけとなって政治への関心を高める逆効果をもたらした(133)。強行するかと思われたが、偶然かどうかは不明であるが、黒川検事長が朝日新聞記者及び産経新聞記者と賭け麻雀をしていたことが週刊誌にすっぱ抜かれ、その責任を負って辞職に追い込まれた。それと共に五月に検察庁法改正案の通常国会成立は断念せざるを得なくなった。六月、ついに河井克行前法相と彼の妻の河井案里参議院議員が東京地検特捜部によって逮捕された。八月二四日、安倍首相の連続在職日数が大叔父の佐藤栄作元首相のそれを越えて歴代最長となった。そして三日後、持病の潰瘍性大腸炎の悪化を理由に辞職を表明したのである。

次に、二〇一七年から首相退任までの「外政優位」の政治と不可分の安倍外交について概略しておきたい。上述の通り、第一次政権時代の安倍首相の外交活動の基本路線は日米基軸を堅持した上での価値観外交の展開であった。それは二〇一〇年を前後して中国の超大国としての台頭によって修正を余儀なくされた。谷内正太郎外務次官によって発案された時の初期の価値観外交構想はその基本がロシアを普遍的価値によって取り囲むことであったが、その対象をロシアから中国に変えざるを得なくなって来たのである。実際、政権交代もあり、その変更は二〇一二年末に第二次安倍政権が発足後、徐々に進められたと見られる。北方領土問題の解決もあるが、日ロの関係が良好になれば、中国を取り囲む価値観外交はより実効性のあるものになるので、安倍首相はロシアのプーチン大統領とはファーストネームで呼び合う仲にまでお互いの国の相互訪問や別の場所での会談で親密な関係を構築した。その点は評価できるが、北方領土はすでに七五年間もロシアに占領され、さらにロシア国民も定住してしまっているので、返還に反対するロシアの国内事情が作り出されていた。さらにロシアからすると、島を日本に返還した場合、米軍基地になる恐れもあり、おいそれとそれらを返す訳にもいかない、様々な事情が重なって、返還交渉は一進一退を繰り返した。ともあれ、両首脳の親密度が増し、日本側も譲歩の姿勢を示し、二〇一八年一一月の日ロ首脳会談で、一九五六年の「日ソ共同宣言」を基礎に平和条約交渉を加速させることで合意した。しかし、その後の進展は見られず、安倍首相の退陣となった。日本にとって先の大戦の戦後処理はロシアに関しては未解決のまま積み残さることになった[134]。

また、修正を余儀なくされた価値観外交の展開においては、二〇一七年にアメリカでトランプ政権が誕生すると共にさらにその軌道修正が迫られた。それまでアメリカは世界に自国の憲法の掲げる普遍的価値を広めることを対外政策の目標に定めて、その価値に反する全体主義的なソ連やソ連崩壊後成立した権威主義的なロシアの影響力の無力化を目指す国際的協調システを作り出し、それを指導してきた。トランプ大統領は「アメリカ第一」主義を掲げ、こうした国際的協調システムからの逃走をスタートさせ、経済のグローバル化によって疲弊しきってしまったアメリカの製造業の復興に力を注ぎ始めた。また財政赤字の削減を目指して世界に配備しているアメリカ軍の引き上げ、ないしは配備されている国に駐留費用の負担分の増額を求めるなど、「アメリカ第一」主義に基づいてそれまでの世界の覇権国としてのアメリカの取って来た世界的な軍事戦略に関する政策の転換も始めた。それに合わせてまた中国に対して封じ込め政策を取り始めた。アメリカの製造業の衰退に反比例して中国は世界の工場へと変貌し、ついに二〇一〇年に日本を抜いて世界第二の経済大国へと躍進を遂げていた。そればかりか、世紀の転換期を境にアメリカではＩＴ企業が製造業に取って代わって指導的な産業としての地位を確立し始め、さらにその支配権を世界に広げ始めていたが、このＩＴ企業のハードとソフトの両面において中国の企業が急速に台頭し、アメリカへの浸透も始めていたのである。それは個人の生活や社会の様相を一変させる革命的な作用を示し始めていた。二〇一〇年代中ごろからＩＴ企業のハードとソフトの商品としてＰＣ、スマートフォンが急速に世界大に普及し、それと共にデジタル社会が作り出され始めた。つまり、ＩＴ企業のハードとソフトはデジタル社会の基本的なインフラとなり始めたのである。そればかりか、ＩＴ器具は政府による国民の意見の収集のみならず、そのコントロールも可能にする手段となると同時に、使い方次第では国民による政府への異議申し立ての手段とも成り得る新しいメディアとなり始めていた。さらに、ＩＴ企業のハードとソフトは軍事にも転用されているので、この分野で中国がその支配権を拡大するなら、遠からずアメリカの世界における軍事的覇権も脅かされることになるのは必至であると考えられるようになった。こうして、経済的のみならず軍事的にも、中国の超大国としての台頭はかつてのソ連の台頭に比肩できる脅威としてアメリカでは認識され始めたのである。こうしたアメリカの対中観の急激な変化を背景に、トランプ大統領は中国からの輸入品への高関税の賦課、中国を代表するＩＴ企業「ファーウェイ」（華為技術）のアメリカ市場からの締め出しを含めて、中国封じ込め政策を発動し、ＩＴ二大超大国の米中対立が表面化した。この新しい事態は日本にとっては外交的にはある程度の自主性の余地を作り出してくれる機会の到来でもあったと言えよう。というのは、トランプ大統領は「アメリカ第一主義」を貫こうとしているわけだから、日本については以前ほど構わない姿勢を示し、アメリカの国益を大きく傷つけない限りある程度の日本の自主的な外交を黙認する可能性が生まれたからである。安倍首相を「右翼政治家」として敬遠し、対日強硬姿勢を示していた中国の習近平指導部は、トランプ大統領登場以降の東アジアにおける日本の自主性の空間の誕生という事態を目ざとく捉え、二〇一七年から二〇一八年にかけて、米日関係の推移を見ながら、次第にアメリカに対抗するための手段としての日本の利用価値を見出し、「歴史問題」を封印するなど対日接近政策に転じ始めた。将来、米中衝突が起こった究極の場合を想定するなら、先の大戦でアメリカを四年間も苦しめた日本の力が反中にならないか、中立であり続けさせるなら、それは中国にとって大きなメリットとなるはずだからであろう。

こうして、安倍首相は一方ではトランプ大統領と親密な個人的関係を築き上げ、上記したように、米日印豪の「自由で開かれたインド太平洋」（ＦＯＩＰ）連携構想に賛同を求め、さらにトランプ大統領を二〇一七年五月に日本に招聘し、そして二〇一九年五月に新天皇即位式には国賓として再び招聘し、六月の主要二〇ヶ国・地域首脳会議（G20大阪サミット）を主宰した時も、再びさらなる親交を深めている。このように、両首脳間の親密度は他国のリーダーと比べても抜きんでていた。そうした関係にもかかわらず、トランプ大統領は駐留アメリカ軍の日本側の負担金の天文学的な増額を要求したり、さらに高価な武器の購入を要求したりして、「アメリカ第一主義」の貫徹に手加減する様子は示さなかった。とはいえ、安倍首相はゴルフをともに楽しんだりして築いた個人的な親密関係を活用して日米間の意思疎通を円滑にし、日米基軸の強化に大いに寄与した。

一方、こうした良好な日米関係の中において、二〇一七年一〇月、安倍首相は中国を七年ぶりに公式訪問し習近平国家主席と会談を行ない、日中間の互恵関係の樹立を目指す方向を示した。顧みるなら、二〇一四年に北京で開催されたＡＰＥＣで習近平国家主席が安倍首相を迎えた場面の両首脳の顔は互いに引きつっていたような感じを受けた。無理もない。二〇一三年末に安倍首相は靖国神社に参拝しており、中国はそれについて抗議していたからである。二〇一四年の両首脳の初会談後も安倍首相による戦後七〇年の首相談話発表や安保法制の制定などで中国を刺激しており、安倍首相に対して習近平指導部は警戒を続けていた。ところが、上記の通りトランプ大統領の登場によって米中の対立が深刻化していったが、一方、それによって日本にはある程度の外交の自主性が生まれたこともあって、日本国内では、経済重視の立場から経済的に緊密な関係にある中国との連携を主張する声が政権内にも上がっていた。それまで外交政策の決定においては価値観外交を主導する谷内国家安全保障局長の安倍首相に対する影響力が強かった。しかし、日本外交においてある程度の自主性が生まれると共に、首相補佐官を兼ねるようになった今井政務担当首相秘書官が経済重視の外交戦略を練り始め、官邸官僚の中において対中国外交のアプローチに関して意見の対立が芽生えた[135]。

安倍首相は、こうした対立に見られる安保かそれとも経済重視か、という問題に関して慎重に検討した結果、対中関係の見直しを始めることになった。日本の価値観外交はその対象の東南アジア諸国が中国との関係を良好なものへと進めているのに、反中では東南アジア諸国を困難な立場に置くことになるので、日本と東南アジア諸国との良好な関係を発展させるためにも、反中ではないことを明確に示す必要があり、ＦＯＩＰも中国との「競争」から「協力」へと軸足を移す必要性が生まれた。そこで、二〇一七年に習近平国家主席が開いた「一帯一路」の国際会議に二階幹事長と今井首相秘書官を派遣して、一帯一路に前向きな姿勢を示す親書を習近平国家主席に渡した。そしてＦＯＩＰの位置づけも「戦略」から「構想」に変え、対中牽制色も薄めることになった。こうした経済重視の観点からの日本の中国へのアプローチに、中国はアメリカとの対立の激化の中で、可能なら日本を味方につけるべく急接近の姿勢を示した[136]。こうして両国の思惑は一致し、二〇一八年に李克強首相の来日、それを受けて安倍首相の中国訪問となったのである。首相は訪中の際、「発展した中国と日本がついに共に世界に貢献する時代がやってきた」と強調した[137]。

ちなみに、外交の重点が経済重視へと移されるに伴い、谷内国家安全保障局長は二〇一九年一一月に退任し、北村慈内閣情報官が国家安全保障局長に任命された。新局長は第一次安倍内閣の首相秘書官であり、今井首相秘書官と共に安倍首相の信任の厚い、警察庁の公安畑の出身で、民主党の野田内閣時代からインテリジェンスの内閣情報官の地位にあった。ＩＴ革命があらゆる分野に広がり、とりわけ情報技術産業の主導権を巡る戦いが米中間に展開され、経済が安保・外交と不可分の関係が作り出されるに従って、日本もこうした動きに対処すべく、経済・外交・安保を一体的に運用する必要に迫られた。こうして、二〇二〇年四月一日にNSSに新たに「経済班」が設置された。経済班は経産省出身の審議官がトップを務め、財務省、総務省、外務省、警察庁出身の参事官ら約二〇人で構成された。これまでのNSSは外務、防衛両省からの出向者を中心に「政策（地域別）」「戦略企画」「情報」など六班体制であったが、新たに「経済班」が加わり、七班体制となった。経済班のトップには藤井敏彦経産省官房審議官が任命された。経済的な手段で他国の外交や企業活動に影響を与える中国の動きに備えた体制とも言えるが、さらに新型コロナウイルスの感染拡大に伴い、経済班は国内の先端技術の保護のみならず、機微技術の軍事転用防止という安保の分野、そして入国制限を巡る情報交換など経済安保を中心に外交の全般にわたる日本の安全保障の司令塔の役割を果たすことも目指されていると言えよう[138]。

安倍首相によって国内で進められていた「地方創生」事業が少子高齢化によって農業や中小企業の後継者の減少によって、あまり見るべき成果が現われなかったが、二〇一七年以降における上述の日中間の関係改善の進展と共に、格安航空会社の登場も手伝って、豊かになった中国人が大挙して買い物目的に来日するようになり、その後は日本の伝統と文化が刻み込まれた地方都市に観光目的に殺到するようになり、二〇一八年から翌年にかけて京都のみならず、日本全国の神社仏閣に中国人のみならず、台湾や韓国からも多くの観光客が押し寄せるようになった。それによって、地方も活気づき、経済的に明るい兆しが地方に見えてきた。いわゆる「インバウンド」（訪日外国人客）の拡大による経済活性化効果である。その延長線上において、二〇二〇年に習近平国家主席を国賓として招く決定がなされたのである。もっとも、それには「草の根の保守」派が強く反対した。さらに政府内においても外交・安保重視の「対中牽制派」と経済重視の「経済連携派」の間で路線対立が続き、互いに主導権争いを続けていたが、安倍首相がそれをコントロールし、経済重視路線を継続した。ところが二〇二〇年に入り新型コロナウイルス感染が拡大し始め、習近平国家主席の来日が上記の通り延期になった。将来、二〇二一年に登場する民主党のバイデン政権がトランプ政権の対中強硬姿勢を継続させ、日本に同調を求めることになるなら、米中対立の中でバランサーとしての日本の役割はますます高まるであろうし、世界の平和のためには創造的な安保・外交のグランドデザインが求められるであろう。

上述のように、第二次安倍政権発足後、「五五年体制」時代の日本外交の三本柱の中の「日米基軸」のさらなる強化を土台とする価値観外交が展開され、それは日本を取り巻く国際情勢の変化に対応して修正されながら進められていたのに対して、残された「国連中心主義」と「近隣友好」は相対的に軽視されるようになったように見られないこともない。とはいえ、日中関係の改善の方向へと進み出していることから見て「近隣友好」が幾分重視されるようになった観も見受けられる。とはいえ、「近隣友好」のもう一つの内容を構成する日韓関係はさらなる悪化への道を辿っている。二〇一五年一二月に慰安婦問題を巡る日韓合意が成立し、「歴史問題」で捩れていた日韓関係が良い方向へと進むのではないかと思われた。ところが、その合意を締結した朴槿恵大統領の権力乱用と汚職事件が発覚し、それに憤激して立ち上がった民衆の下からの罷免運動に押されて、朴大統領は国会の弾劾決議を受けた憲法裁判所によって罷免された。二〇一七年五月に行なわれた後任の大統領選挙で「革新」系の「共に民主党」の推す文在寅前盧武鉉大統領秘書室長が当選した。安倍首相が「日本を、取り戻す」というスローガンの下で「復古的」ナショナリズム的な政策展開を行なっているが、この文大統領も「韓国を、取り戻す」という「復古的」ナショナリズム的な政策を展開し始めたのである。その政策展開が日本では「反日」と映っているようである。また、南北統一を目指して北朝鮮と和解政策を続行していることから、「社会主義」の北朝鮮に傾斜しているので左翼政権との評価も受けているが、その評価は一面的であるように見られる。というのは、彼が目指す「韓国を、取り戻す」という政策は、安倍首相の場合、戦後の新しい日本国憲法の価値体系によって「汚されていない」日本の伝統と文化を取り戻すことであるのと同様に、文大統領の場合は日韓併合前の「大韓帝国」時代の韓国を取り戻そうとしているからである。安倍首相と文大統領はともに「復古的」ナショナリズムの実現を目指しており、その点では共通していて「双子」のように見える。ところが日韓関係にとってはそれが問題なのである。というのは、両者の「復古的」ナショナリズムが両者のそれぞれの「自分探し」であるという点についてお互いがそれを正しく理解していないからである。文大統領は日韓併合後に韓国が日本によって「汚されている部分」の清算に取り掛かっているように見える。日本の韓国通の人びとに見えていない韓国の側面は三五年間の日本帝国主義の支配下で成就された朝鮮半島の近代化についての韓国人による捉え方であろう。この近代化には二面があった。一つは、植民地統治機関の日本総督府が上から行なった近代化の側面である。もう一つは、韓国併合以前から清国を通じて朝鮮半島に入っていた欧米のキリスト教団の財政的支援や指導を受けたキリスト教徒による教育と慈善事業の分野における自主的な近代化の動きである。日本の敗戦後一時中断したが、日本総督府の近代化作業は大日本帝国陸軍中尉であった朴正熙将軍主導の一九六一年に誕生した軍事政権によって再びアメリカの支援を受けつつ日本の協力を得て継続し、「漢江の奇跡」という経済的近代化が実現された。この長期にわたる韓国の近代化過程における、日本によって刻印された側面の清算を文政権は目指しているように思われる。つまり、韓国の近代化における「日本的なるもの」の清算、つまり「日色の脱色作戦」を展開中と見ても間違いなかろう。それを後押ししているのは、キリスト教者によって達成されたある程度の自主的な近代化活動を土台にして、その活動の教育や社会事業以外の分野への継続的な展開であるとも見られる。というのは、韓国の人口の約四〇%がキリスト教徒だからである。韓国を訪れた日本人なら誰でも、韓国のどこへ行っても教会の尖塔が林立している異様な光景に出くわし、日本と比べてみて驚くであろう。毎週教会を中心に礼拝と並んで牧師による時局についての説話が繰り返されており、かつてアメリカについてトクヴィルが「小集団」を中心とする民主政と規定したことがあるが、今日の韓国もそれに近い状態にあると見た方が良かろう。小集団を中心として韓国社会が休まず動いているのである。さらに、一九八七年の民主化宣言に基づいて制定された第六共和国憲法が国民の間に根付き、現代ドイツと同様に、憲法理念の守護を目指す憲法裁判所を最高機関として位置づけ、そのコントロール下の三権分立制が定着している。従って、「街頭デモクラシー」の波に乗って政権を掌握した文大統領はこうした自国内の「自分探し」の動きに抗うことが出来ない状態に置かれていると見られないこともない。その結果、二〇一七年五月政権交代を済ませた文大統領は前政権の慰安婦合意を空文化した。公式謝罪や賠償がないと批判する「自分探し」の世論を重視したのである。安倍首相は、岸田外相が前政権と慰安婦問題に関する解決策の日韓合意案を努力してまとめたので、彼の精神的な支持基盤の「草の根の保守」の反対を押し切って現実主義的な立場から認め、さらに二〇一八年二月には韓国の平昌五輪開会式に出席し、日韓関係の改善のために尽くしていた。ところが、日本の法廷で門前払いを受けた元徴用工による日本の大企業に対する訴えを、韓国の法院（裁判所）が受理し、二〇一八年一〇月には、原告の訴えを認め、日本企業に元徴用工への賠償を命じる判決を下したのである。次いで一一月には、文政権は慰安婦問題に関して「最終的かつ不可逆的」な解決を図った合意の産物である慰安婦財団の解散を行なった。日本にとっては摩訶不思議、まったく理解不可能な措置であったと言えよう。こうした韓国の日本に対する対応に、それまでくすぶっていた「嫌韓論」が噴き出し、日韓関係は最悪の方向へと進んでいる。

日本の外務省も、国際法に違反し、日本の常識では考えられない対応を示す韓国に対しては、それまで取ってきた友好国待遇を取り止めて、通常の国家間の関係のような「冷たい計算」に基づいて対応し始めることになり、二〇一九年七月四日、韓国に対して半導体材料など三品目の輸出管理厳格化措置をとった。韓国もそれに対して七月一一日にＷＴＯへ提訴し、日本側の措置について、それは「韓国大法院（最高裁）の徴用工判決と関連した政治的動機により韓国を狙って取られた」と非難した。日本がそれを無視するや、韓国はついに対抗措置として翌月、日韓の軍事情報包括保護協定（ＧＳＯＭＩＡ）の破棄を通告して来た。それはいつ軍事的な挑発に乗り出すか分からない北朝鮮に対するアメリカを蝶番とする日米韓の三ヶ国「軍事同盟」に罅（ひび）を入れる措置であり、間も無くアメリカの圧力で一転、協定の維持が決められた。関係悪化の要因である徴用工問題は未解決のまま、今日に至っている。[139]ともあれ日韓関係を友好的なものにするためには、両国で進められている「自分探し」の政策を、日本が価値観外交で広めようとしている「普遍的価値観」に基づいて止揚する方向以外には解決策は当分見つかりそうもなかろう。とはいえ韓国人の精神構造には儒教の考え方の遺制が残っており、儒教の儀礼主義によると、初めは建前論を主張し通そうとするが、別に本音の部分が用意されているのである。文政権は「日本的なもの」の「脱色」という「自浄」作用が自国の対日外交活動を「自縄自縛」に陥らせるという副作用を伴うものである点について恐らく認識しているので、いずれ解決の方向へと向かうであろうと推測される。

最後に、安倍首相は世界第三位の経済大国としての地位を堅持し、それを支える自由貿易体制の確立においてもリーダーシップを発揮している。ＴＰＰは民主党政権の末期に加盟への動きを本格化していたが、自由貿易によって最も被害を受ける農業関係者の反対で容易に進められなかった。反対の急先鋒は自民党の選挙地盤として大きな影響力を有していた農協であり、それは二〇〇九年の総選挙では、農業所得補償を唱える野党の民主党に投票先を変えたこともあり、自民党が政権を喪失する上において大きな要因の一つともなっていた。安倍首相は第二次政権発足後に農協の裏切りや、少子高齢化によって後継者難に苦しんでいる農業の苦境を、その「近代化」、つまり大規模経営への転換を図ることで克服する政策の実行に取り掛かり、「人事を通じての政策転換」を図る例の政治手法を用いて農協を去勢し、上述の通りアメリカ主導のＴＰＰ調印に成功したのである。[140]ところが、トランプ政権がそれからの脱退を表明したので、二〇一七年一月、豪州でターンブル首相とＴＰＰを存続させるべきかどうか協議し、アメリカ抜きで継続することに協力を引き出し、二〇一八年一二月にＴＰＰを発効させるのに成功したのである。ＴＰＰ存続のための外交と並行して、欧州連合とも経済連携協定の締結に向けて活動を展開していたが、ＴＰＰを発効させる一ヶ月前の一一月に日本と欧州連合の経済連携協定（ＥＰＡ）を発効させている。その後、中韓も含めた地域的包括的経済連携（ＲＣＥＰＴ）の成立に向けてリーダーシップを発揮していたが、退陣後の二〇二〇年一〇月にその発効を見ている。

以上、二〇一七年から二〇二〇年八月末の退陣までの安倍首相の外交活動について概観してきたが、「地球儀を俯瞰する外交」と称されていたように、全世界の中で日本の存在感を高めようと努力したことは評価されている。もっとも、北方領土の返還や北朝鮮に拉致されている日本人の救出が実現できなかった点は惜しまれるが。

さて、第二次安倍政権の七年八ヶ月をどのように見たらよいのか最後に考えてみたいと思う。安倍首相の「外政優位」の政治については、その評価は政治的立場が異なれば、当然異なるのは言うまでもなかろう。

日本国憲法の価値体系を守護しようとする側の人びとの中には、七年八ヶ月も続いた第二次安倍長期政権については、「国民・有権者の希望を忖度するのではなく、権力者の思惑を忖度するだけの上目使いの政治家のみならず、官僚、外交官、裁判官が激増して、『安倍一強』という名の『ソフトな独裁の政治』が出来上がっているのが今日の政治である[141]」、そして「民権」ではなく「国権」を優位に置く政治を展開した[142]、とか、あるいは安倍首相の政治手法については、「安倍政治とはどういうものであったのか。端的に言えば、敵と味方を峻別する分断対決型の手法を取り、数々の重要法案を『数の力』で採決していった政治である。問答無用とばかりに異論を排する手法は、政治だけでなくメディアや国民をも分断し、社会に深い亀裂を生んだ[143]」、そして、安倍首相の下で安保関連法が成立し、日本は専守防衛から「戦争ができる国」へと変貌した、との指摘が見られる[144]。こうした批判に対して、「復古的」ナショナリズムを目指す人びとの中には、安倍首相によって宿願であった保守の理念がある程度実現した点を高く評価する声が多く、それは、「ありがとう!安倍晋三総理」と題する特別号を編んだ月刊『Ｈａｎａｄ a』（二〇二〇年一一月秋麗号）に示されている。また、二〇一三年四月の『別冊正論』は、「安倍晋三、「救国」宰相の試練」という特集を組んでいる。『別冊正論』がどのような理由に基づいて、安倍首相を「宰相」と呼んでいるのか分からない。上で指摘したことがあるが、安倍首相をフランスのナポレオン一世に似ているとする説もある。確かに、ナポレオン一世がフランス大革命の結果生まれた急進的共和制を穏健な復興王朝へ移行させる橋渡しの役割を果たした点は、安倍政権が七年八ヶ月の間現代日本政治において果たした役割と似ているとも言えないことはないが、「政治的人格」としての安倍首相が実際によく似ているのは、約一五〇年前にドイツ民族の統一国家「ドイツ帝国」を創設し、初代宰相となった「鉄血宰相」ビスマルクであろう。実は、安倍首相は「白色革命家」とか「赤い反動家」と言われたビスマルク宰相と国家運営の仕方において似ている側面が幾つか見られるのである。ビスマルクは封建的反動陣営の代表的政治家であるが、ドイツ民族の歴史的課題であった民族統一国家樹立という「革命」を成就しているので、「白色革命家」と言われた。そしてビスマルク宰相はドイツに押し寄せる当時の時代潮流の最先端を行く民主主義や社会主義の運動については、その反体制的な部分は抑圧するが、帝国創立と運営に利用できる民主主義の「普通選挙」制に基づく国家の正当性調達の手段の側面の積極的な活用や、世界において初めて工場労働者疾病保険、労災保険、廃疾者・老年者保険などの社会保険制度の創設などで社会主義運動の唱える社会福祉的側面の実現を図る「国家社会主義」的政策を積極的に展開しているので、「赤い反動家」とも言われている。[145] 安倍首相も民主主義の「普通選挙」制に基づく政府の正当性調達の手段の側面、つまり「選挙至上主義」を積極的に活用しており、また介護保険制度や「官製春闘」、「働き方改革」、「幼児の教育・保育の無償化」、「女性活躍社会」など社会福祉の実現という「国家社会主義」政策の実現に力を注いでいる。この二つの点では、ビスマルク宰相と似ていると見られよう。さらに、社会主義政党の勢力拡大を抑えるために宗教政党と連立を組んでいる点や議会を軽視している点なども似ている。但し、ビスマルクはドイツ産業資本主義の勃興期の課題の処理において「反動家」でありながら、時代の要求に答えながら創設されたばかりのドイツ帝国の安全保障の確保という「外政優位」の政治を最優先に追求していたのに反して、安倍首相の場合は、一国資本主義の終焉期において、日本という国民国家をグローバル経済の進展の中でその安定的な発展を目指して「外政優位」の政治を展開している点が異なると言えよう。

ともあれ、第二次安倍政権が成し遂げたことについては、上記のように、左右それぞれの立場から別の像を示している。それを一つの像に合成するなら、それは「五五年体制」時代の日本的なリベラルな国家をイギリスやフランスなどの「戦争が出来る」普通の国家へ向けて限りなく近づけようと努力した過程であったということではなかろうか。換言するなら、安倍政権は、自由を基礎とする民主主義という普遍的価値の実現を目指す平和国家の在り方と日本固有の伝統と文化によって刻印された「一国民主主義的」な普通の国家の在り方、この両者のヘーゲルの言う「止揚」を現実主義的に目指していたのではないかとも思われる。上述の通り、安倍首相の最終目的は憲法改正であり、国会の両院で憲法改正に必要な三分の二以上の議席を確保した時期もあったが、その機会を生かせなかったのは国民の多数が憲法改正をまだ望んでいなかったことに由来していたと見てもよかろう。国民の多数は、現行憲法が何よりも個人の自由、つまり個人の人権を保障し、さらに先の大戦で人権を否定したのは戦争であるということを身に染みて体験した歴史的記憶があり、従って人権を否定しそれを抹殺する戦争はいやだ！という感覚が肉体化されているように思われる。この記憶が消えない限り、平和憲法の改正は困難であろう。

次に、確かに、安倍首相の政治手法には、現在のハンガリーやポーランドで展開されているような、行政権を掌握した権力者が立法部を自分の意志を「法律に変える」従属機関に変え、さらに行政権に対するコントロール機関であるマスメディアと司法部を骨抜きにして独裁権力を構築しようとしている、そうした権威主義的なやり方と類似している側面が見られないこともない。とはいえそれは、安倍首相が望んだかどうかは別にして、その多くは首相権力をチェックし、コントロールする仕組みが形骸化しているところにも起因し、とりわけ競争的政党システムが機能するために必要不可欠な野党がほとんど存在しないと言っても過言ではないぐらい小党分裂状態に陥っていることのなせる業でもあったと見られないこともなかろう。

**【注】**

（1）『読売新聞』も自民党の圧勝の理由として、第一に、「民主党政権三年に対する有権者の失望感が大きかったこと」を挙げており、さらに第二の理由として、「代わって登場した第三極政党がどんなにバラ色の公約を訴えても民主党に懲りた有権者に浸透しなかったこと」を挙げ、安倍自民党にとっては、敵失に助けられた、「熱気なき勝利ともいえた」と、述べている（読売新聞社政治部『安倍晋三逆転復活の三〇〇日』新潮社、二〇一三年、八九頁）。

（2）青木 理『安倍三代』（朝日新聞出版、二〇一七年）、五八〜七五頁。なお、本書の「第三部　晋三」には、安倍が大学を出て、アメリカ留学後、神戸製鋼に「政略入社」し、父の秘書になるまでの歩みが、取材で得た証言で記述されている。著者は、神戸製鋼時代までの安倍には「凡庸な〈いい子〉」の姿しか見えず、政治家になった後の安倍晋三のイメージとは異なる、と述べ、その変化の鍵となる見方として、「子犬が狼の群れと群れているうち、まるで狼のようになってしまった」という神戸製鋼時代の上司の矢野氏の指摘を紹介していて（二六六頁）、興味深い。

（3）朝日新聞取材班『この国を揺るがす男・安倍晋三とは何者か』（筑摩書房、二〇一六年）、二三〜二四頁。実兄の安倍寛信氏は次のように語っている。「弟はやはり、祖父（岸）の政治的な考え方の影響を譲り受けているとは思います」（青木 理、前掲書、二六一頁）。

（4）朝日新聞取材班、前掲書、一三頁。

（5）同前書、二三頁。

（6）同前書、三五〜三六頁。

（7）鯨岡 仁『安倍晋三と社会主義——アベノミクスは日本に何をもたらしたか』（朝日新書、二〇二〇年）、六二〜七〇頁。

（8）田崎史郎『安倍官邸の正体』（講談社現代新書、二〇一四年）。「安倍の本質は現実主義と思った方が良い」（一六一頁）と述べている。田崎氏は、また極右を「強硬保守」と言い換えて、安倍は排外主義的ではないので、「穏健保守」で「愛国的現実主義者である」（一六五頁）と見ている。なお、中島岳志教授はその著書『自民党――価値とリスクのマトリクス』（二〇一九年、スタンド・ブックス）の中で、縦軸にリスクの社会化、リスクの個人化という対立軸を置き、横軸にはリベラル、パターナルという対立軸を置く図表を作り、現在の自民党を代表する九人の政治家の政治的立ち位置を分類している。安倍晋三については、パターナルでリスクの個人化の象限に位置づけている。そして、日本型ネオコンとして規定している（三四頁）。

（9）中北浩爾『自民党――「一強」の実像』（中公新書、二〇一七年）、二七八頁。

（10）中北浩爾『自民党政治の変容』（NHK出版、二〇一三年）、二二一～二二二頁。

（11）同前書、二二五頁。

（12）同前書、二二五～二二六頁。

（13）同前書、二二一～二二三頁。

（14）同前書、四～五頁。

（15）枝野幸男現立憲民主党代表は、彼の政治的立場について、二〇一七年一〇月、日本テレビのある番組で次のように述べている。「少なくとも私もリベラルであるとも思っているんですよ。自分のこと。多様性を認めて寛容で社会的助け合いを大事にする。三〇年前なら自民党宏池会」です、と（『スポーツ報知』二〇一七年一〇月二四日）。なお、芦川洋一論説主幹は「民進は全体、右向け右」（『日本経済新聞』二〇一六年一〇月三〇日）の中で、二〇一五年一月に民主党代表に返り咲いた岡田克也は「私の立ち位置はむかしの宏池会に近い」と言い、同年一〇月には枝野幹事長は「私が保守本流を継いでいる」と語った、と紹介している。本章注（8）に挙げた中島岳志『自民党』では、自民党に対立する「野党がとるべきポジション」は「『リスクの社会化』『リベラル』を志向する」「宏池会のようなリベラル保守」を選択するほかない、と述べている（二一六頁）。

（16）『朝日新聞』二〇二〇年九月一五日、「政治学者・村井良太さんに聞く」。村井駒澤大学教授は安倍と大叔父の佐藤とを比較し、安倍のキャラクターについて、次のように述べている。「安倍氏には『敵と味方』をはっきり分ける姿勢が目に付きました。それは本人の個性であると同時に時代に適応しようとしたのかもしれません」。

（17）C・シュミット（田中 浩他訳）『政治的なものの概念』（原著一九三二年。未來社、一九七〇年）、一五～二七頁。

（18）H・ヘラー（安 世舟訳）『国家学』（原著一九三四年。未來社、一九七一年）、三〇一頁。

（19）田崎史郎、前掲書、一二三頁。

（20）中北浩爾『自民党政治の変容』、二三三～二三四頁。

(21) 中北浩爾『自民党――「一強」の実像』、二四七〜二四九頁。
(22) 同前書、二三七頁。
(23) 大下英治『安倍官邸「権力」の正体』(角川新書、二〇一七年)、一〇七頁。
(24) 同前書、四、一一七頁。
(25) 同前書、四、七九頁。
(26) 中北浩爾『自民党政治の変容』、二三七〜二三八頁。
(27) 同前書、二三九頁。
(28) 同前書、二四〇頁。なお、自民党の日本国憲法改正草案の紹介と批判については、参照：奥平康弘他編『改憲の何が問題か』(岩波書店、二〇一三年)、小林 節＋伊藤 真『自民党憲法改正草案にダメ出し食らわす！』(合同出版、二〇一三年)。大下氏は同憲法草案を「少しギラギラした内容に見えるところがある」と評している(前掲書、二九一頁)。
(29) 中北浩爾『自民党政治の変容』、二四一頁。
(30)『朝日新聞』二〇一二年六月九日、「安倍氏、大阪知事に接触」。
(31)『日本経済新聞』二〇二〇年九月一五日、「菅氏総裁までの歩み」、中島岳志、前掲書、五九〜七六頁。
(32) 中北浩爾『自民党――「一強」の実像』、五七頁、大下英治、前掲書、八四〜八八、一一七頁。
(33) 読売新聞社政治部、前掲書、三四〜三五頁。
(34) 中北浩爾『自民党政治の変容』、二四四頁。
(35) 大下英治、前掲書、六、一二一頁。
(36) 田崎史郎、前掲書、二六頁以下。
(37) 安倍晋三「失敗が私を育てた」(聞き手・田崎史郎)『文藝春秋』二〇一九年一二月号、一五八〜一五九頁。
(38)『Ｈａｎａｄａ』二〇二〇年一一月号、四八〜五三頁。
(39) 田崎史郎、前掲書、一三三〜一三四頁。
(40) 鯨岡 仁、前掲書、一七〇〜一八三頁。
(41) 柿崎明二、前掲書、六七〜七〇頁。
(42)『読売新聞』二〇一三年七月二二日。

(43) カール・シュミット、前掲訳書、五五～五六頁。なお、ケロッグ・ブリアン条約の研究としては、参照：牧野正彦『不戦条約――戦後日本の原点』（東京大学出版会、二〇二〇年）。
(44) 安倍首相は二〇一二年九月の自民党総裁選への出馬の決意を昭恵夫人に語った話の中にこういう行がある。「いま、日本は、国家として溶けつつある。尖閣諸島問題にしても、北方領土問題にしても、政治家としてこのまま黙って見過ごしておくわけにはいかない。おれは、出るよ。……」（大下英治、前掲書、八八頁）。
(45) 『日本経済新聞』二〇一二年一二月二六日、「安倍首相の就任会見〈強い経済への総力〉」。
(46) 『朝日新聞』二〇一九年一〇月八日、「「NSS」ってどんな組織なの？」。
(47) 大下英治、前掲書、一八〇～一八二頁。特定秘密保護法制定を巡る官邸の動きについては、参照：田崎史郎、前掲書、一三七、二二三～二二四頁。
(48) 『朝日新聞』二〇二〇年九月三〇日、インタビュー「「法の番人」退任を語る」。内閣法制局に関する研究については、参照：『日本経済新聞』二〇一四年四月六日、「『法の番人』の素顔」、西川伸一『立法の中枢・知らざる官庁・内閣法制局』（五月書房、二〇〇〇年）。
(49) 野田直人・青木遥『政策会議と討論なき国会――官邸主導体制の確立と後退する熟議』（朝日新聞出版、二〇一六年）、二七三～二七五頁。
(50) 同前書、二二六、二二八、二七一頁。
(51) 森功『官邸官僚――安倍一強を支えた側近政治の罪』（文藝春秋、二〇一九年）、一九〇～一九三頁。
(52) 『日本経済新聞』二〇一四年四月一二日、「内閣人事局、来月に発足」。
(53) 『朝日新聞』二〇一四年五月三一日、「「安倍人事」に官僚恐々・一元的管理　内閣人事局が発足」。
(54) 高野孟『安倍政権時代――空疎な七年八ヶ月』（花伝社、二〇二〇年）、二七頁。
(55) 野田直人・青木遥、前掲書、一四頁。
(56) 中北浩爾『自民党――「一強」の実像』、一一三～一一四頁。
(57) 森功、前掲書、一八七頁、清水真人『平成デモクラシー史』（ちくま新書、二〇一八年）、三五一～三五二頁。
(58) 『日本経済新聞』二〇一四年九月一四日、永田町インサイド「特命相・担当相　官邸主導の象徴」。
(59) 中北浩爾、前掲書、九五～九六頁。

(60) 第二次安倍政権が発足して一年目にあたる二〇一四年一月二二日の『朝日新聞』には、「官邸主導　自民かみつく」の題の下に、小見出しに「党軽視に募る不満」「総務会、政府案了承見送り」という記事が掲載されている。総裁選挙において第一回投票でトップであった石破茂党幹事長時代である。翌日の一月二三日の同紙には「今後は党と密に連携」の小見出しの記事が再び掲載され、その中で、菅義偉官房長官が党本部で石破茂幹事長と面会、「党への説明が十分でなかった。これからは連携を密にする」と釈明したと書かれ、最後に「それでも、首相官邸が政策決定を主導する『政高党低』への不満は党内にくすぶり続けている。二二日の党日本経済再生本部では、政府主導で進む国家戦略特区構想について、丸山珠代厚生労働部会長が『部会できちんと議論させてほしい』と訴えた」と報じている。「安倍一強」時代へ向かう過渡期における政府・与党関係が垣間見られる記事である。

(61) 中北浩爾、前掲書、一一六〜一一八頁。

(62) 同前書、一二四〜一二六頁。

(63) 野田直人・青木遥、前掲書、二八六頁。

(64) 首相が誰と会い、どこへ行ったのかなどの一日の行動記録は、『朝日新聞』の場合、「首相動静」という項目で、他の大新聞も類似した名称の項目の中において毎日報道されている。それを見るなら、首相による内閣運営の概要が大体推測される。この項目を利用して、民主党政権下における官邸主導の政治に関する研究がなされている。参照：待島聡史「第三章　民主党政権下における官邸主導——首相の面会データから考える」飯尾潤編『政権交代と政党政治』（中央公論新社、二〇一三年）。

(65) Y・ドロア（足立幸男・佐藤亘監訳）『統治能力——ガバナンスの再検討』（原著一九九四年。ミネルヴァ書房、二〇一二年）、「日本語版への序文」、iii-vi。

(66) 英米と現代ドイツの立憲主義的自由民主政における執政府に関する比較政治学的な研究として次のものがある。L. Helms, Presidents, Prime Ministers, and Chancellors. Executive Leadership in Western Democracies, 2005.

(67) 現代ドイツの憲法裁判所については、参照：J. Collings, Democracy's Guardians. A History of the German Federal Constitutional Court, 1951-2001, 2015; 工藤達郎編『ドイツの憲法裁判』（中央大学出版会、二〇〇二年）、安章浩「西ドイツにおける近代立憲主義確立の政治過程——三権の立憲主義的統制機関としての連邦憲法裁判所の活動を中心として」『尚美政策論集』第二二号、二〇一六年六月。

(68) 韓国の憲法裁判所については、参照：李範俊（在日コリアン弁護士協会訳）『憲法裁判所——韓国現代史を語る』（原著二〇〇九年。日本加除出版、二〇一二年)。

(69) 田崎史郎、前掲書、二〇一四年、二二四〜二二六頁。

(70) 大下英治、前掲書、一八八頁。

(71) 朝倉秀雄『官邸支配』(イースト・プレス、二〇一六年)、二〇三、二二四頁。

(72) 『朝日新聞』二〇二〇年九月九日、「総括　安倍政権　ナポレオンと共通点、佐藤賢一さんに聞く」。

(73) S・ツワイク(高橋禎二・秋山英夫訳)『ジョゼフ・フーシエ——ある政治家の肖像』(原著一九二九年。岩波新書、一九五一年)。

(74) 菅官房長官の「権力人」としての側面は次の著作が活写している。森功『総理の影——菅義偉の正体』(小学館、二〇一六年)。

(75) 『読売新聞』二〇一四年四月一六日、「政治の現場「一強の内実」③。なお、集団的自衛権行使容認に関する決定について、高村自民党副総裁と北側一雄公明党副代表との協議などの、その作成経過については、参照:清水真人『平成デモクラシー史』(ちくま新書、二〇一八年)、三四八〜三五〇頁、牧原出「第八章　憲法解釈の変更・法制執務の転換」竹中治堅編『二つの政権交代——政策は変わったのか』(勁草書房、二〇一七年)、二六五〜二六九頁。

(76) 田崎史郎、前掲書、一四八頁、大下英治、前掲書、二〇二頁。

(77) 『読売新聞』二〇一九年九月四日。

(78) 『朝日新聞』二〇二〇年八月三日、「長期政権の果てに自民党のいま①人事『幹事長政権安定の装置に』」。

(79) 『朝日新聞』二〇一四年八月一三日、「政党はいま㊤自民覆う沈黙」。

(80) 田崎史郎、前掲書、七二〜七四、八六〜八八、九二頁。

(81) 古賀茂明『日本中枢の狂謀』(講談社、二〇一七年)、一〇二、一四八頁。

(82) 同前書、七八〜七九、一〇九頁。

(83) 同前書、一二三〜一二八、一三〇〜一四五頁。

(84) 二〇一三年、安倍首相はNHK経営委員に、首相の支持者や元家庭教師を任命した。経営委員会が選んだ籾井勝人新会長は二〇一四年一月二五日の就任記者会見で「政府が右ということを左というわけにはいかない」と発言し、さらに従軍慰安婦問題を「戦場地域にはどこの国にもあった」と述べている(森功『総理の影』、一九五頁)。二〇一四年、自民党は筆頭副幹事長らの名で衆議院選挙報道の公平中立を求める文書を民放キー局に送った。二〇一六年には高市早苗総務相は国会で、政治的公平性を欠く放送を繰り返した放送局に、電波停止を命じる可能性がある、述べた（『朝日新聞』二〇二〇年一〇月二七日、「取材考記」）。なお、NHKの看板報道番組「クローズアップ現代」のメインキャスター国谷裕子の降板についての言及は、古賀茂明、前掲書、一四七～一四八頁。古賀によると、二〇一六年四月一六日に日本のTV報道は死んだ、という。
(85) 田崎史郎、前掲書、六六、七九、八二～八五頁、『朝日新聞』二〇二〇年一月二〇日、「もっと知りたい・解散① 難局「リセット」？ 安倍首相の思惑は」、清水真人、前掲書、三六〇頁。
(86) 清水真人、前掲書、三六二頁。
(87) 『読売新聞』二〇一四年一二月二五日。
(88) 『朝日新聞』二〇一七年三月三日、「一強 第一部 平成の楼閣⑤」。
(89) 安保法制は、自衛隊法など一〇本の法律から成る平和安全法制整備法及び国際平和支援法から構成されていた。ちなみに、『朝日新聞』の当時の同法案に対する世論調査では、二〇一五年七月の時点では賛成二六%、反対五六%であった。ところが、二〇二〇年一一月の時点では賛成四六%、反対三三%と逆転している（『朝日新聞』二〇二〇年一二月一八日、「世論調査のトリセツ・安保関連法 初めて賛否が逆転」）。
(90) 『読売新聞』二〇一五年一〇月七日。
(91) 『読売新聞』二〇一六年七月一一日。
(92) 大下英治、前掲書、二五七～二七〇頁、石川好『二階俊博 全身政治家』（日本僑報社、二〇一七年）、一六〇～一六五頁。
(93) 『読売新聞』二〇一六年八月一日。
(94) 『朝日新聞』二〇一七年九月三〇日、「小池百合子 分析」㊤、同紙一〇月一日、同㊥、同紙一〇月二日、同㊦。
(95) 『読売新聞』二〇一七年九月二六日。
(96) 『朝日新聞』二〇一七年九月三〇日、清水真人、前掲書、二五～二六頁。
(97) 『朝日新聞』二〇一七年一〇月二三日。
(98) 麻生太郎『とてつもない日本』（新潮新書、二〇〇七年）、一六五頁。
(99) 『朝日新聞』二〇一四年四月二四日、「安倍外交の要 表舞台へ」、歳川隆雄「外交敗戦——谷内外務次官の研究」『文藝春秋』二〇〇八年一月号、二六六～二六七頁。
(100) 同前論文、二六一頁。

(101) 同前論文、二六六〜二六七頁。
(102) 同前論文、二六五頁。
(103) 安倍晋三『日本の決意』(新潮社、二〇一四年)、二〇頁。
(104) 市原麻衣子「普遍性から多元化へ──日本外交における価値」船橋洋一／G・ジョン・アイケンベリー編著『自由主義の危機──国際秩序と日本』(東洋経済新報社、二〇二〇年)、一三三、一三九頁。
(105) カール・フリードリヒ(安 世舟他訳)『政治学入門──ハーバード12講』(原著一九六七年。学陽書房、一九七七年)、七一〜七二頁。
(106) 安 世舟『現代政治学の解明』(三嶺書房、一九九九年)、三五八〜三六八頁。
(107)『朝日新聞』二〇二〇年九月一日、「考 最長政権③」、大木英治、前掲書、二二五頁。
(108) 船橋洋一／G・ジョン・アイケンベリー「日本と自由で開かれた国際秩序」船橋洋一＋G・ジョン・アイケンベリー編著『自由主義の危機──国際秩序と日本』、八頁。
(109)『産経新聞』二〇二〇年九月二六日。安倍政権発足時の価値観外交の展開については、参照：『日本経済新聞』二〇一三年四月二一日、「首相訪問先に透ける戦略」。
(110) 大下英治、前掲書、二一六〜二二二頁、『朝日新聞』二〇二〇年六月二〇日、「河井前法相・首相・菅氏支え入閣…暗転」。
(111)『朝日新聞』二〇一四年三月二日、「政権　宿願へ着々」、『朝日新聞』二〇二〇年九月三日、「考　最長政権⑤」。
(112)『朝日新聞』二〇一四年八月二一日、「オピニオン・戦後七〇年へ・揺れ動く民主主義」における、現代日本政治の専門家アーサー・ストックウイン英オクスフォード大学名誉教授の次の言葉が参考になろう。「今の日本人にとって必要なのは、もういちど一九二〇年代、三〇年代、そして戦争の時代へと、日本の政治がどういう軌跡をたどったか学び直すことではないでしょうか。近現代史は微妙な問題だからという理由で、学校でもちゃんと教えていない。その結果、過去に起きたことについて、今の日本人は驚くほど知識がない。これは非常に危険であり、望ましくないと思っています」。
(113) 柿崎明二、前掲書、二〇一五年、一五五頁。
(114)(115) 柿崎明二、同前書、一〇一頁、『朝日新聞』二〇一四年二月一六日、「首相発言、波紋広がる　憲法解釈『最高責任者は私』」。
(116) 安倍首相は、国会で自分が「立法府の長」であると発言したこと(二〇一六年五月一六日)を、後で失言であったとして取り消している（二〇一六年五月二三日）が、内閣が議会の最高委員会であるイギリス型の議員内閣制では、首相は実質的には議会の長であると言っても過言ではなかろう。言うまでもなく、首相は自民党の総裁であり、その自民党が議会の多数派を支配しているので、内閣の提案した法律案が議会では法律として制定されるので、首相の発言は形式的には間違っていても、実質的には間違っていないのである。従って、野党が弱体ということもあるが、首相は自分が議会を支配しているという「思い上がり」が議会軽視の態度として現われたのではないかと思われる。『朝日新聞』によれば、安倍首相の国会軽視には次の三点が見られるという。第一は、「過去の政府答弁をないがしろにする一方、首相は自らの答弁の重みを強調」する二重基準。第二は、過去の政府答弁との矛盾を突かれる時には「答弁撤回」。第三は、資料提出や答弁の拒否（二〇二〇年三月三一日、「検察定年延長　桜を見る会　森友文書改ざん・政権　際立った『国会軽視』」）。その他にもある。野党が二〇一七年六月二二日に憲法第五三条に基づいて臨時国会の召集を求めたが、それを無視して開かなかった。ところが、本文で述べたように、三ヶ月後にやっと野党の開催の要求に応じて開いた臨時国会の冒頭で解散を宣言している点や、「過去の説明とつじつまが合わない答弁を繰り返したり、気に入らない質問をする議員には自席から繰り返しヤジを浴びせたりした。特に問題だったのは、首相としての資質に疑問を示した野党議員に「意味のない質問だ」とヤジを飛ばし、議員の質問を否定した（『朝日新聞』二〇二〇年一〇月一四日、国分高史「多事奏論」）。

（117）大下英治、前掲書、二二六頁。

（118）柿崎明二、前掲書、一〇七～一一三、一三八～一三九頁、清水真人、前掲書、三七〇頁、大下英治、前掲書、二三三～二三四頁。

（119）『朝日新聞』二〇二〇年三月二〇日、社説「森友問題」、『朝日新聞』二〇二〇年九月二日、「考　最長政権④」、青木泰「政治の私物化を断つ――森友問題　政権が隠蔽する真実を暴く」『世界』二〇二一年二月、五八～六五頁。なお、森友問題の発覚と共に、教育勅語を暗記させることが幼稚園のセールスポイントになっていること、そしてその理事長が日本会議の大阪の幹部であることが知れ渡った。それと共に、安倍首相の後ろには日本会議という「草の根の保守」の大衆組織があることも同時に知れ渡ることになった。それを契機に二〇一六年度には次に紹介するような幾つかの日本会議の実態を解き明かす調査・研究や著作が続々と刊行された。菅野　完『日本会議の研究』、上杉　聰『日本会議とは何か』、俵　善文『日本会議の全貌』、成沢宗男『日本会議と神社本庁』など（高野　孟、前掲書、一三八～一三九頁）。二〇一六年五月三日の「憲法記念日」において日本会議が主導する「憲法改正を目指す団体『美しい日本の憲法を作る国民の会』が全国各地でイヴェントや集会を開いたことを『毎日新聞』（二〇一六年五月四日）が伝えており、その中において日本会議について、「宗教団体などが集う『日本を守る会』と政財界や文化人の『日本を守る国民会議』が一九九七年に合流し設立。会員約三万八〇〇〇人で政界とのつながりが深く、同会の国会議員懇談会には党派を超え三〇〇人が所属する」と述べている。

(120) 田中秀明『官僚たちの冬――霞が関復活の処方箋』（小学館新書、二〇一九年）、八一～八四頁、『朝日新聞』二〇二〇年九月二日、「考　最長政権④」、『日本経済新聞』二〇二〇年八月二九日、「森友・加計…晴れぬまま」。

(121) D・ダイゼンハウス（池端忠司訳）『合法性と正当性』（原著一九九七年。春風社、二〇二〇年）、三九三～三九七頁。なお、法の支配についての研究は、参照：J・R・シルケート他編著（岡田正則他訳）『法の支配と法治主義』（原著二〇一四年。成文堂、二〇二〇年）。

(122) 市原麻衣子、前掲論文、船橋洋一／G・ジョン・アイケンベリー編著『自由主義の危機――国際秩序と日本』、一四七頁。

(123) 『読売新聞』二〇一八年九月二一日。

(124) 『読売新聞』二〇一八年一〇月四日。

(125) 『読売新聞』二〇一八年七月二三日。

(126) 『読売新聞』二〇二〇年九月二七日、「地球を読む・御厨貴『菅内閣発足』二面」。

(127) 『読売新聞』二〇一九年九月一一日。

(128) 佐竹五六『体験的官僚論』（有斐閣、一九九八年）、二八五頁。森本哲郎編『現代日本政治の展開――歴史的視点と理論から学ぶ』（法律文化社、二〇二一年）、四頁。

(129) 『朝日新聞』二〇二一年一月五日（夕刊）、「二〇代　自己都合退職四倍に、「公務員離れ」顕著　働き方改革は途上」、『朝日新聞』二〇二一年一月二三日、「耕論　すり減る官僚たち（元厚労官僚の千正康弘さんの話）」。

(130) 田中秀明、前掲書、七一～七二、七五頁、『朝日新聞』二〇二〇年九月三日、「考　最長政権⑤」、『朝日新聞』二〇二一年一月二一日、「「強すぎる官邸」黙る霞が関」、『朝日新聞』二〇二一年一月二九日、「プレミアムA未　完の長期政権　看板ころころ『経産省内閣』」。

(131) 『朝日新聞』二〇二〇年二月一一日、社説「検察と政権」。

(132) 『朝日新聞』二〇二〇年二月四日。

(133) 『朝日新聞』二〇二〇年八月六日、「長期政権の果てに　自民党のいま④世論」。

(134)『朝日新聞』二〇二〇年八月三一日、「首相退陣・世界の視線、ロシア」、『朝日新聞』二〇二〇年九月三〇日、「北方領土　見えぬ展望」。
(135)「今井尚哉・首相秘書官独占インタビュー」『文藝春秋』二〇一八年六月、一〇八～一〇九頁。
(136)『朝日新聞』二〇二〇年八月三〇日、「首相退陣・世界の視線、中国」、『朝日新聞』二〇二〇年一月二〇日、「『自由で開かれたインド太平洋』構想って?」、清水真人、前掲書、四六～四七頁、市原麻衣子、前掲論文、船橋洋一／G・ジョン・アイケンベリー編著『自由主義の危機――国際秩序と日本』、一四二頁。
(137)『朝日新聞』二〇二〇年九月一日、「考・長期政権③」。
(138)『日本経済新聞』二〇二〇年四月二日、「国家安保局に『経済班』発足」、同紙二〇二〇年六月三日、「省庁横断『経済班』が司令塔」。
(139)『朝日新聞』二〇二〇年八月三〇日、「首相退陣・世界の視線、韓国」。
(140)高野　孟、前掲書、一八四～一九八頁。
(141)同前書、二一八頁。
(142)同前書、一六九～一七〇頁。
(143)徳山喜雄「分断超え『つなぐジャーナリズム』を――切り崩された権力監視機能を取りもどす」『新聞研究』二〇二〇年一二月、第八三〇号、二八頁。
(144)徳山喜雄、前掲論文、三〇頁。
(145)ビスマルクの伝記で邦訳になったものには、L・ガル（大内宏一訳）『ビスマルク――白色革命家』（原著一九九〇年。創文社、一九八八年）、J・スタンバーグ（小原 淳訳）『ビスマルク』上・下（原著二〇一一年。白水社、二〇一三年）などがある。

# おわりに——日本はどこへ向かうのか？

日本はどこへ向かうのか？　言うまでもなく、日本の進路は日本と関係の深い各国との関係の推移の中で決められていくであろう。従って、それを占うためには、現在、日本と関係の深い国々の日本に対する態度及び期待が何であるのか、次に日本は世界の中でどのように位置づけられているのか、それらを先に知っておくことが必要であろう。

日本と関係の深い国々の日本に対する態度及び期待は、冷戦期と、そして冷戦後にグローバル資本主義の進展と共に大きく変容した国際環境の中にある今日とでは大きく異なっている。それは対外関係の激変に対して日本も適応すべく自らも変化していったことの反作用の側面も当然あることは言うまでもない。現行の日本国憲法を採択し、生まれ変わった戦後日本は、一九七〇年代後半にはＧＮＰで世界第二の経済大国として敗戦から不死鳥の如く甦った。戦前日本では、国家予算の三分の一から半分、戦中では三分の二が軍事費であった。軍事費は物の生産に使われるのではなく、従って国民の生活を直接に潤すこともなく、ただ防衛ないし防御に費やされるので、経済的な財の生産には貢献するところが少ない。戦後日本では、安全保障システムとしては、憲法第九条（国策の遂行手段としての戦争の放棄と、この目的を達成するための「陸海空軍その他の戦力」の不保持及び交戦権の否認）で定められている平和主義という基本原則の制約下にあるために「軽武装」体制が取られ、それと表裏をなす形で本格的な対外防衛についてはアメリカが日米安保条約に基づいて全面的に担うという、対外的な安全保障のアメリカ任せから成る二重構造が作り出されている。このシステムの実態は国内では良く見えないようになっている。こうした安全保障の二重構造的体制の下で、敗戦後連合国によって推し進められた経済の民主化の成果としての富の配分における一定程度の公平さと、「軽武装」のお陰で軍事費に回す予算が極めて少なく、他方、「経済立国」の実現による国富の増大によって国民が総中流と自認するような「平和の園」が築かれていた。それは予算の面から見ると、予算の三分の一以上が、戦前と違って社会保障費に回されており、残された予算の部分の多くも「ウラ社会福祉」を支える公共事業費であり、防衛費は欧米先進諸国と比べるなら極めて少ない額であった。従って、一九七〇年代から世紀の転換期までの日本は、日本社会の文化的閉鎖性もあるが、紛争が絶えない西アジア、中東、アフリカから地理的に遠いという条件もあり、ベトナム難民を除き他の難民の流入も少なく、従って、内戦の地獄の苦しみを味わっている人びとから見るなら、「絶海の孤島」に等しい状態の中で、先進自由民主主義国家群の中でも、国民の多くが中流意識を持ち、平和を享受する「楽園」に近い国になっていたと見られよう。

こうした戦後日本に対する諸国の態度と期待については、まずアメリカから見てみよう。アメリカの占領下で自由民主主義が導入され、それと共に政治的価値観も共有する関係が築かれ、さらに防衛もアメリカに依存している以上、アメリカの日本に対する態度は親密であり、冷戦下においては対ソ戦線の重要な堡塁としての日本の役割が期待されていた。次に、隣国の中国は日米の協力の下において一九七〇年代後半からようやく経済的近代化への第一歩を踏み出していたし、韓国もしかりであった。さらに東南アジア諸国にも賠償の支払いで新しい良好な政治的関係のみならず、経済的関係も築かれていた。日本は今や経済大国の立場から、東アジアや東南アジアには経済や技術面での積極的な援助を行い、戦争中において日本が加えた損害を償うのに大いに貢献し、良好な関係が築かれていたと言えよう。

しかし冷戦崩壊後は、日本を取り巻く国際環境は徐々に変化した。国際関係においてはアメリカによる一極支配体制が確立されていった。とはいえ、二一世紀に入り、欧州では、ＥＵが出現し、ロシアも石油資源を基に強国としての再建の強い意志を示し始めた。また東アジアでも中国が経済的近代化の成功を土台にして政治大国化への道を歩み始め、日本に対しては尖閣諸島の返還を求める動きを示すと同時に、政治的・経済的に圧迫を加える姿勢を示し始めた。次に北朝鮮はソ連の衛星国の二の舞を演じたくないとしてハリネズミを彷彿させるような形での核武装化への道を選択し、北アジアの国際情勢の攪乱要因となった。さらに隣国の韓国も軍事政権による経済的近代化の成就の後に、一九八七年に民主化革命が起こり、「自主独立」の道を模索し始め、日本に対しては過去の歴史問題が軍事政権時代に一応形式的には解決されたが、実質的にはまだ解決されていない問題を残していると主張した。そして、アメリカとの関係では同じ同盟国としての立場から、対北朝鮮問題では協調的ではあるが、その他の面では少なからぬ部分で対立する状態が生まれた。最後に、日本国存立の対外的安全保障の要となっているアメリカも、ソ連の脅威が去った後は、日本は経済的な競争国として捉え直されて、政治的な支配権が暗々裏に用いられて経済的な面では日本をアメリカの市場に変える姿勢を示し始めた。とはいえ、グローバル経済の深化と共に、両国の経済関係は相互依存の分業の方向へと進んでいる。瞠目すべきことには、二〇一〇年代に入るや、中国の超大国としての振る舞いが公然たるものとなり、さらにアメリカの一極支配体制に対しても挑戦する姿勢を示し始めている。そのために、アメリカは一極支配体制を維持するための費用が益々増大し、その国家予算を見ると、戦前の日本と同じく軍事国家の様相を呈し始めている。そして、グローバル経済の深化が進むにつれて、人件費の比重の高い製造業の海外への移転によって、軍需産業を除く経済が空洞化し、それと共にアメリカの自由民主主義を支えていた中間層の衰退や経済的な格差の増大傾向によって、ポピュリストのトランプが二〇一七年から大統領の椅子に座る事態が出現した。トランプ大統領は「アメリカ第一主義」を掲げ、まずあらゆる面でアメリカに挑戦し始めた中国の膨張主義を封じ込める政策の一環として高関税の賦課などの経済制裁や世界におけるアメリカの情報技術産業の優位性を守るための中国の情報技術企業の自国内での排除など、米中間の対立がエスカレートした。次にアメリカ軍の世界における配備計画を見直すと同時に、アメリカ軍の駐留する諸国に駐留経費の天文学的な増額を要求し、そしてアメリカが主導権を行使できない国際機関からの撤退などの「アメリカ第一主義」の権力政治的政策を展開し始めた。安倍首相がトランプ大統領と個人的な意思疎通のチャネルを築いていても、日本に対しては駐留経費の増額のみならず、日米安保条約の双務性の要求を高めたり、高価な武器の購入までも迫った。と同時に、安倍首相が提唱した「自由で開かれたインド太平洋」（ＦＯＩＰ）構想については、それが中国を封じ込めることになる側面については賛成するが、それ以上の深入りは抑制するという姿勢を示した。こうして、米中日の間に新たな関係が生まれる可能性が生じた。というのは、トランプ大統領の対中封じ込め政策を出来るだけ無力化したい中国はそれまで取って来た対日強硬姿勢を緩和させて、従来から存在する日中間の経済的な相互依存関係のさらなる強化を求め、対日接近政策を取り始めているからである。二〇一八年後半以降、安倍首相もそれに答えて、中国に対しては経済重視の政策にも力を入れ始めており、その政策展開が価値観外交と表裏一体的な関係において進められるなら、アメリカはそれを静観し、いや支持する方向へ動いている節も見られる。

以上、日本と関係の深い諸国の日本に対する態度と期待が冷戦時代と今日とでは大いに異なってきた様相について簡単に考察した。次に、こうした国際環境の変化に伴い、世界における日本の位置づけも当然に変化していったことは言うまでもない。従って、変化した日本の位置づけを明らかにするためには、日本を取り巻く国際政治と世界政治の交錯状況をまず洞察しておく必要があろう。その前に国際政治、世界政治という二つの概念が、その内容が同じではないのかと受け止める読者もあろうかと思われるので、ここで蛇足ながら先に両者の区別をしておきたいと思う。国際政治の英語は Politics among Nations である。モーゲンソーの有名な著作の名称でもあるが、「国際政治」とは「諸国民ないしは諸国家の間の政治」を意味する。それに対して、世界政治の英語はWorld Politicsである。世界を一つの政治的単位とみなして、いまだ形成されていない「世界」という一つの政治的単位の秩序形成を巡る政治を意味する。第一次大戦後の戦後処理に際して、二度と戦争を起こせないようにするためにカントの提言に従って設立された国際連盟の発足と共に、世界政治の動きが始まったと見てもよかろう。発足したばかりの国際連盟の活動は国際政治の論理に巻き込まれ、世界政治の芽は潰され、第二次大戦の惨禍を経験した。連盟の失敗から学んで国際連合が一九四五年に設立され、ようやく世界政治の活動も形を成すようになったと見てよかろう。両者の違いは、国際政治は、諸国間というよりも、大国、つまり「列強」間の権力政治（power politics）である。それぞれの列強が自国の国益の最大化を図るために、他国に対して最終的には軍事力を用いてその意志を貫徹し合う活動であるが、最近は相手国の服従の調達を可能にする経済的制裁やソフトパワーなどの考えられるあらゆる手段が用いられている。

以上国際政治と世界政治の概念的な区別が明らかになったところで、次に世界における日本の位置づけを確認するために、日本を取り巻く国際政治と世界政治の交錯状況について少し解明を試みておきたい。なぜなら、現在の日本は国際政治の波と世界政治の波がぶつかりあう狭間にあると解釈されるからである。本書の第一部第四章において「五五年体制」の崩壊期の日本が進む進路として三つ選択肢があり得ると述べた。第一は、世界政治の観点から見て、日本は海洋国家であり、かつ太平洋で繋がっているアメリカとは日米安保条約で防衛の点でも一体的な関係にある上に経済的な分業関係も築かれており、EUのような地域統合化の波が世界でより進んでいくなら、自由民主主義という普遍的価値を共有するアメリカ連邦共和国に五一番目の州として加入する方向である。第二の方向は、韓国、中国、台湾、東南アジア諸国などのアジア各国は経済的には殆ど日本経済と不可分の分業体制の中に組み込まれているので、日本が主体的に決意するなら「アジア経済共同体」の設立も可能であるので、それを土台にして、将来生まれるであろうグローバル経済に対応する世界共和国の設立までの間の地域統合の形態としての「アジア共同体」の確立の道である。第三の道は、太平洋国家としてアメリカとの不可分の一体的な関係をさらに発展させながら、民主化された中国を含めてアジア諸国と、さしあたり経済共同体を確立し、世界連邦共和国の建設に向けてアメリカとアジアとの橋渡し的役割を担う方向である。

本書の第一部は二〇年前に執筆したものであり、当時は第三の道が最も「現実的」であると述べた。二〇年後の今日、日本はどこへ向かうのか、と再び問うなら、二〇年前と同じように、第三の道しかないであろう、ということになろう。確かに、一時、鳩山内閣によって第二の道の選択へと進む可能性を少しは示したが、同内閣が短命に終わったこと、さらに中国は「民主化」されるどころか、むしろ中国共産党の一党独裁体制がさらに強化され、権威主権的な国家資本主義的な方向へ進んでいるばかりでなく、さらに、「中華民族の偉大な復興」を唱えてかつての清帝国の版図の復活を目指し、同時に「一帯一路」政策に象徴されるように、普遍的価値観に基づく世界政治を目指すアメリカに対抗する別の権威主義的な「世界帝国」の建設を目指す世界政策を展開している。従って、日本の進む方向としては、第二の道は完全に閉ざされてしまった。国際政治の論理と世界政治の論理が交錯し合うが、もし後者の論理が優勢となるなら、第一の道が日本の向かう方向となろう。しかし、当分の間は、二〇年前と同様に第三の道が現実的であるということになろう。もっともこの二〇年間、日本の政治自体が政治改革によって変化しているし、また日本を取り巻く環境も変化しているので、第三の道へ進むにしても、日本の役割は二〇年前とは異なってきていることは言うまでもなかろう。

二〇年前は、「はじめに」のところで、隣国の中国では最高指導者の鶴の一声で「経済的近代化」への方向転換の意志決定が行なわれたのに反して、日本では「国家の運命を左右する重大な決定」を誰が行なっているのか、その「決定中枢」が良く見えない状態にあると述べた。しかし、世紀の転換期を挟んで動き出した政治改革によって政治的意志決定のボトムアップ型からトップダウン型への転換が進み、首相による政治主導体制の確立が二〇一四年五月の内閣人事局の設置によって一応完了した。そして、それによって安倍首相は日本をかつて「列強」と言われた英仏独のような「普通の国家」に限りなく近づけるような方向へ向けての「外政優位」の政治を展開した。こうして日本は、首相に優れたステーツマンを迎えるなら、その針路を変えられる政治体制になったと言えよう。それは慶賀すべきことである。ところが、首相に権力を集中させる政治改革ばかりに注意が集中して、「集中された権力」に対する民主的なコントロールの仕組みとして、競争的政党システムの構築しか考えていなかった点は片手落ちであったと言えよう。というのは、政権交代を可能にする制度はでき上がったが、肝心の自民党にとって代わる野党が政治改革で予想されたようには育たなかったからである。民主的なコントロールの仕組みとして、健全な野党の存在以外の仕組みは「五五年体制」のままの機制であり、それらは政治制度の変化によって機能不全をきたして「忖度政治」の横行に象徴されるような副作用を生み出している。イギリスの「ウェストミンスター」型の政治システムをモデルにした政治改革を行なったのであるのなら、イギリスでは首相の「独裁」を防止するための機制として議会内に「特別委員会」（Parliamentary Watchdog Committee）制度も設置されている。[1] 言うまでもなく、確立された首相による政治指導体制の副作用が明らかになった以上、それを是正するために、イギリスにあるが、日本にはまだ導入されていない右記の制度についても、今後日本でも導入を検討すべきであろう。その他に、副作用の顕在化と共に、ある政治学者は、政治改革は官邸へ権力が集中しすぎた点では行き過ぎであるとか、[2] また選挙制度の改革を主唱した別の政治学者は小選挙区制の導入によって与党の党首の首相が政局のみを考えて、首相の権力に対する牽制機関である議会の解散権を安倍首相のように自由に行使して、政局の主導権を絶えず掌握し続けることが出来るという欠陥が明らかになったので、イギリスでも首相の解散権に制約を加える改革がなされていることから、今後は憲法解釈などで制約を加える方向へと進むべきであるとの意見もある。[3] そのほかに「衆参ねじれ」

国会問題など、制度改革を要する案件はまだある。それらの解決を進めながらも同時に競争的政党システムの健全な発展なしには、集中された権力の民主的なコントロールは実効性を持ち得えないので、何よりも重要なのは、国民全員が健全な野党の育成に努力することであろう。ともあれ、今日の日本は優れたステーツマンを首相に迎えるなら、対外的にも日本の存在感を示すことが出来るし、さらに世界平和に貢献する方向へと日本を導くことも可能になったことは確かである。

さて、二〇年前と違って、上述の通り、超情報技術大国である米中による世界支配をめぐる熾烈な国際政治が展開され、その対立が過激化していった場合、第三次世界大戦もあり得ないことでもない、と考えられる。それを未然に防ぐ意味でも、日本は世界政治の展開においてはアメリカと積極的に連携しながら、他方では経済的な相互依存関係も深く、さらにアメリカと対抗するためにも日本の役割に期待をかけている中国に対しては、国際政治的なあらゆる手段を用いて、日本が主導するＦＯＩＰ構想やさらに中国も加入しているＲＣＥＰＴ、そして中国が加入を望んでいるというＴＰＰなどの国際機関を利用して、人権尊重の「法の支配」、すなわちこれまで日本が達成した自由民主主義などの普遍的価値を中国に受け入れさせる方向へと誘導するなら、日本は世界平和のために貢献することになろう。もし、それに成功するなら、日韓両国は、現在はそれぞれ「自分探し」を行ない、両国の間にギクシャクした関係が生まれているが、「自分探し」の行き着く先は両国の共有する普遍的価値観であるので、大局的観点から歴史問題を早急に解決して、ＲＣＥＰＴなどに北朝鮮を加える共同の努力を行なうなら、東アジアから平和攪乱要因は無くなるであろう。そのリーダーシップを果たすのは日本以外には考えられないであろう。

日本はどこへ向かうのか？　日本が一段とヴァージョン・アップさせた第三の道へ進むなら、将来建設される世界連邦共和国の形成のリーダー国としての栄誉を受けるであろう。

【注】

（1）L/Helms, op. cit. p. 188;『朝日新聞』二〇二一年一月二七日、「官僚の忖度いつから？ インタビュー《嶋田博子さん・平成の政治改革 輸入されなかった中立性守る仕組み》」。

（2）待鳥聡史『政治改革再考――変貌を遂げた国家の軌跡』（新潮社、二〇二〇年）、二七七頁。著者は、この著作では政治改革という概念を本書で用いられている政治改革という概念よりも広義に捉え、日本銀行・大蔵省改革、司法制度改革、地方分権改革を含む、「日本の政治行政や社会経済を合理化することを志向する、より能動的な自己変革の試み」（二六七頁）として捉えている。そして、各領域の改革の中で首相による政治指導体制の確立だけが過度に行き過ぎているぐらいであり、全体として見るなら不整合性が見られる、と解釈している。なお狭義の政治改革は「冷戦終結後の新しい環境に対応することを目指したに止まらず」、「本質的に近代主義のプロジェクト」であるという。著者によると、この「近代主義とは、日本社会を構成する個々人がより自律的になり、自らが関わる事柄について自ら責任を持って合理的に判断する主体として行動すること、そのような行動の集積によって日本社会の物事の決め方や進め方が合理化することを望ましいとする考え方である」（二六七頁）という。この近代主義者の中でも、「体制内での制度改革を通じて合理化を目指す近代主義右派が」が自民党内に存在し、彼らの理念こそが「政治改革の基底に存在した」と指摘している（二六七頁）。もし、著者の指摘の通り、官邸主導の政策決定システムの完成が「近代主義のプロジェクト」であるのなら、遠からずデジタル社会が到来するであろうし、現在でもスマホの所持者が国民の大半に及んでいることから、もし「近代主義」の期待通りの「個々人」が出現したと仮定するなら、権力を集中させた官邸が主権者である国民の一人ひとりと共に国家の重大事に関する意思決定を、電子機器を通じて双方向的に行ない得るので、ルソーの言う「樫の木の下のデモクラシー」も日本という大国でも実現可能となるであろう、と予想される。これは日本の政治に対する楽観的な予想である。しかし、「近代主義」の期待通りの「個々人」が出現しなかったなら、この予想は暗転して「一九八四年」の世界ともなろう。そういう意味でも、集中化された権力の民主的なコントロールの機制の整備が重要である、と考えられる。ちなみに、著者は、この狭義の政治改革によって明治憲法体制の形成期、戦後改革に続く「第三の憲法体制」が作り出されたと捉えている（二六四頁）。

（3）清水真人『平成デモクラシー史』、一四、三八九頁。

# あとがき

本書の第一部と第二部第三章1までの内容は大学在職中に発表した次に挙げる二本の論文であり、そして第二部第三章2から「おわりに」までは今回書き下ろしたものである。二本の論文とは『大東法学』に寄稿した「戦後日独政治体制比較研究試論――ドイツ政治を座標軸にして見た日本政治の特徴」（第一〇巻、二〇〇一年三月）と「転換を模索中の日本政治に関する一考察――二一世紀初頭における「決定中枢」制度の変容を中心として」（1）（第二〇巻第一号、二〇一〇年一一月）、「同」（2）（第二〇巻第二号、二〇一一年四月）である。筆者は二〇一〇年当時、現代日本政治に関する三部構成の『漂流する日本政治』と題する著作の刊行を計画していた。第三部に当たる部分は「〈日本政治改造構想〉試案――日本政治はどこへ向かうべきか』（『大東文化大学紀要』第四八号《社会科学》、二〇一〇年三月）において発表している。ちなみに、この論文は本書には収めていない。

「はじめに」にも記したように、筆者は近現代ドイツの国家論・政治理論並びにドイツ社会民主党を中心とする政治史が専門であり、日本政治の専門家ではない。後発近代国家のドイツはイギリスに追いつき追い越そうとする傾向が強く、マックス・ウェーバーなど自由主義者も国民主義（Nationalism）をベースにした政治の自由主義的な改革を構想する際に、いつもイギリスをモデルにしている。また、ワイマール時代の反マルクス主義的なドイツ社会民主党右派の政治理論家ヘルマン・ヘラーもイギリスのフェビアン社会主義に拠ってマルクス主義を批判し、ドイツ政治の国民的社会主義的改革を構想しており、マックス・ウェーバーやヘルマン・ヘラーなどによるドイツ政治の広義の自由主義的改革論を理解するためには、彼らがモデル国とするイギリスを理解しなければ、彼らの国家論や政治理論を内在的に解明できないことを知り、ドイツ政治研究の延長としてイギリス政治研究もある程度行なわざるを得なかった。その際、ドイツと同じく後発近代国家の日本も、戦前はドイツを、戦後はイギリスをモデル国とする傾向が見られ、それを探っている内に断片的ながら日本の政治の一面が垣間見られたような感じを受けた。そこでそれらを書き集めたものが上記の三つの論文となったのである。

ところで、もともと本書の第一部となっている論文作成のきっかけは中国からの留学生との交流である。国連創設者の一人である中国を代表する著名な外交官の顧維鈞の外交活動に関する博士論文で大東文化大学法学研究科法学専攻において私の指導下で学位を取得した高克博士から北京大学と上海社会科学院で現代日本の政治に関する講演の依頼を受けていたが、それを実行したのは二〇〇一年春である。この講演を文章化したのがほかならぬ第一部の基になった論文である。その後、高博士から中国には平和国家として生まれ変わった戦後日本の政治についてのコンパクトな概説書を是非書いてくださいとの懇請を受け続けた。おりしも二〇〇九年を前後して一時日本政治も漂流しかけた時期があり、同じ敗戦国の西ドイツが不死鳥のように甦り、さらに国家の分断を乗り越えて東西ドイツの統一までも成し遂げているばかりでなく、世界政治における地域統合のリーダーシップを取り、ＥＵの盟主へと進む姿を見て、同じ敗戦国の日本の歩みをドイツと比較してその特徴を解明できないものかと考えて、残りの二つの論文を仕上げたのであった。当時は、それらの三本の論文を一冊の著作として刊行した後に、それを中国語に移すことを考えた。この三つの論文の新書版での刊行を試みて、大手の二・三の出版社に当たった。しかし、残念ながら、専門書過ぎるとのことで断わられた。専門書として出すことも考えたが、大学も定年後であったのでそれも断念した。とはいえ、高博士はそれにこだわらず三本の論文を中国語に移し、『漂流的日本政治――漂流する日本政治』の題で、二〇一一年三月、社会科学文献出版社から公刊された。従って、本書の第二部第三節1までの内容及び第三論文の「〈日本政治改造構想〉試案――日本政治はどこへ向かうべきか」は中国語に移され、一冊の著作として刊行されていることを記しておきたい。

今回、一〇年前に書いたものに、歴史的政権交代後に誕生した歴代民主党政権の三年三ヶ月間及び第二次安倍政権の七年八ヶ月間の現代日本政治について書き下ろしたものを付け加えて一冊の著作として刊行することになった。それは、洪性暢社長が出版社を立ち上げ、本書を最初の刊行物にしたいとの懇請があり、それに従うことになったからである。洪社長は実は一五年前に大東文化大学法学研究科政治学専攻修士課程において私の指導下で韓国の大統領制に関する修士論文で学位を取得している。修士課程修了後博士課程へ進む考えを持っていたが、私の定年のために一時研究を中断し、実業の世界に入り成功を収めた。その後学業が忘れがたく再び研究生活を復活させ、昨年、目出度く大東文化大学法学研究科政治学専攻博士課程において博士（政治学）号を取得した。そして、私のところに来て、『漂流する日本政治』を日中韓の三ヶ国において同時出版するというお話を伺っていたが、もう韓国語に翻訳されましたか、と問うので、いやその前にそもそも日本語の原本も論文のままであり、出版できなかった経緯を話し、中国語版だけはすでに出版され、専門書ながら日本研究家の間でよく読まれていることを伝えた。すると自分が出版社を立ち上げたので、その第一号に先生の本を出させて頂き、それを自分が韓国語に翻訳して遅まきながら日中韓の三ヶ国における同時出版のお考えを実現させて頂きたいとのお話があり、それに従うことになった。ならば、せっかくなので、七五年間の「現代日本政治の解明」にもなるような著作にしたいと考え、約一年間文字通り「老骨に鞭」を打ちながら、ようやく書き下ろしの部分を完成させ、原稿を洪博士に渡した次第である。従って、本書が日の目を見るのは洪博士のお陰である。ここに洪社長に深々の謝意を表する次第である。あわせて校正のみならず、巻末資料の「戦後日本の総理大臣」の作成の労をとってくれた洪社長には重ねて礼を述べたいと思う。

二〇二一年二月

著　者

［巻末資料］

# 戦後日本の総理大臣

| 代 | 内閣総理大臣 | 内閣 | 期間及び日数 | 備考 |
|---|---|---|---|---|
| 43 | 東久邇宮　稔彦王（ひがしくにのみや　なるひこおう） | | 1945年8月17日―1945年10月9日<br>54日 | 連合国の要求する「日本軍の武装解除」 |
| 44 | 幣原　喜重郎（しではら　きじゅうろう） | | 1945年10月9日―1946年5月22日<br>226日 | GHQマッカーサーとの会談で平和主義を提案 |
| 45 | 吉田　茂（よしだ　しげる） | 第1次 | 1946年5月21日―1947年5月24日<br>368日 | 日本国憲法の公布 |

| 46 | 47 | 48 | 49 | 50 | 51 |
|---|---|---|---|---|---|
| 片山 哲（かたやま てつ） | 芦田 均（あしだ ひとし） | 吉田 茂（よしだ しげる） | 吉田 茂 | 吉田 茂 | 吉田 茂 |
| | | 第2次 | 第3次 | 第4次 | 第5次 |
| 1947年5月24日—1948年3月10日<br>292日 | 1948年3月10日—1948年10月15日<br>220日 | 1948年10月15日—1949年2月16日<br>25日 | 1949年2月16日—1952年10月30日<br>1353日 | 1952年10月30日—1953年5月21日<br>204日 | 1953年5月21日—1954年12月10日<br>569日<br>2616日（通算） |
| 社会党・民主党・国民協同党の三党連立政権 | 昭和電工事件 | 極東国際軍事裁判 | サンフランシスコ講和条約締結 | | |

| | | | | |
|---|---|---|---|---|
| 52 | 鳩山　一郎（はとやま　いちろう） | 第1次 | 1954年12月10日—1955年3月19日　100日 | GATT正式加盟 |
| 53 | 鳩山　一郎 | 第2次 | 1955年3月19日—1955年11月22日　249日 | 五五年体制はじまる |
| 54 | 鳩山　一郎 | 第3次 | 1955年11月22日—1956年12月23日　398日　745日（通算） | 日ソ共同宣言　国際連合加盟 |
| 55 | 石橋　湛山（いしばし　たんざん） | | 1956年12月23日—1957年2月25日　65日 | |
| 56 | 岸　信介（きし　のぶすけ） | 第1次 | 1957年2月25日—1958年6月12日　473日 | |

| | 氏名 | 次 | 在任期間 | 主な出来事 |
|---|---|---|---|---|
| 57 | 岸　信介 | 第2次 | 1958年6月12日—1960年7月19日<br>769日<br>1241日（通算） | 新安保条約締結 |
| 58 | 池田　勇人（いけだ　はやと） | 第1次 | 1960年7月19日—1960年12月8日<br>143日 | 国民所得倍増計画 |
| 59 | 池田　勇人 | 第2次 | 1960年12月8日—1963年12月9日<br>1097日 | |
| 60 | 池田　勇人 | 第3次 | 1963年12月9日—1964年11月9日<br>337日<br>1575日（通算） | 東京オリンピック開催 |
| 61 | 佐藤　栄作（さとう　えいさく） | 第1次 | 1964年11月9日—1967年2月17日<br>831日 | 日韓基本条約締結 |
| 62 | 佐藤　栄作 | 第2次 | 1967年2月17日—1970年1月14日<br>1063日 | 非核三原則表明<br>小笠原諸島返還 |
| 63 | 佐藤　栄作 | 第3次 | 1970年1月14日—1972年7月7日<br>906日<br>2798日（通算） | 沖縄返還 |

| 64 | 65 | 66 | 67 |
| --- | --- | --- | --- |
| 田中　角栄（たなか　かくえい）  | 田中　角栄 | 三木　武夫（みき　たけお）  | 福田　赳夫（ふくだ　たけお）  |
| 第1次 | 第2次 | | |
| 1972年7月7日―1972年12月22日<br>169日 | 1972年12月22日―1974年12月9日<br>718日<br>886日（通算） | 1974年12月9日―1976年12月24日<br>747日 | 1976年12月24日―1978年12月7日<br>714日 |
| 日本列島改造論<br>日中共同声明 | | ロッキード事件 | 日中平和友好条約締結 |

| 68 | 69 | 70 | 71 | 72 |
|---|---|---|---|---|
| 大平　正芳（おおひら　まさよし） | 大平　正芳 | 鈴木　善幸（すずき　ぜんこう） | 中曽根　康弘（なかそね　やすひろ） | 中曽根　康弘 |
| 第1次 | 第2次 | | 第1次 | 第2次 |
| 1978年12月7日—1979年11月9日<br>338日 | 1979年11月9日—1980年6月12日<br>217日<br>554日（通算） | 1980年7月17日—1982年11月27日<br>864日 | 1982年11月27日—1983年12月27日<br>396日 | 1983年12月27日—1986年7月22日<br>939日 |
| | | 参議院選挙への比例代表制導入 | | 国鉄民営化 |

| | | | | |
|---|---|---|---|---|
| 73 | 中曽根　康弘 | 第3次 | 1986年7月22日―1987年11月6日<br>473日<br>1806日（通算） | |
| 74 | 竹下　登（たけした　のぼる）<br> | | 1987年11月6日―1989年6月3日<br>576日 | 消費税導入<br>リクルート事件<br>昭和天皇崩御 |
| 75 | 宇野　宗佑（うの　そうすけ）<br> | | 1989年6月3日―1989年8月10日<br>69日 | |
| 76 | 海部　俊樹（かいふ　としき）<br> | 第1次 | 1989年8月10日―1990年2月28日<br>203日 | 湾岸戦争勃発 |
| 77 | 海部　俊樹 | 第2次 | 1990年2月28日―1991年11月5日<br>616日<br>818日（通算） | |

| 81 | 80 | 79 | 78 |
|---|---|---|---|
| 村山　富市（むらやま　とみいち）  | 羽田　孜（はた　つとむ）  | 細川　護熙（ほそかわ　もりひろ）  | 宮澤　喜一（みやざわ　きいち）  |
| | | | |
| 1994年6月30日―1996年1月11日<br>561日 | 1994年4月28日―1994年6月30日<br>64日 | 1993年8月9日―1994年4月28日<br>263日 | 1991年11月5日―1993年8月9日<br>644日 |
| 阪神大震災<br>地下鉄サリン事件 | | 五五年体制の崩壊<br>小選挙区比例代表並立制<br>政党助成法 | PKO法成立 |

| 82 | 83 | 84 | 85 | 86 |
|---|---|---|---|---|
| 橋本 龍太郎（はしもと りゅうたろう） | 橋本 龍太郎 | 小渕 恵三（おぶち けいぞう） | 森 喜朗（もり よしろう） | 森 喜朗 |
| 第1次 | 第2次 | | 第1次 | 第2次 |
| 1996年1月11日—1996年11月7日<br>302日 | 1996年11月7日—1998年7月30日<br>631日<br>932日（通算） | 1998年7月30日—2000年4月5日<br>616日 | 2000年4月5日—2000年7月4日<br>91日 | 2000年7月4日—2001年4月26日<br>297日<br>387日（通算） |
| 住専処理法成立 | 中央省庁等改革基本法<br>地方分権一括法 | 国旗・国歌法成立<br>二千円札の発行<br>副大臣・政務官制導入 | | 中央省庁再編 |

| | 87 | 88 | 89 | 90 | 91 |
|---|---|---|---|---|---|
| 氏名 | 小泉純一郎（こいずみ じゅんいちろう） | 小泉　純一郎 | 小泉　純一郎 | 安倍　晋三（あべ　しんぞう） | 福田　康夫（ふくだ　やすお） |
| | 第1次 | 第2次 | 第3次 | 第1次 | |
| 在任期間 | 2001年4月26日―2003年11月19日<br>938日 | 2003年11月19日―2005年9月21日<br>673日 | 2005年9月21日―2006年9月26日<br>371日<br>1980日（通算） | 2006年9月26日―2007年9月26日<br>366日 | 2007年9月26日―2008年9月24日<br>365日 |
| | 首相による政治指導体制始まる<br>テロ対策特別措置法<br>有事関連法 | イラク派兵 | 郵政民営化 | 教育基本法改正<br>防衛庁の「省」への昇格<br>憲法改正の手続き規定としての国民投票法 | 国家公務員制度改革基本法 |

| 代 | 氏名 | | 在任期間 | 主な出来事 |
|---|---|---|---|---|
| 92 | 麻生　太郎（あそう　たろう） | | ２００８年９月24日―２００９年９月16日　３５８日 | 価値観外交の展開 |
| 93 | 鳩山由紀夫（はとやま　ゆきお） | | ２００９年９月16日―２０１０年６月８日　２６６日 | 政権交代 |
| 94 | 菅　直人（かん　なおと） | | ２０１０年６月８日―２０１１年９月２日　４５２日 | 東日本大震災、福島原発事故 |
| 95 | 野田　佳彦（のだ　よしひこ） | | ２０１１年９月２日―２０１２年12月26日　４８２日 | 税と社会保障の一体的改革 |

| 96 | 97 | 98 | 99 |
|---|---|---|---|
| 安倍晋三（あべ　しんぞう）  | 安倍晋三 | 安倍晋三 | 菅義偉（すが　よしひで）  |
| 第２次 | 第３次 | 第４次 | 第１次 |
| ２０１２年12月26日―２０１４年12月24日<br>７２９日 | ２０１４年12月24日―２０１７年11月１日<br>１０４４日 | ２０１７年11月１日―２０２０年９月16日<br>１０５１日<br>３１８８日（通算） | ２０２０年９月16日― |
| 国家安全保障局<br>内閣人事局<br>消費税引き上げ | 安保法制 | 新型コロナウイルス感染症対策としての緊急事態宣言 | |

# 戦後日本における政党の変遷

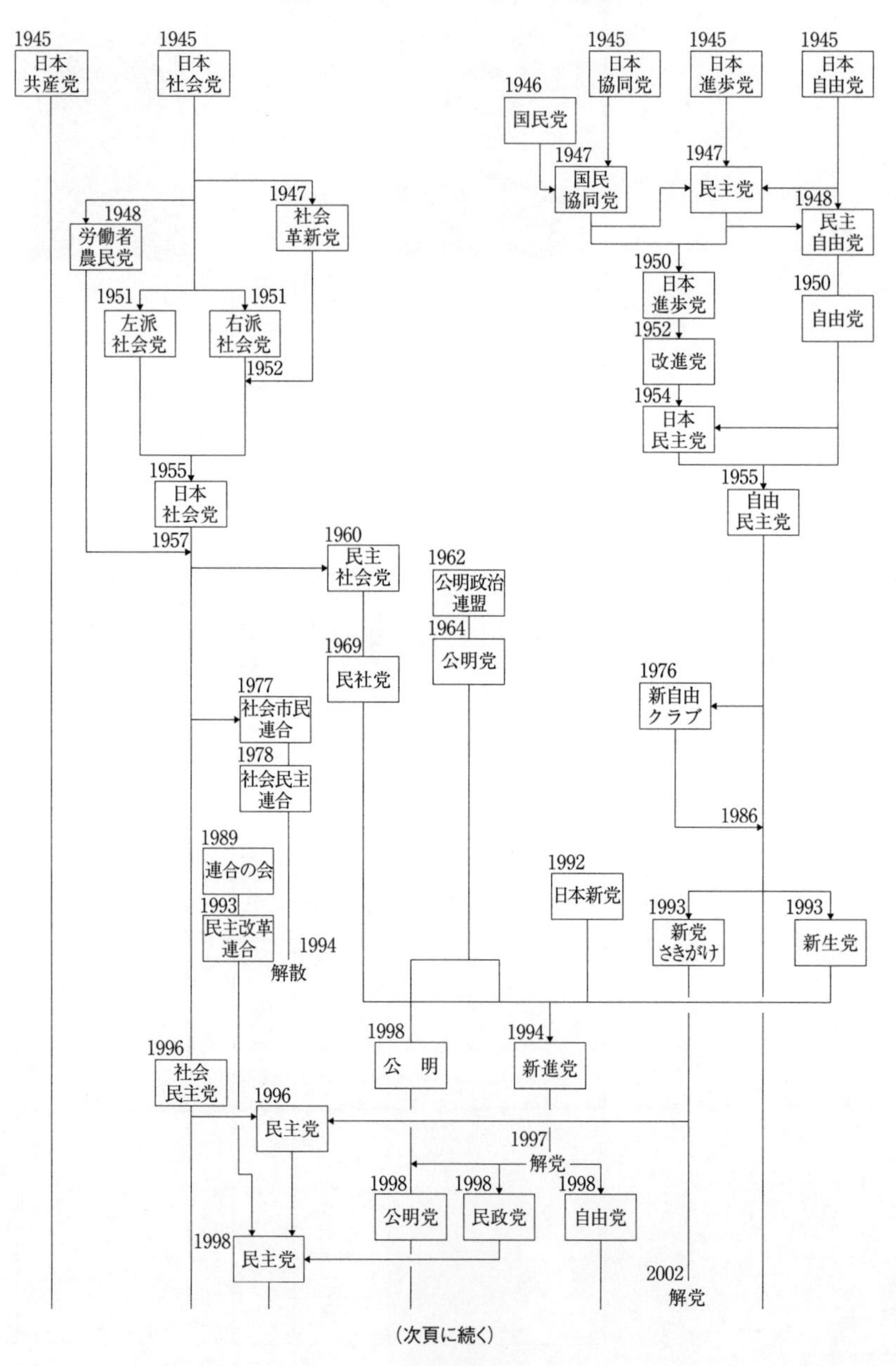


（次頁に続く）

［巻末資料］戦後日本における政党の変遷

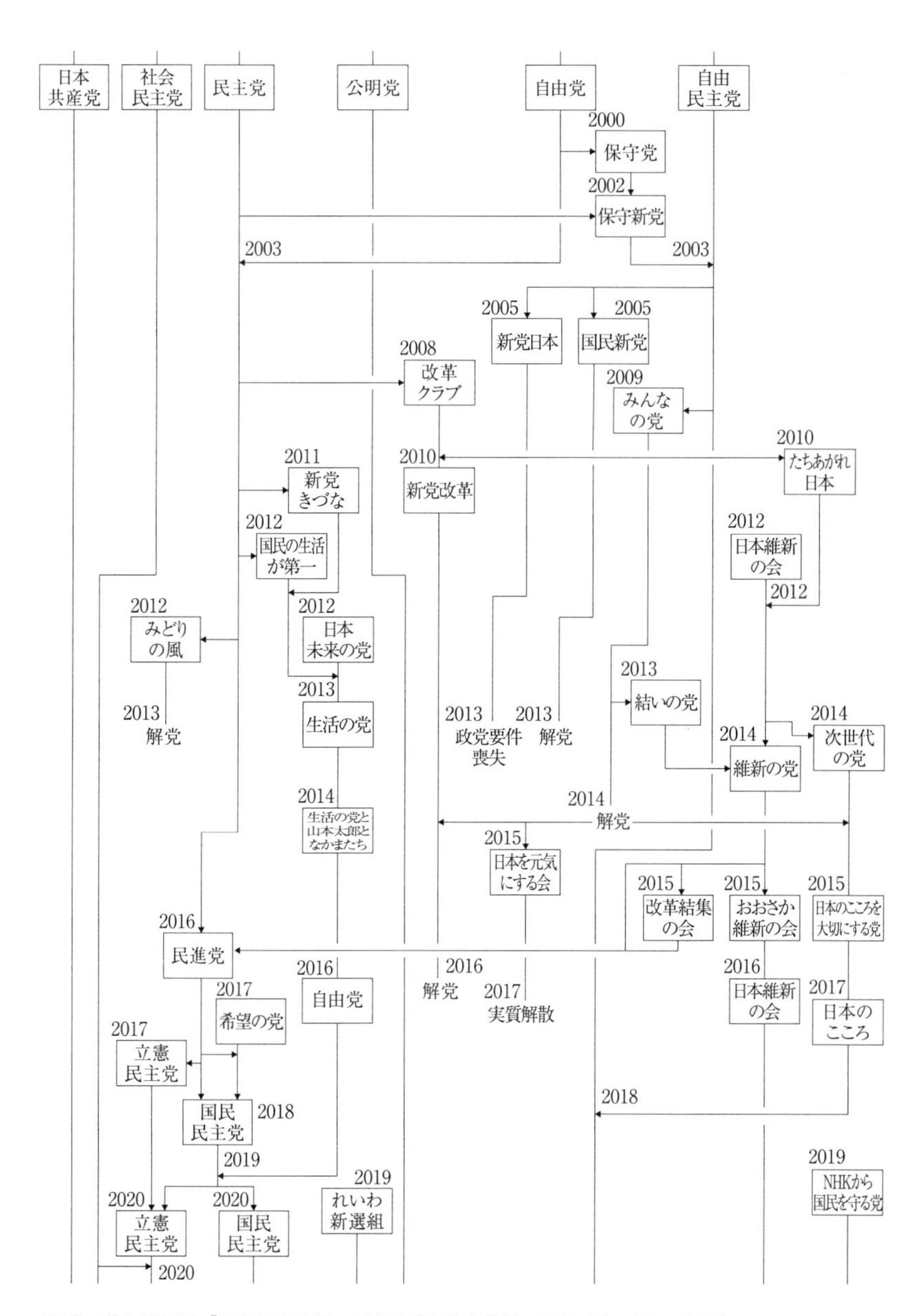


出所：森本哲郎編『現代日本政治の展開』（法律文化社、2021 年）、36 ～ 37 頁。

**現代日本政治の解明**——「決定中枢」の変容を中心として

2021年6月28日　初版第1刷発行

著　者　安　世舟
発行者　洪　性暢

発行所　株式会社 WORLD DOOR
〒160-0022 東京都新宿区新宿3－23－5 新東ビル7 F
Tel. 03-6273-2874　Fax. 03-6273-2875

印刷・製本　中央精版印刷株式会社



ISBN978-4-910302-00-3

# 人名索引

## 【ア行】



## 【カ行】

## 【サ行】



## 【タ行】



## 【ナ行】

## 【ハ行】



## 【マ行】



## 【ヤ行】

## 【ラ行】



## 【ワ行】

# 事項索引

## 【ア行】

## 【カ行】

## 【サ行】

## 【タ行】

## 【ナ行】

## 【ハ行】



## 【マ行】

## 【ヤ行】



## 【ラ行】

## 【ワ行】